우리아이
재능개발 여행

BEST COURSE 55

Just go 대한민국 가족여행 바이블 FAMILY & KIDS

우리아이
재능개발 여행

BEST COURSE 55

김성희 · 신철희 지음

엄마는 똑똑한 가족여행 플래너

아이가 없을 때에는 그냥 가고 싶은 곳에 발길 닿는 대로 아무런 계획 없이 여행을 즐기곤 한다. 그러나 아이가 하나 둘 생기고 키우다 보니 여행을 떠나기가 예전만큼 쉽지가 않다. 보통 1박 2일 정도로 여행 계획을 세우지만 사전 정보가 없고 계획이 없이 떠나면 시간과 비용을 낭비하게 되고 정작 중요한 곳은 못 보고 돌아오게 된다. 한 지역에 갔을 때 그곳에서 아이들과 할 수 있는 여행지와 체험할 만한 곳을 코스로 묶어 이동거리를 최대한 줄이되 다채로운 경험을 할 수 있도록 계획하였다. 또한 표현력, 상상력, 관찰력, 창의성, 논리성, 문제해결능력, 사회성, 예술적감각, 성취감, 정서발달, 자연친화력, 오감발달의 영역을 골고루 경험할 수 있도록 구성하여 균형 있는 발달을 꾀했다.

각 여행지에 가서는 기본 정보와 간단한 여행지의 소개와 함께 아이들과 어떻게 놀아야 되는지를 코치를 해주며 여행의 효과를 극대화하도록 했다.

여행하면서 아이들의 심리 상태와 발달 상황을 몰라 어려웠던 부분을 아동발달 전문가이신 신철희 선생님께서 속 시원히 알려주셔서 우리 가족 여행은 더욱 알차고 의미 있는 시간이 되었다.

온 가족이 2년여 동안 여행하며 알게 된 알찬 정보와 여행 노하우를 모아 이 책을 출간하게 되었다. 아이들과 여행을 하고 싶은데 어디를 가야 할지, 가서 어떻게 놀아야 할지, 다녀와서 어떻게 여행을 마무리해야 할지 막막한 엄마들에게 이 책이 많은 도움이 될 거로 생각한다.

김성희

여행은 부모와 자녀의 소통이다

가족과 함께하는 여행은 일상사를 벗어나 부모와 아이 모두에게 설렘과 즐거움을 준다. 또한 서로 바빠 함께 못한 부모와 자녀 간의 끈끈한 정을 나눌 수 있는 절호의 기회. 평소 집에서 공부 문제, 생활 습관 문제 등으로 아이와 실랑이를 벌이며 가끔 아이를 혼내기도 하고 잔소리도 할텐데 여행을 통해 서로 스트레스를 받고 지내던 일상사에서 벗어나 가벼워지는 마음이 된다. 그러면 부모도 아이에 대한 늘 뭔가를 해야 하는 의무감과 부담감에서 벗어나 새삼 조건 없이 아이를 대하게 된다. 공부 잘하는 아이, 말 잘 듣는 착한 아이 또는 동생 괴롭히는 아이, 친구 못 사귀는 아이, 말 안 듣는 걱정되는 아이 등 좋고 나쁜 아이의 상태에 따른 조건부 사랑이 아닌, 아이 그 자체로 느껴지면서 아이가 예쁜 마음이 든다. 여행 시 홀가분한 마음으로 부모와 아이가 온전히 서로를 느끼면서 즐거운 시간을 보내면 그동안 서로 엉켜 있던 응어리들이 풀리면서 순수한 부모와 자녀 사이로 다시 돌아오게 된다.

또한 가족과 함께하는 여행은 가족의 새로운 면을 발견하는 기회를 준다. 늘 걱정만 끼치는 아이인 줄 알았는데 이런 면도 있었네 하고 아이의 좋은 다른 면을 보기도 하고, 반면 별일 없이 잘 지내는 줄 알았는데 친구와 잦은 마찰을 보이는 모습을 보면서 새삼 아이의 사회성 부족을 깨닫게 되기도 한다. 없었던 면이 새로 생겼다기보다 미처 발견 못 했던 것을 알게 되는 것이다. 그래서 보다 아이를 객관적으로 볼 수 있게 된다.

가족 여행이 미처 몰랐던 자녀의 모습을 발견하고, 객관적인 시각으로 아이를 바라보는 소중한 계기가 되길 바란다. 교육적인 측면을 간과할 순 없겠으나, 그보다 더 중요한 것은 자녀와 소통하는 기회가 되는 귀중한 시간을 함께하는 것이다.

신철희

contents

서울

course 1	서울 용산 I	아이디어가 가득한 별난 박물관과 롤링볼 뮤지엄	14
course 2	서울 용산 II	국립중앙어린이박물관과 N서울타워 탐험	22
course 3	서울 뚝섬지구	뚝섬 벼룩시장에서 배우는 아이들의 경제 생활	30
course 4	서울 잠실	올림픽공원 산책과 창의력 쑥쑥 삼성어린이박물관	38
course 5	서울 서초	우면산 자연생태공원 산책과 국립국악원 악기 체험	46
course 6	서울 강남	아쿠아리움 바닷속 여행과 국립어린이청소년도서관	54
course 7	서울 마포 I	선유도공원 생태 학습과 홍대 프리마켓	62
course 8	서울 마포 II	아이들이 열광하는 월드컵경기장	70
course 9	서울 종로 삼청동	종로의 이색 명소 토이키노장난감박물관과 부엉이박물관	78
course 10	서울 종로 인사동	전통의 거리 인사동과 청량한 청계천	86
course 11	서울 종로 대학로	국립서울과학관 체험과 창경궁 산책	94

경기도 · 인천

course 12	경기도 파주 Ⅰ	동화 같은 딸기가좋아 장난감 천국 한립토이뮤지엄 **104**
course 13	경기도 파주 Ⅱ	이국적인 파주영어마을과 알록달록 프로방스마을 **114**
course 14	경기도 장흥	장흥아트파크와 송암천문대 별 구경 달 구경 **122**
course 15	경기도 이천	토야랜드에서 신나는 오감발달 흙놀이 **128**
course 16	경기도 용인 Ⅰ	신나는 자동차 세상 삼성교통박물관과 호암미술관 산책 **134**
course 17	경기도 용인 Ⅱ	덩덩덕쿵덕 경기도국악당과 한국민속촌 여행 **140**
course 18	경기도 안성	동화 속 허브마을과 남사당전수관 풍물놀이 **148**
course 19	경기도 분당	환경 전시관 캐니빌리지와 눈이 뜨이는 디자인체험관 DEX **156**
course 20	경기도 남양주	주필거미박물관 곤충 체험과 남양주종합촬영소 **162**
course 21	경기도 고양	테마농불원 슈슈에서 동물과 교감하는 하루 **170**
course 22	경기도 과천 Ⅰ	서울대공원 자연캠프장에서 캠핑하며 자연과 하나 되기 **176**
course 23	경기도 과천 Ⅱ	과학자의 꿈을 키워주는 국립과천과학관 **182**
course 24	경기도 과천 Ⅲ	가족 나들이 1번지 경마가족공원과 서울대공원 **188**
course 25	경기도 부천	똑똑한 로봇이 사는 로보파크와 아인스월드 세계여행 **196**
course 26	경기도 화성	하내테마파크와 누에섬전망대에서의 에코 트레블 **202**
course 27	경기도 안산 · 인천 영흥	에너지파크 체험과 동주염전 소금 만들기 **210**
course 28	경기도 가평	낭만 가득한 남이섬과 어린왕자가 사는 쁘띠프랑스 **216**
course 29	경기도 김포 · 강화	옥토끼우주센터 탐험과 신기한 유리박물관 **224**
course 30	인천	차이나타운에서 체험하는 작은 중국 **230**

contents

강원도

course 31	강원도 춘천	막국수체험박물관과 애니메이션박물관 **240**
course 32	강원도 평창	감수성 쑥쑥 허브나라농원과 무이예술관 예술의 향기 **250**
course 33	강원도 정선·영월	정선레일바이크 체험과 정선5일장 구경 **260**
course 34	강원도 강릉	창의력 쑥쑥 참소리에디슨박물관과 하슬라아트월드 **270**
course 35	강원도 동해·삼척	망상오토캠핑리조트에서의 하룻밤과 신비한 동굴탐험관 **280**
course 36	강원도 속초	겨울에 익어가는 용대리 황태덕장과 테디베어팜 **288**

충청도

course 37	충북 충주·단양	산마루농원 사과 따기와 온달동굴관광지 고구려 문화 체험 **298**
course 38	충남 논산·공주	탐스런 딸기삼촌농원과 공룡이 사는 계룡산자연사박물관 **308**
course 39	충남 당진·덕산	덕산스파캐슬과 삽교호 함상공원의 군함 체험 **318**
course 40	충남 천안	거봉마을 포도 체험과 민족의 숨결이 숨쉬는 독립기념관 **326**
course 41	충남 서천	해양박물관 바닷속 탐험과 춘장대해수욕장 놀이 **332**
course 42	충남 아산 I	기쁨두배마을 배 따기 체험과 피나클랜드 오르기 **340**
course 43	충남 아산 II	당림미술관에서 자연과 함께하는 미술놀이 **346**

전라도

course 44	전북 전주	전주한옥마을 전통을 맛보는 행복한 하룻밤 **356**
course 45	전북 임실	임실치즈마을과 도화지에서의 도예 체험 **366**
course 46	전북 부안	채석강의 놀라운 절경과 원숭이학교 **374**
course 47	전북 고창	푸르른 청보리밭과 고인돌박물관 선사 체험 **380**
course 48	전남 함평·나주	함평엑스포공원 나비축제와 항공우주전시장 **388**
course 49	전남 보성·순천	초록이 물결치는 녹차밭과 낙안읍성민속마을 **398**
course 50	전북 무주	천혜의 무주리조트와 반딧불이 사는 반디랜드 **408**
course 51	전남 곡성·담양	간이역 기차마을과 기차에서의 하룻밤 **420**

경상도·부산

course 52	경북 안동	안동하회마을 구석구석 전통 체험 **434**
course 53	경남 거제	아름다운 섬 외도해상공원과 거제포로수용소 **444**
course 54	경남 고성	공룡엑스포 열리는 당항포와 탐스러운 청매실농원 **456**
course 55	부산	해운대 모래 작품 만들기와 자갈치시장 구경 **468**

우리아이 재능개발 여행, 이렇게 활용하세요!

❶ 별점지수
여행으로 얻을 수 있는 인지발달 측면을 총 12개의 항목으로 정리해 별점을 제시합니다. 최고 별점은 다섯 개. 상세한 항목 설명은 오른쪽을 참조하세요.

❷ 엄마의 비책
여행에서 얻을 수 있는 인지발달 포인트를 정리했습니다. 경우에 따라 해당 여행지에서 부모가 유의해야할 점, 특정 장소에서 나타날 수 있는 아이의 습성에 대한 해설도 덧붙였습니다.

❸ 베스트 코스
2~4개의 여행지를 묶어 소개합니다. 아이와 함께 여행하는 가족 단위임을 감안해 코스를 설계했으며 여행지 간의 이동시간, 총 소요시간, 베스트 여행시기도 함께 제시합니다.

❹ 선생님! 알려주세요
여행지에서 흔히 나타나는 아이의 문제 행동을 설명합니다. 아동발달전문가의 속시원한 해설로 궁금증을 해결하세요.

❺ 다녀와서
여행 경험을 더욱 또렷하게 만들어줄 홈스쿨링 프로그램을 소개합니다.

표현력
여행지에서는 새로운 자극이 많기에 감성이 풍부해지고 이를 표현할 수 있는 기회가 많아진다. 그러므로 이때 느끼는 감정과 생각을 부모와 함께 나누며 표현할 기회를 가지면 표현력이 늘어난다.

상상력
다양한 여행지를 경험하면서 아이 마음속에 있는 상상의 재료가 보다 풍성해진다.

관찰력
여행은 아이의 관심사를 자연스럽게 자극하고 이를 보다 자세히 들여다보려는 마음이 생기게 한다. 테마 박물관이나 전시관 등을 찾아다니다 보면 아이의 관심 분야를 발견할 수 있다.

창의성
여행을 통한 다양한 체험은 상상력과 더불어 창의성을 개발시킨다. 아이가 무언가를 직접 해 볼 수 있는 기회와 충분한 시간이 주어질 때 창의성이 보다 증진된다.

논리성
과학체험관 같은 곳에 가면 자연스레 원인과 결과를 생각하는 기회를 가진다. 생각하는 습관을 가지게 되고 더불어 부모가 아이와 함께 이야기를 나누면서 논리적으로 사고하는 습관이 생긴다.

문제해결능력
여행지에서는 크고 작은 어려운 상황과 예상치 못한 문제를 반드시 만나게 된다. 이때 부모가 대처하는 모습을 보면서 배우기도 하고, 부모와 함께 대처 방안을 고민하면서 생각하는 능력을 기르기도 한다. 또한 몸으로 직접 곤란한 상황을 겪으면서 해결하는 요령이 저절로 터득되기도 한다.

사회성
다른 사람의 입장을 헤아리기, 참고 기다리는 인내력, 함께 주고받는 상호작용능력이 사회성에 필요한 능력이다. 여행은 자연스레 사회성에 필요한 능력을 기를 수 있는 무수한 기회를 준다. 이에 덧붙여 부모의 적절한 지도를 곁들인다면 아이의 부족한 면들이 매끄럽게 다듬어져 보다 사회성이 뛰어난 아이가 될 수 있다.

예술적감각
자연과 함께하는 기회는 감성을 풍부하게 한다. 더불어 보다 구체적이고 섬세한 자극인 미술관과 박물관 등의 작품 감상 활동은 독창적이고 창의적인 감각과 아이의 예술적인 감각을 길러준다.

성취감
과일이나 채소를 수확하는 농촌 체험 여행이나 도자기 굽기 등 만들기를 하는 체험 여행 등 아이가 무언가를 할 수 있는 기회를 주는 여행은 아이에게 스스로 해냈다는 만족감과 성취감을 맛보게 해준다.

정서발달
가족과 함께하는 즐거움, 따뜻함과 자연 속에서는 느끼는 편안함과 풍요로움, 여행 자체가 만들어 내는 자유로운 분위기, 다양한 즐거운 체험 등이 어우러지면서 아이의 감정이 순화되고 희로애락의 감정을 적절히 표현하고 다룰 수 있게 되면서 정서발달에 도움이 된다.

자연친화력
곤충과 식물을 관찰하고 열매를 따며 가축에게 먹이를 주는 등 자연 속에서 생활할 때 각박한 도시에서 느껴볼 수 없었던 포근함을 느낀다. 정서적인 안정을 꾀할 수 있는 가장 합리적인 장소는 바로 때묻지 않은 자연이다.

오감발달
아이들을 위한 다양한 체험은 신체의 다섯 가지 감각을 골고루 자극시키는 기회를 제공한다. 온몸으로 여행지를 느껴보며 오감을 발달시키는 시간을 가진다.

course 1 서울 용산 I 아이디어가 가득한 별난 박물관과 롤링볼 뮤지엄_14 course 2 서울 용산 II 국립중앙어린이박물관과 N서울타워 탐험_22 course 3 서울 뚝섬지구 뚝섬 벼룩시장에서 배우는 아이들의 경제 생활_30 course 4 서울 잠실 올림픽공원 산책과 창의력 쑥쑥 삼성어린이박물관_38 course 5 서울 서초 우면산 자연생태공원 산책과 국립국악원 악기 체험_46 course 6 서울 강남 아쿠아리움 바닷속 여행과 국립어린이청소년도서관_54 course 7 서울 마포 I 선유도공원 생태 학습과 홍대 프리마켓_62 course 8 서울 마포 II 아이들이 열광하는 월드컵경기장_70 course 9 서울 종로 삼청동 종로의 이색 명소 토이키노장난감박물관과 부엉이박물관_78 course 10 서울 종로 인사동 전통의 거리 인사동과 청량한 청계천_86 course 11 서울 종로 대학로 국립서울과학관 체험과 창경궁 산책_94

서울

Course 1 서울 용산 1

아이디어 가득한 별난물건박물관과 롤링볼뮤지엄

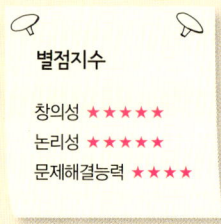

별점지수

창의성 ★★★★★
논리성 ★★★★★
문제해결능력 ★★★★

Mom's Hidden Card
엄마의 비책

별난물건박물관이나 롤링볼뮤지엄은 직접 체험을 할 수 있는 장소여서 아이들이 흥미로워 할 것이다. 직접 할 수 있는 게 많은 곳에서는 아이들에 따라 머무는 시간이 제각각이므로 여행할 때는 '느리게 느리게'를 실천하기를 바란다. 느리게 해야 머무는 시간이 길고 오래 머물러야 여러 가지 생각을 해볼 수 있기 때문이다. 얼마나 많이 봤는지는 별로 중요하지 않다. 내가 머물면서 얼마나 즐겼는지가 중요하다. 같은 곳에 여러 번 가더라도 갈 때마다 새롭게 느껴지는 것은 당연하다. 그때마다 마음이 다르고 수준이 달라져 있기 때문이다. 욕심 부리지 말고 아이의 성향에 맞춰 기다려 주면서 아이가 충분하다고 느낄 때까지 시간을 준다. 발달 단계가 다른 형제나 친구들과 가면 아이가 원하는 만큼 머물 수 없는 제약이 있다. 그러므로 깊이 체험하고 싶을 때는 아이 혼자 가는 게 좋다. 형제와 같이 간다면 한 부모씩 아이를 맡아 아이에게 맞춰야 한다. 발달 단계와 관심에 따라 머무는 시간이 다른데, 가족이 모두 함께 움직이다 보면 자꾸 재촉하게 된다. 아이가 부모와 떨어져 혼자 구경하다가 올 수 있는 장소이고, 아이도 그럴 수 있는 아이라면 부모와 함께하기도 하고 따로 하기도 하는 방식을 택할 수도 있을 것이다.

소요시간 5시간 베스트 여행시기 5~10월

2시간 소요 → 별난물건박물관 ···도보 1분···▶ 2시간 소요 → 롤링볼뮤지엄

별난물건박물관/
호기심을 자극하는 별난 물건

Main 재미있는 발명의 세상 **1** 흔들흔들 중심을 맞추고 있는 철제조형물 **2** 손이 필요 없는 우산 **3** 기발한 주방용품들

희한하고 신기한 300여 점의 아이디어 발명품이 가득한 이곳은 박물관이라기보다는 과학 원리 체험관에 가깝다. 움직임, 소리, 생활, 빛, 과학관의 다섯 가지 테마로 나뉜 공간에는 직접 보고, 만질 수 있는 전시물이 가득하다. 전시품 하나하나를 작동시켜 보며 과학의 원리를 터득하고, 고정관념을 깨며 호기심을 충족한다. 매달 전시물이 조금씩 바뀌어 여러 번 방문해도 또 다른 재미를 느낄 수 있으며, 어른들에게도 상상력을 자극하는 좋은 경험이 된다.

*2010년 5월 경기도 안양시로 이전 개관했다.
문의 1577-8541/www.funmuseum.com
위치 경기도 안양시 비산동 1059-1 평촌 키즈맘 센터
요금 9,000원 롤링볼뮤지엄 통합권 12,000원
이용시간 오전 10시~오후 6시
대중교통 지하철 4호선 인덕원역 8번 출구
휴관일 월요일

이렇게 놀아요 How to play

😊 이것은 무엇에 쓰는 물건일까요?

전시관에 들어서면 '띵띵~ 뚱뚱~' 희한한 소리들과 함께 다들 뭔가 집중하여 열심히 하고 있다. 여러 가지 물건들을 만지고 체험할 때 처음부터 작동법이나 사용 용도를 알려주지 말고, 아이에게 한 번쯤 상상하게 해 본다. 성인의 머릿속에 자리 잡은 고정관념을 보기 좋게 깨뜨리는 아이들의 상상력에 놀라게 된다. 실제로 호기심이 별로 없고 모험심이 약한 아이들이 이곳을 체험하고 나면 그동안 보이지 않았던 적극적인 태도를 볼 수 있다.

벌집 모양 안에 하나씩 들어 있는 별난 물건들

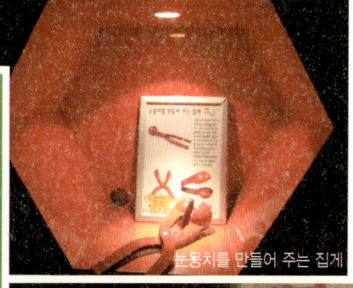
눈동자를 만들어 주는 집게

운동을 하면서 바로 마시는 음료헬멧

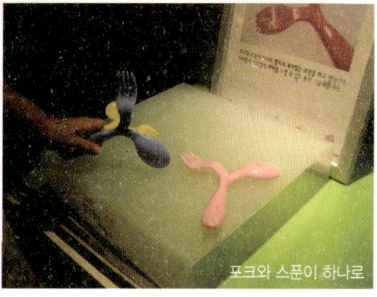
포크와 스푼이 하나로

선생님, 알려주세요

Q 흥미 위주의 박물관과 정통 박물관. 둘 사이에서 항상 갈등합니다. 아이들은 흥미 위주의 체험 박물관만 좋아하는데 그렇다고 해서 정통 박물관을 간과하긴 힘들 것 같습니다. 아이의 성향에 따라 편차는 있겠으나 연령대에 따라 둘 사이의 비율은 어느 정도로 조절하면 효과적일지 알려주세요.

A 나이가 어릴수록 흥미 위주의 박물관을 좋아한다. 그러나 초등학교 고학년이 되어 정통 박물관을 이해하고 관찰하고 느낄 수 있더라도 아이 성향에 따라 박물관 선택이 달라진다. 산만하고 활동적인 아이들은 정통 박물관의 밋밋한 자극을 지루하게 느낀다. 물론 산만한 아이라도 자기가 좋아하는 영역은 집중을 잘하므로 특정 박물관이나 미술관을 좋아하기도 한다. 나이로 선택하기보다는 아이의 성향과 수준에 맞춰 선택하는 것이 효과적이다.

롤링볼뮤지엄/
과학적이고 예술적인 공놀이

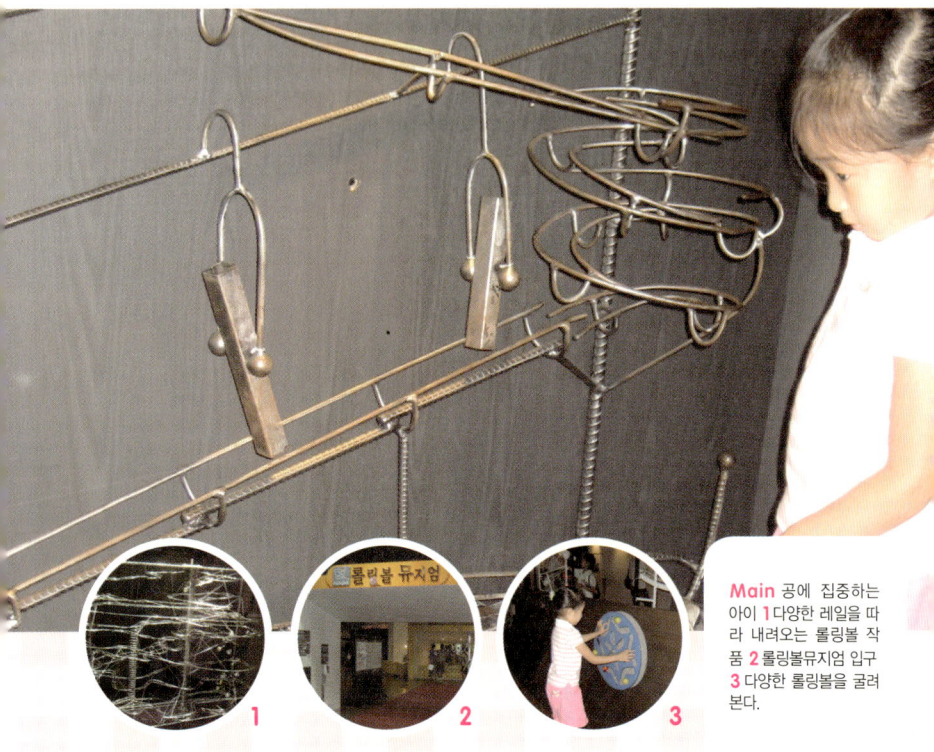

Main 공에 집중하는 아이 **1** 다양한 레일을 따라 내려오는 롤링볼 작품 **2** 롤링볼뮤지엄 입구 **3** 다양한 롤링볼을 굴려본다.

이곳은 공을 이용한 예술 작품을 체험하는 박물관으로 롤링볼이 만들어 내는 예술적인 아름다움에서 과학의 원리를 발견하는 곳이다. 굴러가고 떨어지고, 통통 뛰고, 올라가는 공의 움직임이 우연처럼 보이지만 과학적인 설계에 따라 계산된 것임을 이해하게 된다. 전시관은 롤링볼 예술 작품을 보고, 직접 굴려 보고, 롤링볼 길을 직접 만들어 보는 세 가지 테마 전시로 구성되어 있다. 때굴때굴, 통통, 또르르르… 공 구르는 소리가 가득한 이곳에서 공의 움직임을 관찰하고 체험해 보자.

*2010년 5월 경기도 안양시로 이전 개관했다.
문의 1577-8561/www.rollingball.co.kr
위치 경기도 안양시 비산동 1059-1 평촌 키즈맘 센터
요금 9,000원 별난물건박물관 통합권 12,000원
이용시간 오전 10시~오후 6시
대중교통 지하철 4호선 인덕원역 8번 출구
휴관일 월요일

이렇게 놀아요 How to play

😊 공이 굴러가는 길을 따라가요

'공의 예술(Art)' 공간은 꼬불꼬불 연결된 롤링볼 길을 따라 굴러가는 공의 흐름을 살펴보는 곳이다. 입구의 '볼클락'이라는 작품은 공이 움직이며 시간을 알려주는 재미있는 시계이며, '지름길'은 네 개의 공이 출발해 한 개의 공만 이탈하여 지름길로 빨리 도착하는 모습을 보여준다. '등산가'는 공이 회전하며 점점 위로 올라가는 모습을 표현했고, '수직 롤러코스터'는 놀이기구를 떠올리게 한다. 통통 뛰는 공의 움직임을 관찰하다 보면 어느새 롤링볼에 빠져 든다.

😊 롤링볼에서 공을 직접 굴려요

제2관 '공의 체험(Try)'은 직접 공을 굴리며 롤링볼의 움직임을 체험하는 곳으로 곳곳에서 공 굴러가는 소리가 끊이지 않는다. 20여 가지의 나무로 만든 트랙을 이용해 공의 다양한 움직임을 관찰하며, 요리조리 어디서 나타날지 모르는 롤링볼에 아이들의 시선이 고정된다. 나선형, 계단형, 미로형 등 다양한 형태의 롤링볼을 보며 공의 움직임을 따라가다 보면 시간 가는 줄 모르고 집중하게 된다.

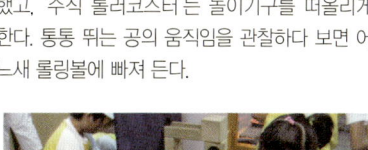

작은 구멍으로 쑥쑥 빠져 나오는 롤링볼

공의 역동적인 흐름을 달려주는 '빨간풍차'

오르락 내리락 공놀이

"공이 어디로 숨은 거야?"

원목으로 된 롤링볼을 직접 굴려 보는 공간

신기하고 복잡한 롤링볼의 세계

😊 공의 움직임을 만들어 봐요

공이 움직이는 원리를 파악했다면 이번에는 내가 직접 만든 길에서 공을 굴려 본다. 온 가족이 협동하여 길을 만들어 완성하면 그 즐거움이 배가 될 것이다. 처음에는 형태와 조립이 간단한 것부터 도전해 보자. 만들기 전에 간단하게 설계도를 그린 후 나누어 시작하면 더 멋진 작품을 만들 수 있다. 꺾이는 부분에서 길을 이탈하는 경우가 있으니 꼼꼼하게 연결하며, 급경사여도 공이 자연스럽게 연결되지 못하니 주의한다.

원목을 쌓아가며 만들어 보기

서로서로 협동하여 더 멋진 작품 만들기

자석판에 붙여 연결하여 만들어 보기

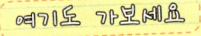
여기도 가보세요

전쟁기념관

한국전쟁의 사건과 자료를 기념하고 보존하기 위한 전쟁기념관은 호국의 인물과 시대별 전쟁 관련 유물, 6.25전쟁 자료가 전시되어 있다. 옥외 전시장에는 탱크, 비행기, 전차, 장갑차, 잠수함, 각종 대포 등이 있어 아이들이 좋아한다. 대형 항공기와 탱크에 직접 올라가 보고, 내부도 볼 수 있어 현실감을 더한다. 그림책이나 작은 장난감 모형으로만 접했던 비행기와 미사일, 헬리콥터, 전투기 등의 실제 규모와 사실감에 압도된다.

문의 02-709-3139/www.warmemo.or.kr
위치 서울시 용산구 용산동1가 8번지
요금 어른 3,000원 어린이 1,000원(만 5세 이상)
이용시간 오전 9시~오후 6시
휴관일 월요일

서울 용산에서 유용한
요모조모 정보 모음

아이들과 함께하기 좋은 맛집

바삭하고 쫄깃한 탕수육이 유명한 집
명화원

문의 02-792-2969 **위치** 서울시 용산구 한강로1가 14-28 **메뉴** 탕수육, 자장, 짬뽕
가격 4,000~15,000원 **대중교통** 지하철 삼각지역 11번 출구, 삼각지 파출소 옆 전쟁기념관 웨딩홀 후문 쪽

다/녀/와/서

준비물 페트병, 랩심지, 휴지심지, 골판지, 칼, 공, 테이프

재활용품으로 롤링볼 만들기(롤링볼뮤지엄)

재활용품을 이용해 골판지에 붙여 공이 원활하게 흐르는 멋진 롤링볼을 만들어 봐요.

1. 페트병은 윗부분을 칼로 잘라 분리하고 바닥도 자른다. 골판지를 문이나 가구 등에 붙인 뒤 페트병이나 랩심지, 휴지심지를 기울여 투명테이프로 골판지에 붙인다.
2. 공이 아래로 떨어지는 부분은 페트병의 앞부분을 거꾸로 연결한다.
3. 하나씩 붙이고 그때그때 공을 굴려 보아 공이 나중에 이탈하는 것을 막는다.
4. 처음에 틀을 잡아놓으면 위아래로 계속 연결할 수 있어 떼굴떼굴 굴러가는 재미있는 롤링볼이 된다.

준비물 피자 박스, 물감, 구슬

물감으로 롤링볼 만들기(롤링볼뮤지엄)

공이나 구슬에 물감을 묻혀 공의 움직임을 그려 봐요.

1. 사방이 막힌 피자 박스 모양의 상자를 준비한다. 2. 상자의 크기에 맞는 종이를 살짝 붙인다.
3. 작은 공이나 구슬에 물감을 묻힌 후 상자에 놓고 이리저리 굴린다. 물감에 물을 섞지 않고 한다.
4. 공의 흐름에 따라 상자에 색깔 줄이 만들어져 우연에 의한 효과를 경험한다.
5. 종이를 떼면 멋진 롤링볼 그림이 완성된다.

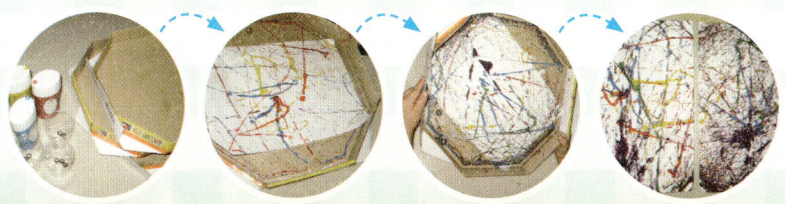

Course 2   서울 용산 II

국립중앙어린이박물관과 N서울타워 탐험

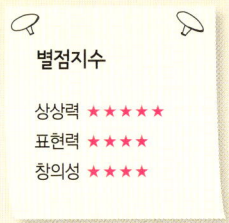

별점지수

상상력 ★★★★★
표현력 ★★★★
창의성 ★★★★

Mom's Hidden Card
엄마의 비책

용산가족공원이나 남산순환로부터 N서울타워까지 가려면 많이 걸어야 한다. 평소 많이 걷는 아이들이나 부모는 힘들지 않게, 오히려 산책을 즐기면서 걷기 운동까지 하므로 일석이조로 느낄 수 있다. 그러나 평소 가까운 거리도 차로 이동하면서 장시간 걷는 게 익숙지 않은 가족은 이 같은 여행이 곤욕일 수밖에 없다. 한편 부모는 등산도 즐기고 걷는 것을 좋아하지만 아이들이 싫어하는 가정도 있다. 성향의 문제이겠으나 일단 여행을 즐기려면 체력이 좋아야 하고, 천천히 느리게 많은 것을 보고 느끼려면 아이들도 걷는 것에 익숙해져야 한다. 웬만한 거리는 걷고 대중교통을 많이 이용하면 자연스레 생활 속에서 걷는 게 익숙해지고 체력도 단련된다. 대중교통의 이용은 여러 이득이 있다. 지하철을 타서 자리가 없을 때는 서서 가야 하고, 버스를 탔을 때 흔들리면 손잡이를 잡아 몸의 균형을 잘 잡아야 하는 등 불편한 것을 견디는 힘이 생긴다. 그뿐 아니라 인내력도 기르게 된다. 여행을 하면 집을 떠나 예상치 못한 일들이 생겨 불편할 때가 생긴다. 불편한 상황을 짜증내지 않고 잘 견뎌야 여행이 즐겁다. 조금 힘들 때마다 짜증내고 불편한 것을 조금도 못 견딘다면 여행에서 원하는 것을 얻을 수가 없다. 이는 아이뿐만 아니라 부모에게도 해당되는 사항이다.

소요시간 6시간　베스트 여행시기 5~10월

2시간 소요
국립중앙어린이박물관

5.5km/차로 15분 · 지하철 또는 버스 30분

2시간 30분 소요
N서울타워

국립중앙어린이박물관 / 어린이의 눈높이에 맞춘 과거로의 여행

Main 가로세로 낱말 맞추며 역사 공부하기 **1** 과학적인 방법으로 만든 기와집 **2** 나무 블록을 이용해 3층 석탑 쌓기 **3** 전통 가옥의 주방 모습

이곳은 국립중앙박물관의 유물을 아이들의 눈높이에 맞게 재구성하여 꾸며진 어린이 박물관이다. 눈으로 보고, 만지고, 조작하고, 체험하며 느낄 수 있어 박물관이라기보다는 마치 놀이터와 같다. 옛날 사람들의 생활상을 볼 수 있는 집, 농사, 음악, 전쟁 등의 4개 영역으로 나누어 재미있는 과거로의 여행을 할 수 있다. 직접 악기를 연주하고, 밥도 지어 보고, 농기구도 만져 보고, 퍼즐 맞추기, 낱말 맞추기 등의 체험도 할 수 있어 흥미롭게 접할 수 있다.

Tip 인원이 제한되어 있어 인터넷 예약으로 100명, 현장 발권으로 70명만 들어갈 수 있다.

문의 02-2077-9000/www.museum.go.kr
위치 서울시 용산구 서빙고로 135
요금 500원 **이용시간** 오전 9시~오후 6시
이용방법 오전 9시부터 오후 4시 30분까지 1시간 30분 동안 6회로 나누어 입장/인터넷 예약 필수
대중교통 지하철 1·4호선 이촌역 2번 출구 용산가족공원 방향 150m **휴관일** 월요일

이렇게 놀아요 How to play

😊 유물에 대해 체험하며 느껴봐요

주거 영역에는 기와지붕 잇기, 기와무늬 탁본하기 등의 체험을 할 수 있으며 옛날 방식의 부엌을 재현해 요리하는 코너를 만들어 놓았다. 또한 도자기 모형을 조각으로 나누어 맞추고, 옛날에 먹었던 곡식을 볼 수 있다. 농기구 영역에는 농기구를 하나하나 살펴보며 용도에 대해 배우고 벽화 그림을 퍼즐로 맞춰 본다. 악기 영역에는 악기를 직접 두드리고 소리를 듣거나 낱말 맞추기 게임과 스탬프 찍기도 있다. 전쟁 영역에는 말장식 달기, 갑옷 입어 보기, 태껸 배우기 등의 체험을 통해 과거를 경험한다. 그밖에도 체험 교실에는 블록으로 기와집을 만들거나 탑 쌓기를 할 수 있으며 조선시대 유명한 그림을 퍼즐로 맞춰 볼 수 있어 재미있고 쉽게 고고학과 친해지는 계기가 된다.

다양한 농기구의 쓰임새를 알아보기

그림을 보며 음악을 듣고, 직접 악기를 연주하는 곳

청동으로 만든 무기들

어렵지만 재미있는 도자기 입체퍼즐

청동기 시대의 방울악기

옛날에 사용했던 그릇과 먹었던 곡식

서울 25

N서울타워/
탁 트인 서울의 전망

Main 세련된 감각으로 리뉴얼한 N서울타워 **1** 정자 아래의 낭만적인 밤 풍경 **2** 한적한 등산길 **3** 초록색이 돋보이는 티켓박스

약 480m 높이의 N서울타워는 아름다운 서울을 한눈에 내려다볼 수 있는 상징적인 건물이다. 잘 꾸며진 광장의 야외 무대에서는 수시로 공연이 펼쳐지고, '하늘길'의 산책로를 따라 전망을 감상할 수 있다. 밤에는 서울의 화려한 야경과 빛의 예술인 조명 쇼를 볼 수 있다. 원기둥 형태의 5층으로 된 타워룸은 2~3층 전망대와 5층에 자리한 레스토랑이 압권을 이룬다. 깔끔하고 감각적인 인테리어로 새롭게 단장하여 서울의 랜드마크로 손색없다.

문의 02-3455-9277, 02-753-2403(케이블카)/ www.nseoultower.com
위치 서울시 용산구 용산동 2가 산 1-3번지
요금 전망대 왕복 어른 7,000원 어린이 3,000원 (만 4세 이상) **케이블카 왕복** 어른 7,500원 어린이 5,000원(만 4세 이상) **편도** 어른 6,000원 어린이 3,500원(만 4세 이상) **이용시간** 오전 10시~오후 11시(금·토요일 오후 12시까지)
대중교통 지하철 3·4호선 충무로역 2번 출구 순환버스(노란색 버스) 이용

이렇게 놀아요 How to play

😊 전망대에 올라가 새로운 서울을 만나요

전망대에서 바라보는 서울은 마치 장난감 나라와 같다. 발 아래 펼쳐진 높은 건물들과 작은 자동차와 깨알 같은 사람들을 보며 아이들은 신기해 한다. 멀리 보이는 쇼핑센터와 빌딩, 호텔 등의 건물을 한눈에 볼 수 있으며 지도가 있다면 지도와 비교해 보며 지리 공부도 할 수 있다. 특히 야경이 멋있는데 반짝반짝 빛나는 조명이 만들어 내는 빛의 아름다움을 감상할 수 있다.

전망을 감상하며 식사할 수 있는 식당

전망대와 하늘에 설치된 사람 모양의 조형물

선생님, 알려주세요

Q N서울타워에 올라서니 서울 시내가 한눈에 들어오네요. 아이들은 아직 지리에 어둡고, 방향 감각도 약하기 때문에 집의 위치나 주요 랜드마크를 알려줘도 전혀 감을 못 잡아요. 이런 공간 감각, 방향 감각을 키워줄 수 있는 간단한 놀이나 부모의 훈육 방법이 있다면 무엇이 있을까요? 또, '레고' 같은 놀이가 도움이 된다고 하는데, 사실인가요?

A 공간지각능력은 타고난 지능이다. 유난히 탁월한 공간지각능력을 보이거나 반대로 지나치게 떨어지는 아이가 있다. 환경적인 자극으로 도움이 되긴 하겠지만 교육만으로 개발되는 것은 아니다. 공간지각능력이 좋은 아이는 레고 조립을 창의적으로 잘 만들기에 칭찬도 많이 받아 더 잘하게 된다. 그러나 유난히 공간지각능력이 떨어지는 아이는 어렵다 보니 안 하게 되고 점점 못 하게 된다. 능력이 떨어지는 아이를 지도할 때는 계속 격려와 칭찬을 하면서 혼자서 해낼 수 있게 도와줘야 한다. 그리고 옆에 잘하는 아이가 있는 상황이 너무 자극적이 아닌지를 고려해야 한다.

☻ N서울타워에 오르는 길이 많아요

남산 환경 보호의 일환으로 차량 진입이 제한되어 있어 걸어가거나 버스를 타거나 케이블카를 타야 한다. 주차를 하고 가족이 산책하며 산길을 걸어 올라갔다가 버스나 케이블카를 타고 내려오는 방법이 좋다. 가볍게 운동도 되고, N서울타워를 보며 올라가 정상에 오르는 기쁨도 느끼게 된다.

☻ 테디베어와 함께 서울 여행을 떠나요

테디베어가 주인공이 되어 서울의 과거와 현재의 모습을 한눈에 볼 수 있는 전시관이다. 귀여운 테디베어의 다양한 의상, 표정과 함께 역사적인 사건들을 보다 쉽고 재미있게 보여주고 있다. 1관의 서울역사관은 서울이 수도로 선정되기까지의 과정과 역사를 살펴볼 수 있으며, 2관의 서울특별관은 서울의 유명한 지역을 테디베어와 함께 꾸며 놓았다.

문의 02-3789-8488
요금 어른 8,000원 어린이 5,000원(만 3세 이상)
전망대+테디베어 관람 어른 12,000원
어린이 6,000원(만 4세 이상)
유아 5,000원(만 3세~4세)
이용시간 오전 9시~오후 10시

밤이면 색색의 조명 쇼를 펼치는 전망대

서울의 모습을 곰 인형으로 표현한 테디베어박물관

남산공원 Namsan Park

오르는 길이 다양한 남산공원의 지도

서울 용산에서 유용한
요모조모 정보 모음

아이들과 함께하기 좋은 맛집

웰빙 산채보리밥 전문점
산채집

문의 02-755-8775 **위치** 서울시 중구 예장동 8-16 남산케이블카 탑승장 근처
메뉴 보리밥, 보쌈정식, 부추전 **가격** 6,000~10,000원

다녀와서

준비물 요구르트병 50개 정도, 페트병, 글루건, 테이프, 꾸미기 재료

재활용품으로 타워 만들기(N서울타워)

쉽게 구할 수 있는 요구르트병과 재활용품을 활용하여
균형 있고 아름다운 모양의 타워를 만들어요.

1. 빈 요구르트병을 세척하여 말려 준비한 후 만들어 보고 싶은 타워의 모양을 디자인하여 그린다.
2. 요구르트병을 연결하여 글루건이나 테이프로 고정하여 둥글게 만든다.
3. 조합의 수를 달리하여 크고 작은 동그라미를 만들고 요구르트병의 모양도 다양하게 하여 변화를 준다.
4. 긴 타워 부분은 페트병을 이용해 만든다. 페트병 안쪽에 다양한 재료를 집어넣어 색을 표현하는 것 도 좋다.
5. 조합된 요구르트병을 균형 있게 쌓아 부착하여 타워를 완성한다.
6. 안이나 밖에 꼬마전구를 설치하여 밤에 보면 조명과 같은 역할을 한다.

Course 3   서울 뚝섬지구

뚝섬 벼룩시장에서 배우는
아이들의 경제 생활

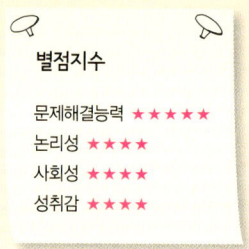

별점지수

문제해결능력 ★★★★★
논리성 ★★★★
사회성 ★★★★
성취감 ★★★★

엄마의 **비책**

  뚝섬지구는 비교적 최근에 조성된 생태공원으로 서울 시내의 다른 공원에 비해 편의시설이 잘 갖춰져 있다. 벼룩시장이 열리는 이곳은 아이들에게 경제 관념을 심어주기에 적절한 장소다. 우리 아이가 커가면서 끊임없이 부딪히게 될 부분이 돈인데, 책상머리에 앉혀 놓고 얘기를 꺼내기도 어렵고, 그렇다고 해서 피부에 와 닿을 가장 현실적인 교육을 외면하기에도 마음이 놓이지 않는 부모가 많을 것이다. 이곳에서라면 여행하는 도중 경제 관념에 자연스럽게 접근할 수 있어 여러모로 도움이 된다.

  내가 가진 물건 중에 쓰지 않는 것을 골라 내 시장으로 가지고 나가는 작업, 마음에 드는 물건을 발견하면 흥정을 해서 사는 일 등 벼룩시장에서 펼쳐지는 다양한 활동은 아이들이 처음 접하는 작은 경제 생활일 테다. 처음에는 가르쳐야 한다는 부담감은 버리고 아이가 어떤 식으로 행동하는지를 유심히 관찰해 보자. 경제를 대하는 아이의 태도를 살펴보는 것은 앞으로의 교육 방향을 잡는 데 도움이 될 것이다.

소요시간 7시간   베스트 여행시기 3~10월

3시간 소요 ··········· 3시간 소요
뚝섬 벼룩시장 — 5km/차로 10분 → **서울숲**

뚝섬 벼룩시장/
나눔의 장터에서 경제 공부

Main 사고팔며 누구나 즐거운 벼룩시장 **1** 현장 접수처 **2** 벼룩시장에 가장 많이 나오는 품목인 의류 **3** 장돌뱅이학교

아름다운가게가 운영하는 중고 나눔 장터인 뚝섬 벼룩시장은 집에서 쓰던 중고 물품을 가지고 나와 판매하고 살 수 있는 알뜰장터이다. 필요 없는 물건을 재사용하고 나눠 쓰면서 사는 사람, 파는 사람이 모두 즐겁다. 이곳에서는 아이들이 직접 물건을 사고팔면서 자연스럽게 경제 활동의 개념과 환경에 대해 배울 수 있다. 아이들에게 물고기 한 마리를 주는 것보다 물고기를 잡는 법을 가르치는 것이 진정한 교육임을 다시 한 번 느끼게 하는 곳이다.

문의 02-732-9998/www.flea1004.com, www.beautifulstore.org
위치 서울 한강시민공원 뚝섬유원지역 광장
요금 집에서 안 쓰는 물건 1개 기증
이용시간 토요일 오후 12시~4시(3월 말~10월 말)
대중교통 지하철 7호선 뚝섬유원지역 2·3번 출구
참가방법 사용하던 헌 물건 40개 미만/인터넷·현장 접수(오후 12시 30분까지)
휴장일 토요일이 공휴일인 경우, 우천 시

이렇게 놀아요 How to play

😊 쓰지 않는 물건을 가지고 나와 팔아요

쓰지 않거나 필요 없는 물품을 골라 적정한 가격을 붙인다. 500원, 1,000원 정도의 낮은 가격으로 판매하면 아이들이 계산하기도 쉽고 빨리 팔린다. 주로 옷이나 학용품, 장난감, 책 등을 판매한다. 물건을 보기 좋게 진열하고 손님이 왔을 때 가격과 사용 용도를 말할 수 있도록 유도한다. 남대문에서 물건을 판매하는 상인들처럼 목청껏 소리 내며 손님을 모아 본다. 처음에는 쑥스러워 말을 잘 못하지만 조금 지나면 술술 입이 열린다. 물건을 한 개만 팔아도 성취감과 자신감을 느끼게 된다.

😊 가격을 흥정하며 물건을 사요

물건을 어느 정도 팔았으면 자신이 필요한 물건을 사 보도록 한다. 약간의 돈을 주고 시장을 다니다가 원하는 것이 있으면 가격을 물어보고 사도록 한다. 엄마가 보기에 필요 없는 물건일지라도 아이가 사려고 하면 이날만큼은 말리지 말고 직접 사게 한다. 가격이 정해진 것이 아니기 때문에 물건 값을 깎거나 덤으로 더 달라고 하며 가격을 흥정해 본다.

선생님, 알려주세요

Q 어릴 때부터 경제 관념을 기르는 게 좋은 거겠죠? 어려서부터 돈에 집착한다거나 어떤 대상을 평가할 때 경제성만을 두고 판단하는, 왜곡된 성격을 가지게 될까 봐 약간 조심스럽네요. 벼룩시장에서처럼 실제로 아이가 매매를 경험하며 돈에 대한 이해를 하게 될 때 부모는 어떤 태도로 아이를 가르치는 게 좋은가요?

A 어른이 되어서도 돈 관리를 제대로 못하는 사람이 있다. 이는 어려서부터 제대로 돈 쓰는 법을 배우지 못해서다. 부모들은 아이에게 경제 관념을 가르치고 싶으면서도 아이다운 순수함을 유지하며 지나치게 돈에 집착하지 않고 지내기를 바란다. 그래서 언제 어떻게 지도를 해야 할지를 고민한다. 경제 관념은 두 가지 측면에서 생각해야 한다. 첫째는 부모의 올바른 경제 활동이고, 둘째는 체계적인 지도이다. 부모가 돈에 집착하지 않고 쓸 때와 아낄 때를 잘 구분하여 생활한다면 아이는 몸으로 경제 활동의 기준과 가치관을 배우게 된다. 아무리 교육을 잘 해도 부모가 올바른 모델을 보이지 못하면 아이는 그대로 부모의 모습을 따라 갈 수밖에 없다. 자녀가 돈에 집착하는 사람이 되지 않기를 바라면서 부모가 매사 돈을 따지고 꼭 돈으로 상벌의 조건을 달아 늘 돈을 이유 삼는다면 아이 또한 돈의 노예가 될 수밖에 없다. 간혹 상담하다 보면 소원을 물어볼 때 부자가 되고 싶다. 큰 집에서 살고 싶다는 아이들이 있다. 부자가 돼서 사고 싶은 것을 마음대로 사고 싶다고 한다. 이는 부모가 아이들이 사달라고 조를 때 늘 돈이 없다는 이유를 대기 때문이다. 또 물건을 살 때 항상 돈을 이야기하면서 싸다. 비싸다 등등 매사 돈이 연관되는 생활 속에 살 때 아이는 돈을 아주 중요한 것으로 인식한다. 체계적인 지도는 아이에게 용돈을 주면서 돈을 스스로 관리하는 법을 연습하는 것이다. 돈을 주고 물건을 사고 판다는 것을 알 때부터 용돈을 주기 시작한다. 취학 전부터도 가능하다. 그리고 아이가 수의 개념이 생기면서부터 좀 더 구체적으로 돈의 액수를 아이와 정하고 사용해 보게 한다.

😊 다양한 체험과 교육도 참여해요

둘째, 넷째 주에 진행되는 장돌뱅이학교는 아이들에게 판매하는 방법을 알려주고, 실물 경제 경험을 효과적으로 할 수 있도록 교육하는 프로그램이다. 간단하게 사업자등록증을 만들고 판매 물품 리스트를 작성한 후 판매 계획서도 만들어 물건을 잘 팔 수 있도록 선생님이 지도한다. 한쪽에서는 환경운동가 교수님이 친환경 페인트로 흰색 티셔츠에 그림을 그려주는데, 기부금 3,000원으로 기부도 하고 멋진 티셔츠도 가져갈 수 있다. 그 밖에 폐현수막 장바구니 만들기, 페이스 페인팅, 종이 만들기 등의 다양한 체험이 있다.

여기도 가보세요

뚝섬유원지

광진교와 중랑천교 사이의 강변 북단에 자리하며, 서울숲과 인접해 있다. 뚝섬 가족 테마 공원인 벽천마당은 벽천분수, 어린이 놀이터, X-게임장, 잔디광장을 갖추고 있다. 특히 한강변 콘크리트 옹벽에 건축미와 예술이 조화를 이룬 벽천분수는 길이 160m, 높이 7m로 조성되어 있어 벽면에서 뿜어져 나오는 시원한 물줄기를 자랑한다. 또한 선상 레스토랑과 수영장, 인공 암벽 등 각종 레저 시설이 고루 갖춰져 있다. 시원한 강바람을 맞으며 온 가족이 레저를 즐길 수 있는 곳이다.

문의 02-457-2753, 02-3780-0521(공원관리사무소)/hangang.seoul.go.kr
위치 서울시 광진구 자양동 704-1
대중교통 지하철 7호선 뚝섬유원지역 2·3번 출구(200m)/2호선 건대입구역 3번 출구(1,000m)

환경운동가 교수님의 멋진 그림 솜씨 감상하기

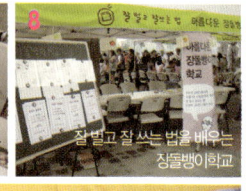
기부금도 내고 보디페인팅도 그리기

잘 벌고 잘 쓰는 법을 배우는 장돌뱅이학교

판매하는 방법을 배우며 사업가를 꿈꾸는 아이들

서울숲 / 도심에서 즐기는 완벽한 자연

Main 분수에서 즐거워하는 아이들 **1** 바닥에 그대로 비치는 '거울연못' **2** 역동적인 말 동상 **3** 넓은 잔디에서 자연을 만끽하기

뚝섬 일대에 자리한 약 116만㎡(35만 평)의 서울숲은 서울 도심에 있는 가장 큰 숲으로 누구나 자연과 가까워질 수 있는 웰빙 공간이다. 이곳은 다섯 가지의 테마로 나뉘는데 문화예술공원, 자연생태숲, 자연체험학습원, 습지생태원, 한강수변공원으로 되어 있다. 아이들을 위한 다양한 놀이터와 넓은 잔디, 때묻지 않은 자연을 만날 수 있어 산교육장으로 손색이 없다. 연령별 또는 온 가족이 함께하는 다양한 숲 체험 학습이 있으니 미리 예약하고 방문한다.

Tip
여름이면 물놀이를 할 수도 있으니 여벌 옷을 준비해야 한다. 식당이 없으니 간단한 간식과 돗자리를 준비한다. 숲 체험 프로그램이 다양하게 있으므로 미리 예약한다.

문의 02-460-2905 / parks.seoul.go.kr/seoulforest 체험 예약 www.seoulforest.or.kr
위치 서울시 성동구 성수동1가 685번지
이용시간 오전 7시~오후 10시(동절기 오전 8시~오후 6시) **대중교통** 지하철 2호선 뚝섬역 8번 출구 도보 10분
휴관일 월요일(곤충식물원, 생태학습장)

이렇게 놀아요

😊 문화예술공원 놀이터에서 맘껏 놀아요

서울숲 중앙에 자리한 문화예술공원은 끝없이 펼쳐진 잔디밭, 분수, 산책로, 야외 무대 등이 있는, 자연과 하나되는 공간이다. 나무로 만들어진 숲속 놀이터에서 오르고, 미끄러지고, 건너가며 놀 수 있으며, 물놀이터에서는 물을 뿌리고, 퍼 올리고, 돌리며 물놀이를 할 수 있다. 상상의 놀이 공간인 무장애놀이터는 철재 구조물로 만든 커다란 거인의 몸 속으로 들어가 특별한 경험을 할 수 있다. 가장 인기가 많은 바닥분수에서는 아이들이 시원하게 뿜어 오르는 물을 맞으며 스릴을 즐기느라 정신이 없다.

철재 그물로 만든 커다란 거인이 있는 무장애놀이터

오르락 내리락 재미있는 나무놀이터

구불구불 돌길, 알고 보니 뱀이네!

아슬아슬 다리를 건너 시냇가에서 즐기는 물놀이

선생님, 알려주세요

Q 요즘 서울 시내에 새로 생기는 어린이 놀이 공간에 빠지지 않는 게 있다면 바로 물놀이터일 겁니다. 서울광장 앞의 분수에서 어린이들이 흠뻑 젖어 가며 노는 모습은 아주 익숙한 광경인데요. 이렇게 바닥에서 뿜어져 나오는 물놀이터를 아이들이 특별히 좋아하는 이유가 있나요? 아이의 습성과 상관관계가 있는지 궁금해요.

A 물은 엄마 뱃속에서부터 익숙한 것이다. 그러므로 갓난아이도 따뜻한 물속에 목욕을 시키면 울다가도 편안해지면서 울음을 그치게 된다. 물의 느낌은 그만큼 자연스럽게 몸에 밴 익숙함이다. 그런데도 어떤 아이들은 반대로 물을 두려워하고 접근을 안 하려 든다. 이는 물을 싫어한다기보다 아이의 소심하고 두려움 많은 성향 때문이다. 집에서 물놀이하는 것을 좋아하면서 수영은 절대 안 배우려 하는 아이도 마찬가지이다. 수영장이나 바다에 넓고 깊은 느낌이 아이를 압도하면서 공포감을 주기에 아이가 피하는 것이다.

😊 고라니와 꽃사슴 어디 있나요?

자연 생태숲은 약 15만㎡(4만5000평) 공간에 야생동물이 서식할 수 있도록 자연 그대로의 숲을 재현하고 있다. 생태숲 입구의 집중 관찰장에는 꽃사슴이 살고 있어 언제든지 관찰하며 먹이를 줄 수 있다. 숲에서 자연 방사되어 살고 있는 고라니도 볼 수 있으며, 연못에 있는 원앙, 청동오리 등도 눈에 띈다. 동물들과의 동선이 겹치지 않는 보행전망교를 이용하여 바람의 언덕에 접어들면 한강변의 시원한 풍경을 감상할 수 있다.

😊 자연체험학습 공간에서 자연을 배워요

'자연체험학습원'은 갤러리정원과 곤충식물원, 습지생태원으로 되어 있다. 갤러리정원은 뚝도정수지의 구조물을 활용한 공간으로 콘크리트 건물과 식물들이 어우러져 신비로운 느낌을 준다. 유리온실로 만들어진 곤충식물원에는 희귀한 열대식물과 나비, 풍뎅이 등의 곤충을 볼 수 있다. 곤충식물원 앞의 야외에는 여러 채소를 심어 놓아 꽃과 열매를 관찰할 수 있어 많은 것을 배울 수 있다. 유수지의 기존 자연환경을 활용하여 만든 습지생태원은 정수된 물을 이용한 정수식물원과 습지초화원이 있으며 환경놀이터, 야외자연교실, 조류관찰대 등으로 조성되어 있다

동화책을 보는 듯 자연 속에서 살고 있는 꽃사슴

열매도 아이도 처음 보는 생강율

먹이를 내밀면 입을 내밀어 맛있게 먹는 녀석

갖가지 채소를 심어놓은 공간

열대식물과 곤충이 살고 있는 곤충식물원

주렁주렁 사과가 매달린 영주사과길

Course 4 서울 잠실

올림픽공원 산책과 창의력 쑥쑥 삼성어린이박물관

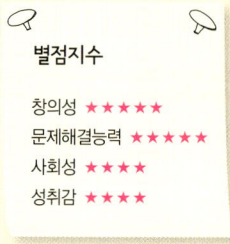

별점지수

창의성 ★★★★★
문제해결능력 ★★★★★
사회성 ★★★★
성취감 ★★★★

Mom's Hidden Card

엄마의 비책

서울 시내에서 올림픽공원처럼 넓은 녹지가 펼쳐진 공간을 만나기는 쉽지 않다. 아이뿐만 아니라 넓게 펼쳐진 공원에 가면 부모도 함께 마음이 열리면서 기분이 좋아진다.

많은 부모들이, 특히 아빠들이 휴일에는 늦잠을 자거나 TV를 보면서 빈둥거리고 싶어 한다. 겨우 사우나를 가거나 쇼핑센터나 외식을 함께하는 것으로 아이들과 시간을 보내는 편이다. 그러나 아이들에게 외식과 쇼핑센터 나들이는 부모와 함께하는 즐거움을 얻기에는 매우 소극적인 활동이다. 특히 막무가내로 떼쓰는 아이나 식당에서 마구 뛰어다녀 재제를 가해야 하는 아이라면 더욱이 쇼핑센터와 외식 나들이는 혼나는 일만 많이 생겨 기분 좋게 나갔다가 집으로 돌아올 때는 부모도 아이도 지치고 화가 나서 들어오는 활동일 것이다. 부모와 아이 모두에게 긍정적이고 생산적인 주말 액티비티를 계획할 필요가 있다. 올림픽공원에서 함께 자전거를 타거나 인라인 스케이트를 타거나 산책하면서 장난도 치고 이런 저런 이야기를 나누며 함께 시간을 보낸다면 아이는 행복감을 만끽할 것이다. 부모 또한 탁 트인 자연 속에서 질적으로 좋은 휴식 시간을 보내게 될 것이다.

소요시간 6시간 베스트 여행시기 5~10월

3시간 소요   2시간 소요

삼성어린이박물관 ┈┈┈┈▶ **올림픽공원**

3km/차로 10분

삼성어린이박물관/
체험하며 창의력 키우는 박물관

Main 운동선수가 되어볼까? **1** 마법사로 변신! **2** 열심히 지붕을 올리고 있는 아이들 **3** 역할놀이를 할 수 있는 주방

어린이들을 위한 체험식 박물관으로 과학, 미술, 사회, 문화, 방송국 등 11개 영역에 100여 개의 전시물이 마련되어 있다. 아이들이 좋아할 만한 인테리어와 재미있는 체험 기구 등 아이의 눈높이에 맞춘 세심한 배려가 감탄을 자아내는 곳이다. 하나하나 손으로 직접 조작하며 즐겁게 탐색하는 가운데 호기심과 창의성이 쑥쑥 자라나 숨어 있는 재능을 마음껏 표현할 수 있다. 홈페이지 학습자료관에는 활동지와 미술 체험 워크북이 있어 출력하여 아이들과 활용해 본다.

Tip 인원 제한으로 주말에는 오랫동안 기다릴 수 있으니 미리 예약하며 가능한 한 오전에 방문한다.

문의 02-2143-3600/kids.samsungfoundation.org
위치 서울시 송파구 신천동 7-26 예전빌딩
요금 어른 5,000원 어린이 6,000원(만 3세 이상) 유아 3,000원(만 1세 이상~만 3세 이하)
주차료 평일·토요일(오후 2시까지) 10분당 500원/바로 옆 홈플러스 주차 시 2시간 무료
관람시간 오전 10시~오후 6시(오후 4시까지 입장)
대중교통 지하철 2호선 잠실역 8번 출구

이렇게 놀아요 How to play

😊 미래의 꿈을 키워 보고 우리집 지어요

2층의 '꿈의 상자'는 꿈과 희망을 담은 다양한 직업의 세계를 경험하고, 내가 미래에 하고 싶은 일을 찾아보는 곳이다. '헬로우 뮤직'은 음악을 이해하고 악기 소리를 들을 수 있는 곳으로 오케스트라 지휘도 할 수 있다. 주방기구들로 악기를 만들어 설치해 놓은 '난타 공연장'에서는 강하게 혹은 약하게 두드리며 신나는 악기놀이를 한다. 건축가가 되어 집을 만들어 보는 코너에서는 크레인을 이용해 벽돌을 쌓고, 창문을 끼우고, 타일과 지붕을 붙이고 페인트칠까지 해 보는 공간이다. '옛미술 갤러리'는 조선시대까지의 대표적인 미술품들을 아이들의 눈높이에 맞춰 꾸며 놓아 고미술에 대한 흥미를 유발하는 곳이다.

미래 나의 명함 만들기

뚝딱뚝딱 꼬마 건축가의 공사상

나의 논리수학지능은 어느 정도일까?

선생님, 알려주세요

Q "커서 뭐가 될래?"라는 질문에 주관을 갖고 답하는 아이들을 보면 대견하고 똑 부러져 보입니다. 반면, 이런 질문에 딱히 말이 없거나 말할 때마다 답이 바뀌는 아이도 있더라고요. 전자는 어릴 때부터 뚜렷한 목표가 있어 좋을 것 같고, 후자는 좀 더 폭넓은 경험을 할 수가 있어 좋은 것 같고…. 어느 한쪽이 좋다, 나쁘다를 떠나서 '주관이 뚜렷한 아이와 그렇지 못한 아이에 대한 교육 방식이 달라야 하지 않나' 하는 생각을 하게 됐어요. 어떤가요?

A 남 앞에서 자기 생각을 똑 부러지게 표현하든 안 하든 마음속에서는 자기 생각을 갖고 있어야 한다. 이것을 중심으로 행동하고 자기 행동에 대한 후회가 없을 때 '자신감 있다'라는 말을 쓴다. 어릴 때는 당연히 커서 뭐가 될지에 대한 내용이 바뀌게 마련이다. 어려서부터 목표가 분명한 아이는 없다. 단지 아이의 태도에서 그렇게 느껴질 뿐이다. 자주 바뀌더라도 그 순간에 자기가 생각한 것을 분명히 말할 수 있는 태도가 자신감인 것이다. 우물거리거나 모른다고 하거나 대충 얼버무린다면 자신의 생각을 표현하지 못하고 자신감이 없는 아이인 것이다.

😊 과학의 원리 익히고 방송국 체험해요

3층 '워터엑스포'는 물로 과학적인 원리를 탐색하는 곳으로 물의 흐름에 따라 물길을 만들고, 펌프로 물레방아를 돌리거나 공기방울도 만들어 본다. '떼굴떼굴 놀이터'는 공기의 세기와 흐름에 따라 이리저리 움직이는 공들을 관찰한다. '나는 나는 자라요'는 나이를 먹으며 변화하는 내 모습을 관찰하고 출생과 성장 과정을 볼 수 있다. '어린이방송국'은 방송 현장을 체험하는 곳으로 무대에 나가 포즈를 취하고 텔레비전에 나오는 자신을 볼 수 있다. 선생님과 함께하는 프로그램이 있으니 시간을 확인하고 참여해 보자.

떼굴떼굴 공이 굴러가는 롤링볼

😊 사회성 기르고 미술놀이에 참여해요

4층에 자리한 '또래끼리'는 48개월 미만 아이들만 참여할 수 있는 곳으로 놀이기구와 블록, 동화책 등이 있어 안전하게 놀 수 있는 공간이다. 자칫 소홀할 수 있는 유아들만을 위한 공간으로 놀거리도 많고, 안전하다. '꼬마세계시민'은 사회성과 인성을 길러주는 공간으로 친구들과 사이좋게 지낼 수 있게 꾸며놓았다. 그 밖에 직조놀이, 미로길, 모자이크 얼굴 등 아이들의 호기심을 자극하는 다양한 놀이가 있다. '키즈워크숍'은 다양한 재료로 창의적인 미술 활동을 하는 곳으로 5세 이상 어린이가 참여하며 약간의 재료비가 들어간다. 주말 오전 11시에 아빠와 함께하는 특별 미술놀이도 꼭 참여해 보자.

아이들을 위한 상상의 공간

오르락 내리락 재미있는 물의 흐름

만 4세 이하 아이들을 위한 특별한 놀이 공간

선생님, 알려주세요

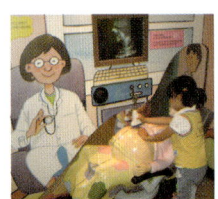

Q 아이 아빠가 회사를 다니다 보니 아무래도 엄마가 주도적으로 교육적인 부분을 맡게 되는데, 여기에 와보니 아빠와 함께하는 시간을 특별히 마련했더군요. '아이의 발달에 있어 아빠가 엄마보다 효율적이다' 아니면 반대로 '엄마가 아빠보다 효율적이다' 하는 영역이 있나요? 그리고 이런 체험 학습 시 부모가 함께했을 때 아이에게 어떤 긍정적인 영향을 미치나요?

A 당연히 부모가 함께 양육에 참여하는 것이 한 부모만 주도적으로 하는 것보다 좋다. 왜냐하면 엄마 아빠가 성향이 다르기 때문에 아이가 받는 자극이 두 사람한테 받는 것이므로 관계의 다양성 면에서 부모가 참여하는 것이 좋다. 또한 누가 주도권을 갖느냐보다는 부모의 성향과 서로 잘하고 못하는 것을 파악하여 역할 분담을 하는 게 서로에게 좋다. 체험 학습에서 부모 모두 함께 참여할 때 가족 간의 유대가 단단해진다. 한쪽 부모하고만 참여하여 다른 부모에게 경험을 이야기하는 것과 함께 참여하여 경험을 나누는 것은 엄청난 차이가 있다.

올림픽공원 / 넓은 잔디밭에서 온 가족이 즐기는 휴식

Main 온 가족이 여가를 즐기기에 좋은 올림픽공원 **1** 자전거를 타고 공원 한 바퀴 **2** 푸르른 공원 호수 **3** 안전하고 신나는 나무놀이터

약 1,457㎡(44만 평)의 거대한 공간에 자리 잡은 올림픽공원은 체육·문화·예술·역사·교육·휴식 등 다양한 용도를 갖춘 종합공원이다. 문화예술 체험을 할 수 있는 올림픽기념관, 소마미술관, 음악분수가 있으며 산책, 조깅, 지압로, 인라인 스케이트를 이용하는 생활 체육 시설이 들어서 있다. 산책, 조깅을 할 수 있는 5개의 코스를 따라 산책로가 잘 조성되어 있어 오르기에 무리가 없다. 호수와 나무들이 어우러진 생태공원에는 물고기와 조류 등이 살고 있어 도심 속에서 생태를 관찰하기에 좋다. 몽촌토성 역사관도 둘러볼 만하다. 자연 속의 넓은 잔디와 다양한 놀이 시설이 어우러진 올림픽공원을 마음껏 즐겨보자.

문의 02-410-1600/www.kspo.or.kr
위치 서울시 송파구 방이동 88-2번지
요금 무료 **이용시간** 오전 6시~오후 10시
대중교통 지하철 5호선 올림픽공원역 3번 출구/ 지하철 8호선 몽촌토성역 1번 출구

이렇게 놀아요 How to play

😊 몽촌토성역사관에 가요

공원 내 북2문 근처에 있는 몽촌토성은 우리말로 '꿈마을'이라는 뜻의 백제시대 토성(土城)이다. 이곳에서는 움집터와 목책 등의 백제 문화의 대표적인 유적을 볼 수 있다. 몽촌토성에서 출토된 백제 사람이 쓰던 유물들이 역사관에 전시되어 있다. 토기, 기와, 철제 무기, 청자조각 등의 유물을 전시하고 있어 백제의 역사와 문화를 볼 수 있다.

백제 역사와 문화가 한자리에

백제 문화의 대표적인 유적

몽촌토성역사관의 전시물과 유물

😊 소마미술관에서 놀아요

공원 내 남3문 앞에 자리한 이곳은 5개 전시실과 비디오 아트홀로 구성되어 있다. 전시실에는 1년 내내 다양한 전시회와 문화 행사를 주관하며, 비디오 아트홀은 백남준 작가의 작품이 전시되어 있다. 또한 매달 다른 주제로 어린이 미술 교육 프로그램이 있어 체계적인 미술 교육을 받을 수 있다. 미리 인터넷으로 예약하는 것이 좋다. 야외조각공원에는 세계 유명한 조각가들의 작품이 특색 있는 테마로 꾸며져 있다. 잔디 위에 자리 잡고 온 가족이 도란도란 음식을 먹으며 푸른 공원을 만끽해 본다.

문의 02-425-1077/www.somamuseum.or.kr
위치 서울시 송파구 방이동 88-2
요금 어른 3,000원 어린이 1,000원(만 4세 이상)
관람시간 오전 10시~오후 6시(월요일 휴관)
대중교통 몽촌토성역 1번 출구 공원 내 남3문 앞

푸른 잔디 위에 자연과 하나 된 작품들

선생님, 알려주세요

Q 소마미술관에 오니 미래적인 전시가 많이 열리네요. 이런 건 솔직히 어른인 저도 이해하기 어려워요. 다양한 예술의 영역을 접하고 시각을 넓힌다는 데 의의를 둔다지만 아이를 데려오는 게 의미가 있을까요?

A 미술이나 음악과 같은 감성적인 작업에 대해 부모가 이해하고 설명하는 게 맞다고 볼 수 없다. 아이가 미술관에 오는 것을 좋아하는 아이라면 어렵고 이해하기 힘든 작품들이 있을지라도 그대로 아이한테 느끼게 해준다. 아이 성향에 따라 수준에 따라 장소를 선택하고 관심 없는 아이일수록 체험 활동을 통해 아이의 수준을 높여 가는 게 필요하다.

서울 잠실에서 유용한
요모조모 정보 모음

아이들과 함께하기 좋은 맛집

깔끔하고 맛있는 메뉴가 많은 차별화된 뷔페
후레쉬하우스

문의 02-416-0606/www.freshhouse.co.kr **위치** 서울시 송파구 방이동 88-1 올림픽공원 세계 평화의 문 왼쪽 **메뉴** 스테이크, 초밥, 롤, 파스타, 샐러드 등 **가격** 평일 런치 20,000원 평일 디너 27,000원 주말 29,000원

다/녀/와/서

준비물 전지, 크레파스, 재활용 상자, 파스텔, 잡지

나의 직업 그려보기(삼성어린이박물관)

내가 커서 되고 싶은 꿈에 대해 생각해 보고 그림으로 표현해요.

① 나의 꿈을 생각해 보고 전지에 누운 후 엄마가 아이의 몸을 본떠 그린다.
② 각 직업에 맞는 의상을 그리고 그 직업에 필요한 도구 등을 그린다.
③ 크기에 맞는 재활용 골판지 상자를 준비해 풀로 붙이고 테두리를 오린다.
④ 잡지에 있는 관련 액세서리나 의상을 골라 오려 붙여 표현하거나 집에 있는 소품도 활용해 본다.

Course 5 서울 서초

우면산 자연생태공원 산책과 국립국악원 악기 체험

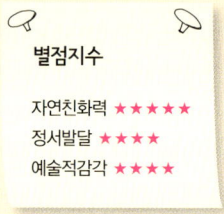

별점지수

자연친화력 ★★★★★
정서발달 ★★★★
예술적감각 ★★★★

엄마의 비책

환경 오염 문제는 매우 심각한 상태이다. 미래를 살아가야 할 자녀들에게 부모의 세대가 잘살아서 좋은 환경을 넘겨줘야 하고 더 이상 망가지지 않게 환경을 어떻게 보호하고 살아야할지를 가르치는 것은 매우 중요한 과제가 되었다. 숲해설가로부터 생태 보존의 중요성을 듣고 잘 보존된 생태 환경을 경험하는 것은 아이들에게 중요한 기회이다. 그러나 모든 교육이 그렇듯이 한두 번의 설명으로는 지식을 자신의 것으로 만들지 못한다. 우선 부모가 생활 속에서 환경보호를 위한 실천을 보이는 것이다. 산이나 들, 강에 놀러갔을 때 쓰레기 줍기 활동을 아이와 같이 하기, 자동차 요일제 지키기, 대중교통 이용하기, 분리수거 규칙 철저히 지키기 등 부모가 일상생활에서 모범을 보이면 아이도 환경보호 행동을 실천하는 습관이 밴다. 또한 지구 환경 오염과 온난화 현상으로 빙하가 녹고 동물이 살 수 없어지는 지구에 대한 교육 프로그램들도 함께 보고, 생태보존지역 탐방을 하는 등 다각도의 노력을 해야 아이가 머리로도 몸으로도 환경보호를 염두에 두는 삶을 살게 된다.

소요시간 6시간 베스트 여행시기 5~10월

2시간 소요 — 우면산 자연생태공원 — 3.5km/차로 10분 → 국립국악원 — 2시간 30분 소요

우면산 자연생태공원/
두꺼비가 살고 있는 자연환경

Main 두꺼비가 살기에 최적의 환경인 저수지
1, 2 안내판의 사진 설명
3 나무 계단이 설치되어 있어 걷기 좋은 길

우면산의 잘 보존된 자연 생태와 참나무 군락지를 활용하여 만들어진 공원이다. 산림 가운데에 습지 생태계인 저수지가 있으며 서울시 보호야생동물로 지정된 두꺼비의 집단 서식지를 볼 수 있다. 생태공원은 우면산 계곡 입구 저수지를 기점으로 2개의 순환로가 나무 계단과 산책로로 이루어져 있다. 순환로 주변엔 14개 테마에 따라 목초 식재지, 수생식물 서식지인 연못, 개울, 산새와 나비, 수생생물을 관찰할 수 있는 주제별 관찰원과 관찰 데크가 배치되어 있다. 1.3km의 순환로를 돌아보는 데 1시간 30분이면 충분하며 나무 계단과 관람로 곳곳에 휴식 공간이 준비되어 있어 아이들과 힘들지 않게 산책할 수 있다.

문의 02-570-6379/www.seocho.go.kr/umyeon
위치 서울시 서초구 우면동 산34-1번지 일대
요금 무료
관람시간 오전 10시~오후 5시(월요일 휴장)
대중교통 지하철 3호선 양재역 7번 출구 3412번 버스 이용 종점에서 하차

이렇게 놀아요 How to play

😊 어떤 생물이 살고 있을까요?
이곳에는 황조롱이, 오색딱따구리, 노랑할미새, 박새 등의 새와 고들빼기, 도라지, 더덕, 쑥, 애기똥풀 등의 식물, 상수리나무, 신갈나무, 갈참나무, 굴참나무, 떡갈나무, 졸참나무 등 112종의 동식물이 서식하고 있다. 또한 땅채송화, 구절초, 배추 등 생태 학습을 위해 다양한 식용식물이 심어져 있다. 14개 주제에 따른 관찰 포인트에는 각 테마를 설명하는 학습판과 동물과 곤충의 사진 푯말을 만들어 놓았으며 퀴즈 코너도 있어 아이들의 관심을 끌며 생태 학습에 도움을 준다.

😊 자연 체험 교실 프로그램에 참여해요
매달 다양한 주제와 계절별 숲 생태를 숲해설가 선생님과 함께 관찰하는 체험 교실이 진행된다. 2주 전부터 예약이 가능하며 무료이다. 탐방로를 함께 돌며 쉽게 접하지 못했던 식물, 동물, 곤충 등의 모습을 자세히 보고 학습할 수 있다. 나뭇잎으로 손수건 물들이기, 칡 덩굴을 이용한 화관 만들기, 볏짚으로 냄비 받침 만들기, 봉숭아와 채송화로 손톱 물들이기 등 매달 다양한 프로그램이 준비되어 있다. 5~6월에는 하루에 2회씩 두꺼비 생태 교실도 진행한다. 숲을 탐방하며 자연을 배우는 것은 물론 올챙이와 두꺼비의 모습과 생태 특성을 관찰하는 등의 다양한 체험이 마련되어 있다.

배워봅시다

😊 먹이사슬을 알 수 있어요
먹이사슬이란 '먹이'의 형태로 태양에너지가 생물의 몸 속으로 차례차례 전송되어 가는 과정을 말한다. 태양으로 합성하는 녹색식물을 생산자라고 하고, 스스로 합성할 수 없는 동물을 소비자라고 한다. 생산자인 식물을 먹는 1차 소비자는 초식동물이며 이 1차 소비자를 먹는 2, 3차 소비자가 육식동물이다. 이곳에서는 소나무림의 다음 단계인 참나무림을 이루고 있는데, 가을에 열리는 도토리는 다람쥐의 식량이 된다. 다람쥐는 뱀에게, 뱀은 황조롱이에게 먹히는 먹이사슬이 형성된다. 또한 참나무의 진액을 먹고 사는 매미와 애벌레가 있고 이들을 먹고 사는 딱따구리도 볼 수 있다.

😊 두꺼비는 이렇게 살아요
생태공원의 저수지에서 산란한 두꺼비는 검은색의 두꺼비 알을 한 번에 1,000개 정도 두 줄의 끈 모양으로 낳는다. 4월 말부터 6월 초까지 저수지에서 시커먼 덩어리 같은 것이 보이는데, 많은 올챙이들이 떼를 이루고 있는 모습이다. 6월 말쯤에는 올챙이에서 어린 두꺼비로 변해 저수지 주변의 산림지역으로 이동하여 땅을 파고, 그 안에서 살아간다. 두꺼비는 보호색이 발달되어 바위에 있으면 바위색과 비슷해지고, 낙엽에 있으면 낙엽색과 비슷해진다.

도토리에서 참나무가 되기까지

숲에 대해 몰랐던 부분을 알려주는 안내판

쉽게 볼 수 있는 다람쥐

국립국악원 /
국악 공연과 박물관 관람

Main 예술의전당과 연결되어 있는 국립국악원 1 예술의전당 전경 2 전통악기를 배우는 국악체험교실 3 가야금을 켜는 여인

예술의전당과 나란히 자리하고 있는 국립국악원은 국악에 대해 배우고 체험하며 공연을 관람하는 곳이다. 한 달에 한 번 무료로 야외에서 열리는 초록음악회 공연을 볼 수 있으며, 그 외에도 다양한 공연이 준비되어 있다. 또한 악기 체험과 전시물을 관람할 수 있는 국악박물관도 있어 전통음악과 더욱 친해지는 계기가 된다. 예술의전당은 오페라하우스, 미술관, 음악당, 예술 자료관 및 야외의 원형광장 등이 있어 아이들과 함께 문화예술을 느껴 보기에 좋다. 꼭 공연을 보지 않더라도 다양한 문화 행사와 무료 공연 등이 마련돼 있다. 오페라하우스와 음악당 사이에 자리한 세계 음악 분수는 봄부터 가을까지 달마다 세계 각국의 음악을 테마별로 하루 두 차례 선보이고 있다.

문의 02-580-1300, 02-580-3333(국립국악원)/ www.sac.or.kr
위치 서울시 서초구 서초동 700번지
대중교통 지하철 3호선 남부터미널역 5번 출구 도보 약 5~10분/초록버스 12번, 4429번

이렇게 놀아요 How to play

😊 국악박물관에서 놀아요

전통음악의 역사와 문화를 한눈에 보고 느낄 수 있도록 국악 관련 자료를 전시한 곳이다. 전통 악기를 전시하고 있는 전시실 외에도 입체영상실과 국악체험실을 운영하여 다양한 시청각 매체를 활용한 어린이용 프로그램이 마련되어 있다. 국악체험실에는 국악노래방, 국악게임, 국악감상과 국악기를 직접 배우고 연주할 수 있는 공간이 갖춰져 국악과 함께하는 즐거운 시간이 된다.

문의 02-580-3130
관람시간 오전 9시~오후 6시(월요일 휴관)

😊 초록음악회가 열려요

국립국악원에서는 5월~10월 매월 첫째 일요일 오후 3시에 '초록음악회'가 무료로 열린다. 전통 판소리, 국악 공연, 전통 춤 등의 테마로 매달 다른 주제로 진행되어 여러 번 봐도 손색이 없다. 흥겹고 구성진 전통 가락을 아이들과 함께 느껴보자. 여름에는 오후 8시에 공연하며 우천 시에는 실내에서 선착순으로 표를 나누어 준다. 매주 토요일에는 토요 상설 공연이 오후 5시 예악당에서 열린다. 입장료는 8,000원부터 10,000원 선이며 7세 이상 관람이 가능하다.

야외에 마련된 풍물놀이 체험장

줄을 튕겨 가야금 켜기.

두드려서 소리를 내는 타악기

악기와 유물이 전시된 국악박물관

매월 첫째 주 일요일에 열리는 초록음악회

음악이 흐르는 카페테리아에서의 차 한잔

우리나라 현악기의 종류

돌로 만든 타악기인 편경

😊 환상적인 분수 쇼가 펼쳐져요

다양한 색깔과 곡선을 내며 시시각각 아름다운 형태로 변하는 분수 쇼는 국내 최대 규모를 자랑하는 예술의전당의 명물이다. 봄부터 가을까지 매달 세계 각국의 음악을 테마별로 하루 2~3차례 선보이고 있다. 바로 옆에는 '카페 모짜르트'가 있어 유럽의 광장을 옮겨놓은 듯한 분위기다. 분수 쇼를 바라보며 음악을 감상할 수 있고, 야간에는 아름다운 조명으로 장식되어 더욱 환상적이다.

운영시간 평일 오후 12시~1시, 6시 30분~8시, 9시 30분~10시 30분 주말 오후 3시 30분~4시 30분(3월 15일~11월 15일)

배워봅시다

😊 우리나라의 악기는 어떤 것이 있나요?

우리나라에는 약 70여 종의 전통 악기가 있는데 대부분 대나무, 명주실, 가죽, 금속과 같은 자연 재료로 만들어져 자연 그대로의 거친 듯하면서도 부드럽고 푸근한 음색을 띤다. 줄을 진동시켜 소리를 내는 현악기는 가야금, 거문고 등이 있으며, 관에 김을 불어넣어 소리 내는 관악기는 대금, 피리, 하모니카 등이 있다. 두드려서 소리를 내는 타악기는 일정한 음높이가 있는 편종, 편경, 특경과 음높이가 없는 장구, 북, 꽹과리로 나뉜다.

서울 서초에서 유용한
요모조모 정보 모음

아이들과 함께하기 좋은 맛집

유린기가 맛있는 중화 요리 전문점
레드 찹스틱

문의 02-525-9287 **위치** 서울시 서초구 서초3동 1487-4 제이스빌딩 2층
메뉴 유린기, 레몬크림새우, 탕수육 등 **가격** 런치 코스 20,000원대

맛으로 입소문 난 칼국수집
앵콜칼국수

문의 02-525-8418 **위치** 서울시 서초구 서초동 1454-144 예술의전당 맞은편
메뉴 팥칼국수, 매생이칼국수, 두부 요리, 만두 **가격** 6,000~7,000원대

다/녀/와/서

준비물 나뭇잎, 전지, 크레파스, 양면테이프, 가위

나뭇잎으로 나무 만들기(우면산 자연생태공원)
다양한 크기와 모양의 나뭇잎을 큰 종이에 붙이고 꾸며, 커다란 나무를 만들어요.

1. 아이들과 모양과 색이 다른 다양한 낙엽을 모은다.
2. 전지에 커다란 나뭇가지 모양을 그린 후 크레파스를 옆으로 눕혀 색칠한다.
3. 가지 한쪽에 양면테이프를 붙이고 나뭇잎을 보기 좋게 붙인다.
4. 가지마다 풍성하게 나뭇잎을 붙이고 열매나 꽃도 붙여 새로운 나무를 만들어 본다.

Course 6 서울 강남

아쿠아리움 바닷속 여행과 국립어린이청소년도서관

별점지수
관찰력 ★★★★★
사회성 ★★★★
창의성 ★★★★

Mom's Hidden Card
엄마의 비책

코엑스에 있는 아쿠아리움은 물고기 세상을 만날 수 있는 곳으로 아이들이 특히 좋아한다. 이곳에서 아이의 행동을 관찰하면 내면의 스트레스 지수를 조금이나마 짐작할 수 있다. 취학 전 아동들은 발달 단계상 상상놀이를 많이 할 때이다. 놀이치료를 할 때 어떤 동물이 되어보는 상상으로 스트레스를 풀기도 한다. 수족관에서 가장 큰 관심을 모으는 물고기는 단연 상어일 것이다. 상어는 가장 힘세고 사나운 것의 대명사로 아이들에게 인식되어 있다. 집에서 부모에게 매일 야단 맞는 아이는 마음속에 화가 많이 쌓여 있고, 늘 당하므로 자신도 아주 센 힘을 갖고 싶어 한다. 이런 아이가 놀이치료실에서 놀이를 통해 자신을 표현할 때 흔하게 하는 놀이가 있다. 이빨이 날카로운 상어가 다른 물고기나 사람을 공격하는 놀이에 심취한다. 내면에 화가 많을수록 잔인하게 공격한다. 아이의 속이 풀려야 놀이 내용이 순해지면서 사이좋게 지내는 바닷속 놀이를 하게 된다.

집에서 아이들이 노는 상상놀이의 내용을 들여다보면 아이의 마음을 읽을 수가 있다. 부모가 치료자는 아니지만 아이가 하자는 대로 역할을 맡아 놀이 속에서 부모가 당하고 질 때 아이는 놀이로 속마음을 풀 기회를 갖게 된다.

소요시간 5시간 **베스트 여행시기** 연중

2시간 소요 — **아쿠아리움** — 3.5km/차로 15분 → 2시간 소요 — **국립어린이청소년도서관**

아쿠아리움/
환상적인 물의 나라로 여행

Main 문어 빨판의 흡입력을 체험 **1** 조개류를 직접 만져볼 수 있는 체험장 **2** 상어의 입 속으로 쏙~! **3** 화려한 산호와 열대어

국내 최대의 테마 수족관인 이곳은 수중생물 650여 종 4만여 마리가 살고 있다. 물의 흐름에 따라 강부터 깊은 바다에 이르기까지 테마별로 전시되어 여행하듯 다양한 수중생태계를 체험할 수 있다. 수조마다 물고기 이름과 설명이 잘되어 있어 쉽게 이해할 수 있다. 키즈아쿠아리움과 마린터치는 물고기를 만져보고 체험하는 놀이 공간으로 보다 가까이에서 관찰할 수 있다. 물고기를 위아래에서 모두 볼 수 있도록 수조를 꾸며 놓아 다양한 각도에서 감상할 수 있다. 바닥부터 천장까지 통유리로 되어 있는 수조는 마치 바닷속에 있는 듯한 착각을 불러 일으킨다. 화려하고 아름다운 열대어부터 무섭고 큰 상어까지 신비한 바닷속 세상을 여행하며 아이들의 무한한 상상력을 키워 보자.

문의 02-6002-6200/www.coexaqua.co.kr
위치 서울시 강남구 삼성동 159번지 코엑스 지하 1층 **요금** 어른 15,500원 어린이 10,000원(만 4세 이상/인터넷 가족 할인권 판매) **이용시간** 오전 10시~오후 8시 **대중교통** 지하철 2호선 삼성역 5·6번 출구 코엑스몰 수족관 방향으로 도보/아셈약국 옆 에스컬레이터 이용 지하 1층

이렇게 놀아요 How to play

😊 물고기들이 어떻게 헤엄치나요?

물고기는 보통 꼬리지느러미를 흔들며 헤엄을 친다. 그러나 꼬리지느러미가 없는 다른 수중생물들은 어떻게 물 속에서 움직이는지 살펴보자. 마름모 모양의 가오리는 양쪽 끝의 몸통을 날갯짓하듯 위아래로 흔들며, 해파리는 둥근 몸통을 오므렸다 폈다 하면서 앞으로 나간다. 거북은 앞다리를 이용해 헤엄을 치고, 뱀장어는 온몸을 구불구불 굽이치며 헤엄친다. 물고기들의 모양을 흉내 내며 물 속에서 헤엄을 치는 듯한 기분에 빠져본다.

창의력을 키우는 냉장고와 세탁기 어항

아마존 열대우림에서 살고 있는 물고기들

유유히 헤엄치는 바다거북

날개로 펄럭펄럭 헤엄치는 가오리

뭉쳐 다니는 '골든 트레벌리'

사자의 갈기 모양을 하고 있는 '라이언피시'

😊 물고기 이름을 알아 맞혀요

물고기 이름은 거의 영어로 되어 있어 어렵게 느껴진다. 그러나 형태, 색깔, 문양에 따라 이름 지어진 물고기 이름은 쉽게 익힐 수 있고 기억에 오래 남는다. 예를 들어 색을 나타내는 형광물고기, 붉은다리거북, 레드라인버터플라이, 형태를 나타내는 수염상어, 눈툭금붕어, 전기뱀장어, 문양을 나타내는 샌드타이거샤크, 스트라이프버터플라이 등이 있다.

배워봅시다

😊 민물고기(담수어)와 바다물고기(해수어)의 차이점이 뭐예요?

바다물고기는 염분이 많은 짠 바닷속에서 살아야 하기 때문에 수분과 염분의 균형을 유지하며 염분을 밖으로 내보내려는 구조로 되어 있다. 반대로 민물고기는 몸 속의 염도보다 외부의 염도가 낮아 염분을 흡수하는 성질이 있다. 그러면 바다와 민물을 왔다 갔다 하는 연어 같은 물고기는 어떻게 살 수 있을까? 강물과 바닷물이 만나는 지점에서 몸의 성질을 서서히 바꾼 뒤 이동한다. 해수어를 집에서 기르려면 여과 장비와 해수염 등 바닷속 환경을 만들어야 하기 때문에 까다로워 담수어 종류를 기르는 경우가 많다.

여기도 가보세요

풀무원김치박물관

한국의 전통 음식인 김치의 문화를 조사, 연구하고 홍보하고자 식품 전문 업체 풀무원에서 설립한 박물관이다. 김치의 역사와 관련 유물들, 다양한 김치의 종류, 김장 담그기 모형, 김치 만드는 과정, 김치의 발효 및 효능에 관한 자료들을 전시하고 있다. 또한 김치의 역사와 변천사도 한눈에 볼 수 있다. 직접 맛볼 수 있는 시식실도 마련되어 있어 아이들에게 김치의 전통과 문화를 올바르게 알려주는 좋은 기회가 된다.

문의 02-6002-6456
위치 서울시 강남구 삼성동 159번지 코엑스몰 인도양홀 지하 2층
요금 어른 3,000원 어린이 1,000원(만 4세 이상) **이용시간** 오전 10시~오후 6시
휴관일 월요일

국립어린이청소년도서관/
어린이를 위한 완벽한 책 공간

Main 깔끔하고 잘 정리된 도서관 내부 **1** 공공시설을 스스로 익히기 **2** 도서관 외부 전경 **3** 어린이들에게 만들어 주는 독서통장

어린이를 위한 책을 이용할 수 있는 이곳은 국립도서관이라 시설이 깔끔하고 무엇보다 다양한 분야의 많은 책이 구비되어 있다. 입구에서 이용증을 발급 받아 출입구를 통과하며 공공시설 이용 방법도 배울 수 있다. 어린이들에게 독서통장을 만들어 주는데 책을 읽은 후 책과 이용증을 기계에 넣으면 통장에 읽은 책의 제목이 찍혀 나온다. 스스로 공공시설을 익히고 도서관의 시스템을 알아 가는 재미와 함께, 읽은 책의 이력을 한눈에 볼 수 있어 독서에 흥미를 더하게 된다. 읽고 싶은 책을 컴퓨터에서 검색해 꽂혀 있는 책장 위치를 찾아보는 것도 보물찾기하듯 재미있다.

문의 02-3413-4800/www.nlcy.go.kr
위치 서울시 강남구 역삼1동 635-1번지
이용시간 오전 9시~오후 6시
대중교통 지하철 2호선 강남역 8번 출구/역삼역 방향 400m 과학기술회관 방면으로 100m
휴관일 둘째, 넷째 주 월요일 · 공휴일

이렇게 놀아요 How to play

😊 그림책나라에서 즐거운 시간 보내요

어린이 자료실 안에 방으로 되어 있는 '그림책나라'는 아이들과 함께 책을 읽을 수 있도록 꾸며 놓아 편안한 분위기다. 큰 서점에 가야 볼 수 있거나 절판되어 없거나, 시중에서 구할 수 없는 재미있고 유익한 책들이 많아 다 읽어주고 싶은 욕심이 생긴다. 단행본과 전집을 약 5,000여 권 보유하고 있으며 더 필요한 책은 신청 후 서고에서 볼 수 있다. 다양한 책을 볼 수 있고, 내용과 그림도 재미있어 아이들이 좋아한다. 바로 옆 외국아동자료실에는 세계 각국의 책이 비치되어 있다. 영어를 모르더라도 풍부한 감성을 불러 일으키는 그림을 보며 재미있게 책을 읽는다.

아이들이 책을 보기 편하게 꾸며진 공간

〽 선생님, 알려주세요 〽

Q 혼자 책을 읽을 수 있는 나이인데도 꼭 엄마에게 읽어 달라고 합니다. 혼자 책 읽는 습관을 기르는 좋은 방법이 없을까요?

A 혼자 책을 읽을 수 있더라도 엄마와 함께 있고 싶고 엄마와 동화책을 읽는 시간의 행복감을 느끼고 싶기 때문이다. 엄마와의 달콤함을 계속 아기처럼 누리고 싶어하는 마음이 강해서다. 책 읽는 습관을 들이기보다는 아기처럼 엄마에게 매달리고 달콤함 속에 빠져 있는 마음을 키우는 게 먼저이다. 아기 마음에서 벗어나면 저절로 혼자 책을 읽게 된다. 부모님께서 아이를 계속 어린아이 취급을 하고 있지 않은지 양육 태도를 점검해 봐야 한다. 그리고 단호하게 멈춰야 한다.

서울 강남에서 유용한
요모조모 정보 모음

아이들과 함께하기 좋은 맛집

다양하고 맛깔스런 오므라이스 전문점
오므토토마토 코엑스점

문의 02-6002-6446/www.omutotomato.com **위치** 서울시 강남구 삼성동 159-1 코엑스몰 지하 1층 T4
메뉴 오므라이스, 샐러드, 세트 메뉴 **가격** 7,000~12,000원대

다/녀/와/서

준비물 전지, 크레파스, 물감, 큰 붓

바닷속 상상하여 그리기(아쿠아리움)

큰 종이에 바닷속의 모습을 마음껏 표현해봐요. 아이들의 무한한 표현력이 펼쳐져요.

1. 커다란 종이에 아쿠아리움에서 본 신비한 바닷속을 상상하여 그려본다. 밝은색 크레파스를 사용하면 파랑 물감을 칠했을 때 선명하게 보인다.
2. 바닷속 관련 책을 보며 다시 한 번 관찰해 보며 물고기를 그린다.
3. 큰 붓을 이용해 파란색으로 바탕을 칠한다.
4. 물감을 흘리거나 뿌리기를 하며 다양한 퍼포먼스 놀이를 하고 그림을 완성한다.

준비물 도화지, 색지, 크레파스, 풀

대칭으로 물고기 표현하기(아쿠아리움)

종이를 반으로 접어 물고기를 잘라 표현하며 수학적 지능을 높여요.

1. 대칭 모양의 물고기의 특징을 파악하고 형태를 이해한다.
2. 색지를 이용해 반으로 접어 대칭이 되는 물고기를 그리고 오린다.
3. 다양한 물고기 모양을 표현하고 도화지에 붙인다.
4. 크레파스를 이용해 바닷속을 표현하여 완성한다

Course 7   서울 마포 I

선유도공원 생태 학습과 홍대 프리마켓

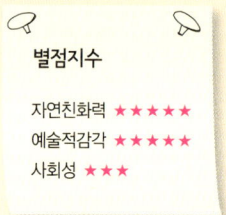

별점지수

자연친화력 ★★★★★
예술적감각 ★★★★★
사회성 ★★★

엄마의 **비책**

홍대 앞 문화는 서울에서도 매우 독보적이다. 소위 '인디컬처'라 하는 비주류 문화를 가장 자연스럽게 접할 수 있는 공간이다. 부모 입장에서는 홍대 앞의 펑키한 분위기가 아이들에게 부정적으로 작용할까 걱정될 것이다. 그러나 기본적으로 아이들에게는 적절한 수준의 다양한 자극을 주는 게 발달상 유익하다. 부모와 아이가 함께 새로운 문화를 접하는 경험도 유대감을 높이는 데 도움이 될 것이다.

홍대 앞에서 가장 눈에 띄는 것은 그곳을 오가는 사람들의 모습일 것이다. 예술하는 사람들은 외향부터가 독특하다. 그래서 일반인 중에 특이한 복장이나 꾸미기를 하면 예술가 같다는 말을 한다. 예술 활동이 자신을 표현하는 일이기에 자연스레 외모에서부터 개성을 표출한다. 아이들도 사춘기가 시작되면 외모 꾸미기부터 관심을 갖고 독특한 옷차림에 눈길을 줄 것이다. 청소년기는 자기 정체감을 찾는 시기로, 외모 꾸미기는 당연한 발달 과정의 모습이다. 이에 대해 부모가 지나친 제재를 가한다면 오히려 부작용이 생길 수 있다. 지나친 정도가 아니라면 자연스럽게 받아준다. 단, 부모에 대한 반항이 심하고 지나치게 외모 꾸미기를 한다면 이는 발달 과정이라기보다는 아이가 무척 힘든 마음 상태인 것으로 봐야 한다.

소요시간 6시간 베스트 여행시기 3~11월

2시간 30분 소요 → 2시간 소요
선유도공원 · · · · 4km/차로 10분 · · · · 홍대 프리마켓

선유도공원, 한강 섬에서 자연과 함께하는 즐거운 나들이

Main 곡선으로 연결된 깨끗한 물공원 1 꽃과 식물을 감상할 수 있는 정원 2 체험 학습이 진행되는 환경교실 3 다양한 식물이 살고 있는 온실

양화대교 중간에 자리한 선유도공원은 과거의 정수장 건축 구조물을 재활용하여 조성된 환경 재생 생태공원이자 '물공원'이다. 길쭉하게 생긴 공원 일대에 기존 건물과 어우러진 수질정화원, 수생식물원, 환경물놀이터 등이 있어 다양한 수생식물과 생태숲을 감상할 수 있다. 또한 아이들을 위한 생태 교육과 자연 체험도 할 수 있다. 높고 낮은 여러 갈래의 길과 아름다운 조경, 잔디밭으로 가득 찬 선유도공원은 반나절 가족 나들이를 하기에 제격인 곳이다.

Tip 자가용으로 온다면 양화대교로 통하는 입구로는 진입할 수 없고, 노들길에서 한강공원의 양화 한강공원 주차장을 이용해야 한다.

문의 02-3780-0590/hangang.seoul.go.kr
위치 서울시 영등포구 노들길 700
대중교통 지하철 2호선 합정역, 당산역에서 하차/ 초록색 간선버스 5714번 타고 공원 앞에서 하차

이렇게 놀아요 How to play

😊 환경 생태공원인 '물공원'에서 놀아요

물공원은 물탱크에서 나온 물이 계단식 수조를 거쳐 정화되는 과정을 볼 수 있는 수질정화원과 그곳에서 흘러나온 물을 이용하여 물놀이를 할 수 있는 환경물놀이터가 있다. 정화되는 물을 사용하여 깨끗하고 깊지 않아 아이들이 몸을 담그기에 적당하다. 물놀이 공간 바로 옆에는 모래놀이터도 있어 두 곳을 번갈아 가며 놀 수도 있다. 또한 미루나무길, 메타세쿼이아길, 식재 터널, 잔디와 아름다운 꽃동산이 있어 자연을 만끽할 수 있다.

😊 미로 찾기 하고 물놀이도 해요

선유도공원에는 높고 낮은 여러 갈래의 길이 있으며, 그 길을 따라 각기 다른 주제를 가진 공간을 만날 수 있다. 시간의 정원은 가로와 세로, 위아래로 난 길이 교차하면서 길을 탐색하며 찾아야 하는 상황이라 미로 찾기 놀이를 하는 것 같다. 정수장의 기둥을 재활용하여 만든 녹색 기둥의 정원에서는 높이 솟아 있는 기둥 사이를 지그재그로 걸어보거나 술래잡기도 할 수 있다.

😊 공원 근처에도 놀 곳이 많아요

선유도공원은 양화대교 한강공원과 연결되어 구름다리 모양의 선유교를 지나갈 수 있다. 다리를 건너며 바라보는 분수와 한강 경관이 아름답다. 202m의 물줄기를 내뿜는 월드컵분수는 주말 정오부터 오후 7시까지 물줄기를 내뿜는데, 날씨가 맑으면 선명한 무지개를 볼 수 있다. 아름다운 꽃밭과 그늘이 있는 잔디밭에서 쉬거나 유람선도 탈 수 있고, 자전거 도로도 있어 온 가족이 함께 즐기기에 좋다.

환경오염을 막아주는 수생식물원

하수관을 재활용하여 만든 미끄럼틀

정수장의 지하 구조물을 재활용한 녹색 기둥의 정원

미로처럼 여러 갈래로 길이 난 시간의 정원

무지갯빛을 내며 물줄기를 내뿜는 월드컵분수

테크노마트 티오비보

테크노마트 6층에 위치한 티오비보는 아이들이 좋아하는 갖가지 장난감이 총 집합된 장난감 왕국이다. 레일로 연결된 기차들, 나무로 된 블록과 장난감, 다양한 형태의 레고, 지능계발을 할 수 있는 완구류, 역할놀이를 할 수 있는 소꿉놀이 소품, 슈퍼마켓 장보기 코너가 있어 장난감과 신나게 놀 수 있다. 벽면에는 각종 레고 작품과 인형, 기차들이 전시되어 있어 보는 것만으로도 재미있다. 차로가 표시되어 있는 바닥에서 자동차도 탈 수 있다. 쉽게 접할 수 없는 교구와 놀이완구가 많다.

문의 02-2111-6300
위치 서울시 구로구 구로동 3-25
대중교통 지하철 1·2호선 신도림역 2번 출구 (테크노마트 지하 1층과 연결)
이용시간 오전 10시 30분~오후 8시
가격 어른 5,000원 어린이 10,000원(2시간 기준)

선생님, 알려주세요

Q 장난감을 사주는 비용이 만만치 않아서 이곳처럼 공동으로 이용하는 놀잇감이 있는 곳을 이용합니다. 그런데 아직 아이가 어려서 그런지 같이 이용하는 물품에 대한 이해가 부족한 것 같아요. 대략 몇 세 이상이면 이런 개념이 정립되나요?

A 놀잇감이 마련된 실내 놀이 시설은 잠시 아이를 신나게 해주고 부모를 쉬게 해준다. 그러나 다른 아이들과 함께 이용해야 하는 놀이 시설에서 자기만 좋아하는 장난감을 가지고 놀려고 하거나 남의 것을 마음대로 뺏는 행동을 해서는 즐길 수가 없다. 만 4세부터 6세까지는 발달 과업으로 사회성 발달을 다지는 시기이다. 많은 부모들이 놀이방, 유치원, 어린이집 등 또래 아이들이 모여 있는 유아 교육 기관에 보내면 사회성 발달이 해결될 것으로 생각한다. 그래서 부모들은 아이들을 어려서부터 교육 기관에 보내고 있다. 그러나 교육 기관에서 도움이 되는 사회성은 높은 수준이다. 차례 지키기, 기다리기, 양보하기, 협동하기 등 더불어 사는 데 필요한 태도를 연습하는 곳이다. 그러나 사회성의 기초는 가정에서부터 시작된다. '사람이 좋다'는 개념부터 아이 마음속에 자리 잡아야 하고, 이는 집에서 부모와 애착이 안정적으로 자리 잡혀야 한다. 그래야 부모에서부터 친구, 선생님, 이웃으로 넘어간다. 교육 기관을 가기 전부터 친한 이웃집에 놀러다니면서 한두 명의 아이들과 단짝처럼 어울리는 경험을 해야 한다. '친구맛'을 본 후라야 소집단, 대집단으로 아이들이 어울리는 것을 즐길 수 있다. 교육 기관을 다니더라도 단짝을 만들고 단짝과 오래 노는 시간을 보내야 아이들과 어울리는 기술도 배우게 된다. 가정에서 친구와 노는 경험이 전혀 없이 교육 기관만 보내서는 사회성 발달이 제대로 되지 않는다. 시내 놀이 시설이나 놀이터는 자녀가 다른 아이들과 노는 모습을 관찰할 수 있는 기회이다. 아이가 노는 것을 자세히 보면 무엇이 부족한지를 알 수 있게 된다. 가정에서부터 아이가 부족한 면을 해결하기 위한 노력을 해야 교육 기관을 즐겁게 다니면서 교육 효과를 높일 수 있다.

홍대 프리마켓
볼거리가 가득한 예술의 거리

Main 화가의 손을 거쳐 재탄생되는 내 얼굴 1 예술시장 프리마켓 2 보는 이를 미소 짓게 하는 그림카드 3 예쁜 원단으로 만든 지갑과 수첩

거리와 공원이라는 일상적인 공간에서 창작자와 일반인들이 만나 벽이 없이 소통하는 예술의 장이다. 창작 예술품이 가득한 이곳에서 수작업으로 정성을 들여 만든 작품을 살 수 있다. 특히 창의성과 개성을 강조한 디자인이 인기다. 작가가 직접 물건을 팔기 때문에 즉석에서 작품을 부탁할 수도 있어 색다른 모습을 연출한다. 이곳에서 판매하는 사람들이나 물건을 사러 온 사람들 모두에게서 자유로움이 느껴진다.

Tip
토요일 시간을 내기 어렵다면 일요일 오후 2시부터 6시까지 같은 장소에서 열리는 희망시장을 찾아가 보자. 홍대 앞이라 주차요금이 비싼 편이므로 가능한 한 대중교통을 이용한다. 우천 시에는 장이 열리지 않으니 확인 후 방문한다.

문의 02-325-8553/www.freemarket.or.kr
위치 서울시 마포구 상수동 72-1(홍익대학교 정문 앞 홍익어린이공원)
이용시간 토요일 오후 1시~6시(3~11월)
대중교통 지하철 2호선 홍대입구역 5번 출구 도보 10분/홍대 정문 건너편 홍대 앞 놀이터

이렇게 놀아요 How to play

😊 작가들이 만든 옷과 액세서리가 있어요

표현과 아이디어가 기발하고, 세상에 하나밖에 없는 수공예 제품들이 눈에 띈다. 열쇠고리, 컵, 액세서리, 재미있는 캐릭터의 다양한 소품들이 모습을 뽐내며 진열되어 있다. 모두 작가의 열정과 노력이 담긴 작품들이다. 신발과 티셔츠, 모자 등에 개성이 담긴 그림을 그려 판매하기도 한다. 병뚜껑에 그림을 그려 액세서리로 사용하거나 입던 옷을 가져가면 거기에 그림을 그려주는 아이디어가 돋보이는 재활용 작품도 있다.

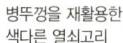

병뚜껑을 재활용한 색다른 열쇠고리

😊 사람 구경이 재미있어요

홍대 앞은 젊고 개성 넘치는 사람들로 붐빈다. 곳곳에서 기타를 치고 노래를 부르며 공연하는 사람들. 머리에 염색을 하고 가죽 옷을 입고 있는 사람, 얼굴에 분장을 한 사람 등등 아이들의 눈에는 다 신기하고 재미있는 광경이다. 특히 거리에서 열리는 즉석 라이브 공연은 거의 프로 못지않은 실력으로 듣는 이에게 재미와 감동을 선사한다. 홍대 앞 주변에는 특색 있는 카페와 상점이 많으니 한 번 둘러보길 권한다.

꿈처럼 낭만적인 사진 보석함

아름다운 연주를 들을 수 있는 주석 거리 공연

서울 마포에서 유용한
요모조모 정보 모음

아이들과 함께하기 좋은 맛집

귀여운 스누피 캐릭터와 함께하는 유쾌한 곳
찰리브라운 카페

문의 02-332-2600
위치 서울시 마포구 서교동 364-2번지 홍대 정문 놀이터에서 첫 번째 골목으로 좌회전
메뉴 커피, 차, 케이크, 와플 등
가격 4,000원대

정통 스페인 음식점
라빠에야

문의 02-322-8870
위치 서울시 마포구 서교동 345-3 2층
대중교통 지하철 홍대입구역 5번 출구 파리바게트 골목 직진 KTF 건물 골목 20m 지점
메뉴 빠에야, 봄바, 스테이크
가격 11,000~15,000원

다/녀/와/서

준비물 나뭇잎, 꽃, 종이, 풀

나뭇잎으로 동물이나 곤충 만들기 (선유도공원)

1. 야외에 나가 다양한 나뭇잎의 모양을 관찰하고 수집해 온다.
2. 만들고 싶은 곤충이나 동물을 정한 뒤 어울리는 나뭇잎을 구성하여 모양을 만든다.
3. 길쭉한 나뭇잎은 다리를, 둥그런 나뭇잎은 몸통을, 작은 열매로는 눈 등을 표현한다.
4. 꽃잎이나 줄기 등을 추가해 자신의 이름도 구성해 본다.

준비물 투명 우산(사용하던 불투명 우산도 가능), 아크릴 물감, 유성펜

나도 작가! 우산에 그림을 그리고 작품 만들기 (홍대 프리마켓)

1. 투명 우산이나 집에서 사용하던 우산을 준비해 어떤 그림을 그릴지 생각한다.
2. 유성펜으로 그림을 그린 뒤 아크릴 물감으로 색칠하고 말린다.
3. 아크릴 물감은 되도록 물을 섞지 말고 색칠한다.
4. 비에 지워질 수도 있으니 안쪽에 그린다.
5. 입지 않는 티셔츠에 아크릴 물감으로 그림을 그릴 수도 있다.

Course 8   서울 마포 II

아이들이 열광하는 월드컵경기장

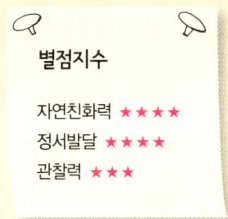

별점지수

자연친화력 ★★★★
정서발달 ★★★★
관찰력 ★★★

엄마의 비책

2002 한일월드컵 때 전 국민이 축구 경기를 보며 거리마다 남녀노소 할 것 없이 빨간 티셔츠를 입고 '대한민국'을 외쳤다. 시청 앞에 인산인해를 이루며 축구 경기를 통해 하나되는 즐거움을 느끼기도 했다. 이후 월드컵에 출전했던 축구선수는 스타가 되어 남자아이들의 우상으로 자리 잡았다. 지금도 남자아이들 중에는 축구선수가 되고 싶다는 아이들이 많다. 그리고 재미있는 활동 중에 축구를 꼽고 취학 전에도 축구 교실에 다니는 아이들이 많아졌다. 그 덕분에 상암동은 월드컵 이후 아이들에게 호응도가 높은 대표적인 여행지로 자리 잡았다.

가을이면 억새가 흐드러지고, 봄에는 피크닉하기에도 좋은 환경을 갖추고 있으며 독특한 조형미를 뽐내는 경기장을 조망할 수 있어 여러모로 유익하다. 남자아이들이 특히 좋아하는 여행지이겠으나, 여자아이에게도 이 같은 스포츠 활동이 중요함을 기억하자. 양성적인 성향은 커가면서 폭넓은 대인관계, 적극적인 태도 형성에 긍정적인 영향을 미치기 때문이다.

월드컵경기장 / 경기장 관람과 축구 배우기

Main "대한민국"을 외치며 응원하는 아이들
1 월드컵의 감동 느끼기
2 경기장의 대형 전광판
3 월드컵의 기념품 전시

6만4000여 석의 규모를 자랑하는 아시아 최대의 축구 전용 구장인 이곳은 축구 경기 관람 외에도 쇼핑센터와 영화관, 홍보관, 식당가 등이 있어 경기가 없는 날에도 이용하기 좋다. 경기장 내에 있는 월드컵홍보관은 경기장을 소개하고 월드컵 관련 기록 및 스타들의 모습을 담은 홍보물을 만날 수 있다. 웅장한 축구장과 월드컵 전시물을 보며 아이들은 축구와 더욱 친해진다. 2002년 한일월드컵을 기념하는 월드컵기념관에는 축구에 대한 자료와 정보가 많아 함께 관람하면 좋다. 비록 그라운드에 나가지는 못하지만 관람석에서 엄청난 규모의 경기장 모습을 감상하며 월드컵의 감동을 상상해 본다.

문의 02-2128-2000 / www.sisul.or.kr
위치 서울시 마포구 성산동 515번지 월드컵경기장
요금 어른 1,000원 어린이 500원(만 3세 이상)
이용시간 오전 9시~오후 6시(월드컵홍보관 축구 경기, 문화 행사 시 출입 제한) **대중교통** 지하철 6호선 월드컵경기장역 서쪽 출입문

이렇게 놀아요 How to play

😊 나도 축구선수! 월드컵홍보관에 가봐요

월드컵홍보관은 경기장과 부대 시설, 축구와 관련된 자료를 관람할 수 있는데 한 시간 정도 소요된다. 서쪽 출입문의 입구에 들어서면 월드컵경기장에서 치러진 국가대표 경기의 사진과 선수들의 모습이 전시되어 있어 그때의 감동이 전해지는 듯하다. 대형 유리창으로 되어 있는 VIP 룸과 스카이박스에서는 주경기장을 한눈에 내려다보며 웅장한 모습을 감상할 수 있다. '오 필승 코리아' 노래를 들으며 그날의 감동을 되새기며 응원도 해본다. 금요일에는 주경기장 전광판에 원하는 문구나 영상을 표출할 수 있는데, 방문 전에 미리 신청하여 가족에게 특별한 이벤트를 만들어 본다(오전 10시, 오후 2시/행사나 축구 경기 시 제한됨).

😊 월드컵기념관에서 꿈이 이루어져요

"대~한민국"을 외치게 했던 2002년 월드컵의 감동과 하나되었던 순간을 남기기 위해 만들어진 기념관은 축구와 관련된 모든 것이 전시되어 있다. 축구의 역사와 한국 축구의 발전부터 2002년 월드컵의 여정과 그 주인공들, 열띤 응원 현장 등을 볼 수 있다. 축구를 체험하는 공간에는 축구 규칙과 관련 게임, 정보 검색 부스 등이 있으며 가상으로 축구 경기를 할 수 있도록 꾸며져 있다.

축구의 역사를 알아보는 코너

축구의 경기 방법을 배우는 게임

유니폼과 축구 관련 기념품 전시

어디서든 즐겁게 노는 아이들

선생님, 알려주세요

Q 우리 아이는 스포츠에 별로 소질이 없어요. 엄마가 조금이나마 도와주고 싶은데, 한편으로론 괜히 이런 문제를 건드렸다가 아이가 스트레스를 받진 않을까 걱정도 되네요.

A 남자아이들은 초등학교 때부터 축구나 농구 야구를 하면서 친구들과 사귀고 스트레스를 푼다. 그러므로 운동을 못하거나 관심 없는 아이들은 친구를 사귀는 데 어려움을 느낀다. 운동신경이 둔한 아이들은 팀으로 하는 경기에 참여하기가 힘들다. 초등학교 4학년인 한 남자아이는 운동을 좋아하지만 막상 잘하지 못해 아이들이 끼워주지 않는 것으로 스트레스를 받고 있었다. 그러나 아이가 농구 교실에서 개인 레슨을 받은 후에는 잘하지는 못해도 팀 점수를 깎지 않게 되어 아이들 틈에 낄 수 있게 되었다. 이와 같이 남자아이를 둔 부모는 또래 아이들이 좋아하는 놀이를 잘할 수 있게 평소 운동을 시키고 경기 관람을 하게 해야 한다. 그래야 아이들과 축구 이야기를 하고 함께 뛰면서 자연스레 아이들과 어울리게 된다. 집에서 TV를 통해 운동 경기를 볼 수도 있지만 월드컵 축구경기장이나 야구경기장 등을 시합이 있는 날 가족 나들이를 하여 함께 응원하면서 즐긴다면 가족 화합에도 좋은 기회가 될 것이다.

월드컵공원/ 쓰레기 매립장에서 아름다운 공원으로 탈바꿈한 공원

Main 월드컵경기장의 전경 **1** 하늘공원의 억새밭 **2** 하늘공원에 오르는 지그재그 계단 **3** 공원 호숫가의 시원스런 분수 쇼

월드컵경기장 바로 옆의 월드컵공원은 1993년까지 난지도였던 버려진 땅을 자연친화적으로 탈바꿈한 곳이다. 이곳이 난지도였다는 사실이 믿어지지 않을 만큼 맑은 공기와 푸른 숲은 자연의 소중함을 다시금 깨닫게 한다. 공원은 크게 평화의 공원, 하늘공원, 난지천공원, 노을공원의 4개로 나뉜다. 경기장 바로 앞에 있는 평화의 공원에는 잔디 광장과 모험 놀이터, 유니세프광장, 분수대 등이 있으며 드넓은 호수와 아기자기한 시설물이 있어 아이들과 머물기에 좋다. 하늘공원은 계단이 많아 올라가기가 좀 힘이 들지만 정상에 다다르면 탁 트인 억새밭과 서울 시내의 전경을 볼 수 있다. 난지천공원에는 각종 구장과 놀이터, 넓은 잔디광장이 있으며, 노을공원에는 골프장과 잔디광장, 생태관찰공원이 있다.

문의 02-300-5500/worldcuppark.seoul.go.kr
위치 서울시 마포구 성산동 390-1 일대
대중교통 지하철 6호선 월드컵경기장역 1번 출구

이렇게 놀아요 How to play

😊 평화의 공원에서 평온함을 느껴요

파란 하늘에 높이 솟은 미루나무와 졸졸 흐르는 시냇물을 보다 보면 시골에 와 있는 듯하다. 중앙에 위치한 난지 연못 주변을 따라 둥글게 조성된 산책로에서 물가의 경치를 한눈에 볼 수 있다. 인라인 스케이트나 자전거를 타기에도 좋고 잔잔한 호수에서는 여러 모양의 분수가 솟아 나와 눈을 즐겁게 한다. 여름이면 시원하게 내뿜는 바닥분수에서 이리저리 뛰어다니며 더위를 식혀본다.

😊 하늘공원에 올라 서울 전망을 감상해요

두 개의 난지도 봉우리 가운데 동쪽의 봉우리에 조성된 생태환경공원은 난지도 쓰레기 매립장에 초지 식물과 나무를 심어 생태계를 복원한 공간이다. 하늘공원의 상징인 291개의 지그재그 모양의 계단을 따라 올라가야 이 공원에 이를 수 있다. 정상에 오르면 눈앞에는 넓고 탁 트인 초원이 펼쳐지며 사방에서 서울 시내가 한눈에 들어온다. 가을이면 억새 축제가 펼쳐지는데 다양한 공연으로 활기를 띠고 화려한 색의 조명 시설이 하늘공원을 덮어 한층 아름답다. 한강변의 강바람을 이용하여 돌아가는 풍력발전기가 운치를 더한다.

하늘공원의 환경보호 수업

가을이면 하늘공원을 뒤덮는 억새밭

신나게 자전거 타기

시냇가에 발 담그자

넓게 펼쳐진 코스모스길

서울 마포에서 유용한
요모조모 정보 모음

아이들과 함께하기 좋은 맛집

깔끔한 인테리어에 저렴하고 특색 있는 면 요리를 먹을 수 있는 곳
시젠 상암점

문의 02-376-2136/www.czen.co.kr **위치** 상암 월드컵경기장 2층
메뉴 볶음면, 탕면, 샐러드, 볶음밥 등 **가격** 7,000~8,000원대

다/녀/와/서

준비물 두꺼운 도화지, 가위, 셀로판테이프, 사인펜

축구공 만들기(월드컵경기장)
12개의 5각형을 이용해 축구공을 만들어 봐요. 5각형을 이해하고 둥근 모양을 경험해요. 실을 매달아 발로 뻥뻥 차며 놀면 재미있어요.

① 두꺼운 도화지에 5각형을 6개씩 연결하여 12개를 그린다. 원래 축구공은 12개의 5각형, 20개의 육각형으로 되어 있으나 아이들에게 복잡할 수 있으니 간략하게 만든다.
② 두꺼운 도화지에 도안을 붙인 뒤 연결되는 부분을 남기고 오린다.
③ 12개의 5각형에 원하는 모양을 그리거나 색을 칠해 꾸민다.
④ 모양을 잘라 선을 따라 접어 셀로판테이프로 붙인다.
⑤ 끝부분에 실을 연결해 한 손으로 잡고 공을 차본다.

Course 9 　서울 종로·삼청동

종로의 이색 명소
토이키노장난감박물관과
부엉이박물관

별점지수

상상력 ★★★★★
관찰력 ★★★★
표현력 ★★★★

Mom's Hidden Card
엄마의 비책

　토이키노장난감박물관의 만화 캐릭터를 보는 순간 아이들은 만화 속에 들어온 듯한 착각에 빠져 매우 좋아한다. 특히 취학 전 아이들은 만화를 보고 만화에 나온 대로 주인공이 되어 친구나 형제와 역할놀이를 한다. 취학 전에 하는 이런 상상놀이는 발달 단계상 자연스러운 모습이다. 동물을 의인화하여 사람의 감정을 실어보고 자신이 만화 주인공이 된 것처럼 느끼는 것이 이 시기의 놀이 수준인데, 아이들은 놀이를 하면서 자신의 욕구를 풀게 된다. 여행도 학습이라고 해서 무조건 교육적으로 좋아 보이는 곳에만 데려가려 하는 것은 부모의 욕심이다. 이곳처럼 아이들이 흠뻑 빠져 놀 수 있는 공간을 방문해 보자.

　아이가 정신 연령이 어리고 유치한 행동이나 놀이를 즐겨 한다면 지금까지 성장하면서 스트레스가 많아 심리적인 성장을 제대로 못한 것이다. 나이 수준에 맞는 인내력을 가져야 나이에 맞는 생활을 스트레스 없이 할 수 있다. 너무 힘들면 순간 어린아이로 돌아가 쉬고 싶어지게 마련이다. 그래야 또 현실의 힘든 상황을 견디기 때문이다. 부모의 기대 수준과 양육 태도를 점검하여 아이를 편한 상태로 만든 후에 인내력 기르기를 해야 한다.

소요시간 6시간 베스트 여행시기 연중

2시간 소요   1시간 소요   1시간 소요

경복궁 · 어린이민속박물관 → 도보 10분 → 토이키노장난감박물관 → 도보 10분 → 부엉이박물관

경복궁·어린이민속박물관/
보고, 만지고, 느끼는 민속박물관

Main 수문장 교대식이 진행 중인 흥례문 **1** 수문장의 늠름한 모습 **2** 교태전의 섬세한 담장 문양 **3** 편전의 화려한 단청 문양

경복궁은 조선시대 제일의 법궁으로 330여 동의 건물이 미로같이 들어선 웅장한 모습이다. 궁궐 안에는 왕과 관리들의 정무 시설, 왕족의 생활 공간, 후원이 조성되어 있으며 왕비의 중궁, 세자의 동궁, 고종이 만든 건청궁 등이 있다. 격조 높고 품의 있는 왕실 문화를 느끼며 아름다운 우리나라의 궁궐 건축도 만나볼 수 있다. 경복궁 내에 있는 민속박물관은 생활 문화를 조사, 연구, 수집하고 이를 전시, 보존하고 있다. 그중 어린이민속박물관은 전래동화인 〈심청전〉의 내용과 선조들의 생활을 접목시켜 아이들이 이해하기 쉽게 꾸며져 있다.

문의 경복궁 02-3700-3900/www.royalpalace.go.kr. **어린이박물관** 02-3704-4540/www.kidsnfm.go.kr **위치** 서울시 종로구 사직동 22
요금 어른 3,000원 어린이 1,500원(만 7세 이상/어린이민속박물관 무료) **이용시간** 오전 9시~오후 6시(11~2월 오후 5시까지)
대중교통 지하철 3호선 경복궁역 5번 출구 도보 5분
휴관일 화요일

이렇게 놀아요 How to play

😊 어린이민속박물관에서 체험해요
이곳은 오전 9시부터 오후 5시까지 30분 간격으로 인터넷 예약과 현장 접수로 입장이 가능하다. 미리 시간을 예약하여 기다리는 번거로움을 피하는 것이 좋다. 심청이가 살았던 시대로 거슬러 올라가 심청이가 되어 집안일도 하고, 바닷속에 뛰어들어 용궁도 체험한다. 재미있게 놀면서 전통문화를 저절로 배우게 된다. 다듬이질, 맷돌 돌리기 등을 직접 해볼 수 있고, 장구, 징, 북 등의 악기 체험 코너도 있다. 아이가 7세 이상이라면 연결되어 있는 국립민속박물관도 함께 관람하면 좋다.

😊 숨어 있는 아름다움을 찾아요
오전 10시부터 오후 4시까지 매시 정시에 경복궁 흥례문 앞에서 수문장 교대식이 있다. 지금의 군인과 같은 역할을 하는 수문장의 절도 있는 행사를 구경한다. 대부분의 건물은 하늘을 뻗은 곡선의 기와지붕과 우직한 기둥의 근엄한 모습에 섬세한 문양과 화려한 색상의 단청이 어우러진 특징이 있다. 왕이 거처하던 곳은 위엄 있고 힘을 상징하는 문양으로 되어 있으며 왕비나 대비의 처소에는 아름다운 꽃담과 섬세한 문양으로 조각되어 있어 대조를 이룬다. 각 공간의 쓰임과 역할을 알려준 뒤 형태를 살펴보고 아이들에게 가장 마음에 드는 곳을 골라보게 한다.

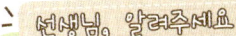

선생님, 알려주세요

Q 걷기 여행에 익숙지 않은 우리 아이, 어떻게 하면 좋을까요? 길을 가다가 자꾸 칭얼대거나 이것저것 요구사항이 많아져서 아이를 데리고 도보 여행을 하기가 여간 힘든 게 아닙니다. 어떻게 교육하는 게 좋은가요? 그리고 걷기 여행을 충분히 소화할 만한 나이는 대략 언제부터인지도 궁금해요

A 돌 지나서부터 걷기 시작해 두 돌 정도만 되어도 걷고 뛰는 게 능숙해진다. 얼마나 먼 거리를 혼자 걸을 수 있을지는 아이 나이, 체력과 연관되어 있다. 그러므로 평소 아이가 얼마나 걸으면 지쳐 하는지를 미리 알아보고 여행하는 정도를 정하면 된다. 그러나 잘 걸으면서도 걷지 않으려 하는 것은 아기처럼 의존적이고 해주기를 바라는 마음이 많은 아이여서 그렇다. 걸을 수 있는데 안 걸으려 한다고 야단만 칠 게 아니라 평소 부모의 태도에서 과잉 보호를 하시냐 살펴봐야 한다. 그리고 걸을 수 있는데도 부모가 먼저 염려해 유모차를 태우거나 안아주는 것은 아닌지도 봐야 한다. 또한 일상생활에서 밖에서 실컷 뛰놀게 하면서 체력 기르기가 자연스레 이뤄지는 활동을 얼마나 하고 사는지, 차로 쉽게 다니는 익숙한 생활을 하고 있는 것은 아닌지도 살펴봐야 한다.

토이키노장난감박물관/
TV에서 봤던 만화 캐릭터가 한가득

Main 박물관 전경 **1** 실제 크기에서 더욱 실감나는 배트맨 **2** 토이키노 입구 **3** 동심을 자극하는 장난감이 가득!

삼청동 내에 있는 토이키노장난감박물관은 개인이 수집한 만화와 영화의 캐릭터가 모여있는 박물관이다. 1관은 주로 영화와 관련된 장난감과 캐릭터가 전시되어 있고, 2관은 만화와 관련된 장난감으로 가득차 있다. 진열장 가득 빼곡히 들어 찬 장난감들은 어느 것 하나 놓치고 싶지 않은 볼거리다. 스머프, 스누피, 아톰 등 우리가 재미있게 봤던 만화 캐릭터는 물론, 애니메이션 주인공들이 전시되어 있다. 아이들은 눈앞에 펼쳐진 수많은 장난감들에 눈을 떼지 못하고 바라보며 어른들은 동심의 세계로 빠져 든다.

문의 02-723-2690(1관), 02-725-2690(2관)/ www.toykino.com
위치 서울시 종로구 삼청동 35-116(1관), 서울시 종로구 삼청동 63-19(2관)
요금 어른 5,000원 어린이 3,000원(만 5세 이상/1·2관 통합권)
이용시간 오후 1시~7시(전용 주차장 없음)
대중교통 경복궁에서 국립민속박물관 쪽으로 나오면 삼청동길 약 도보 10분/삼청파출소 지나서 수와레 건물 3층 **휴관일** 월요일

부엉이박물관/
부엉이를 테마로 한 이색 박물관

Muin 부엉이 벽화가 친근하게 다가오는 입구 **1** 차를 마시며 여유롭게 관람 **2** 부엉이와 관련된 물건이 모두 모여 있는 곳 **3** 온통 부엉이 세상

이곳은 개인이 수집한 부엉이 모양의 다양한 작품이 전시되어 있는 이색 박물이다. 부엉이 단 하나의 소재로 이렇게 많은 작품을 수집했다는 것에 감탄이 절로 나온다. 전시관 안에 테이블을 놓아 마치 찻집 같기도 한데 입장료 안에 차 값이 포함되어 부담 없이 들러 차를 마시며 관람할 수 있다. 진열장을 가득 메운 부엉이들은 물론이고 밖에 나와 있는 소품까지 다 부엉이로 되어 있어 그 안에 있는 내가 왠지 특별하게 느껴진다. 관람을 마친 후 부엉이 그림을 그리면 전시도 해주는데, 그 또한 하나의 작품이 된다.

문의 02-3210-2902/www.owlmuseum.co.kr
위치 서울시 종로구 삼청동 27-21
요금 어른 5,000원 어린이 3,000원(만 3세 이상/커피나 음료 한잔 포함)
이용시간 오전 10시~오후 7시(전용 주차장 없음)
대중교통 토이키노장난감박물관에서 삼청터널 방면으로 400m 정도 올라와서 청동시대 옆 골목으로 우회전 **휴관일** 월요일

배워봅시다

😊 부엉이는 왜 밤에 활동하나요?

부엉이는 눈이 크고 잘 발달되어 있어 작은 빛으로도 물체를 볼 수 있기 때문에 밤에 활동하며 먹이를 잡아먹는다. 그 밖에 밤에 활동하는 야행성 동물은 어떤 것이 있을까? 고양이는 눈이 빛을 반사해 밤에도 잘 보이며, 박쥐는 눈은 발달하지 않았지만 귀가 발달하여 초음파를 통해 물체의 위치와 거리를 파악한다. 반딧불이는 6월경 성충이 되어서 짝짓기를 하거나 교신을 위해 빛을 내며 밤에 활동한다. 하마는 피부가 민감하여 열에 잘 타기 때문에 밤에 주로 활동한다.

여기도 가보세요

삼청동길

왕복 2차선 도로에 한옥 마을과 오래된 건물들이 자리하고 있는 삼청동길은 아기자기하고 분위기 있는 카페와 음식점, 상점들이 들어서면서 유명해졌다. 한쪽 면을 책으로 가득 메우고 있는 북카페에서 향긋한 차 한잔의 여유를 즐기거나 길목의 이곳저곳 아담하고 개성 있는 상점도 둘러보자. 따끈하고 시원한 국물의 수제비를 먹으면 더없는 삼청동길 투어가 될 것이다. 많이 걷고 오랫동안 그곳에 머물고 싶기 때문에 아이들과의 나들이라면 편안한 복장과 여유 있는 마음이 필요하다.

위치 지하철 3호선 경복궁역 5번 출구 도보 15분/안국역 1번 출구 도보 15분/국립민속박물관 나오면 바로 삼청동길

서대문자연사박물관

지구의 생성 과정과 동물, 식물, 광물, 우주의 자연사에 관한 모든 것을 수집, 전시하고 있는 곳이다. 서대문구에서 설립하여 규모가 크고 볼거리도 많다. 1층 로비의 거대한 모형 공룡 아크로칸토사우루스와 날아다니는 공룡들이 아이들의 시선을 끈다. 크게 지구환경관, 생명진화관, 인간과 자연관으로 나뉘어 있다. 곳곳에 교육용 터치스크린, 3차원 입체 영상관 등이 있어 지루하지 않게 관람할 수 있다.

문의 02-330-8899/namu.sdm.go.kr
위치 서울시 서대문구 연희3동 산 5-58
요금 어른 3,000원 어린이 1,000원(만 5세 이상)
이용시간 오전 9시~오후 6시(동절기 오후 5시까지) **대중교통** 지하철 2호선 신촌역 1번 출구 버스 110번, 7720번/3번 출구 03번 마을버스/홍제역 3호선 7738, 7739 하차 지점
휴관일 월요일

서울 종로 · 삼청동에서 유용한
요모조모 정보 모음

아이들과 함께하기 좋은 맛집

경복궁 근처의 유명한 맛집
토속촌 삼계탕

문의 02-737-7444
위치 서울시 종로구 체부동 85-1
메뉴 삼계탕, 통닭, 파전
가격 13,000원

출출할 때 부담 없이 먹는 중국식 면 요리와 만두
천진포자

문의 02-739-6086 **위치** 서울시 종로구 소격동 127 정독도서관 정문 앞 **메뉴** 볶음면, 만두국, 지짐만두 등 **가격** 4,000~5,000원

Course 10 서울 종로·인사동

전통의 거리 인사동과
청량한 청계천

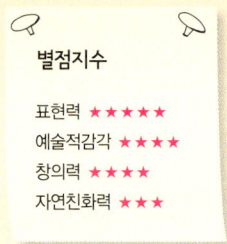

별점지수

표현력 ★★★★★
예술적감각 ★★★★
창의력 ★★★★
자연친화력 ★★★

Mom's Hidden Card

엄마의 비책

　인사동은 어른, 아이 할 것 없이 매력을 느끼는 동네다. 외지에서 찾아오는 이들이 많은 서울의 대표 관광 명소이기 때문에 언제나 활기가 넘친다. 보통의 경우, 이 같은 분위기에 휩쓸려 기분 좋은 하루를 보내겠으나 이런 밝은 기운이 언제나, 누구에게나 긍정적인 영향을 미치는 것은 아니므로 주의를 요한다. 너무 번잡한 곳에 있다보면 어느 순간 소외감을 느끼는 어른이 종종 있다. 더군다나 시내 나들이는 부모가 우울할 때 나서는 경우가 많으므로 이 같은 감정 기복이 나타나기 쉽다. 부모의 감정 상태가 아이에게 자연스레 전달된다면 결과적으로 그다지 유쾌하지 않은 가족나들이로 끝나버리기 십상이다. 부모가 우울해하면 아이에게 적절한 반응을 못해줄 것이고, 아이도 처음에는 함께 놀기를 요구하다 차츰 시들해져서 혼자만의 놀이를 하게 된다. 남들 눈에는 혼자 잘 노는 순한 아이로 보이겠지만 결코 바람직하지 못한 현상이다. 아이와 함께 시내 나들이를 할 때는 너무 붐비는 시간을 피하도록 하자. 도시의 활기찬 분위기를 만끽하려 하다가 오히려 역효과가 날 수 있다. 주말을 피해 약간 한가한 시간대에 방문한다면 아이와 부모 모두에게 적절한 자극이 될 것이다.

소요시간 6시간 베스트 여행시기 연중

1시간 소요 → 1시간 30분 소요 → 2시간 소요

인사동 ---- 도보 5분 ----> **쌈지길** ---- 2.5km/차로 10분 ----> **청계천**

인사동 / 전통문화가 한자리에 모여 있는 곳

Main 전통이 묻어나는 거리 **1** 곳곳에서 팔고 있는 전통 소품 **2** 곱게 자수 놓은 주머니 **3** 인사동의 대표 먹을거리인 호떡

1930년대부터 이 지역에 고미술 관련 상가가 자리 잡으면서 시작된 인사동길은 전통문화와 현대문화가 자유롭게 공존하는 공간이다. 언제나 다양한 문화 행사, 전시회, 축제 등을 볼 수 있다. 화랑, 골동품점, 미술품점, 찻집 등은 한국 고유의 문화를 느끼고 배울 수 있는 곳으로 언제 찾아도 정겨움이 느껴진다. 각종 공예품과 앙증맞은 소품을 구경하는 것은 이곳에서만 느낄 수 있는 재미이다. 화랑에 들어가 작품도 감상하고 분위기 있는 찻집에서 차를 마시는 여유를 만끽하자. 대표적인 미술관인 경인아트센터와 인사아트센터를 놓치지 말 것.

문의 02-731-1177(종로구 문화진흥 담당) / www.goinsadong.co.kr **위치** 서울시 종로구 인사동 63번지~관훈동 136번지 종로2가에서 인사동을 지나 관훈동 북쪽 안국동사거리까지 **대중교통** 지하철 1호선 종각역 도보 3분 / 3호선 안국역 도보 1분 / 1·3·5호선 종로3가역 도보 3분

쌈지길 / 전통과 현대가 어우러진 개성 넘치는 공간

Main 경사진 길을 따라 올라가면 어느새 4층 도착 **1** 글씨체가 독특한 간판 **2** 화려한 색감의 안내판 **3** 건물 입구

인사동의 전통적인 요소에 현대적인 디자인을 가미한 '쌈지길'은 70여 개의 가게가 모여 있는 4층 규모의 큰 건물이다. 이곳을 쌈지길이라고 부르는 이유는 건물을 완만한 램프로 이동하며 길을 걷는 것처럼 올라 4층까지 갈 수 있기 때문이다. 처음 건물에 들어서면 소품과 액세서리 매장이 반기는 '첫걸음길'이다. 한 걸음 더 가면 도자기 가게가 늘어선 '두오름길', 한복점이나 전통 가구점은 '세오름길'에 자리한다. 갤러리와 음식점은 '네오름길'에 있다. 지하의 '아랫길'에서 옥상 휴식공간인 '하늘마당'에 이르기까지 모든 공간이 한 길로 연결된 흥미로운 복합공간이다.

문의 02-736-0088/insa.ssamziegil.com
위치 서울시 종로구 관훈동 38번지
대중교통 지하철 3호선 안국역 6번 출구 종로경찰서 방향 인사동 일방통행길/크라운베이커리 골목에서 100m

이렇게 놀아요 How to play

😊 독특한 건물을 감상하며 길을 걸어요

쌈지길 가운데에는 커다란 광장이 있고 그 광장을 둘러 직사각형의 완만한 램프를 따라 올라가면 어느새 2층에 와 있고, 또 어느새 3층에 이른다. 계단이 없이 비탈진 길로 연결되어 누구에게나 재미있고 신기한 공간이 된다. 길을 걸으며 사각형 모양의 광장을 내려다보는 것도 재미있다. 건물 곳곳에 독특한 디자인의 조형물과 벽 그림, 정감 어린 손글씨 등 눈길을 끄는 요소가 많다. 참신한 아이디어의 작품들을 보며 미술에 대해 자유롭게 생각하고 주제의 범위를 늘려 창의력을 키울 수 있다.

길목 곳곳에 전시되어 있는 재미있는 작품들

전통과 현대가 공존하는 상점

기둥 위에 꾸며진 나무 사진

강렬한 문양의 벽 그림

선생님, 알려주세요

Q 쌈지길처럼 정신없이 붐비는 공간은 내성적인 아이의 외향성을 끌어내는 데 도움이 되나요? 아니면, 활동적인 아이를 데려와야 효과적으로 공간을 즐길 수 있나요?

A 사람들로 북적대는 공간은 내성적인 아이, 활동적인 아이, 부모 모두에게 도움이 되지 않는다. 쌈지길을 즐기기 이전에 사람이 너무 많으면 아이의 안전과 다른 사람들에게 아이가 피해되는 행동을 하지 않도록 살펴야 하기 때문에 신경 쓸 일이 많다. 그러므로 우선은 사람이 적은 시간대와 요일을 선택해 방문하자. 그래야 충분히 쌈지길에 펼쳐진 다양한 물건을 구경하고 행사 등을 즐길 수가 있다.

청계천/
도심 한복판을 가로지르는 개울

Main 청세친 광장에서 열리는 다양한 전시 **1** 아슬아슬 징검다리 **2** 광통교에 대해 설명하는 선비 복장의 해설사 **3** 보들보들 간지러운 갈대

2003년부터 시작된 청계천 복원 사업으로 도로를 걷어내고 빛을 보게 된 청계천은 도심에서 자연을 느낄 수 있는 곳이다. 태평로와 맞닿아 있는 청계1가에서 청계9가 신답철교까지 약 5.8km의 청계천 구간에는 놀거리와 볼거리가 많다. 청계천이 시작되는 청계광장에서부터 이름도 모양도 가지가지인 22개의 다리와 13개의 조형물은 서울의 역사와 문화를 배우고 느끼기에 손색이 없다. 청계천의 역사를 알려주는 데 유용한 청계천문화관, 청계고가도로의 모습을 일부 남겨 둔 존치교각, 새들이 서식하고 있는 버들습지 등에서 청계천을 더욱 깊이 알 수 있다. 밤이면 형형색색의 조명과 아름다운 분수 쇼가 마음을 사로잡는다.

문의 02-2290-7111/cheonggye.seoul.go.kr
위치 시청역과 광화문역 사이 동아일보 빌딩 앞
대중교통 지하철 1호선 시청역 4번 출구 300m 청계광장 시작

이렇게 놀아요 How to play

😊 청계천 주변에도 볼거리가 많아요
청계5~6가 사이에 있는 평화시장 1층에는 헌책방이 밀집해 있어 책 구경을 하면서 저렴한 값에 책을 살 수 있어 좋다. 청계7가의 애완동물 시장에서는 강아지, 원숭이, 토끼, 고양이, 뱀, 카멜레온 등 다양한 애완동물을 구경할 수 있다. 새벽다리 옆의 광장시장 먹자골목은 옛 시장의 정취를 그대로 느낄 수 있다.

😊 버스 투어를 이용해요
버스를 이용해 투어를 할 수도 있는데 서울문화관광 홈페이지에서 미리 예약을 해야 한다. 버스 승차장은 동화면세점 앞이며 빨간색 2층 버스로 되어 있어 한눈에 들어온다. 가장 인기 있는 2층의 왼쪽 자리에 앉으려면 예약을 하는 것이 좋다. 투어 소요 시간은 약 1시간 30분이다.

배워봅시다

😊 다리의 이름에는 어떤 의미가 있나요?
청계천에 놓인 22개 다리는 각각의 모양만큼이나 특별한 의미가 담겨 있어 선조들의 생활상을 짐작할 수 있다. 옛날 과일 파는 가게를 '모전'이라 불렀는데, 다리 근처에 모전들이 많았다고 해서 모전교라는 이름이 지어졌다. 한편, 마전교는 소와 말을 사고파는 '마전'이 있어 생겨난 이름이다. 누런 학이 날아왔다는 전설에서 붙여진 황학교, '크고 넓은 다리'라는 뜻의 광교, 청계천과 중랑천의 두 지류가 합쳐진다는 의미의 두물다리 등 재미난 이름이 많다.

물고기떼가 훤히 보이는 깨끗한 청계천

자연을 느끼며 걷기 좋은 청계천길

시원한 물줄기가 뿜어져 나오는 벽천분수

음향 효과를 들을 수 있는 정조반차도

여기도 가보세요

청계천문화관

이곳은 청계천 복원 사업을 기념하기 위해 건립되었다. 청계천의 역사를 주제별로 전시하고 있으며, 복원 이후 도시 변화의 모습도 보여준다. 복원 모습의 위성 사진을 바닥에 전시해 놓아 위에서 내려다보는 도심의 모습을 감상할 수 있다. 청계천의 아름다운 경관을 배경으로 기념촬영도 해 본다.

문의 02-2286-3410/www.cgcm.go.kr
위치 서울시 성동구 마장동 527-4
대중교통 지하철 2호선 상왕십리역 2번 출구/8번 마을버스 성동사회복지관에서 하차
요금 무료 **관람시간** 평일 오전 9시~오후 9시 주말·공휴일 오전 9시~오후 7시(동절기 오후 6시까지) **휴관일** 월요일

서울 종로 · 인사동에서 유용한
요모조모 정보 모음

아이들과 함께하기 좋은 맛집

정성스런 손만두와 보쌈이 맛있는 집
궁

문의 02-733-9240 **위치** 서울시 종로구 관훈동 30-11 경인미술관 맞은편
메뉴 만둣국, 만두전골, 보쌈, 녹두부침 **가격** 개성만둣국 8,000원 전골 20,000원

다/녀/와/서

준비물 부채(사용하던 부채도 가능), 한지, 풀

한지 부채 만들기(인사동)

부채에 한지를 붙여 고유의 멋을 느낄 수 있는 부채를 만들어 봐요.

1. 부채에 어떤 문양을 그릴지 생각해 본다.
2. 한지용 부채가 있으나 집에 있는 쓰던 부채를 이용해 그 위에 한지를 붙여도 된다.
3. 한지를 찢어 자유롭게 오려 붙인다.
4. 편지보 모양을 내거나 나뭇잎 등의 자연적인 소재를 활용한다.

Course 11 서울 종로 · 대학로

국립서울과학관 체험과 창경궁 산책

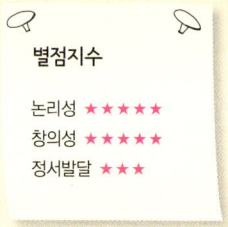

별점지수

논리성 ★★★★★
창의성 ★★★★★
정서발달 ★★★

엄마의 비책

국립서울과학관은 최근 몇 년간 다채로운 특별 전시를 성공적으로 개최함으로써 많은 부모들이 손꼽는 대표적인 전시 시설로 자리 잡았다. 특별전 외에 상설전시도 풍성하게 준비되어 있어 추천할만하다. 더구나 함께 연계해 돌아볼 수 있는 창경궁은 과학관과 전혀 다른 분위기의 공간이라 하루 여행 코스를 지루하지 않게 설계할 수 있다. 본 코스에서 다루진 않았지만, 대학로 일대에서 공연을 만끽하는 것으로 하루를 마무리해도 좋다.

요즘 부모들은 아이들에게 다양한 문화 체험의 기회를 주는 게 당연하다 여기고 실제로 많이 노출시키는 편이다. 대학로는 연극의 메카로 잘 알려진 곳인데, 최근에는 뮤지컬, 발레, 미술관 전시, 음악 공연 등으로 장르가 확대되면서 선택의 폭이 넓어졌다. 그런데 간혹 지나친 교육열로 뭐든지 아이에게 보여주려 하거나 욕심 부리면서까지 문화 공간을 드나드는 부모들이 있다. 문화 체험도 자연스러워야 차츰차츰 눈과 귀, 마음이 열리게 됨을 기억하자. 이벤트성 문화 체험은 그다지 큰 효과를 기대하기 어렵다는 소리다. 더욱이 싫어하는 장르의 경험을 억지로 시킨다면 역효과까지 날 수 있다.

국립서울과학관 / 과학에 자신감이 쑥쑥

Main 4층의 우주과학 전시실 **1** 재미있는 실험으로 익히는 에너지의 중요성 **2** 신기한 연주 로봇 **3** 박제 조류를 전시하는 자연과학관

과학 기술에 대한 정보와 지식을 전달하는 곳이다. 4층 규모로 과학의 원리, 자연, 우주, 과학 체험까지 할 수 있다. 1층은 기초과학전시실로 60여 가지의 체험 시설을 만들어 놓았다. 2층 전시실은 고생물, 지질, 어류, 패류, 파충류 등이 디오라마와 작동 모형으로 재현되어 있으며 신기한 거울의 방이 있다. 3층은 인체의 신비와 인류의 진화 과정, 4층은 우주관으로 구성되어 있다. 어렵고 복잡하게 느껴질 수 있는 과학을 직접 체험하고 접하면서 자신감이 생긴다.

Tip 국립서울과학관을 관람한 뒤 연결된 '과학의 문'을 통해 창경궁으로 입장할 수 있고, 반대로 창경궁에서 국립서울과학관으로 입장할 수도 있다.

문의 02-3668-2200 / www.ssm.go.kr
위치 서울시 종로구 와룡동 2번지
요금 어른 1,000원 어린이 500원(만 6세 이상)
창경궁 공동관람료 어른 1,500원 어린이 700원
이용시간 오전 9시 30분~오후 6시
대중교통 지하철 4호선 혜화역 4번 출구
휴관일 월요일·공휴일 다음날

이렇게 놀아요 How to play

😊 거울나라에 가요
2층에 자리한 거울의 방은 아이들에게 가장 인기 있는 곳이다. 거울이 반사되어 비치는 원리를 이용해 여러 가지 형태의 거울을 전시하고 있다. 거울에 비친 물체가 서로 반사되어 다양한 무늬를 내는 대형 만화경에 나의 모습을 비춰 본다. 또한 각도가 움직이는 거울 두 장을 움직이며 몇 개로 보이는지 볼 수 있다. 거울의 측면에서 몸의 반쪽만 비추며 대칭놀이도 할 수 있다.

😊 과학 원리를 이용한 체험 교실이 있어요
3층에 자리한 체험장에는 우주 왕복선 만들기, 탁본 인쇄, 마법의 손, 오리 꽥꽥이, 바람개비, 원숭이 철봉놀이 만들기 등 과학의 원리를 이용한 만들기를 할 수 있다. 수준별 체험 연령이 나뉘어 있으며 무료로 진행되는 프로그램도 많다. 과학과 미술을 접목한 체험 '마법의 손'은 왁스로 손 모양을 만들어 3원색의 변화를 체험하며 색에 대한 이해를 돕는 인기 프로그램이다.

체험시간 오전 10시 30분~오후 4시
체험료 3,500원 선

여러 각도에서 비친 자신을 보며 패턴의 변화를 경험

가까이 갈수록 멀어지는 신기한 거울

왁스를 이용해 만드는 마법의 손

선생님, 알려주세요

Q 과학체험교실에 오면 연령대에 맞게 프로그램이 짜여 있는데, 아이가 굳이 높은 연령대의 프로그램에 참여하겠다고 고집을 피워요. 같이 온 친구들과 어울리는 문제도 있고, 전문가의 조언에 따라 짜여진 프로그램을 무시하는 점도 좀 그렇고요. 그런데 한편으로 자신감이 넘치는 게 나쁜 건 아니잖아요? 괜히 혼냈다가 아이 기를 꺾을까 걱정도 됩니다. 이럴 땐 어떻게 해야 하나요?

A 과학체험교실 등 다양한 체험을 통해 아이의 호기심을 자극하고 창의성을 높여 자신감이 있는 아이를 키우고 싶은 게 부모 마음이다. 그러나 유감스럽게도 단체 활동에는 개인의 능력별 고려까지는 기대할 수 없으므로 할 수 없이 기관의 진행 방침을 따를 수밖에 없다. 안타깝지만 아이에게 맞는 교육은 다른 상황에서 찾고 과학체험교실에서는 사회성 기르기를 연습하는 곳으로 생각하자.

창경궁/
도심 속 숨겨진 우리의 보물

Main 고풍스런 창경궁 정문 **1** 민들레 홀씨야, 멀리 날아가라! **2** 세월의 흔적을 말해주는 저수지 **3** 전통을 배우는 궁궐체험학교

창경궁은 세종대왕이 1418년 생존한 상왕인 태종을 모시기 위해 지었다. 그 뒤 순종 3년(1909년) 일제에 의해 창경궁에 식물원과 동물원이 개설되었고 1911년 '창경원'이라 이름을 고쳐 그 격을 떨어뜨렸다. 그러나 1986년 다시 창경궁으로 복원되어 우리 역사의 보물로 사랑받고 있다. 고된 역사 속에서 꿋꿋이 자리를 지켜 궁궐로 다시 태어난 창경궁의 모습이 더욱 아름답다. 궁궐 왼쪽에 있는 궁궐체험학교에서 아이들을 위한 체험 프로그램도 마련되어 있다.

Tip
국립서울과학관과 창경궁은 붙어 있어 바로 걸어서 관람할 수 있으나 두 곳 모두 식당이 없어 먹을거리를 미리 준비하는 것이 좋다.

문의 02-762-4868/cgg.cha.go.kr
위치 서울시 종로구 와룡동 2-1
요금 어른 1,000원 어린이 500원(만 6세 이상)
국립서울과학관 공동관람료 어른 1,500원 어린이 700원 **이용시간** 오전 9시~오후 6시(동절기 오전 9시~오후 5시 30분)
대중교통 지하철 4호선 혜화역 4번 출구
휴관일 화요일

이렇게 놀아요 How to play

😊 여유로운 산책을 즐겨요
창경궁 안은 넉넉한 연못과 멋진 곡선으로 나뭇가지를 늘어뜨리고 있는 오래된 소나무들, 기품 있는 궁궐 건축물이 함께해 평화롭고 잔잔한 아름다움이 느껴진다. 각 건물들은 저마다 기능과 미를 자랑하며 고풍스럽게 자리하고 있고, 섬세한 문양과 튼튼한 목조건축에서 선조들의 지혜를 느낄 수 있다. 한국식 정원에서 궁궐 주변을 한 바퀴 도는 것만으로도 자연과 함께하는 즐거운 산책이 될 것이다.

😊 궁궐체험학교를 다녀요
창경궁의 전반적인 이해와 흥미를 돋우며 궁궐에 대해 더욱 친숙하게 다가가기 위한 다양한 체험 프로그램이 마련되어 있다. 궁궐에 대한 설명을 들으며 답사를 하거나 단청 문양을 이용한 액자 만들기, 야생 녹차 체험, 투호 등의 궁궐놀이를 할 수 있다. 기간마다 내용이 조금씩 다르니 내용과 시간을 확인한 후 방문한다.

문의 02-743-3319/www.goldstory.kr(체험교육연구소)

오래된 고목 아래에서 즐기는 여유로움

나무에 살고 있는 곤충 관찰하기

궁궐체험학교에서 만들기

우아한 곡선미를 뽐내는 소나무숲

선생님, 알려주세요

Q 궁궐, 전통 가옥에는 전혀 관심이 없던 아이가 최근 TV에서 방영되는 역사 드라마를 보고 흥미를 보이기 시작했어요. 역사에 관심을 갖게 돼 반갑긴 하지만 사극의 스토리와 역사적 사실을 혼동할까 봐 좀 걱정이네요. 전문가들은 사극의 교육적인 효과를 어떻게 평가하나요?

A 사극은 역사적 사실 그대로이기보다는 시청자에게 맞추다 보니 왜곡되거나 과장된 묘사가 있을 수밖에 없다. 아이가 이해할 수 있는 나이가 되면 그때는 드라마가 만들어지는 상황을 설명하고 역사적 사실과 드라마를 구분지어 분리시키면 된다. 다큐멘터리나 교육 프로그램이 아닌 드라마는 극적인 효과를 이용하기 위해 허구적 상상력이 동원되는 것을 이해시킨다. 드라마라는 것은 항상 상상의 날개를 펼치는 장이므로 교육과 연결짓지 않고 생각한다면 좀 편하게 이런 차이를 받아들일 수 있지 않을까.

여기도 가보세요

마로니에공원

젊은이들의 아지트라고 할 수 있는 이곳은 1975년 서울대학교 문리대학과 법과대학이 관악캠퍼스로 옮긴 뒤 공원으로 조성되었다. 이곳에 심은 마로니에나무가 상징이 되어 마로니에공원이라 불린다. 어린이 놀이터, 야외 무대, 연못, 분수공원 등의 시설을 갖췄으며 공원의 중심부에는 문예회관대극장과 바탕골소극장, 샘터파랑새극장 등의 소극장이 있다. 곳곳에서 거리 공연을 하는 사람들의 모습을 쉽게 볼 수 있으며 예쁜 카페들이 있어 아이들과 함께 차를 한잔 마시는 것도 좋다.

문의 02-731-0585
위치 서울시 종로구 동숭동 1-121
대중교통 지하철 4호선 혜화역 2번 출구

서울 종로 · 대학로에서 유용한
요모조모 정보 모음

아이들과 함께하기 좋은 맛집

저렴한 가격에 골라 먹는 재미가 있는 오므라이스 전문점
오므라이스 팩토리

문의 02-744-1557/cyworld.co.kr/omuraisufactory **위치** 서울시 종로구 동숭동 1-97 틴틴홀 2층
메뉴 오므라이스, 카레, 샐러드 **가격** 런치 세트 5,900원

다/녀/와/서

준비물 두꺼운 도화지, 쿠킹포일, 풀, 가위, 반짝이풀, 매직

쿠킹포일로 왕관 만들기(창경궁)

나만의 멋진 왕관을 만들어 왕이 되어 봐요.
조물조물 쉽게 모양을 내는 쿠킹포일놀이도 재미있어요.

1. 두꺼운 도화지에 길게 왕관을 그린 뒤 가위로 오린다.
2. 두꺼운 도화지 위에 쿠킹포일을 풀로 붙여 씌운다. 금색이나 은색 골판지를 사용해도 좋다.
3. 쿠킹포일로 뭉치고 모양을 만들어 보석을 붙이거나 반짝이풀 등을 이용해 그림도 그린다. 부스럭부스럭 잘 구겨지고 모양이 만들어지는 쿠킹포일의 느낌을 충분히 느끼며 놀 수 있도록 한다.
4. 끝부분을 이어 붙여 동그랗게 왕관을 만든 후 쓰고 놀아본다.

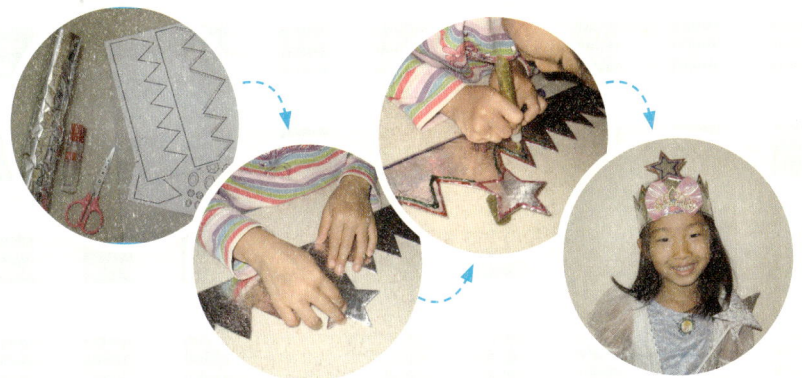

course 12 경기도 파주 I 동화 같은 딸기가좋아 장난감 천국 한립토이뮤지엄_104   **course 13 경기도 파주 II** 이국적인 파주영어마을과 알록달록 프로방스마을_114   **course 14 경기도 장흥** 장흥아트파크와 송암천문대 별 구경 달 구경_122   **course 15 경기도 이천** 토야랜드에서 신나는 오감발달 흙놀이_128   **course 16 경기도 용인 I** 신나는 자동차 세상 삼성교통박물관과 호암미술관 산책_134   **course 17 경기도 용인 II** 덩덩덕쿵덕 경기도국악당과 한국민속촌 여행_140   **course 18 경기도 안성** 동화 속 허브마을과 남사당전수관 풍물놀이_148   **course 19 경기도 분당** 환경 전시관 캐니빌리지와 눈이 뜨이는 디자인체험관 DEX_156   **course 20 경기도 남양주** 주필거미박물관 곤충 체험과 남양주종합촬영소_162   **course 21 경기도 고양** 테마동물원 쥬쥬에서 동물과 교감하는 하루_170   **course 22 경기도 과천 I** 서울대공원 자연캠프장에서 캠핑하며 자연과 하나 되기_176   **course 23**

경기도 · 인천

경기도 과천 Ⅱ 과학자의 꿈을 키워주는 국립과천과학관 **_182** course 24 경기도 과천 Ⅲ 가족 나들이 1번지 경마가족공원과 서울대공원**_188** course 25 경기도 부천 똑똑한 로봇이 사는 로보파크와 아인스월드 세계여행**_196** course 26 경기도 화성 하내테마파크와 누에섬전망대에서의 에코 트레블**_202** course 27 경기도 안산 · 인천 영흥 에너지파크 체험과 동주염전 소금 만들기**_210** course 28 경기도 가평 낭만 가득한 남이섬과 어린왕자가 사는 쁘띠프랑스**_216** course 29 경기도 김포 · 강화 옥토끼우주센터 탐험과 신기한 유리박물관**_224** course 30 인천 차이나타운에서 체험하는 작은 중국 **230**

Course 12 경기도 파주 I

동화 같은 딸기가좋아
장난감 천국 한립토이뮤지엄

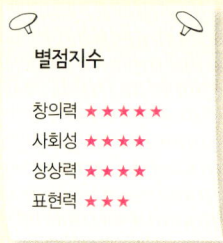

별점지수

창의력 ★★★★★
사회성 ★★★★
상상력 ★★★★
표현력 ★★★

엄마의 비책

헤이리에 있는 캐릭터 문화 공간 '딸기가좋아'라는 곳은 어른 아이 할 것 없이 여성들이 좋아하는 장소다. 핑크빛 공간이 여자아이의 환상을 자극하기도 하고, 엄마들한테도 동화 속 공주가 된 것 같은 기분을 느끼게 해줄 것이다. 아이들은 이렇게 예쁜 공간에서 사랑받는 공주의 환상을 품게 된다. 이런 환상이 지나치면 해가 되겠으나 한 번쯤 꿈꿔온 환상을 눈 앞에서 재현한 공간에 다녀가는 것은 매우 강렬한 기억으로 남아 행복감을 만끽하게 해줄 것이다. 딸기가좋아가 자리한 헤이리는 그 자체가 서울에서 보던 동네와는 완전히 다른 분위기인데다가, 딸기가좋아에 마련된 각각의 공간은 아이들 눈에 시각적인 자극으로 다가오기 때문이다.

근처에는 걸어서 갈 수 있는 한립토이뮤지엄이 있는데, 아이들이 역할놀이를 할 수 있는 자그마한 가상 사회가 꾸려져 있는 곳이다. 앞선 딸기가좋아와는 전혀 다른, 현실감 있는 공간 구성이 돋보인다. 미용실, 병원, 학교, 시장, 공사장, 주유소 등에서 아이들은 어른이 된 것처럼 느끼며 역할놀이에 빠져들 것이다. 서로 상반된 두 공간을 함께 연계하며 아이들의 반응을 보는 것도 부모로선 흥미로운 일일 것이다.

소요시간 7시간 베스트 여행시기 3~10월

4시간 소요 → 2시간 소요

딸기가좋아 ······도보 5분······ **한립토이뮤지엄**

딸기가좋아,
아이들의 놀이터 천국

Main 컬러풀한 대형 딸기 볼풀놀이장 **1** '책이 좋아'의 문어쿠션 **2** 귀여운 딸기 캐릭터 친구 **3** '빠삐에 친구' 전경

깜찍한 딸기소녀 캐릭터로 너무나 유명한 딸기가좋아. 커다란 건물 안에 들어가 있는 다양한 어린이 놀이터는 아이들의 천국이다. 분명 아이들을 위한 놀이 공간인데 곳곳에 옛날을 떠올리게 하는 캐릭터와 디자인으로 어른들의 동심을 동시에 자극한다. 귀여운 캐릭터 인형과 코믹한 그림들, 기발한 아이디어의 설치물들과 함께 놀다 보면 창의력이 쑥쑥 자라난다. 미리 계획을 세워 시간 여유를 두고 다양한 전시관을 돌아본다면 색다른 체험이 될 것이다.

Tip
마카로니테마파크는 시간대별로 입장 인원 제한이 있으니 이곳부터 먼저 예약한다.

문의 031-949-9273/www.ilikedalki.com
위치 경기도 파주시 탄현면 법흥리 1652-134번지
입장료 전시관별 7,000~12,000원(두 가지 구매 시 20% 할인, 세 가지 이상 구매 시 30% 할인)
관람시간 평일 오전 10시 30분~오후 7시, 주말 오후 8시까지(동절기 평일 오후 6시까지, 주말 오후 7시까지) **휴관일** 월요일

이렇게 놀아요 How to play

😊 딸기네 집에 놀러 가요

깜찍한 딸기 캐릭터 체험 공간으로 알록달록 예쁜 딸기네 동네가 꾸며져 있어 동화 속에 온 듯하다. 1층은 딸기 캐릭터 판매 숍과 딸기의 생활 공간이 꾸며져 있고 2층으로 올라가는 슬로프에는 재미있는 '똥이'의 이야기가 있다. 2층에는 커다란 딸기 볼풀과 미끄럼틀, 망치놀이를 할 수 있는 공간으로 꾸며져 있다. 옆으로 난 계단을 통해 내려오면 똘밤체육관이 있는데 트램펄린, 공놀이, 미끄럼 등의 다양한 신체놀이를 할 수 있다.

망치로 콩콩 두드려서 하는 볼풀놀이 공간

신체 활동을 하기에 그만인 똘밤체육관

선생님, 알려주세요

Q 깜찍한 캐릭터가 진열된 공간에 오면 항상 분홍색만 고르는 아이의 습성을 어떻게 해석해야 할까요?

A 분홍색을 좋아하여 옷은 물론이고 머리핀부터 구두, 핸드백, 시계 장난감 반지 등 아이가 가진 모든 것을 분홍색으로 꾸미는 것을 행복해하는 여자아이들이 있다. 대체로 여자아이는 분홍색을 선호하지만 지나칠 정도로 모든 것을 꾸미려고 한다면 귀엽고 예쁘고 사랑받는 공주의 이미지를 늘 마음속에 그리는 경우다. 지나치게 사랑받으려 하는 아이는 어떻게 하면 관심을 끌 수 있을까에만 늘 신경이 곤두서 있다. 그러기에 조금이라도 관심이 벗어난 것 같으면 서운하고 화가 나서 부모에게 괜스레 신경질과 짜증을 잘 부리게 된다. 요즈음은 외동이가 많아 모두 공주나 왕자로 대접받고 크는 경우가 많다. 분홍색을 좋아하는 아이는 놀이치료실에서 놀이할 때 음식 만들기를 하거나 동물 인형을 가지고 돌보기놀이를 하든지 보살핌의 주제를 가지고 놀이를 한다. 음식도 예쁘게 장식하고 꾸미기를 하는 데 열중하고 인형에게 우유를 먹이고 안아주고 업어주는 놀이에 열중한다. 엄마가 갓난아이를 돌보듯 섬세한 보살핌과 안전을 바라는 마음을 놀이로 펼치는 것이다. 외동아이는 부모의 사랑을 독차지하는 데 익숙해져 있다. 그러나 지나친 보살핌을 받은 아이는 늘 엄마 품에 안긴 갓난아이처럼 따뜻한 느낌을 원하기에 조금만 힘들고 어려워도 주저앉고 쉽게 포기한다. 또한 자신이 주목받지 않는 상황을 못 견디고 조금만 관심이 멀어져도 불안해지면서 짜증과 신경질을 자주 내는 아이가 된다. 외동아이를 키우는 것은 정서적으로 더 신경 쓰이는 일이다. 갓난아이에게 하던 사랑의 표현을 아이가 커가는데도 여전히 한다면 아이는 늘 사랑받고 싶어 매달리고 조금만 관심이 멀어져도 외롭고 허전한 마음속에서 살게 된다. 부모의 사랑도 절제가 필요한 법이다.

숲과 바다놀이터에서 놀아요

약 924㎡(280평) 규모의 2층에는 '숲이좋아' '바다가좋아' '책이좋아'의 세 가지 컨셉트로 꾸며진 공간이 자리하고 있다. '숲이좋아'는 나무와 과일 오브제 속에서 뛰어놀 수 있게 되어 있으며, '바다가좋아'에서는 바다가 출렁이는 듯한 공간에서 잠수함 탐험도 할 수 있다. 숲과 바다의 공간 한쪽에는 예쁜 책장으로 꾸며진 도서관이 있다.

웨스턴 마카로니테마파크에서 체험해요

놀이 교사와 함께하는 체험 학습 공간으로 목공놀이, 동굴 탐험, 치즈 만들기, 모래놀이, 인디언놀이의 다섯 가지 테마로 진행된다. 시간은 각 15분씩 1시간 30분 정도 소요된다. '목공놀이'는 목재로 된 장비와 나무로 뚝딱뚝딱 여러 가지 모형도 만들고 두들기고 분해하는 놀이이며, '동굴 탐험'은 동굴 속으로 들어가 스티로폼 더미 안에서 보물을 찾는 놀이를 한다. '치즈 만들기'는 우유도 짜보고 간단하게 치즈도 만들어 먹어보며, '모래놀이'에서는 인체에 유해하고 잘 뭉쳐지는 모래를 이용해 여러 가지 모형을 만들어 본다. 마지막 '인디언놀이'에서는 인디언이 되어 가운데 있는 북을 치며 노래를 불러 보는 체험이다. 시간이 정해져 있어 짧긴 하지만 선생님이 함께해 아이들의 집중도가 높고 알찬 시간을 보낼 수 있다.

문의 www.macaronipark.com(예약 필수)

'숲이좋아'의 놀이 공간

'숲이좋아'의 놀면서 책을 볼 수 있는 독서 공간

치즈 만들기 체험

'바다가좋아'의 바닷속 덤플링

😊 빠삐에 친구들 만나요

프랑스의 미술 교육을 빠삐에 친구들과 함께 배우고 체험하는 곳이다. 1관에서는 종이로 만든 동물들의 세상인 〈빠삐에 친구〉 애니메이션을 보여준다. 2관에서는 종이를 이용해 간단한 만들기와 다양한 놀이 체험도 할 수 있다. 종이로 만든 페이퍼 샌드로 모래놀이를 하며 볼풀놀이, 음악놀이, 신체놀이 등을 할 수 있다. 아이들이 좋아하는 체험들로 가득한 곳이다.

😊 20세기소녀소년관에서 추억을 떠올려요

1970년~90년대까지의 장난감과 놀잇감 등이 전시되어 있는 곳으로 옛 추억에 대한 향수를 불러일으킨다. 전시관의 내부는 그 시대의 상점으로 꾸며져 있어 더 재미있고 정겹다. 엄마가 어릴 적 갖고 놀았던 장난감과 학용품들을 보여주며 지금 사용하는 물건과 비교해 본다.

애니메이션 상영관인 빠삐에극장

1970년대로의 과거 여행

빠삐에 친구들을 직접 만들어 보는 체험 시간

발로 치는 걸리버피아노

다양한 신체놀이를 할 수 있는 신나는 놀이 공간

한립토이뮤지엄/
장난감놀이의 진수

Main 예쁜 인형이 가득한 공간 **1** 한립토이뮤지엄 외관 **2** 레고로 만든 정교한 건물 **3** 세계 유명한 장난감 전시관

장난감 회사인 한립토이즈에서 운영하는 이곳은 아이들에게 필요한 놀이를 한 단계 발전시켜 그동안 경험하지 못했던 장난감 세상을 보여준다. 지하 1층의 스토리랜드는 실제 3분의 2 크기로 제작된 동화 속의 작은 마을에서 어른들의 역할을 직접 체험하는 상상 놀이 공간이다. 이곳의 장난감과 시설 하나하나가 아이들의 눈높이에 맞춰져 있어 재미있고 흥미롭게 접할 수 있다. 2층의 토이랜드는 세계의 유명한 장난감이 전시되어 있으며, 3층의 한립토이 체험관에서는 자사에서 생산하는 여러 장난감을 만날 수 있다. 수많은 장난감을 다 만나고, 놀고 가려면 시간을 여유 있게 잡아야 한다.

문의 031-957-8470/www.hanliptoymuseum.co.kr **위치** 경기도 파주시 탄현면 법흥리 1652-275번지 **요금** 전체 이용 어른 9,000원 어린이 14,000원(만 2세 이상) **2·3층 이용** 5,000원 **지하 1층 스토리랜드 이용** 어른 5,000원 어린이 10,000원 **관람시간** 오전 11시~오후 6시 **휴관일** 월요일, 넷째 주 화요일

이렇게 놀아요 How to play

😊 스토리랜드에서 역할놀이해요
패션 숍, 미용실, 병원, 학교, 시장, 공사장, 주유소, 공부방 등 20개의 공간으로 꾸며진 곳에서 주인공이 되어 역할놀이를 한다. 아이들의 크기에 맞게 제작된 아기자기한 공간에서 그에 맞는 의상과 소품을 사용할 수 있어 상상력을 자극한다. 여자는 남자의 역할을, 남자는 여자의 역할을 할 수 있어 다양한 놀이를 경험하는 것도 장점이다. 미래의 꿈에 대해 얘기해 보고 구체적으로 접근해 보는 것도 좋은 경험이 될 것이다.

😊 전 세계 장난감과 인형들을 만나요
2층의 전시관에는 전 세계 희귀한 인형과 장난감 등 2,000여 점이 전시되어 있다. 곳곳에 있는 포토존에서는 인형들과 함께 사진을 찍을 수 있다. 남자아이들이 좋아하는 로봇, 자동차, 레고 등을 비롯해 여자아이들이 좋아하는 다양한 캐릭터의 인형들이 전시되어 있어 동심의 세계에 빠져든다. 슬로프로 연결되어 있어 아이들이 안전하게 다닐 수 있으며 1층의 기차카페에서 차를 마시는 것도 재미있다.

추억의 아톰 인형

비행기 조종사와 스튜어디스 체험

소방관 체험을 위한 공간

옷 가게에서 옷도 사고 캐릭터 의상 입어보기

미용실의 미용사 체험

아이들의 눈높이에 맞게 꾸며진 아기자기한 공간

선생님, 알려주세요

Q 이곳에 있는 장난감을 가지고 놀면서 내 것처럼 느끼는지 다른 아이가 장난감을 만지려 하면 격한 거부감을 보입니다. 아무리 설명해도 공동 소유물이라는 개념이 없는 건지 이해시키기가 힘드네요. 이런 개념이 자리 잡는 건 언제쯤이며, 어떤 식으로 가르쳐야 하나요?

A 아이들이 안 된다는 것을 배우기 시작하는 시기는 만 두 돌 정도부터다. 이때는 내가 뭐든지 해보려는 시기이다. 그래서 만 2~3세는 발달 과업으로 자율감을 습득하는 시기이다. 마음대로 하면서 자율감을 느끼지만 세상에는 안 되는 게 있다는 것을 배우면서 감정 조절을 배우기 시작하는 단계이기도 하다. 아이들 나이가 몇 살이든 간에 자기마음대로 하는 게 많아 적응이 어렵다면 이 단계를 실패한 것이다. 그러므로 다시 부모의 양육 태도에서 안 된다는 것을 가르치는 단호함을 보여야 한다. 안 되는 것은 일관성 있게 안 되도록 해야 한다. 그러나 지나치게 제재가 많으면 아이들은 위축되고 화를 낸다. 그러므로 처음 버릇 길들이기를 할 때에는 안 되는 것보다는 되는 게 많은 상황을 만들어야 아이가 거절 당하는 스트레스를 견딜 수 있다.

경기도 파주에서 유용한
요모조모 정보 모음

아이들과 함께하기 좋은 맛집

저렴한 가격에 푸짐하게 풀코스로 즐기는 추억의 양식당
크레타

문의 031-948-6001 **위치** 경기도 파주시 탄현면 법흥리 1652 헤이리 8번 게이트 바로 옆
메뉴 돈가스정식(돈가스, 샐러드, 수프, 빵, 밥, 와인, 커피) **가격** 9,000~10,000원

다/녀/와/서

준비물 풍선, 색 한지, 가위, 풀

빠삐에 친구들 만들어 보기(딸기가좋아)

빠삐에 친구 테마파크에서 만들었던 동물 친구들을 응용해 집에서 만들어 봐요.

① 풍선을 너무 크지 않게 불어 준비한다.
② 만들고 싶은 동물을 정한 후 색 한지를 이용하여 풍선에 붙인다.
③ 눈, 코, 잎, 귀나 수염 등도 잘라 붙인다.
④ 길다란 풍선 막대기에 꽂으면 완성된다. 막대를 들고 엄마와 인형극을 해본다.

Course 13 경기도 파주 II

이국적인 파주영어마을과 알록달록 프로방스마을

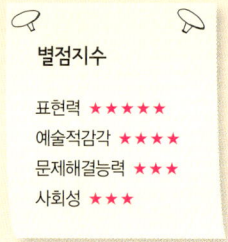

별점지수

표현력 ★★★★★
예술적감각 ★★★★
문제해결능력 ★★★
사회성 ★★★

엄마의 비책

파주에 들어선 영어마을은 한국의 교육 열풍을 실감나게 하는 곳이다. 영어 유치원을 다니지 않더라도 각 가정에서 학습지, 과외, 동화책, DVD 등으로 영어 공부를 열심히 하고 있다. 이런 영어 열풍이 초등학생이 되면 영어 캠프, 어학연수 등으로 이어지면서 성인이 되어서까지 계속되는 영어 공부에 대한 투자는 다른 어떤 공부보다도 유별나다. 그만큼 영어를 잘하면 좀 더 많은 기회를 얻을 수 있기 때문일 것이다. 그러나 무엇이든지 지나치면 문제가 된다. 어려서부터 자연스레 놀면서 생활 속에서 접하여 영어를 받아들이는 데 거부감이 없어야 하는데, 지나칠 만큼 일찍 문법 공부, 쓰기, 단어 외우기 등으로 평가하는 공부를 시작하는 경우가 많다. 그러다 보니 학교에 들어가기 전부터 영어뿐 아니라 공부를 싫어하는 아이가 되기도 한다. 이런 측면에서 파주영어마을은 잠시나마 영어를 일상적인 놀이로 받아들일 수 있는 유익한 장소다. 파주영어마을 내 건물이나 길의 모양새 자체가 이국적이라 아이들이 더 재미있어 할 것이며 영어가 자연스럽게 오가는 분위기를 일시적으로나마 맛볼 수 있다.

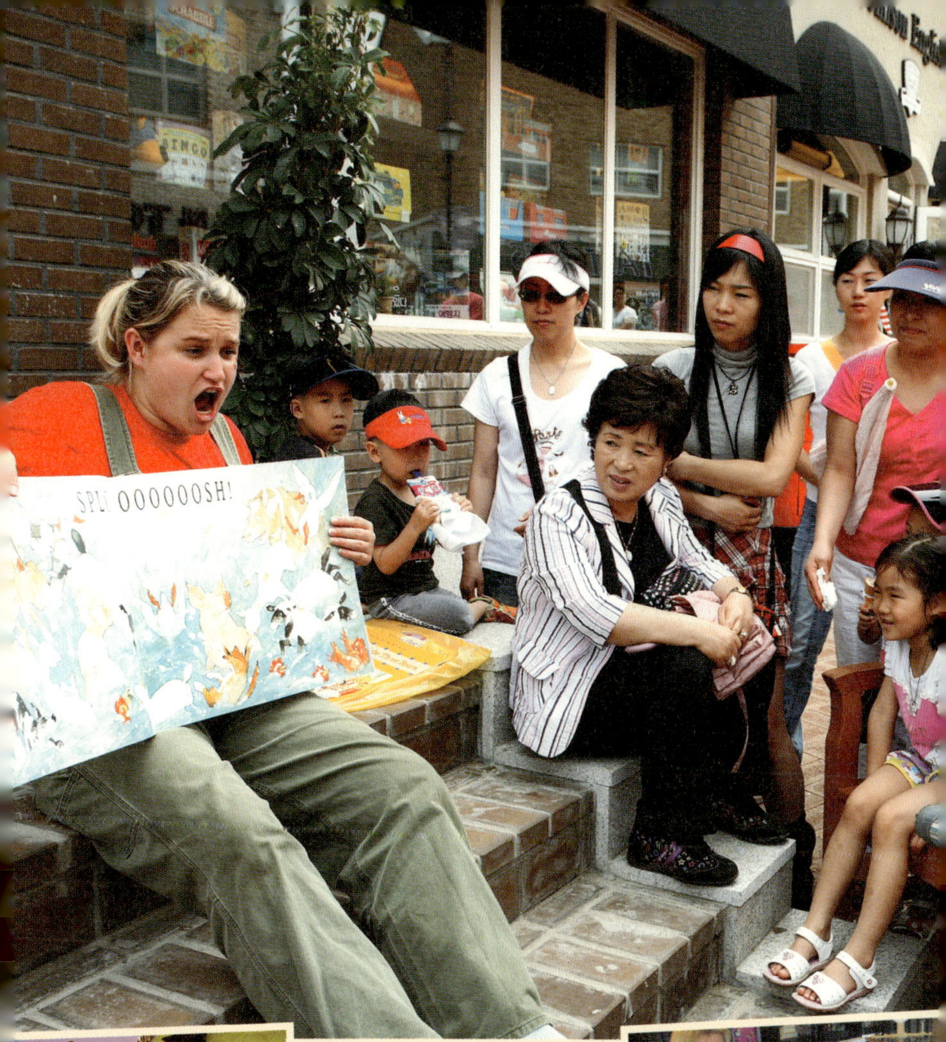

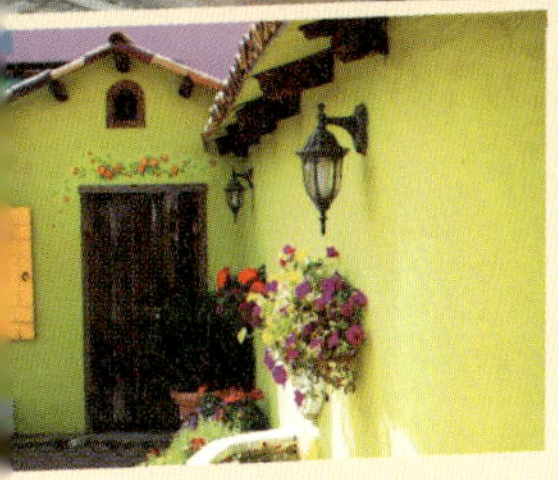

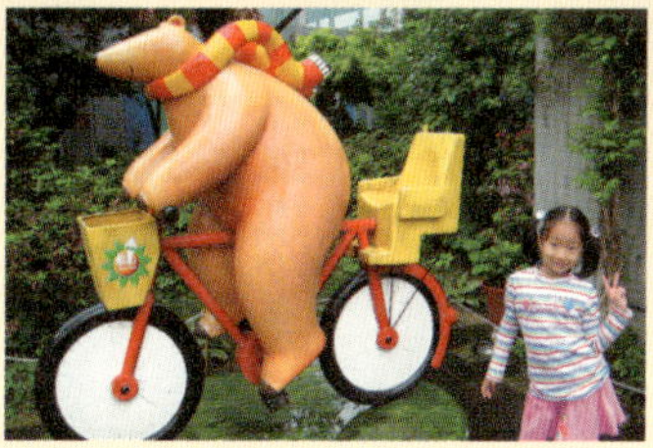

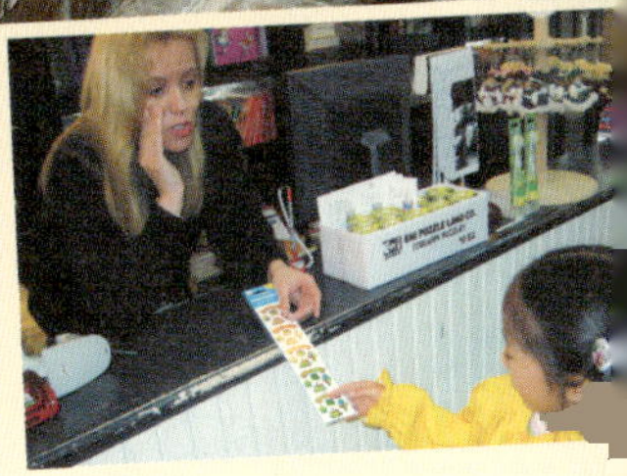

소요시간 8시간(파주 I 코스와 연계하여 1박 2일 가능) **베스트 여행시기** 연중

3시간 소요 **파주영어마을** → 2.5km/차로 5분 → 2시간 소요 **프로방스마을** → 14km/차로 20분 → 2시간 소요 **파주출판도시**

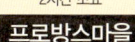

파주영어마을 /
하루 만의 해외여행

Main 영어 마을 전경 **1** 외국에 온 듯한 분위기 **2** 원어민과 함께하는 생생한 영어 수업 **3** 뮤지컬이나 소공연이 열리는 콘서트 홀

생생한 영어 체험을 통해 영어에 대한 자신감을 얻고 문화를 이해하는 곳이다. 마을 전체가 영미권 국가처럼 꾸며져 매우 이국적이다. 마을 곳곳에 영어 교사가 상주하며 교육, 체험, 놀이가 결합된 프로그램을 진행하고 있어 생활 속에서 자연스럽게 영어 체험을 할 수 있다. 병원, 서점, 음식점, 은행 등에서 직접 외국인과 대화하며 즐길 수 있으며 전시와 공연도 관람할 수 있다. 영어에 관심이 없었던 아이들에게 영어의 필요성을 인식시킬 수 있는 좋은 체험이 될 것이다.

Tip
원어민 선생님과 함께하는 체험 프로그램은 한 가지 이상 꼭 참여해 보길 권한다. 무료로 진행되는 공공기관 체험은 현장에서 선착순으로 신청받으므로 오전에 도착하는 것이 좋다.

문의 1588-0554/english-village.gg.go.kr/paju
위치 경기도 파주시 탄현면 법흥리 1779
요금 어른 6,000원 어린이 5,000원(만 4세 이상)
일일 체험 프로그램 4,000원
이용시간 오전 9시 30분~오후 8시(오후 6시 이후 무료 입장) **휴관일** 월요일

이렇게 놀아요 How to play

😊 외국인과 대화해요

이곳에 있는 외국인은 대부분 상주하는 영어 강사다. 영어가 능숙하지 못한 아이들이 잘 이해하고 따라올 수 있도록 유도한다. 머뭇머뭇 말이 잘 떨어지지 않지만 일단 "Hello" 한마디만 건네도 그 다음부턴 줄줄이 대화가 이어진다. 무엇보다 간단하게나마 몇 마디의 대화로 아이들은 자신감이 생겨 영어를 더욱 친근하게 받아들일 것이다. 간단한 체험으로 상점이나 서점에 들어가 물건을 사본다. 화장실을 가기 위해 위치를 물어보거나 사진을 찍어 달라고 부탁할 수도 있다. 거리에서는 서커스 공연이나 마술 쇼가 열려 재미있게 영어를 접할 수 있다.

😊 다양한 영어 체험 학습을 해봐요

영어 체험은 처음 입구에서부터 시작된다. 입구에서 나누어 주는 여권을 출입국 관리소에 낸 후 영어로 간단한 입국 심사의 질문에 답해야 한다. 무료로 진행되는 공공기관 체험 학습은 우체국, 병원, 경찰서, 은행 등의 공공기관에서 영어로 대화하며 영어 회화를 습득하고 영어에 대한 자신감을 키운다. 기초 영어 프로그램으로는 게임과 놀이를 통해 교통수단, 일자리, 색깔, 의류, 시장 등의 다양한 주제로 일상에 대해 배울 수 있는 수업이 진행되며 비용은 4,000원 선이다.

아이들을 위한 기초 영어 프로그램이 진행되는 체험장

선생님, 알려주세요

Q 영어가 익숙지 않은 엄마가 아이에게 영어를 가르치는 일이 여간 힘든 게 아닙니다. 아이와 함께 영어마을에 왔는데, 제가 먼저 위축되네요. 이런 부모를 위한 조언이 있다면요?

A 엄마가 영어에 부담을 느낀다면 아이와 함께 영어를 공부하거나 경험하는 것은 제한될 수밖에 없다. 그러기에 아이를 기관이나 교사에게 맡겨 지도할 수밖에 없다. 처음부터 아이와 함께 편하게 영어에 접근하는 것을 시도한다면 오히려 아이 덕분에 영어에 대한 두려움을 극복할 수 있을 것이다.

프로방스마을/
동화 같은 아름다운 마을

Main 화사한 색의 건물과 벽 그림이 있는 동화 같은 곳 **1** 사랑스런 분위기의 건물 외관 **2** 식사를 할 수 있는 '더 허브 키친' **3** 아기자기한 소품을 판매하는 리빙 숍

파스텔 톤의 예쁜 건물들이 옹기종기 모여 있는 파주 프로방스마을은 양식 레스토랑, 한식 음식점, 베이커리, 허브관, 리빙관, 쇼핑 숍 등이 자리 잡고 있다. 어디를 가도 예쁘고 화사한 디자인의 건물들과 아기자기하고 예쁜 소품들이 가득해 눈길을 끈다. 음식을 먹거나 쇼핑을 하는 것도 좋지만 프로방스마을을 둘러보는 것만으로도 즐겁고 색다른 경험이다. 아담한 연못과 아기자기한 산책로를 따라 허브공방과 허브농장도 있어 향긋한 꽃 향기에 취하며 아름다움을 느낄 수 있다. 낮의 컬러풀한 마을도 볼거리이지만 조명으로 장식한 은은한 야경도 멋있다.

문의 1644-8088/www.provence.co.kr
위치 경기도 파주시 탄현면 성동리82-1
영업시간 오전 11시 30분~오후 10시(가게마다 다름)

이렇게 놀아요 How to play

😊 파스텔 톤의 건물을 보며 색깔놀이해요
건물은 모두 아름다운 파스텔 톤으로 마감이 되어 있다. 파스텔 컬러는 원색에 흰색을 더해 만들어진 밝고 화사한 색상이다. 아이들에게 어떤 색에 흰색을 더했는지, 또는 어떤 색이 혼합되어 나온 색인지를 알려주면 자연스럽게 색상에 대한 공부가 된다. 아이에게 문제를 내 맞춰보게 하며 재미있는 색깔놀이를 해본다.

꽃과 허브향이 가득한 정원

멋진 조명으로 장식한 프로방스마을의 야경

다양한 허브 제품을 만나는 허브공방

고급스런 분위기의 프로방스 레스토랑

파주출판도시/
예술적 건물이 모인 책 도시

Main 사선을 모티프로 디자인한 보림출판사 건물. **1** 어린이책잔치를 진행하는 어린이독서학교 **2** 저렴한 가격에 책을 살 수 있는 서점 **3** 여원 미디어의 캐릭터 곰돌이

200여 곳의 출판사가 입주해 있는 책의 도시인 출판 단지는 현대적이고 예술적인 건축물이 모여 있다. 유리, 노출콘크리트, 철근, 금속 등을 주재료로 사용한 건물이 대부분이라 미래적인 느낌이 든다. 책과 관련된 행사가 자주 열리고 북카페와 아웃렛 서점도 있어 자연스럽게 책과 만날 수 있다. 야외에는 억새밭, 공원도 있어 가족이 돌아보기에도 손색없다. 5월경 어린이책 한마당 축제 때에는 다양한 볼거리와 체험 행사가 열리며 좋은 책을 저렴하게 살 수 있다.

문의 031-955-0050/www.pajubookcity.org
위치 경기도 파주시 교하읍 문발리

이렇게 놀아요 How to play

😊 건물의 재료와 형태를 알아봐요

길쭉길쭉, 울룩불룩, 번쩍번쩍 재미있는 건물 모양이 신기하기만 하다. 다양한 건축물들이 늘어선 책의 도시를 걸으며 어떤 재료를 사용했는지 살펴보면 자연스럽게 금속, 유리, 나무, 돌 등의 소재에 대해 배울 수 있다. 만져 보고 두드려 보며 재료의 질감과 성질도 관찰할 수 있다. 또한 건물의 디자인을 파악하며 곡선과 직선, 사선 등을 찾아보고 건물의 전체적인 느낌을 표현해 본다.

상자를 올려 놓은 듯한 건물

금속과 유리의 조화로 이루어진 건물

곡선, 직선, 사선이 어우러진 건물

미래적인 느낌의 보라색 건물

😊 탄탄스토리하우스에서 책 읽어요

입구에서 곰돌이가 반기고 있는 탄탄스토리하우스는 4층으로 구성된 아이들을 위한 공간이다. 낮은 계단과

탄탄스토리하우스의 도서관

넓고 쾌적한 실내, 눈높이에 맞는 책장 등 아이들을 위한 세심한 배려가 돋보인다. 전시실로 꾸며져 있는 3, 4층은 폐품을 활용한 작품과 닥종이 인형, 그림 등이 전시되어 있다. 음료를 마시며 편안한 마음으로 책을 볼 수 있는 북카페도 있다.

문의 031-955-7660/www.tantani.com/yeowon/story.php
위치 경기도 파주시 교하읍 문발리 519-1
요금 무료(방명록 작성 시 책 한 권 선물 증정)
관람시간 화~토요일 오전 10시~오후 5시 일요일 오전 11시~오후 4시 **휴관일** 월요일

여기도 가보세요

우농타조마을

우농타조마을은 아담한 동물농장에서 동물들과 타조를 만나는 자연 학습 공간이다. 타조 요리를 파는 레스토랑도 운영한다. 타조, 양, 토끼, 닭, 오리, 거위 등의 초식동물에게 먹이를 주며 동물들과 더욱 친숙해진다. 타조알 껍질로 목걸이를 만들거나 알이 부화되는 과정도 볼 수 있다. 던져도 깨지지 않는 단단하고 커다란 타조알로 볼링놀이도 해본다. 농장 안 식당에서는 육질이 차지고 부드러운 타조 요리도 맛볼 수 있다.

문의 031-942-6272/www.koreatajo.com
위치 경기도 파주시 교하읍 동패리 616-3
요금 동물농장 먹이주기 3,000원 타조알 껍질 목걸이 만들기 4,000원
이용시간 체험학습장 오전 11시~오후 6시 레스토랑 오전 10시~오후 8시

Course 14 경기도 장흥

장흥아트파크와 송암천문대 별 구경 달 구경

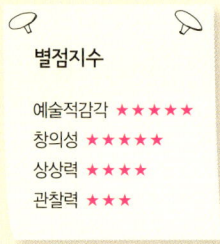

별점지수

예술적감각 ★★★★★
창의성 ★★★★★
상상력 ★★★★
관찰력 ★★★

Mom's Hidden Card
엄 마 의   비 책

별을 보기 힘든 도시에 사는 아이들에게 밤하늘의 아름다움을 느낄 수 있는 송암천문대는 아주 특별한 여행지다. 천문대를 방문할 때 가능하면 1박 2일 일정을 계획하는 것이 좋다. 집이 아닌 낯선 공간에서 보내는 하룻밤은 가족 간의 유대에도 긍정적인 영향을 미치고, 아이들에겐 오래도록 기억에 남을 것이다. 송암천문대는 밤에 더욱 특별해지는 여행지이기 때문에 추천한다.

1박 2일 여행은 당일치기 여행과 비교해 소요되는 시간은 대단히 차이가 많이 나지만, 실제로 아이와 함께한 것을 따져보면 그다지 차이가 안 난다. 그런데 함께 잠을 자는 것만으로도 친밀도가 매우 높아진다는 사실을 기억해야 한다. 이는 일상생활에도 적용할 수 있는데, 요즘 아이들은 각자 과외 활동으로 바빠 친구들 간의 유대를 쌓기도 힘들고 사회성 함양에 제약을 받기 쉽다. 이럴 때 아이들이 집에서 친구와 하룻밤 같이 자기, 일명 '파자마 파티'를 하면 도움이 많이 된다. 부모들이 서로 돌아가면서 아이들을 재우는 것이다. 저녁에 와서 오전에 가면 잠만 자고 별로 놀지 않은 것 같아도 아이들은 정서적으로 매우 가깝게 느낀다. 부모 입장에서는 번거로울 수 있지만 아이를 배려하는 마음으로 준비해 주자.

소요시간 6시간(1박 2일 가능) 베스트 여행시기 3~10월

2시간 소요 → 장흥아트파크 ······· 1.5km/차로 5분 ······· → 송암천문대 3시간 소요

장흥아트파크 / 작은 예술 마을에서 신나는 문화 체험

Main 그물놀이터에서 아빠와 신나게 놀기 **1** 의자가 되어 아이와 함께 하는 작품 **2** 가는 막대기를 이어 붙여 만든 사람의 모습 **3** '소'를 주제로 한 데이비드 걸스타인 작품

장흥의 예전 토탈미술관이었던 이곳은 미술관, 아틀리에, 야외 공연장, 조각공원, 어린이 미술관 등이 있는 미술 전문 테마파크이다. 검정, 빨강, 파랑, 노랑으로 되어 있는 네 가지 색의 네모난 건물은 아트파크의 강렬한 이미지를 나타낸다. 여러 곳을 돌아보며 감상할 수 있어 지루하지 않고 특색 있다. 야외에는 자연과 함께 호기심을 자극하는 다양한 작품들이 전시되어 있다. 특히 컬러 그물을 엮어 만든 작품에 올라가서 흔들고, 매달리며 예술과 하나가 되는 색다른 경험을 할 수 있다.

시간 여유가 있다면 근처의 청암민속박물관(031-855-5100/www.cheong-am.co.kr)에도 들러보자. 추억이 서린 부모님 세대의 놀잇감이 흥미롭게 전시되어 있다.

문의 031-877-0500/www.artpark.co.kr
위치 경기도 양주시 장흥면 일영리 8번지
요금 어른 7,000원 어린이 5,000원(만 3세 이상)/3인 가족 16,000, 4인 가족 20,000원
관람시간 평일 오전 10시~오후 6시 주말 오전 10시~오후 7시 **휴관일** 월요일

송암천문대/
신비의 별자리 여행

Main 케이블카를 타고 산 정상으로 가는 천문대 **1** 리조트 분위기의 스타하우스 **2** 푸른 산을 감상할 수 있는 레스토랑 **3** 천문대 주관측실

별을 테마로 천문대, 케이블카, 콘도, 잔디광장, 스페이스센터 등의 시설을 갖춘 이곳은 천체 관측과 우주 체험을 할 수 있는 천문 과학 체험장이다. 부대 시설이 잘 갖춰져 있어 '별자리를 관측할 수 있는 대형 리조트'라고 해도 과언이 아니다. 케이블카를 타고 천문대에 오르면 낮에는 해를, 밤에는 별을 관측할 수 있으며 별자리와 우주 관련 강의도 들을 수 있다. 시간대가 맞지 않거나 날씨가 좋지 않아 천문대에 올라가지 않더라도 스페이스센터 내의 영상관에서 플라네타리움을 보며 밤하늘과 우주를 여행할 수 있다.

문의 031-894-6000/www.starsvalley.com
위치 경기도 양주시 장흥면 석현리 410-5
요금 일반 입장 어른 1,500원 어린이 1,000원(만 4세 이상) **스타 이용권**(천문대 이용, 케이블카, 플라네타리움 상영) 어른 26,000원 어린이 20,000원 **천문대 이용권**(천문대 이용, 케이블카) 어른 20,000 어린이 16,000원 **관람시간** 오전 11시~오후 11시(티켓 구매는 오후 7시까지)
휴관일 월요일

이렇게 놀아요 How to play

😊 **천문대에 올라가 별을 관측해요**

천문대의 주 관측실인 뉴튼관은 어린이들이 가장 좋아하는 공간이다. 거대한 돔형 천장이 열리면 하늘에 빛나는 달이 떠 있는 장관이 연출된다. 망원경으로는 달 분화구를 관측할 수 있다. 야외에 있는 갈릴레이관에서는 별자리에 관한 설명을 들으며 굴절망원경을 통해 별을 관측한다. 책에서만 보던 토성의 고리를 눈으로 확인하고, 화성을 보며 신비로운 우주를 체험한다.

😊 **우주선을 탄 듯한 기분이 들어요**

스페이스센터의 플라네타리움 상영관에는 은하계에 관한 입체 영상 쇼를 볼 수 있다. 둥근 천장에 밤하늘을 그대로 재현하여 별자리와 은하계를 누워 감상하도록 되어 있다. 별들이 마치 손에 잡힐 듯 생생하며 신비로운 우주의 모습을 바로 앞에서 보고 있는 듯하다. 밤하늘에 행성들이 눈처럼 떨어지는 장면은 환상적이다.

마음껏 뛰놀 수 있는 잔디광장

별자리를 관측하는 보조관측소

전망을 감상하는 하늘정원

휴식 공간에 있는 해와 달 모양의 벤치

플라네타리움의 사실적인 영상

스페이스센터 앞에서 교육을 받는 아이들

경기도 장흥에서 유용한
요모조모 정보 모음

아이들과 함께하기 좋은 맛집·잠자리

청암민속박물관 내에 있는 입소문 난 피자 레스토랑
피자성효인방

문의 031-855-5100/www.cheong-am.co.kr **위치** 경기도 양주시 장흥면 일영1리 36-3
메뉴 쑥피자, 스파게티, 햄버그스테이크 **가격** 16,000~26,000원대

참나무 장작불에 직접 구운 바비큐 가게
작은영토

문의 031-855-5670/www.youngto.co.kr **위치** 경기도 양주시 장흥면 석현리 357번지
메뉴 참나무 장작 바비큐, 청국장, 쌈밥 등 **가격** 시골밥상 정식 2인 30,000원

이국적 리조트 분위기에 별이 보이는 멋진 전망을 자랑하는 곳
스타하우스(송암천문대)

문의 031-894-6000/www.starsvalley.com **위치** 경기도 양주시 장흥면 석현리 410-5
요금 가족실 120,000원대

다/녀/와/서

준비물 검은 도화지, 도화지, 마블링 물감, 쿠킹포일, 가위, 풀, 크레파스

마블링을 이용한 우주 꾸미기(송암천문대)

마블링을 이용해 예술 작품을 만들고 동그랗게 오려 별을 만들어 우주를 상상하며 꾸며봐요.

❶ 마블링 물감을 풀어 막대기로 저으면서 우연의 효과에 의한 신비스러운 별의 느낌을 표현한다.
❷ 흰 도화지에 마블링 물감을 묻혀 찍어낸 뒤 말려 크고 작은 동그라미 모양으로 자른다.
❸ 두꺼운 도화지에 별을 그리고 오려내 쿠킹포일로 감싸 반짝반짝 별을 만든다.
❹ 마블링으로 만든 동그란 별과 반짝반짝 별을 검은 도화지에 배치한다.
❺ 크레파스로 우주선이나 로켓을 그려 우주를 꾸민다.

Course 15 경기도 이천

토야랜드에서 신나는 오감발달 흙놀이

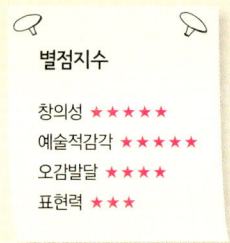

별점지수

창의성 ★★★★★
예술적감각 ★★★★★
오감발달 ★★★★
표현력 ★★★

Mom's Hidden Card
엄마의 비책

　도자기를 만들거나 흙놀이공원에서 흙을 만지며 노는 경험은 흙의 느낌을 느끼면서 자신이 무엇인가 만든 것에 대한 성취감이 생기는 활동이다. 여행을 하다 보면 체험할 수 있는 기회들이 많다. 도자기공원처럼 프로그램으로 진행되는 기회도 많고 여행지에는 자연이 있는 곳이 많으므로 물, 모래, 흙 등을 접할 수 있어 자연스레 놀이로 이어지게 된다. 이같은 활동은 폭넓은 의미의 미술 교육으로 볼 수 있다. 재료의 질감을 몸으로 느끼고, 틀이 없는 공간에서 마음속의 이미지를 표현해보는 일이기 때문이다. 초등학생 자녀를 둔 부모는 아이가 그림을 안그리려고 하면 덜컥 걱정을 한다. 그래서 미술학원에 보내 그림 지도를 시작하는데, 색칠 공부 같은 게 미술의 전부라 생각하면 큰 오산이다. 색이 선 밖에 나가면 안 되고 정형화된 지도를 받는 것은 아이의 창의력을 없애는 것이다. 아이가 온몸으로 자신을 표현할 수 있도록 해야 한다. 아이가 그림 그리기에 거부감을 갖는 데는 여러 가지 이유가 있다. 우선 소근육 발달이 늦어 연필이나 크레파스 등을 쥐는 게 힘이 들 수 있다. 또한 뛰노는 것만 좋아하는 아이의 성향 문제일 수 있다. 아이의 특성을 고려하여 그에 맞는 미술 활동 경험을 하게 할 때 차츰 문제가 해결될 것이다.

소요시간 6시간 **베스트 여행시기** 5~10월

1시간 30분 소요		1시간 30분 소요		2시간 소요
설봉공원	도보 5분	**토야랜드**	도보 5분	**토야흙놀이공원**

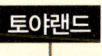
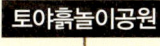

설봉공원
시민의 편안한 휴식처

Main 도자기 작품이 떠 있는 설봉호수 **1** 손으로 모양낸 작품 **2** 도자기와 관련된 내용 전시 **3** 바람이 불면 종이 움직이는 소리나무

이천의 설봉호수를 둘러싸고 있는 설봉공원은 2001 세계도자기엑스포가 개최되었던 곳으로 도자센터가 들어서 있다. 아름다운 호수 풍경과 어우러진 도자기 조형물이 공원 산책을 더욱 즐겁게 한다. 매년 5월에는 세계도자축제가, 10월에는 이천쌀문화축제가 열려 다양한 체험을 할 수 있다. 도자 작품을 전시하고 있는 미술관에는 흙으로 표현된 모든 작품을 만나볼 수 있다. 고전적인 전통 도자기부터 기하학적 문양의 세련되고 현대적인 작품을 감상하며 폭넓은 안목을 쌓아본다.

Tip
지난 2001년부터 격년제로 세계도자비엔날레가 개최된다. 4월 말부터 30일간 펼쳐지는 국제적인 행사로 이 시기에 맞추어 가면 볼거리가 더욱 풍성하다.

문의 031-631-6507/www.wocef.com
위치 경기도 이천시 관고동 산 69-1
요금 무료 **관람시간** 오전 9시~오후 6시
휴관일 월요일

토야랜드
작품과 하나되는 신나는 놀이터

Main 강아지 모양의 재미있는 휴식 공간 **1** 자기 조각으로 만든 나비 모양의 구조물 **2** 기하학적 형태로 이루어진 작품 **3** 도자기 작품을 만드는 키즈 워크 숍

세계도자센터 바로 앞에 자리한 토야랜드는 도자기로 만든 벤치, 나비, 과일, 개구리, 선인장, 강아지, 나비 등 아기자기한 조형물로 이루어진 미니 공원이다. 기하학적 형태와 화려한 색상의 도자 작품이 전시되어 있어 아이들의 호기심을 자극한다. 작품과 하나가 되어 도자기 안에 들어가고 매달리며 노는 아이들을 보면 마치 놀이터에서 노는 듯 자연스럽다. 대부분의 작품이 도자기로 되어 있어 아이들의 상상력을 자극하고, 도자 예술을 더욱 가깝게 느끼게 한다.

이렇게 놀아요 How to play

😊 **나만의 도자기를 만들어요**

토야랜드에서 신나게 놀았다면 이번에는 키즈 워크숍에서 직접 도자기 만들기에 도전해 볼 차례다. 전문 강사와 함께 도자 작품을 감상하고 토론한 뒤 나만의 느낌과 방법으로 자유롭게 표현하여 작품을 만든다. 문양이 담긴 작품을 감상한 후 그 기법을 탐색하고 컵에 표현해 본다. 흙으로 만드는 다양한 작품 세상을 경험할 수 있어 좋다.

문의 031-645-0636 **위치** 토야랜드 맞은편
체험료 5,000~10,000원 선(작품당)

토야흙놀이공원 / 흙과 함께하는 오감 만족 퍼포먼스 미술

Main 흙으로 마음껏 표현하는 흙놀이공원 **1** 흙놀이장 **2** 대형 미끄럼틀이 있는 놀이터 **3** 물레를 돌리며 모양 만들기

흙과 함께 야외에서 즐기는 놀이터로 흙이 깔려 있는 커다란 놀이장에서 흙을 밟고, 던지고, 바르고, 만들어 보는 오감 체험 공간이다. 처음에는 흙을 꺼려하던 아이들도 흙의 감촉을 느끼며 미끄러지고 비비고 밟기 놀이를 하며 놀이에 빠져든다. 물레를 이용하여 도자기를 만들거나 민짜 도자기에 핸드페인팅도 할 수 있다. 도자 전문 선생님의 지도로 어렵지 않게 작품을 만들 수 있다. 아이들을 위한 일반 놀이터와 길이 55m의 미끄럼틀도 있어 신나게 놀 수 있다.

문의 031-645-0637
위치 세계도자센터 왼쪽 나무 계단 이용
입장료 어른 1,000원 어린이 3,000원(만 2세 이상)
체험료 12,000원
이용시간 오전 10시~오후 6시

경기도 이천에서 유용한
요모조모 정보 모음

아이들과 함께하기 좋은 맛집

맛있는 이천쌀로 만든 쌀밥한정식으로 유명한 곳
임금님쌀밥집

문의 031-632-3646 **위치** 경기도 이천시 신둔면 수광리 152-9
메뉴 쌀밥한정식, 간장게장, 보쌈 등 **가격** 12,000~15,000원 선

다/녀/와/서

준비물 찰흙 4~5개, 큰 비닐, 큰 붓, 빨대, 수수깡

집에서 하는 찰흙 퍼포먼스놀이(토야흙놀이공원)

조물조물 주무르고 만들고, 비비고 칠하면서 집에서도 찰흙을 이용하여 충분히 놀 수 있어요.

❶ 거실에 커다란 비닐을 깔아놓고 찰흙을 이용하여 만들기를 한다.
❷ 찰흙을 길게 돌돌 감아 컵을 만들거나 막대기를 이용하여 막대사탕도 만든다.
❸ 동물의 종류에 따라 다양한 모양의 용기를 만들어 보며 특징을 이해하는 것도 재미있다.
❹ 남은 찰흙을 욕조로 가지고 와 물을 약간 뿌려 질척하게 만든다. 미끈미끈한 촉감을 느껴보고, 벽에 던져보며 재미있는 퍼포먼스놀이를 한다.
❺ 큰 붓을 이용하여 찰흙 물감으로 욕실 벽에 슥슥 그림도 그려본다.

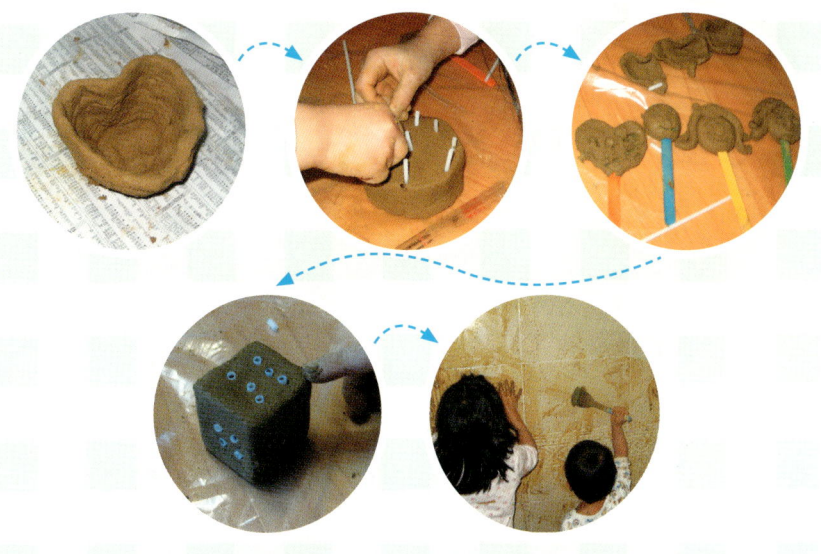

Course 16 경기도 용인 I

신나는 자동차 세상 삼성교통박물관과 호암미술관 산책

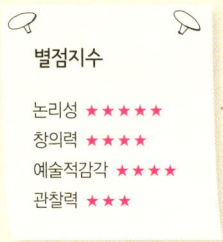

별점지수

논리성 ★★★★★
창의력 ★★★★
예술적감각 ★★★★
관찰력 ★★★

엄마의 비책

남자들이 자동차를 좋아하는 건 어른이나 아이나 매한가지다. 아빠와 함께 "우와!" 하고 탄성을 자아내는 아이를 보고 있으면 엄마 입장에선 왠지 모를 웃음이 번질 것이다. 아이가 아빠와 공유할 수 있는 감정은 엄마와 형성하는 공감대에 비해 적은 편이다. 맞벌이 부부라 하더라도 아이와 교감이 더 깊은 쪽은 아무래도 엄마일 테니까. 삼성교통박물관처럼 아빠가 개입할 여지가 많은 여행지에 의식적으로 더 많이 데려갈 필요가 있다.

삼성교통박물관에서 차로 10분 거리에는 아름다운 정원이 인상적인 호암미술관이 자리 잡고 있다. 앞의 여행지와는 사뭇 분위기가 다른데, 호암미술관에서는 차분하게 마음을 가라앉히고 예술적 감각을 길러주는 시간을 갖는다. 호암미술관 내에 조성된 두 개의 정원인 희원과 부르델정원은 각각 동양적 조화미와 서양의 조형미를 십분 보여주는 곳으로, 두 가지를 비교해 가며 볼 수 있는 최적의 장소다. 서로 다른 모습이지만 제각각의 아름다움을 뽐내는 모습을 함께 감상하면서 동서양의 차이에 대해 얘기해 보는 시간을 갖자.

어린이용 시승차

소요시간 5시간 베스트 여행시기 4~10월

2시간 소요
삼성교통박물관
4.5km/차로 10분

2시간 소요
희원 · 호암미술관

삼성교통박물관/
휘황찬란한 자동차나라

Main 화려한 자태를 뽐내고 있는 고급 자동차 **1** 1900년대 초에 제작된 자동차 **2** 아이들의 공간인 자동차나라 **3** 야외에서 교통 교육을 하는 교통나라

삼성화재에서 운영하는 이곳은 평소에 보기 힘든 멋진 자동차를 만나고 교통수단과 관련된 것을 배우는 곳이다. 전시장에 들어서면 1900년대 고급 자동차, 클래식카, 스포츠카 등 세계 각국의 다양한 자동차를 만날 수 있다. 저마다 번쩍이는 광택과 화려한 컬러, 멋진 라인을 자랑하며 전시된 자동차들을 아이들은 넋을 잃고 바라본다. 자동차를 그리거나 모형 자동차 만들기 등의 체험거리가 많아 자동차를 좋아하는 아이들은 물론 일반인에게도 유익하고 즐거운 시간이 될 것이다.

Tip
교통박물관 안에는 식당이 없어 도시락을 가져오거나 식사 시간을 피해 오는 것이 좋다. 주말에는 아이들을 위한 교육 프로그램과 오전 11시, 오후 2시, 4시에 가이드 투어가 있다.

문의 031-320-9900/www.stm.or.kr
위치 경기도 용인시 처인구 포곡읍 유운리 292번지 삼성화재교통박물관
요금 어른 4,000원 어린이 3,000원(만 3세 이상/에버랜드 연간회원 무료)
이용시간 오전 10시~오후 6시 **휴관일** 월요일

이렇게 놀아요 How to play

😊 클래식카 타고 멋진 포즈를 취해요

1층 로비 전시장에는 멋진 클래식카들이 가득하며, 시승도 해 볼 수 있다. 직접 운전하는 듯한 멋진 포즈로 사진을 찍어 보자. 어린이 전시관인 '자동차나라'에는 작은 모형 자동차들이 전시되어 있고, 자동차 퍼즐도 할 수 있어 아이들이 가장 좋아하는 곳이다. 반대편의 자동차체험나라는 자동차의 부품 변화와 엔진, 바퀴, 제동장치 등의 구조와 원리를 체험하며 과학적인 지식을 쌓을 수 있다.

😊 가상으로 자동차 운전해 봐요

2층에는 가상으로 운전을 할 수 있는 공간이 마련되어 있다. 핸들과 액셀, 브레이크가 있는 모형 자동차에서 화상을 보며 실제로 운전하는 것처럼 해 볼 수 있다. 그저 핸들만 돌리면 차가 움직인다고 생각했던 아이들이 발을 이용하여 액셀을 밟아 속도를 높이고, 브레이크로 속도를 줄이며 핸들을 돌려 방향을 잡는 것을 알게 된다. 가상 운전 장치 옆에는 경주용 자동차가 전시되어 있다. 속도를 높이고 빠른 스피드에도 안전하게 운행하기 위한 경주용 자동차의 특징을 살펴보고, 일반 자동차와의 다른 점도 비교해 본다.

자동차의 원리를 배우는 체험나라

운전 방법을 배우고 가상으로 운전할 수 있는 곳

노면에 따라 달라지는 타이어의 모양

자동차 퍼즐을 맞춰 마을 완성하기

선생님, 알려주세요

Q 아이 아빠가 자동차를 아주 좋아해서 그걸 아이도 똑같이 닮는 것 같아요. 스피드를 즐기는 남자들의 습성이 아이에게 그대로 나타나는 걸까요? 자동차에 유독 관심을 보이고 집착하는 아이, 그냥 둬도 괜찮은 건가요?

A 남자아이들은 자동차를 아주 좋아한다. 자동차에 몰두하다가 공룡에 몰두한 뒤 로봇으로 넘어가고 이후 레고로 집착하는 게 보통이다. 아빠가 자동차를 좋아하면 보편적인 경우보다 자동차를 보다 관심 있게 볼 기회가 더 많을 것이다. 그러나 지나치게 집착하는 것은 이와는 별개 문제다. 집착하는 아이는 불안하거나 허전해서 뭔가 매달리려는 마음이 많은 아이, 좋고 싫음이 분명하여 하고 싶은 것만 하는 아이에서 나타나는 모습이다. 흔히 자동차를 남자아이들이 좋아하고 또 아빠가 자극을 주어 더 좋아할 수 있지만 지나친 것은 다른 측면으로 생각해 봐야 한다.

희원 · 호암미술관 /
한국적 미를 뽐내는 전통 정원

Main 아름다운 한국식 정원인 '희원' 입구 **1** 꽃향기 가득한 정원 **2** 부레옥잠 살펴보기 **3** 전통 기와 지붕을 접목한 미술관 건물

삼성그룹의 창업주인 호암 이병철이 수집한 한국 미술품을 전시하는 호암미술관은 전시품의 가치는 물론이고 웅장한 한옥 양식의 전시실, 그 주변의 수려한 자연경관으로도 이름난 곳이다. 한 폭의 풍경화가 연상되는 희원에는 매화, 난초, 국화, 대나무 등의 사군자를 포함한 자생화초와 나무가 어우러져 있다. 곳곳에 설치된 연못과 정자, 석탑 등의 조형물이 수목과 어우러져 운치를 더한다. 프랑스 근대 조각의 거장 부르델의 작품을 전시하는 프랑스풍의 부르델정원에는 '활 쏘는 헤라클레스' 등 대형 조각 9점이 있다. 한국식 정원과 프랑스식 정원을 비교해가며 돌아보면 교육적 효과도 꾀할 수 있다.

문의 031-320-1801/hoam.samsungfoundation.org
위치 경기도 용인시 처인구 포곡읍 가실리 204
이용료 어른 4,000원 어린이 3,000원(만 3세 이상)
에버랜드 자유이용권 소지자 및 연간회원 무료
이용시간 오전 10시~오후 6시
휴관일 월요일

이렇게 놀아요 How to play

😊 희원과 부르델정원을 비교해 봐요
호암미술관 건물을 중심으로 오른쪽에는 희원이, 왼쪽에는 부르델정원이 있다. 아기자기한 식물과 꽃들, 연못과 정자, 돌담 등이 조화로운 희원은 전통적인 조형미와 은은한 멋이 느껴지는 공간이다. 그와 대비되는 부르델정원은 커다란 조각상들과 장미, 큰 나무와 잔디, 분수로 꾸며져 화려하며 서구적인 분위기가 나는 곳이다. 두 공간의 특징을 비교하며 둘러본다.

😊 과거의 수묵담채화를 감상해요
동양화는 먹을 이용한 수묵화나 먹으로 그린 뒤 약간의 채색을 하는 수묵담채화가 특징이다. 지금처럼 물감이 없었던 옛날에는 색을 내기 위해 어떤 염료를 사용했을까? 자연에서 다양하게 염료를 얻었는데 그중 식물에서 추출한 염료를 많이 사용했으며 뿌리, 줄기, 잎, 꽃, 씨 등에서 다양한 색상을 만들었다. 전시된 작품의 색을 어떤 재료로 만들었을지 생각해 보면 어렵게만 보이던 한국화가 친근하게 다가올 것이다.

배워봅시다

😊 사군자란 무엇인가요?
매화, 난초, 국화, 대나무를 소재로 하여 수묵 위주로 그려진 묵매, 묵란, 묵국, 묵죽 등을 합쳐 사군자(四君子)라 부른다. 매화는 혹독한 추위를 견디고 가장 먼저 봄을 알리는 꽃이며, 난초는 깊은 산골짜기에서 홀로 은은한 향기를 퍼뜨리고, 국화는 늦가을 서리를 맞으면서도 깨끗한 꽃을 피우며, 대나무는 추운 겨울에도 푸른 잎을 계속 유지하는 식물로 그 생태적 특성이 모두 고결한 군자의 인품을 닮았다.

작은 연못과 정자

부르델정원의 작은 분수

수려한 경치를 자랑하는 희원

부르델정원의 조각상과 장미화원

연꽃 만발한 연못의 풍경

Course 17 경기도 용인 II

덩덩덕쿵덕 경기도국악당과 한국민속촌 여행

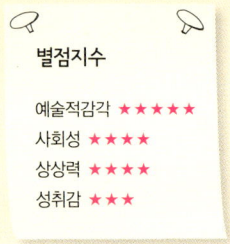

별점지수

예술적감각 ★★★★★
사회성 ★★★★
상상력 ★★★★
성취감 ★★★

엄 마 의 비 책

국악 체험, 미술 작품 감상, 음악회, 뮤지컬 공연, 발레 공연 관람 등 많은 부모들이 아이들에게 예술 세계를 경험하게 해주려 한다. 이는 예술을 통해 정서를 순화시킬 수 있고 어려서부터의 경험으로 어른이 되어서도 힘들 때 스트레스를 해소할 수 있도록 세상을 살아가길 바라는 마음에서일 것이다. 간혹 예술가를 만들고 싶어하는 부모들도 이 같은 예술 경험을 많이 시킨다. 어려서는 아이가 재능이 있는지를 탐색이 잘 안 되므로 여러 가지 경험을 시키면서 아이가 좋아하고 또한 잘하는 것을 발견하게 된다. 다른 공부보다도 예체능은 타고난 능력이 있어야 한다. 취미 생활 정도면 몰라도 전공을 하여 예술가가 직업이 될 정도가 되려면 어려서부터 아이한테 보이는 타고난 능력을 찾아 개발해야 한다. 간혹 부모님 자신이 하지 못했던 것을 아이에게 시키려 한다. 아이가 피아노에는 소질도 없고 하기 싫은데 엄마의 한으로 아이에게 억지로 피아노를 가르친다면 음악을 즐기는 것도 거부할 수 있다. 부모의 바람과 아이의 재능을 잘 구분해 지도해야 한다. 부모가 하지 못한 것은 자신이 스스로 풀어야 한다. 아이를 통해 보상 받으려 한다면 오히려 부작용이 생기게 마련이다.

소요시간 8시간　**베스트 여행시기** 연중

4시간 소요 　　　　　　　　　　　3시간 소요
경기도국악당 ········ 도보 10분 ········▶ **한국민속촌**

경기도국악당
알고 보면 신나는 국악

Main 경기도국악당 전경 1 고무찰흙으로 만든 탈 2 국악당에서 하는 민속 악기 체험 3 잠시 놀 수 있는 놀이터

경기도국악당은 국악의 대중화를 위해 국악 공연과 교육을 하는 곳이다. 국악의 전통을 계승하고, 현대적으로 재해석해 보다 가깝게 느낄 수 있도록 하기 위해 설립되었다. 시즌 별 정기 공연과 주말 공연이 있으며 아이들을 위한 교육 프로그램도 함께 운영한다. 추천할 만한 프로그램은 매월 첫째 주 일요일 오전에 진행하는 '전통문화 나들이 체험'으로, 국악 공연과 악기 체험, 공예 체험을 할 수 있다. 아이들의 눈높이에 맞춘 다양한 국악 공연을 접할 수 있어 유익하다.

Tip 체험 시간이 오후 2시 30분까지라 점심식사 가격 5,000원으로 뷔페식을 즐길 수 있다.

문의 031-289-6400/www.ggad.or.kr
위치 경기도 용인시 기흥구 보라동 312번지
체험료 어른 10,000원 어린이 7,000원
체험시간 오전 10시 30분~오후 2시 30분(정오~1시 점심시간), 2~12월 첫째 주 일요일

이렇게 놀아요 How to play

😊 연극과 공연을 보며 국악과 친해져요
첫 번째 시간, 별주부와 함께 떠나는 소리 여행을 통해 삼현삼죽, 궁중음악, 경기민요, 웃다리풍물까지 아름다운 우리 소리를 자연스럽게 들어본다. 두 번째 국악 공연 시간에는 전통 민요를 배워 보고, 전통 음악인 수제천을 감상하며 국악기의 선율에 빠져본다. 다음으로는 힘이 넘치고 신나는 진도북춤공연과 창작 국악곡으로 이루어진 실내악이 연주된다. 마지막으로 신명 나고 흥겨운 사물놀이로 공연이 마무리된다.

😊 전통 악기를 배워요
오후에 진행되는 '우리소리배우기'는 장구장단놀이, 한국 춤 배우기, 민요, 판소리 배우기 중 한 가지를 선택하여 체험한다. 선생님과 함께 다양한 가락과 장단을 배우고 직접 연주하고, 춤도 배워 보면서 흥겨운 우리 가락에 빠져본다. 공예 체험도 있는데 탈 만들기, 한지 공예, 부채 만들기 등이 있으며, 약간의 재료비가 추가된다. 그밖에 윷놀이, 줄다리기, 투호, 제기차기, 널뛰기 등의 민속놀이 코너도 마련되어 있다.

전통 악기로 연주되는 대규모 군악인 대취타

풍물놀이 공연

'덩더덕쿵탁' 장구치기

신나는 전통 악기 체험 시간

오후에 진행되는 만들기 시간

배운 내용을 OX 퀴즈로 풀고 상품 타기

한국민속촌/
전통의 멋을 느끼는 마을

Main 양반이 살던 기와집 **1** 강가에 유유히 떠 있는 나룻배 **2** 저잣거리에서 판매하는 기념품 **3** 놀이기구를 탈 수 있는 놀이동산

전통의 멋을 느끼고 온 가족이 함께 역사 속으로 여행하는 대표적인 장소다. 전통 가옥과 장터, 민속놀이가 있는 민속 마을 외에도 세계민속관, 박물관 등이 있는 전시마을과 놀이동산, 눈썰매장이 있는 놀이마을로 나뉘어 놀거리와 볼거리가 가득하다. 민속마을에서는 하루에 두 번 농악, 줄타기, 마상무예, 전통혼례 등의 공연을 하는데 장소와 시간을 확인한 뒤 흥겹게 관람해 본다. 자유이용권으로 이용할 수 있는 놀이동산은 놀이기구가 많고 붐비지 않아 한참을 놀 수 있다.

문의 031-288-0000/www.koreanfolk.co.kr
위치 경기도 용인시 기흥구 보라동 107번지
요금 어른 12,000원 어린이 8,000원 **자유이용권** 어른 18,000원 어린이 14,000원(만 4세 이상/삼성카드 사용 시 50% 할인)
관람시간 오전 9시~오후 6시(동절기 오후 5시 30분까지)

이렇게 놀아요 How to play

😊 민속촌에서는 이런 것들을 봐야 해요

민속촌에 재현해 놓은 가옥은 크게 양반이 살던 기와집과 상민이나 농민이 살던 초가집으로 나뉜다. 여기에 더 세부적으로 지역별 가옥의 특색이 드러나는데, 남부 지방과 중부 지방, 북부 지방, 제주도의 민가는 각 지역의 기후와 생활 습관에 맞게 약간씩 변형되어 있다. 또 지방별로 특색을 갖춘 농가, 민가, 관가, 관아, 서원, 한약방, 서당, 대장간, 저잣거리 등을 비롯해 99칸 양반 주택 등을 보며 과거의 생활상과 문화를 배울 수 있다. 장터에는 민속품을 파는 저잣거리와 전통 음식을 파는 주막을 재현해 놓아 마치 사극의 한 장면에 와 있는 듯한 착각을 불러 일으킨다.

먹거리를 판매하는 장터

직접 한지를 제작하는 한지 공방

비바람에 강한 돌담이 특징인 제주도 가옥

지방 행정을 맡아 하던 관아

경기도 **145**

😊 전통 놀이는 물론 농작물 재배도 있어요

흥겹고 신나는 농악놀이, 아슬아슬한 외줄타기, 왔다 갔다 널뛰기, 힘차고 박진감 넘치는 마상무예 공연이 하루 두 차례 펼쳐진다. 시간은 오전 11시와 오후 3시에 시작된다. 각종 타악기로 이루어진 농악놀이는 아이들이 리듬감을 익힐 수 있는 좋은 공연이다. 또한 오후 12시와 4시 30분에 99칸 양반가에서 전통 혼례도 진행되는데, 최근 들어 일반인들이 직접 전통 혼례를 올리는 것도 볼 수 있다. 전통 가옥들 사이로 곳곳에 한복을 입은 농부들이 농작물을 재배하는 모습도 보인다. 여름에는 참외, 수박, 당근, 가을에는 콩, 배추, 고구마, 호박, 고추, 깨 등의 작물을 키워 아이들의 자연 학습에 도움이 된다.

물레를 돌려 누에에서 실을 뽑아내는 과정

다양한 채소를 심은 농촌 풍경

당근이 이렇게 생겼구나?

여기도 가보세요

백남준아트센터

세계적인 비디오 아티스트 백남준의 예술 세계를 담기 위해 건립됐다. 건물의 형태가 백남준이 평소 좋아했던 그랜드 피아노의 모양으로 독특하다. 입구에 들어서면 검은 바탕에 선명하게 보이는 빨간색 로고가 눈에 띈다. '뒤집어 생각하면 무한한 답이 나올 수 있다'는 의미를 담고 있다. 텔레비전에서 보이는 영상 예술에 대한 경험과 현대 예술을 접하고 이해하는 곳이다.

문의 031-201-8500/www.njpartcenter.kr
위치 경기도 용인시 기흥구 상갈동 85번지
요금 무료　**관람시간** 오전 10시~오후 7시
휴관일 둘째 · 넷째 주 월요일

경기도 용인에서 유용한
요모조모 정보 모음

아이들과 함께하기 좋은 맛집

영양가 많은 추어탕에 푸짐한 돌솥밥까지
큰집 추어탕

문의 031-282-2877 **위치** 경기도 용인시 기흥구 상갈동 124-8
메뉴 추어탕, 추어튀김, 추어만두 **가격** 6,000원

다/녀/와/서

준비물 나무젓가락, 냄비, 바가지, 페트병 등

'덩~덩~덕 쿵덕~' 배운 장단을 집에 와서 두드려 보기(경기도국악당)

장단에 맞춰 두드리고 흔들며 흥겹게 놀며 스트레스를 풀어요.

❶ 장구를 배우며 했던 장단이 여러 가지가 있다. 집에 와서 주방에서 쓰는 각종 냄비나 나무 그릇 등을 뒤집어 놓고 나무 젓가락을 이용해 두드려 본다.
❷ 음악을 틀어 놓고 박자에 맞춰 두드려 보며 신나는 난타 공연을 해본다.

Course 18 경기도 안성

동화 속 안성허브마을과 남사당전수관 풍물놀이

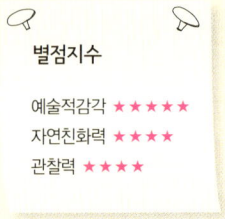

별점지수

예술적감각 ★★★★★
자연친화력 ★★★★
관찰력 ★★★★

엄마의 비책

 안성의 대규모 허브마을은 마음을 차분하게 가라앉히고 진정시키는 데 효과가 있는 여행지다. 성격이 급한 아이, 화를 잘 내는 아이에게는 이런 장소를 적극 추천한다. 화를 가라앉히고 긴장을 이완하는 것은 아이 건강에도 당연히 도움이 되지만 부모 자녀 관계에서도 매우 긍정적인 일이다. 또한 이처럼 느긋한 공간에서 부모가 오랜만에 아이와 여유로운 시간을 보낸다면 더욱 값진 경험이 될 것이다.
 워킹맘이 많은 요즘, 늘 종종거리고 바쁜 엄마는 온종일 아이와 같이 있더라도 한 공간에만 있을 뿐, 각자 생활하는 것에 지나지 않는다. 그리고 엄마가 바쁘게 무엇인가를 하고 있다면 아이는 엄마에게 요구하는 것도 포기하고 만다. 부모가 아이 앞에서 일부러라도 빈둥거리면서 쉬는 시간을 보낼 필요가 있다. 그러면 아이는 얼른 부모에게 달려와 자기와 함께할 것을 요구한다. 이 때문에 여행지를 고를 때 뭔가 활동적으로 움직이는 여행지와 허브마을 같은 정적인 여행지를 고루 선택하는 것이 좋다.

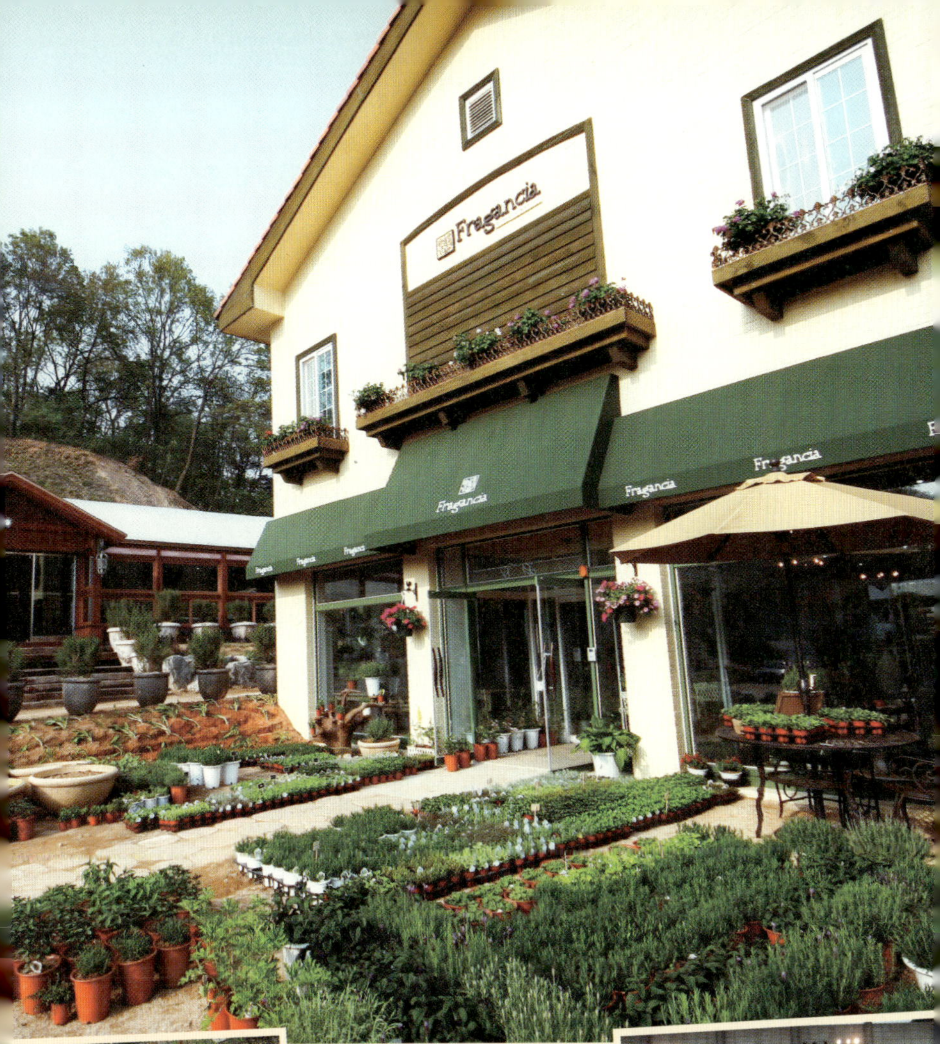

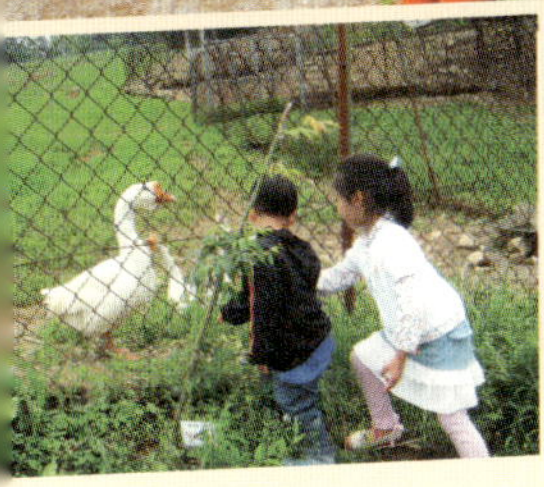

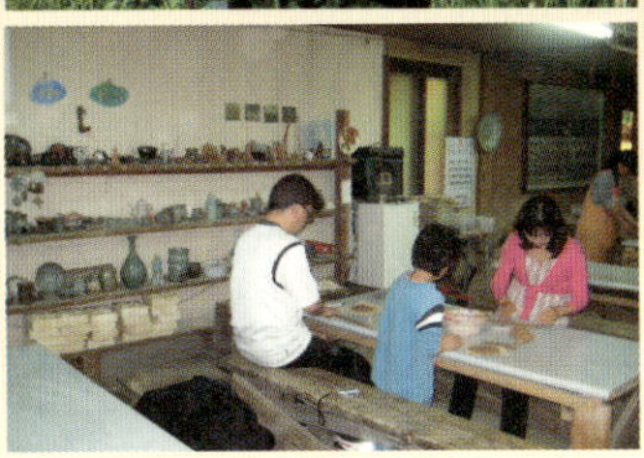

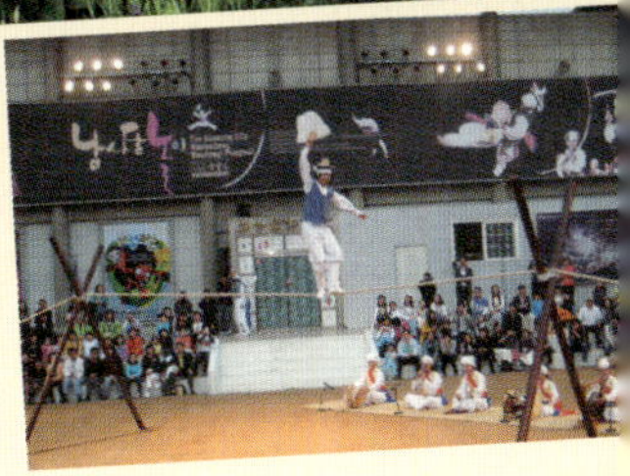

소요시간 8시간(1박 2일 가능) **베스트 여행시기** 4~10월

2시간 소요

안성허브마을 → 15km/차로 20분 → **너리굴문화마을** → 5km/차로 10분 → **남사당전수관**

2시간 소요

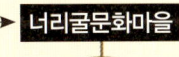

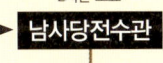

안성허브마을/
동화 속 아름다운 허브마을

Main 이국적이며 동화 같은 허브마을 **1** 허브 향 가득한 온실 **2** 허브 관련 제품을 판매하는 소품 숍 **3** 집에서 쉽게 키울 수 있는 허브

동화 속 그림 같은 안성허브마을은 약 3만 5000㎡(1만 평) 규모에 허브농장, 테마파크, 체험공방, 허브 숍, 레스토랑, 펜션이 알차게 들어찬 테마 타운이다. 국내 허브농장 중 가장 최근에 지어진 이곳은 최신식 시설을 자랑한다. 허브 야생화가 흐드러진 산책로를 걸어보고 풍부한 허브와 함께하는 이탈리안 요리를 맛본다. 허브 차를 마시며 족욕을 하면 하루의 피로가 말끔하게 씻긴다. 여유가 있다면 산 속에 전나무 원목으로 지어진 보니또펜션에서 하루 묵어가도 좋겠다.

Tip
매월 체험 강좌를 홈페이지에 게시한다. 립밤 만들기, 핸드크림 만들기, 아로마 촛대 만들기 등 어른들이 관심을 가질 만한 프로그램이 많으니 아이와 함께 참여하는 것도 좋겠다.

문의 031-678-6700/www.thanks-nature.co.kr
위치 경기도 안성시 삼죽면 내강리 507-1
요금 무료 **관람시간** 오전 10시 30분~오후 9시

이렇게 놀아요 How to play

😊 허브를 만져보고 향을 맡아봐요

90여 종의 허브가 자라고 있는 온실 안으로 가득 퍼지는 허브의 진한 향이 마음을 편안하게 한다. 야외 농원에는 모두 110종의 허브가 있다. 다양한 향이 섞여 있는 온실과 달리 허브 하나하나에서 뿜어 나오는 고유의 향을 차례차례 맡아볼 수 있다. 손으로 잎을 살짝 비비면 코끝에 향긋한 허브 향이 전해진다. 각종 허브 관련 제품과 예쁜 소품들을 판매하는 허브 숍에서 허브의 다양한 쓰임에 대해 알아볼 수 있다. 공방에서는 천연 비누, 향초, 컵에 그림 그리기 등의 체험이 있으니 아이들과 함께 만들어 보며 즐거운 시간을 보내자.

배워봅시다

😊 일상생활에서 쓰이는 허브는 무엇인가요?

일단 향신료로 가장 많이 쓰이는 마늘이나 후추, 고추가 있다. 그리고 섬유유연제나 보디 제품에는 라벤더 등의 허브 향을 사용하며 화장품에도 피부에 좋은 다양한 허브를 사용한다. 요리에 첨가하는 허브는 향을 좋게 하고 잡냄새를 없애는 역할을 하는데, 스파게티에 들어가는 바질이나 파슬리 등이 있다. 질병 치료에도 도움을 주는데 허브를 이용하여 아로마테라피(향기요법)를 통해 코로 흡수된 향이 뇌로 전달되어 자극을 준다. 가령 두통이 있는 경우에 코끝에 향을 살짝 맡기만 해도 금방 두통이 가시는 것을 경험할 수가 있다.

고급스런 레스토랑과 베이커리

싱그러움이 물씬 풍기는 허브정원

허브와 관련된 아기자기한 소품이 가득한 곳

너리굴문화마을 / 자연과 예술 문화가 공존하는 곳

Main 곳곳에 조각 작품이 전시된 야외 미술관 **1** 마을이 한눈에 내려다 보이는 펜션 **2** 과학 실험과 공작을 할 수 있는 과학체험실 **3** 야외 수영장

이곳은 단체 수련원이자 자연 체험을 할 수 있는 자연 휴양림이며, 다양한 문화와 예술을 만나는 복합문화공간이다. 단체로 수련할 수 있는 엄마수련원과 미술관, 야외 전시장이 있으며 금속, 도자기, 소조공방이 있어 다양한 미술 체험이 가능하다. 자연 속에서 아름다운 경치는 말할 것도 없으며 길 위에 토끼와 다람쥐가 뛰어다닐 정도로 때문지 않은 생태계가 보존되고 있다. 산책로를 따라 야외에 전시된 작품을 감상하며 위로 올라가면 건물들과 체험장이 있다. 더 위로 올라가면 목조로 지어진 멋진 펜션이 있는데 산장에 온 듯 편안하다. 언덕 위의 사슴목장에는 푸른 초원 위에 풀을 뜯어 먹고 있는 초식동물과 야생화를 만날 수 있다.

문의 031-675-2171/www.culture21.co.kr
위치 경기도 안성시 보개면 신장리 63-1번지
요금 무료 **체험료** 5,000~10,000원대

이렇게 놀아요 How to play

😊 어떻게 건물이 세워졌는지 알아봐요

이곳의 특징 중 하나는 건물을 지을 때 비탈진 지형을 변형시키지 않고 기둥을 세워 자연스럽게 연결시켜 지었다는 것이다. 아래쪽 건물의 옥상이 위쪽 건물의 1층과 다리로 연결되어 탐색하는 재미가 있다. 대부분 나무를 사용하고 천연 재료를 그대로 살려 목조 건축의 멋스러움을 볼 수 있다. 산책로를 따라 위로 올라가면 벤치에 앉아 평화로운 마을과 자연의 아름다움을 감상할 수 있다.

😊 양초, 비누 어떤 걸 만들어 볼까요?

마을 곳곳에 자리 잡은 공방에서 고르는 재미가 있는 미술 체험을 즐겨 본다. 컬러 와이어를 구부려 간단한 액세서리를 만드는 금속공예, 조물락조물락 모양을 만든 뒤 양초로 사용하는 찰흙 양초 공예, 흙으로 그릇을 만드는 도자기 공예, 천연 비누 만들기 등 다양하게 마련되어 있다. 5,000원부터 10,000원 선의 가격으로 온 가족이 함께하는 즐거운 추억을 만들어 보자.

위아래 건물이 연결된 재미있는 구조

나무와 돌, 황토로 만든 친환경 건물

푸른 초원 위의 사슴목장

선생님, 알려주세요

Q 여행지에는 다양한 체험 활동 기회가 있는데, 자립심을 갖고 혼자 해보는 것과 부모와 교감하며 함께하는 것. 어떤 쪽이 더 좋을까요? 공예 체험을 할 때 아이가 혼자 스스로 했으면 좋겠는데 꼭 엄마와 같이 하려고 하고 도와달라고 합니다. 어떻게 하면 자립심을 키울 수 있을까요?

A 아이들은 스스로 혼자 해낸 것도 흐뭇해 하고 자랑스러워 한다. 반면 부모와 함께하는 것도 부모와의 일체감을 느끼면서 행복해 한다. 어느 것이 좋고 나쁘다고 말할 수 없다. 그러나 혼자 해야 하고 할 수 있는 자리에서 엄마와 같이만 하려고 하는 아이라면 자립심에 대한 생각을 해볼 수 있다. 엄마와의 심리적인 분리가 아직 안 되어 있고 소심하고 자신감이 없어 혼자 나서지를 못하고 의존하는 것이다. 평소 아이가 엄마로부터 분리해도 안정감이 있는 아이가 되도록 지도하는 게 필요하다. 엄마 곁에서 못 떨어지고 매달리는 아이는 엄마와 불안정한 애착을 맺고 있기 때문이다. 그동안 아이를 불안하게

만든 엄마의 양육 태도가 무엇인지를 점검하여 고쳐 아이가 엄마에 대해 편안하게 느껴야 안정되면서 엄마로부터 떨어지고 자립심이 생긴다. 또한 과잉보호하는 엄마는 아이를 의존적인 아이로 만드는 것이므로 이 또한 고쳐야 자립심이 있는 아이로 성장한다.

아트센터마노 · 남사당전수관/
거꾸로 된 집과 풍물놀이

Main 흥겨운 풍물놀이 한마당 **1** 아트센터마노의 거꾸로 된 집 **2** 넓은 잔디에서 뛰어놀기 좋은 곳 **3** 옆으로 누워 있는 레스토랑

거꾸로 선 건물이 이색적인 아트센터마노는 미술관과 정원, 레스토랑 등이 있는 복합문화공간이다. 건물을 뒤덮은 담쟁이와 아담한 조각상이 고즈넉한 아름다움을 자아낸다. 입구의 거꾸로 된 집 맞은편에는 옆으로 누워 있는 집 모양의 레스토랑도 있다. 멋스럽고 고풍스런 분위기가 시선을 사로잡는다. 아트센터마노 바로 옆에는 남사당 풍물놀이 교육관인 남사당전수관이 있다. 이곳 야외 공연장에서 매주 토요일 저녁에 남녀노소 누구나 공감할 수 있는 남사당놀이 공연을 한다.

오후에 들러 아트센터마노를 둘러본 후 신명 나는 공연으로 마무리해 보는 건 어떨까?

문의 031-676-7815/www.mahno.com(아트센터마노)/031-675-3925(남사당전수관)
위치 경기도 안성시 보개면 복평리 34번지
요금 무료(공연료 무료)
관람시간 화~금요일 오전 10시~오후 9시 **주말** 오전 10시~오후 10시
휴관일 월요일 **공연시간** 4월 1일~10월 28일
토요일 오후 6시 30분~8시

경기도 안성에서 유용한
요모조모 정보 모음

아이들과 함께하기 좋은 맛집 · 잠자리

허브마을 가는 길에 있는 샤브샤브 전문점
곰솔마루

문의 031-672-7191 **위치** 경기도 안성시 삼죽면 내강리 97-1
메뉴 샤브샤브, 만두전골, 칼국수 **가격** 6,000~10,000원대

이국적인 분위기에 아름다운 정원과 수영장이 있는 곳
안성퓨전펜션

문의 031-675-1807/www.ansungfusion.com **위치** 경기도 안성시 죽산면 용설리 846번지
요금 주말 80,000원대(원룸형)

안성허브마을 안에 있는 원목 펜션
보니또펜션

문의 031-678-6700/www.thanks-nature.co.kr
위치 경기도 안성시 삼죽면 내강리 507-1
요금 주중 9만원 주말 11만원(4인실)

다/녀/와/서

준비물 전지, 크레파스, 인형

우리 동네 그리기 (너리굴문화마을)

너리굴문화마을과 아트센터마노에서 봤던 거꾸로 된 집을 생각하며 상상력 넘치는 다양한 모양의 집을 그려보고 마을을 꾸며요.

❶ 커다란 종이에 먼저 마을을 연결하는 도로를 그린다.
❷ 길 중간중간에 상점과 집과 놀이터 등을 그려 마을을 표현한다.
❸ 상상력을 발휘한 나만의 멋진 집을 생각해 보고 그림으로 표현한다.
❹ 마을을 그린 뒤 인형을 이용하여 친구를 초대하거나 놀러 가는 역할극을 해본다.

Course 19 경기도 분당

환경 전시관 캐니빌리지와 눈이 뜨이는 디자인체험관 DEX

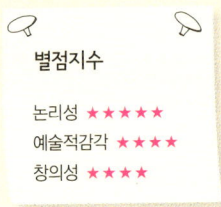

별점지수

논리성 ★★★★★
예술적감각 ★★★★
창의성 ★★★★

엄마의 비책

캐니빌리지의 강점은 '게임'을 주요 컨셉트로 했다는 것이다. 환경 전시관이라 해서 딱딱하게만 여겨질진 몰라도, 테마를 풀어내는 방식이 게임이라서 아이들이 아주 좋아한다. 재미없는 공부도 게임하듯 바꾸면 흥미롭게 아이의 참여를 유도할 수 있다는 점을 기억하자. 게임은 이기고 지는 경쟁심을 자극하므로 놀이하는 동안 흥분하게 만들면서 더욱 신나고 재미나는 기분을 불러 일으킨다. 그러므로 가족이 함께 게임을 하면 짧은 시간 동안 즐거움이 배가되어 행복한 느낌을 많이 준다. 또한 게임을 하려면 규칙대로 해야 하고 차례를 지켜야 하며 지더라도 잘 참고 있어야 하는 등 사회성에서 요구하는 요소들이 담겨 있다. 그래서 게임은 사회성을 지도하는 데도 효과적이다. 이와 같이 게임을 잘 활용하면 가족 관계를 더욱 돈독히 할 수 있고 사회성 발달을 도울 수 있는 등 이점이 많다.

캐니빌리지 근처의 디자인체험관 DEX는 '디자인이란 무엇인가'라는 원론적인 질문에서 시작된 전시 공간이다. '디자인' 하면 떠오르는 것들이 매우 방대해 어른들조차 고개를 갸우뚱하게 하는 개념이 단계적으로 잘 설명돼 있어 부모와 아이가 함께 배워보는 유익한 시간을 가질 수 있을 것이다.

소요시간 5시간 베스트 여행시기 연중

2시간 소요
캐니빌리지 ----------> 1시간 30분 소요
디자인체험관 DEX

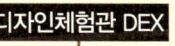
12km/차로 20분

캐니빌리지,
재활용의 중요성을 느끼는 곳

Main 선생님과 함께해 집중하는 아이들 **1** 캔을 재활용해 만든 작품 **2** 캐니빌리지 외관 **3** 게임을 통해 배우는 재활용

어린이의 눈높이에 맞춘 환경 전문 전시관인 이곳은 귀여운 캔 모양의 캐릭터인 '캐니'와 함께한다. 전시물 관람을 통해 아이들이 환경오염의 심각성을 느끼고 재활용과 자원 절약의 중요성을 배운다. 선생님과 함께 다니며 수업식으로 진행되어 집중하여 관람할 수 있으며 1시간 30분 정도 소요된다. 각 부스마다 영상 관람과 모형이 있어 어려울 수 있는 내용을 재미있게 풀어내 이해를 돕는다. 특히 아이들은 캐니와의 게임과 체험으로 지루해 하지 않고 적극적으로 수업에 참여한다. 2층과 연결된 야외 테라스에서는 도시락을 먹으며 수려한 자연경관을 즐길 수 있다.

문의 031-706-2915/www.can.or.kr
위치 경기도 성남시 분당구 석운동 5-31번지
요금 무료(인터넷 사전 예약 필수)
이용시간 7~9월 오전 10시~오후 6시 10~6월 오전 10시~오후 5시 30분(월요일 휴관)

이렇게 놀아요 How to play

😊 캐니와 여행을 떠나요
1층에 들어서면 귀여운 친구 캐니의 캐릭터가 아이들을 반긴다. 환경오염의 심각성을 일깨워주는 영상을 보며 관련 자료를 열람할 수 있는 도서실, 폐품을 활용한 작품을 전시하는 기획전시실이 있다. 3층은 캔의 역사와 음료 제조 과정, 쓰임새에 대해 알기 쉽게 나와 있으며 캔이 재활용되는 과정을 체험과 게임을 통해 배운다. 2층에 재활용 체험 공간인 '캐니의 집'과 '캐니 극장'이 있다. 분리 배출 표시를 보며 물건을 사는 '캐니 마트'와 간편하고 편리한 캔이 있는 '캐니 식당' 등의 공간도 다채롭다.

캔의 재활용 과정을 보여주는 영상

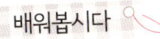
배워봅시다

😊 알루미늄과 철 캔의 차이를 알아봐요
주위에 캔은 음료수, 식품, 모기약, 식용유, 페인트 등을 담는 통으로 쓰인다. 이 캔 제품은 알루미늄과 철의 두 가지 재료로 만들어진다. 알루미늄은 압력이 있는 탄산음료나 맥주 등에 쓰여 무게에도 찌그러지지 않으며 바닥이 움푹 패여 있고 가격이 비싸다. 그 외의 재료는 모두 철 캔에 담는데 무게에 찌그러지지 않기 위해 3겹의 철판으로 만들어지며 가격이 저렴하다. 구분하는 방법은 철로 된 캔에는 연결 부위가 있으며 제품의 뒷면을 자세히 보면 삼각형 표시 위에 알루미늄과 철이 표기되어 있다.

야외 휴식 공간

직접 재활용을 체험하는 '캐니의 집'

여기도 가보세요

백운호수

청계산, 백운산, 모락산이 병풍처럼 둘러싸여 있는 이곳은 주변의 수려한 자연경관과 운치 있는 드라이브 코스로 유명하다. 인근 음식점에서 식사를 하거나 보트와 수상스키 등의 레포츠를 즐길 수도 있다. 입구의 주차장에 주차한 후 호수 아래쪽 소나무 숲으로 내려가면 호숫가에 떠다니는 오리떼를 보며 솔림욕을 할 수 있다.

문의 011-738-5207/www.baekunhosu.co.kr **위치** 경기도 의왕시 학의동 백운호수

재활용 물건을 사보는 '캐니 마트'

게임으로 받은 코인으로 움직이는 캔 자동차

디자인체험관 DEX/
체험을 통해 배우는 디자인의 원리

Main 자연을 모티프로 만든 디자인 **1** 색의 대비와 배색을 관찰 **2** 대표적인 디자인 작품 **3** 상징화된 그림 문자인 픽토그램

디자인은 광범위하고 일상적인 소재라 어디서부터 접근해야 할지 난감한 주제다. 이런 고민을 해결해 줄 디자인체험관 DEX. 이곳은 디자인에 대한 개념을 아이들에게 알려주기 좋은 체험관으로, 창조적인 생각과 미적 감각 형성에 특히 효과적인 곳이다. 디자인체험관은 7개의 테마로 구성되어 있다. '디자인 터널'을 지나 자연을 모티프로 한 디자인 사례와 친환경 디자인의 중요성을 알아본다. '디자인과 생활'에서는 세계 디자인 역사의 흐름을 알아본다. 그 밖에 미래 디자인 사례를 보는 '미래디자인세상', 체험 학습 교사와 함께 디자인의 요소를 살려 노트, 우산 등을 만드는 체험 코너가 있다.

문의 031-780-2255/www.dex.or.kr
주소 경기도 성남시 분당구 야탑동 344-1번지 코리아디자인센터 B1
요금 어른 5,000원 어린이 3,000원(만 3세 이상)
이용시간 오전 10시~오후 5시
휴관일 월요일, 공휴일
대중교통 분당선 야탑역 4번 출구 도보 3분

이렇게 놀아요 How to play

😊 자연을 닮은 디자인은 뭐가 있을까요?

자연에서 모티프를 따서 디자인에 적용한 사례를 찾아본다. 필립스 믹서는 오징어에서, 시드니 오페라하우스는 오렌지에서, 잠수함은 돌고래에서, 에펠탑은 애벌레 등 기발한 디자인 컨셉트가 자연에서 왔다는 사실이 놀랍다. 이를 염두에 두고 대상을 바라보며 서로 매치가 되는지 확인해 보면 정말 비슷한 모양을 하고 있다.

미래의 디자인

자연과 함께하는 에코 디자인

여기도 가보세요

키즈비즈

어린이 체험형 실내 놀이터와 카페를 접목한 키즈 카페다. 1층은 병원, 마트, 소방서, 미용실, 베이커리 등의 공간을 아이들의 눈높이에 맞게 꾸며 놓았다. 각 공간에 맞는 의상과 소품이 준비되어 있어 완벽한 역할놀이를 할 수 있다. 2층은 어른들을 위한 카페인데 아이들을 볼 수 있는 대형 TV가 설치되어 있고, 24개월 이하의 유아를 위한 놀이방도 마련되어 있다. 유아교육을 전공한 전문 선생님들이 아이들과 함께 놀아주고 행동을 관찰하여 사회성 발달에 도움을 준다.

문의 031-717-5279/www.kizbiz.co.kr
위치 경기도 성남시 분당구 금곡동 인스코빌딩 1, 2층
요금 어른 13,000원 어린이 10,000원(만 2세 이상, 2시간 기준, 어른 음료 포함)
이용시간 오전 10시~오후 8시(주말, 공휴일 9시까지)

Course 20 경기도 남양주

주필거미박물관 곤충 체험과 남양주종합촬영소

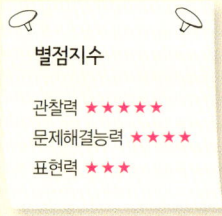

별점지수

관찰력 ★★★★★
문제해결능력 ★★★★
표현력 ★★★

Mom's Hidden Card
엄마의 비책

주필거미박물관에 가면 아이들은 두 부류로 명확히 나뉜다. 신기해 하며 다가가는 아이와 곤충, 특히 거미를 아주 무서워하는 아이다. 내 아이가 어느 쪽에 속하는지를 먼저 파악한 후 이 코스로의 여행을 계획해야 할 것이다. 박물관 자체에 교육적 가치가 매우 높더라도 아이가 받아들이지 못하면 시간 낭비에 불과하다.

거미에 대한 아이들의 반응에 약간의 부연 설명을 덧붙이자면 놀이치료실에 들어와 곤충 모형들을 보고 징그럽다며 기겁하는 아이는 긴장과 불안이 많고 화를 많이 억누르고 있는 것이다. 놀이치료를 진행하면서 차츰 억눌렸던 감정이 표출되는데, 이때는 오히려 무섭다고 하던 곤충을 무서워하지 않고 그것을 이용한 놀이를 한다. 곤충으로 상담자를 괴롭히는 놀이를 즐기는 아이를 보면 아이 마음속에 얼마나 많은 화가 쌓여 있는지를 알 수 있다. 물론 아이의 화는 부모로부터 사랑 받고 싶은데 늘 혼나고 거부당하는 것을 말한다. 그동안 사랑 받고 싶은데 채워지지 않아 늘 외로움 속에서 살면서 이를 꾹 참고 누르고 있었던 것이다. 이처럼 지나치게 곤충을 두려워하는 것 같은 행동은 의미가 있는 것이므로 무조건 야단치지 말고 아이를 이해하려고 해야 한다.

소요시간 7시간 베스트 여행코스 4~10월

1시간 30분 소요
주필거미박물관 ········· 11km/차로 15분 ········▶ 2시간 소요
남양주종합촬영소

주필거미박물관/
타란툴라거미가 사는 생태 학습장

Main 수많은 종류의 거미를 전시하고 있는 주필거미박물관 **1** 선생님과 함께 거미에 대해 공부하는 시간 **2** 곤충과 식물을 관찰할 수 있는 야외 정원 **3** 광물전시관

거미를 테마로 한 자연 생태 학습장인 이곳은 다양한 거미의 표본과 살아 있는 커다란 타란툴라거미를 만져볼 수 있는 산교육장이다. 산왕거미, 무당거미, 농발거미, 호랑거미 등 우리나라 거미를 포함한 약 200,000점의 표본이 있으며 이 외에도 곤충과 광물질을 전시하고 있다. 전시관 내 사육장에서는 살아 있는 크고 작은 거미와 곤충, 뱀, 이구아나, 개구리, 생쥐 등이 먹이사슬을 형성하는 모습을 볼 수 있어 더욱 흥미롭다. 전시관 주변은 생태 학습장인데 식물과 곤충을 한자리에서 관찰하며 둘 사이의 상관관계를 설명하기에 안성맞춤이다.

문의 031-576-7908/www.arachnopia.com
위치 경기도 남양주시 조안면 진중리 528
요금 어른 6,000원 어린이 4,000원(만 4세 이상)
관람시간 오전 9시~오후 6시

이렇게 놀아요 How to play

😊 하나도 무섭지 않은 거미를 만져봐요

학예사 선생님의 자세한 설명을 들으며 거미의 특징과 생태에 대해 배울 수 있다. 거미에 대해 기초적인 지식을 쌓았다면 이번에는 혐오스럽고 무섭게만 느껴졌던 거미를 만져볼 차례다. 거미류 중 가장 크고 온몸에 털이 나 있는 타란툴라거미를 직접 만져볼 수 있는데, 그 감촉이 생각보다 부드럽다. 무서워서 뒷걸음질 치던 아이들이 어느새 서로 만지겠다고 적극적으로 손을 내민다. 야외 생태 학습장으로 가면 많은 거미와 곤충들을 만날 수 있는데 무섭다고 움츠렸던 아이들도 거미박물관에 다녀온 후에는 한 발 다가가 호기심을 보인다.

😊 2층 곤충 전시관에서 곤충을 관찰해요

2층 전시관에는 1,000여 점의 곤충 표본이 재미있는 방법으로 전시되어 있다. 나비의 이름을 나비로 적어 놓거나 나비로 글씨를 써서 한눈에 들어올 수 있게 했다. 날개에 태극무늬가 있는 태극나방은 태극의 형태로, 시골처녀나비는 '시골'이란 글자로, 허물을 벗은 매미는 '헌옷'이라는 글자로 표현하여 이해하기 쉽게 전시했다. 아주 작은 하루살이에서 손바닥만한 나방까지 볼 수 있어 곤충의 세계에 푹 빠지게 된다.

거미의 허물

파충류의 먹이로 기르고 있는 쥐

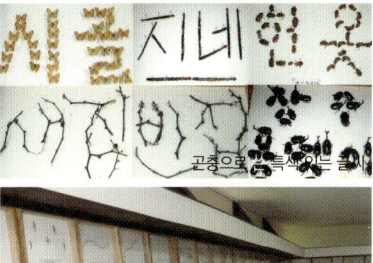

곤충으로 글씨를 쓰는 글

곤충박물관 전경

타란툴라거미를 만져보고 감촉 느껴보기

남양주종합촬영소/
영화 속 주인공이 되는 곳

Main 영상지원관의 전시 공간 **1** 착시 현상을 일으키는 영상체험관의 타임터널 **2** 전통 사극을 촬영하는 '운당' **3** 대형 영화 포스터가 걸려 있는 영상지원관

영화 산업의 진흥을 위해 만들어진 이곳은 시나리오만 있으면 촬영부터 후반 작업까지 원스톱으로 제작할 수 있는 종합영상지원센터다. 관람 가능한 세트장은 양반가를 재현한 '운당'과 초가집과 저잣거리로 이루어진 민속마을, 〈공동경비구역JSA〉의 촬영 장소로 유명해진 판문점 세트가 있다. 영화 관련 전시를 하는 영상지원관 1층은 한국영화자료실, 영상체험관, 영화 소품 및 의상 전시관 등으로 구성되어 있다. 2층에는 영화 포스터 전시, 법정 세트, 영상체험관이 있으며, 특히 애니메이션 〈원더풀데이즈〉의 미니어처 세트장이 있는데, 그 규모와 정교함이 탄성을 자아낸다.

문의 031-579-0605/studio.kofic.or.kr
위치 경기도 남양주시 조안면 삼봉리 100번지
요금 어른 3,000원 어린이 2,000원(만 4세 이상/영상체험관 관람 시 1,000원 추가)
관람시간 오전 10시~오후 6시(동절기 오후 5시까지) **영화관람** 평일·토요일 오후 1시 30분/일요일·공휴일 오후 1시, 3시(관람료 무료)
휴관일 월요일

이렇게 놀아요 How to play

😊 세트장에서 영화의 주인공 되어봐요
야외 세트장 곳곳에는 영화의 주인공인 이곳에서 어떤 포즈로 촬영했는지 사진과 내용이 설명되어 있다. 그 영화를 봤다면 더욱 실감나겠지만 그렇지 않더라도 마치 내가 영화의 주인공이 된 듯 포즈도 취해보고 대사도 몇 마디 하면서 상상력을 발휘해 보자. 전통 한옥 세트에는 전통 의상을 입고 체험할 수 있는 코너도 있다.

😊 영화를 어떻게 만드는지 배워요
영상지원관 내에는 영화를 만드는 과정을 체험을 통해 배울 수 있다. 1층의 폴리녹음실은 영화의 음향효과를 설명해주는 곳인데 여러 도구를 이용해 직접 소리를 내 보고 자신이 낸 소리를 들어본다. 또한 연결된 필름을 돌리면서 장면이 이어져 동영상이 되는 과정을 볼 수 있으며, 조명의 색상에 따라 무대의 분위기가 달라지는 실험도 해본다. 영상체험관에서는 특수촬영기법인 블루스크린 앞에서 포즈를 취해보고 화면에서 어떻게 표현되는지 확인할 수 있다. 오감으로 느낄 수 있는 3D 입체 영상도 관람한다. 영화의 특수 기법을 체험할 수 있어 그동안의 궁금증을 풀어준다.

사극에 활용되는 민속 마을 세트

인공적으로 음향효과를 내는 폴리녹음실

만물상처럼 없는 게 없는 소품실

두 개의 영상을 합성하는 기술인 크로마 키(Chroma key) 체험

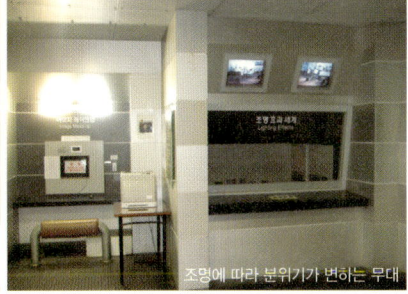
조명에 따라 분위기가 변하는 무대

선생님, 알려주세요

Q 해외에서는 아이들에게 TV를 일절 보여주지 않는 게 최상의 육아법이라고 하는데 우리나라는 의외로 영상물에 관대한 것 같아요. 영상물이 상상력을 자극하는 데 효과적이라는 설도 있고, 좀 헷갈리네요. 영상물에 대해 얼마나, 어떤 식으로 제한해야 하는지 궁금해요.

A 무엇이든지 적당한 게 좋다. 영상물에 대해 관대하기보다 어른들이 집에서 TV를 보며 시간을 보내는 경우가 많다 보니 자연스레 아이들이 TV에 많이 노출되고 있다. 부모가 생활하면서 절제 있는 TV 시청을 한다면 아이들 또한 절제 있게 보여주기가 가능할 것이다. 초등학교 고학년 때에는 게임이나 TV를 보지 않으면 공통의 화제로 대화를 나눌 수 없어 친구들과 어울리는 데 소외될 수 있다. 그러나 아이는 취학 전이나 초등학교 저학년일 때 저녁에 부모가 재미나게 놀아주거나 낮에 친구들과 신나게 뛰어논다면 굳이 TV를 보지 않더라도 심심해 하지 않는다.

여기도 가보세요

왈츠와 닥터만 커피 박물관

커피박사 박종만 씨의 커피 사랑으로 만들어진 커피 박물관이다. 붉은 벽돌로 지어진 2층 건물로 이국적인 분위기가 풍겨난다. 1층은 북한강이 한눈에 내려다보이는 레스토랑, 2층은 커피 전시관, 3층은 커피 재배실로 되어 있다. 커피 전시관에는 커피의 역사와 문화, 커피 제대로 마시는 방법 등이 나와 있다. 전시관 관람 후에는 핸드드립으로 커피를 직접 내려 추출한 후 시음할 수 있다. 신선한 커피일수록 물에 닿으면 부풀어 오른다고 하는데 처음 물을 내리자 커피가 반달처럼 봉긋하게 부풀어 오른다. 직접 내린 신선하고 향긋한 커피 한잔을 마시며 여유 있게 즐겨보자.

문의 031-576-0020/www.wndcof.com
위치 경기도 남양주시 조안면 삼봉리 272-6
요금 어른 5,000원(체험료 포함) 어린이 3,000원(만 7세 이상)
관람시간 오전 10시 30분~오후 6시
휴관일 월요일

경기도 남양주에서 유용한
요모조모 정보 모음

아이들과 함께하기 좋은 맛집

시원하고 아삭한 김치말이국수와 떡만둣국이 유명한 집
개성집

문의 031-576-6497 **위치** 경기도 남양주시 조안면 송촌리 792-1
메뉴 오이소박이냉국수, 만둣국, 만두전골, 칼국수, 녹두전 등 **가격** 5,000~6,000원대

다/녀/와/서

준비물 전기테이프, 곤충 그림, 과자

거미가 되어 보기(거미박물관)

끈끈한 테이프로 거미줄을 만들고 거미에 걸린 과자를 따먹으며 거미놀이를 해요.

❶ 거실에 의자를 세워 놓고 70cm 높이로 전기테이프를 이용해 거미줄을 만든다.
❷ 끈적한 부분에 준비한 곤충 그림을 붙이고 아이가 손을 사용하지 않고 입으로 떼어 보도록 한다. 과자나 사탕을 함께 붙여 놓으면 아이들이 더욱 좋아한다.
❸ 이번에는 거미줄을 모두 떼어 바닥에 붙인 뒤 맨발로 밟으며 끈적끈적한 바닥을 느껴본다.
❹ 마지막으로 테이프를 떼어 내어 몸에 감싸고 끈적끈적한 거미줄에 걸린 곤충이 되어본다.

준비물 종이, 색연필, 8가베, 빨대, 투명 시트지

가베를 이용한 거미줄 만들기(거미박물관)

가베나 빨대를 이용해 거미줄을 만들고 거미놀이해요.

❶ 눈과 다리는 8개이고 몸은 머리가슴, 배의 두 부분으로 나뉜 특징을 살려 거미를 그린다.
❷ 투명 시트지의 끈적한 부분이 위로 오게 하여 바닥에 고정한다.
❸ 빨대나 막대 모양의 8가베를 이용하여 방사형 모양으로 올려 세로줄을 만든다.
❹ 길이가 짧은 막대로 가로줄을 연결한다.
❺ 거미줄 위에 그린 거미를 오려 붙이고 다른 곤충도 만들어 거미놀이를 해본다.

Course 21 경기도 고양

테마동물원 쥬쥬에서 동물과 교감하는 하루

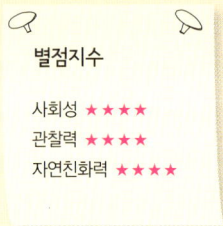

별점지수

사회성 ★★★★
관찰력 ★★★★
자연친화력 ★★★★

엄마의 비책

다른 동물원과 달리 테마동물원 쥬쥬에서는 동물과 손쉽게 접촉할 수 있다. 동물이 아이에게 미치는 정서적인 효과는 매우 긍정적인 것으로 증명된 바 있고, 동물을 직접 만질 때 아이가 느끼는 감정은 눈으로만 볼 때와는 전혀 다른 것이다. 동물을 만질 때 마치 엄마와 아기처럼 한 몸이 된 듯한 포근하고 부드러운 느낌을 서로 나눈다. 현실적인 사정으로 집에 애완동물을 키울 수 없는 경우라면 이런 경험을 통해서라도 아이에게 따스한 느낌을 만끽하게 하는 것이 좋겠다. 테마동물원 쥬쥬에서 20분가량 이동하면 있는 원당종마목장 역시 비슷한 정서적 효과를 노릴 수 있는 여행지다. 너른 초원에서 한가로이 풀을 뜯는 말을 보는 것, 조랑말을 직접 타 보는 것 모두 자연친화력을 기르는 데 더 없이 좋은 경험이다.

소요시간 6시간 베스트 여행시기 4~10월

3시간 소요 — 테마동물원 쥬쥬 — 10.5km/차로 20분 — 2시간 소요 — 원당종마목장

테마동물원 쥬쥬/
자연친화적 체험 학습의 장

Main 커다란 물고기와 눈을 마주치는 아이 **1** 악어 가죽의 촉감 느끼기 **2** 이곳의 명물인 오랑이 **3** 곳곳에 있는 동물 조각상

동물 관련 TV 프로그램에 자주 등장해 익숙한 동물원이다. 동물 2,000여 마리를 만날 수 있는데, 다른 동물원과 차별화되는 점은 우리 속의 동물을 멀리서 바라보는 게 아니라 가까이에서 동물들을 만져보고, 함께 놀 수 있다는 것이다. 뿐만 아니라 동물원 곳곳에서 원숭이쇼, 물개쇼가 펼쳐져 흥미를 돋운다. 돼지, 캥거루, 염소에게 먹이 주는 체험을 할 수 있는 사파리, 식인물고기, 열대어 등을 맘껏 관람할 수 있는 물고기마을 외에도 조류체험장, 파충류관이 있다.

문의 031-962-4500/www.themezoozoo.or.kr
위치 경기도 고양시 덕양구 관산동 290
요금 어른 9,000원 어린이 7,000원(만 2세 이상)
관람시간 오전 10시~오후 7시(동절기 오전 10시~오후 6시)
대중교통 지하철 3호선 화정역 2번 출구 8·85번 버스 남북농원 하차/3호선 원당역 6번 출구, 택시 이용(비용 약 5,000원)

이렇게 놀아요 How to play

😊 오랑이와 악수하고, 돼지들과 놀아요

동물원 중간중간에 사육사들이 원숭이, 뱀, 악어, 앵무새 등의 동물과 함께 나와 있어 직접 만져보고 가까이에서 관찰할 수 있다. 처음엔 무서워하던 아이들도 용기를 내어 안아보고 만져본다. 원숭이의 부드러운 털, 뱀의 미끈한 비늘, 새의 깃털과 따끔한 발톱이 손에 닿아 촉감을 느끼며 오감을 자극한다. 이곳의 명물인 오랑이는 보드를 타고 돌아다니며 시선을 끈다. 아이들에게 이리 오라는 손짓을 하고, 자연스럽게 어깨동무하며 사진 포즈도 취하고 과자도 뺏어 먹는다. 악수도 하고 포옹까지 한 번 하고 나면 오랑이와 어느새 친구가 된다. 동물 사파리장의 사육장 안에서는 미니 나귀, 토끼, 기니피그 등과 함께 뛰어놀고, 먹이를 주며 동물과 더욱 가까워진다.

자연스럽게 다가와 먼저 악수를 청하는 오랑이

껑충껑충 캥거루

고슴도치과의 기니피그

아기 염소에게 먹이를 주는 모습

선생님, 알려주세요

Q 체험 동물원에 와서 놀다 보니 평소 굉장히 소극적이었던 아이가 동물에겐 쉽게 다가가고 적극적인 행동을 보이더라고요. 아이들의 공통적인 습성인가요? 집에서 동물을 키우는 것이 정서에는 좋을지 몰라도 아이들 건강에는 그다지 유익하지 않을 것 같아요. 보통 전문가들은 애완동물을 권장하는 편인가요, 혹은 그 반대인가요?

A 지나치게 겁이 많은 아이는 쉽게 다가가지 못한다. 물까 봐 겁나서 부모 곁을 떠나지 못하고 빨리 나가고 싶어하는 아이도 있다. 체험 동물원에서 적극적으로 동물에게 다가가면서 즐겁게 지냈다면 앞으로도 그런 기회를 많이 주는 게 좋을 것이다. 또한 집에서 애완동물을 키우면 표현을 늘리는 데 도움이 된다. 애완동물과 정을 나누는 과정에서 깊은 정을 나눌 수 있기에 외로움을 많이 타는 아동에게는 애완동물이 엄마와 같은 진한 정을 나눌 수 있는 기회가 된다. 그러나 위생은 당연히 염려되는 부분이다. 특히 아토피가 있는 아이는 애완동물을 키울 수 없다. 예방접종과 청결을 보다 신경 써야 할 것이다.

원당종마목장
푸른 초원 위의 말을 볼 수 있는 곳

Main 파란 하늘, 푸른 초원, 하얀 울타리가 어우러진 곳 **1** 풀을 뜯고 있는 말들 **2** 목가적인 풍경을 선사하는 초원 **3** 낭만적인 은행나무길

한국마사회에서 운영하는 원당종마목장은 미래의 경주마가 될 어린 말들이 자라는 곳이다. 드넓게 펼쳐진 초지가 마치 유럽의 한적하고 여유로운 시골 목장을 떠올리게 한다. 약 36만㎡에 이르는 평원에 10개로 나뉜 초원의 여기저기에서 말들이 한가로이 풀을 뜯는 모습을 볼 수 있다. 한쪽 초지를 개방해 놓아 도시락을 먹으며 쉴 수 있는 공간이 마련되어 있다. 초지 위에 한가로이 뛰노는 말들의 모습 속에 유유자적 나들이를 즐기기에 그만이다. 주변에는 서삼릉, 중남미문화원 등 볼거리가 많다.

Tip
이곳은 상업 시설이 아닌 무료로 개방되는 경마교육원이기 때문에 편의시설이 많지 않다. 도시락이나 간단한 음료는 준비해 오는 것이 좋다.

문의 031-966-2998 **위치** 경기도 고양시 덕양구 원당동 201-79(서삼릉) **요금** 무료
관람시간 수~일요일 오전 9시~오후 5시(동절기 오전 9시~오후 4시)
대중교통 지하철 3호선 삼송역 5번 출구/41번 마을버스 이용 원당종마목장 하차(종점)
휴관일 월요일 · 화요일

이렇게 놀아요 How to play

😊 초원을 거닐며 말과 눈을 마주쳐요

푸른 초원에 흰색 울타리, 파란 하늘, 그 위에서 거닐고 있는 말과의 조화는 누구에게나 멋진 풍경을 선사한다. 그 길을 거닐면 몸과 마음이 편해지고, 기분이 상쾌해진다. 윤이 나는 털과 튼튼한 다리, 건장한 체격의 말을 관찰해 본다. 아이들은 순간 무섭다고 생각하지만 순수하고 여린 눈망울을 보며 금세 말들과 교감하게 된다.

한국마사회의 교육원

소나무 아래의 벤치

건장한 체격의 말과 교감하기

여기도 가보세요

서삼릉

원당종마목장과 바로 마주하고 있는 서삼릉은 조선 말기 왕실의 가족 묘지다. 대표적인 세 개의 능인 효릉, 희릉, 예릉을 가리킨다. 효릉은 중종의 아들 인종과 인성왕후 박씨의 능이며, 희릉은 중종의 계비 장경왕후의 능이다. 예릉은 철종와 철인왕후의 능이다. 그 밖에도 45기의 왕족 무덤이 있다. 원당종마목장에서 넓은 초원을 즐겼다면 이곳에선 숲이 우거진 나무 그늘에서 시원하게 산림욕을 만끽하자.

문의 031-962-6009
위치 경기도 고양시 덕양구 원당동 37-1
요금 어른 1,000원 어린이 500원(만 7세 이상)
관람시간 오전 9시~오후 6시 30분(동절기 오후 5시 30분까지)
휴관일 월요일

Course 22 경기도 과천 I

서울대공원 자연캠프장에서 자연과 하나 되기

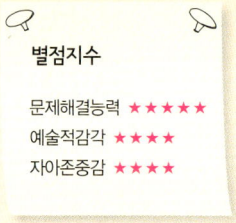

별점지수

문제해결능력 ★★★★★
예술적감각 ★★★★
자아존중감 ★★★★

Mom's Hidden Card
엄마의 비책

　요즘 캠핑이 대세다. 캠핑을 떠나는 가족들이 공통적으로 얘기하는 것이 바로 가족과의 대화 시간이 부쩍 늘었다는 점이다. 주말에 집에 있으면 TV를 보고 멍 하니 있는다거나 잠깐 아이와 바깥 산책을 가는 게 전부인데, 일단 캠핑을 떠나면 짐을 풀고 자리를 잡는 순간부터 떠날 때까지 아이들이 자연스럽게 참여하게 된다. 어떤 의도를 갖고 아이들에게 자연학습을 시키는 게 어색하고, 아이들이 거부감을 느낄 수도 있는데, 이런 우려를 말끔히 씻어주는 게 바로 캠핑의 묘미다. 드넓은 자연에서 엄마 아빠와 힘을 모아 하룻밤 잠자리를 마련하고, 식사 준비를 하면서 가족 간의 유대를 확인할 수 있으며 자연학습도 저절로 이루어진다. 박물관, 전시장, 체험학습장과 같이 꽉 짜여진 체험 여행지보다 오히려 우리 가족만의 추억을 만들 수 있는 1박 2일이 더욱 값질 수도 있다.

소요시간 1박 2일 베스트 여행시기 6~9월

1박 소요 → 1시간 30분 소요
서울대공원 자연캠프장 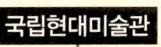 **국립현대미술관**
도보 5분

서울대공원 자연캠프장, 모든 것이 준비되어 있는 원스톱 캠핑장

Main 텐트가 설치되어 있어 편리한 캠프장 **1** 시원한 계곡에서 물놀이 **2** 자연과 하나되는 잠자리 **3** 캠프장 배치도

국립현대미술관에서 조금 위로 올라가면 산중에 둘러싸인 자연캠프장이 나온다. 4인용 텐트가 나무 데크 위에 설치되어 있어 번거로움 없이 이용하면 된다. 텐트 옆에는 4인용 식탁이 함께 있어 음식을 해 먹기 간편하다. 침낭과 바비큐 시설도 대여가 가능하니 음식만 싸 오면 모든 것이 해결된다. 식수대, 취사장, 화장실 등도 아주 깨끗한 편이다. 계곡 위쪽의 체력단련장은 통나무로 만든 외다리와 밧줄타기 등이 있어 재미있는 체육놀이를 할 수 있다.

문의 02-500-7870/grandpark.seoul.go.kr, yeyak.seoul.go.kr(예약 시)
위치 경기도 과천시 막계동 산 65-75/국립현대미술관 바로 옆 **요금** 어른 2,000원 어린이 1,000원(만 3세 이상) **텐트** 15,000원(인터넷 예약)
운영기간 3월 15일~11월 30일
이용시간 오전 9시~오후 7시 **텐트 이용** 오후 1시~다음날 오전 11시 **대중교통** 지하철 4호선 대공원역 4번 출구/셔틀버스 이용(20분 간격) 서울대공원 입구에서 코끼리열차 수시 운행

이렇게 놀아요 How to play

😊 **자연 속에서의 하루 생활은 어떨까요?**

낮에는 주위를 산책하며 밤과 도토리를 줍고, 개울에서 가재를 잡거나 물놀이를 한다. 체력단련장의 나무로 만들어진 다양한 구조물에서 올라타고, 매달리고, 기어가며 신체놀이도 할 수 있다. 밤이 깊어지면 달빛 아래에서 가족이 도란도란 이야기하며 즐거운 시간을 보낸다. 자연 속에서의 잠자리는 자연과 내가 하나가 되는 귀중한 경험이다. 동이 틀 무렵 새소리를 들으며 일어나 새벽 이슬 내린 신선한 숲길을 산책하며 자연을 느껴보자.

😊 **내가 할 수 있어요**

야외에서, 그것도 펜션이 아닌 텐트에서 하룻밤을 보내는 건 아주 특별한 경험이다. 이곳에 오면 아이들에게 스스로 해야 할 일을 정해주고 책임 있게 하도록 한다. 짐을 옮기는 것부터 밥을 짓기 위해 물을 떠 오는 것이나 채소를 씻는 일도 함께 한다. 음식을 먹고 뒷정리와 설거지도 아이들의 몫이다. 스스로 하도록 유도하는 것이 중요하며 격려와 칭찬을 아끼지 않는다. 힘들고 어려운 일도 아이들은 놀이인 양 즐겁게 임하며 일을 마친 후에는 성취감과 보람도 느낄 것이다.

😊 **산림욕을 하며 산책해요**

산림욕은 울창한 숲 속에 들어가 거닐면서 신선한 공기를 깊이 호흡함으로써 숲에서 발산되는 피톤치드를 마시거나 피부에 닿게 하여 건강을 증진시키는 것이다. 피톤치드는 식물이 자라는 과정에서 침입하는 각종 박테리아로부터 자신을 보호하기 위해 끊임없이 발산하는 방향성 물질이다. 몸과 마음이 맑아져 정신적 피로를 해소시켜 준다. 은은한 숲 내음을 맡으며 산책로를 거닐어 본다.

부모님을 도와 나뭇가지를 모으는 아이

신나는 바비큐 파티

나뭇가지를 모아 캠프파이어를 하는 아이들

캠핑하기에 편리하고 깔끔한 시설들

나무로 만든 오르락 내리락 놀이터

아슬아슬 나무 위를 올라 체력 단련하기

통나무 다리 건너기

국립현대미술관 / 어린이미술관에서 작품 재해석

Main 로비에 설치된 백남준의 작품인 다다익선 1 국립현대미술관 외관 2 야외의 조각 작품 3 높은 천정의 전시관 내부

나라에서 운영하고 있는 대표적인 순수 미술관이다. 근대 미술과 현대 미술을 6개의 상설전시실에서 감상할 수 있으며 그 외에도 우리나라 대표적인 작가들의 기획 전시가 이루어지고 있다. 야외 전시장은 자연의 푸르름을 느낄 수 있는 곳으로 야외 음악회, 공연, 시 낭송 등의 행사가 열리는 종합문화공간이다. 어린이미술관은 아이들을 위한 창의적인 작품이 많이 전시되어 있다. 미리 예약하면 전문 미술 선생님과 재미있게 미술을 해석하고 토론하는 수업을 들을 수 있다.

문의 02-2188-6000/www.moca.go.kr
위치 경기도 과천시 막계동 58-1
요금 무료 **이용시간** 오전 10시~오후 6시(동절기 오전 10시~오후 5시, 토·일요일 8시까지)
대중교통 지하철 4호선 대공원역 4번 출구/셔틀버스 이용(20분 간격)/서울대공원 입구에서 코끼리열차 수시 운행 **휴관일** 월요일

이렇게 놀아요 How to play

😊 어린이미술관에서 상상력을 키워요

어린이미술관은 어린이들의 감수성과 창의성을 개발하고 아이들이 스스로 미술의 원리를 탐구할 수 있도록 꾸며졌다. 깊이 있는 감상을 할 수 있도록 활동지를 제공하며 전문 해설가와 함께 미술 작품을 감상하는 시간도 있다. 그냥 지나칠 수 있는 그림을 보며 선생님과 함께 생각하고 재해석하는 시간을 통해 아이들의 창의력과 상상력은 배가된다.

선생님과 함께하는 미술 수업 시간

거울에 비친 나를 발견하는 재미
재미있는 상상을 하게 하는 작품

화분 모양의 입구

선생님, 알려주세요

Q 요즘 거장들의 작품전이 도시 곳곳에서 열려 미술을 접할 기회가 매우 많습니다. 그런데 최근 르누아르, 클림트 등 유명 화가의 기획전에 가보니 사람이 너무 많고, 입장료도 다른 곳과 비교하면 대단히 비싸고 해서, 아직 어린아이를 데리고 이런 곳에 와야 하는지 의문이 들 때가 있어요. 수준 높은 원화를 보는 게 심미안을 높이는 데 도움이 되겠으나, 대략 몇 살 때부터 데리고 다니는 게 좋을까요? 너무 어릴 때는 별 도움도 안 되고, 관람객에게 폐를 끼칠 것 같기도 해서요.

A 아버지가 화가이고 엄마는 피아노를 전공한 가정의 아이가 있었다. 부모 모두 미술관과 박물관 견학을 좋아하고 음악 듣기를 좋아하여 늘 그 아이의 생활 속에서는 어려서부터 음악과 미술이 자연스레 들어와 있었다. 그러다 보니 그 아이는 매우 산만한 아이인데도 미술관이나 박물관 견학을 즐긴다. 그래서 그 가정은 여행을 다닐 때 아주 긴 시간을 보고 싶은 만큼 실컷 볼 수 있  도록 시간을 넉넉하게 잡는다. 초등학교 고학년인데 아주 즐기는 수준이 되었다. 많이 보여주는 자극은 아이가 서서히 눈을 뜨게 만들 것이다. 그러나 아주 생활 속에서 자연스레 자주 들어와 있어야지, 어쩌다 한 번의 이벤트로 미술관을 관람하는 것은 아이의 심미안을 높일 수는 없을 것이다.

Course 23 경기도 과천 II

과학자의 꿈을 키워주는 국립과천과학관

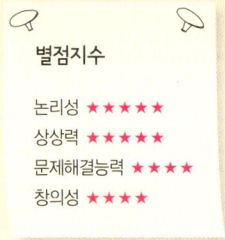

별점지수

논리성 ★★★★★
상상력 ★★★★★
문제해결능력 ★★★★
창의성 ★★★★

엄마의 비책

아이들에게 "이 다음에 뭐가 되고 싶니?"라고 꿈을 물어볼 때 과학자가 되고 싶다는 이야기를 많이 한다. 과학과 관련된 활동은 대체로 아이들이 좋아한다. 자연사박물관 경험은 과학에 관심 있는 아이들에게 더없는 기회일 것이며 그렇지 않은 아이들도 관심을 기울이게 할 것이다.

과학자가 되려면 우선 아이의 타고난 능력이 있는 게 유리하다. 지능 검사를 했을 때 언어성 영역보다는 동작성 영역 중에서 공간 지각능력이나 조직하고 분석하는 능력이 좋은 아이들이 있다. 물론 이과와 문과를 특별히 가리지 않고 어디를 가나 잘할 수 있게 골고루 능력이 개발되어 있는 머리 좋은 아이들도 있다. 그러나 이과적 특성이 유난히 발달되어 있어 수학 공부가 재미있고 힘들지 않은 아이들이 있다. 이와 같이 아이가 타고난 능력이 있으면 그 분야가 쉽고 재미있기 때문에 남보다 좀 더 힘을 덜 들이면서도 효율성을 높인다.

또한 부모가 과학적 탐구에 관심이 많아 아이와 함께 이야기를 많이 나누고 탐구하는 활동에 참여한다면 보다 아이에게 과학자가 되고 싶은 꿈을 실천하는 연습이 될 것이다. 아이의 꿈이 실천되기를 바라면 아이의 능력과 특성을 잘 파악하는 게 우선되어야 한다.

거미줄의 신비

힘껏 전기를 만들자

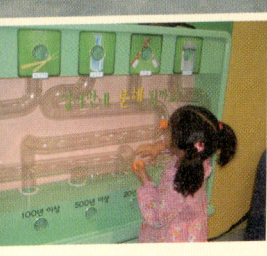

소요시간 7시간 베스트 여행시기 연중

4시간 소요
국립과천과학관 ········4.5km/차로 10분·······▶ 2시간 소요
과천정보과학도서관

국립과천과학관/
이곳에선 나도 우주인

Main 금방이라도 이륙할 것 같은 우주선 모양의 건물 형태 **1** 놀이기구를 타는 것 같은 짜릿한 지진체험관 **2** 우주항공관의 제트기 **3** 공룡공원의 실감 나는 공룡들

우리나라 최대의 국립과천과학관은 과학 기술에 대한 흥미와 관심을 유발시켜 과학 원리를 이해하며 체험하고 참여하는 곳이다. 약 80만㎡(24만 평)의 대지 위에 세워진 우주선 모양의 본관에는 첨단기술관 I · II, 기초과학관, 어린이 탐구체험관, 자연사관, 전통과학관의 6개의 전시관이 있다. 과학관 앞쪽으로는 과학놀이터와 과학문화광장이 있으며 뒤쪽으로는 로켓과 공룡이 있는 옥외 전시시설, 천체관측소, 곤충관 등이 있다. 아이의 나이와 관심도를 파악하여 전시 시설의 3분의 1 정도를 관람하는 것이 좋다. 각 전시관에는 시간에 맞춰 영상물을 관람하거나 체험하는 코너가 있으니 미리 예약한다.

문의 02-3677-1500/www.scientorium.go.kr
위치 경기도 과천시 과천동 706
요금 어른 4,000원 어린이 2,000원(만 7세 이상)
천체투영관 어른 2,000원 어린이 1,000원(5세 이상) **이용시간** 오전 9시 30분~오후 5시 30분
천체관측소 관람시간 오후 1시 30분~오후 9시 30분 **대중교통** 지하철 4호선 대공원역 5번 출구
휴관일 월요일 · 공휴일 다음날

이렇게 놀아요 How to play

😊 탐구체험관에서 원리를 체험해요

생활 속의 과학 원리를 놀면서 체험하고 배우는 곳으로 미취학 어린이들에게 가장 인기 있는 곳이다. 자전거로 에너지를 만들어 보거나 펌프를 이용해 물의 이동을 체험하고, 기울어진 방에 들어가 본다. 또한 직업의 종류와 하는 일에 대해 알아보고 인체와 관련된 전시물을 보며, 악기 연주를 하는 체험도 있다. 아이들이 과학에 대한 흥미와 호기심을 느끼기에 아주 좋은 곳이다.

😊 기초과학관에서 과학을 배워요

수학, 물리, 화학, 생물, 지구과학 등 과학에 관련된 내용이 빠짐 없이 모두 전시되어 있다. 교과서와 연계된 자료가 많아 초등학생 이상의 아이들에게 많은 도움이 된다. 다양한 전시물을 보고 작동 기구를 움직여 보거나 몸으로 느끼는 생생한 체험이 있다. 아이가 어리더라도 한 코너에 한 가지씩 간단하게 알려주어 과학에 관한 기초를 맛볼 수 있도록 한다.

어린이탐구체험관의 물놀이

태풍의 세기를 느끼며 자연재해에 대해 배우는 태풍체험실

토성에서 나의 몸무게는 얼마나 나갈까?

전기를 발생시켜 번개를 만드는 시연

😊 자연사관에서 우주, 동물 등을 봐요

지구와 인류의 탄생, 진화에 대해 보여주며 동물, 식물, 어류 등 자연과학의 전반적인 내용이 전시되어 있다. 시간의 흐름에 따라 우주와 지구의 탄생, 한반도의 지질, 선캄브리아 시대부터 신생대까지 연결된다. 공룡의 뼈와 화석 전시는 아이들이 가장 관심 있게 보는 곳이다. 육상과 해상의 생태계를 보여주며 다양한 동물도 만날 수 있다. 지질 드라이빙 체험과 지구 환경 변화 관측 3D 동영상을 볼 수 있으니 현장에서 미리 예약한다.

😊 전통과학관에서 선조의 지혜를 배워요

전통 과학 기술의 우수성을 확인하고, 유물을 통한 전통 과학의 원리를 체험해 보는 곳이다. 천체와 해시계를 보여주는 하늘의 과학, 대동여지도와 측량법을 체험하는 땅의 과학, 한의학과 사상의학의 사람의 과학이 있다. 또한 발효식품과 한옥, 한글 등의 우수성이 담겨 있는 생활 과학과 공예 기술, 한지와 인쇄 등의 전통 과학도 보여준다. 우리의 생활과 밀접한 관련이 있는 내용이 많아 아이들이 관심 있어 한다.

코끼리과의 화석 포유동물인 매머드

몸을 이용해 만든 길이와 부피의 단위

도르래를 이용한 조선시대의 크레인 거중기

나무의 종류와 나이테에 대해 전시

한반도의 지질 여행 드라이빙 시뮬레이터 체험

과천시정보과학도서관/
쾌적한 어린이 책 공간

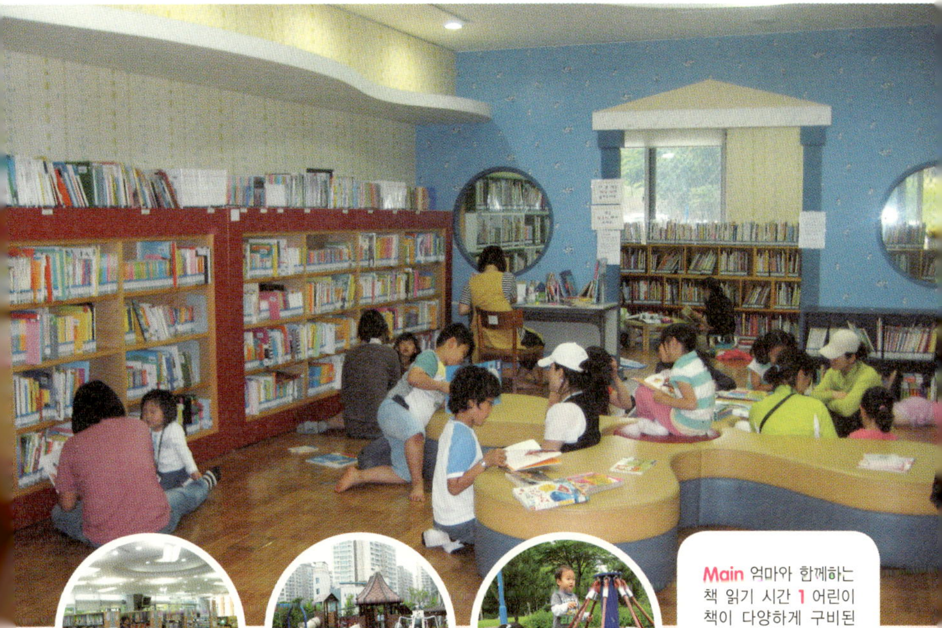

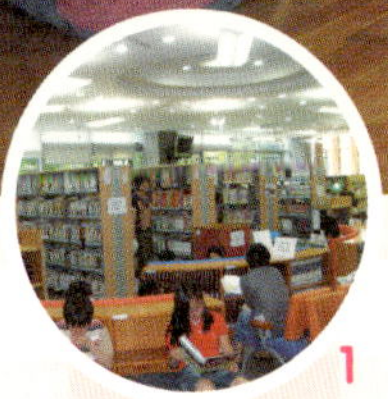

1

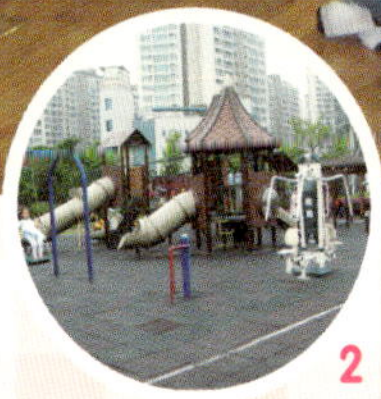

2

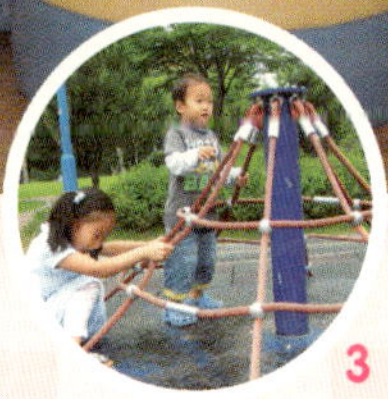

3

Main 엄마와 함께하는 책 읽기 시간 **1** 어린이 책이 다양하게 구비된 어린이열람실 **2** 대형 놀이터와 운동기구가 있는 놀이터 **3** 푸르름이 함께하는 놀이터

운동이 저절로 되는 기구들

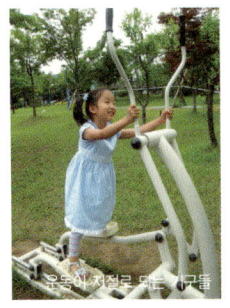

이곳은 어린이열람실, 전자정보실, 문헌정보실, 가족열람실 등이 있는 도서관이다. 어린이 열람실 안에는 유아열람실이 따로 분리되어 있어 어린아이들에게 넓은 공간에서 편안하게 책을 읽어 줄 수 있어 좋다. 각종 분야의 도서 외에 외국 서적이 많아 아이들에게 아주 유익하다. 1층 로비는 정보를 검색하거나 간단하게 휴식할 수 있는 공간이며, 2층에는 식당이 마련되어 있다. 최근에 리뉴얼하여 시설이 깨끗하고 아이들과 있기에 쾌적해 온종일 있기에도 손색없는 곳이다.

문의 02-3677-0882/www.gclib.go.kr

이용시간 오전 9시~오후 6시

대중교통 지하철 4호선 정부과천청사역 5번 출구 도보 10분 **휴관일** 금요일 · 공휴일

Course 24 경기도 과천 Ⅲ

가족 나들이 1번지 경마가족공원과 서울대공원

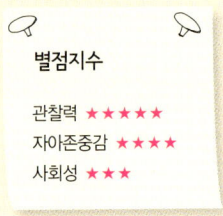

별점지수

관찰력 ★★★★★
자아존중감 ★★★★
사회성 ★★★

엄마의 비책

 과천의 경마가족공원은 흔히들 도박을 하는 장소로 알고 있는데 경마 외의 부수적인 즐거움이 많은 곳이다. 이웃 나라 일본만 해도 경마공원이 가족 여행지, 연인들의 데이트 장소로 각광받는데 아직 한국에서는 경마에 대한 인식이 긍정적으로 자리 잡진 않은 것 같다. 경마가족공원은 돈을 별로 안 들이고 훌륭한 시설을 만끽할 수 있는 자연공원이다. 다만 아이와 함께 경마 체험을 할 때 약간의 주의를 요한다. 이왕 경마가족공원에 왔으니, 재미삼아 내기를 해보게 되는데 승부욕이 지나치게 강해 경마장에서 계속 승부거는 경기에만 매달린다면 아이가 차분해질 때까지 경마장 이용을 안 하는 게 좋을 것이다. 부모의 통제 하에 있으므로 도박의 위험성은 없고 아이들 또한 도박에 빠진 사람들에 별로 관심을 갖지 않는다. 다만 자기가 내기를 건 경주에만 관심 있을 뿐이다. 아이에게 오락과 도박의 경계를 말로 굳이 설명할 필요는 없다. 현실도피적으로 건강하지 않은 성인에게서 나타나는 일이므로 건강하게 아이가 자란다면 적절한 수준으로 조절하여 즐길 수 있다.

소요시간 7시간 베스트 여행시기 4~10월

3시간 소요 → 경마가족공원 · · · 2km/차로 5분 · · · 3시간 소요 → 서울대공원

경마가족공원
들 푸른 공원과 조랑말 타기 체험

Main 짜릿한 말 타기 체험 **1** 시원한 바람 맞으며 원두막에서 여유 즐기기 **2** 즐거운 물놀이 **3** 가상 승마 체험

과천의 경마장은 경주마를 보며 내기를 하는 곳으로 알려져 있지만 그 못지않게 가족을 위한 경마가족공원도 잘 조성되어 있다. 평일에는 경주가 없어 여유롭게 즐길 수 있고 입장료도 없다. 넓은 잔디와 산책로, 야생화 정원, 조류장, 폭포, 원두막이 있어 자연을 느끼며 휴식을 취하기에 좋다. 또한 자전거 대여, 조랑말 타기, 가상 승마 체험 등이 있어 신나게 놀 수 있으며 모두 무료라 부담이 없다. 조각품과 조형물 등도 설치되어 있어 아이들에게 더없이 좋은 자연 교육장이다.

Tip
경주는 주말에만 있으니 조용한 분위기에서 즐기고 싶다면 평일에 갈 것.

문의 1566-3333, 02-509-1633 / park.kra.co.kr
위치 경기도 과천시 주암동 685번지
요금 평일 무료 주말 어른 800원
이용시간 오전 9시 30분~오후 6시
대중교통 지하철 4호선 경마공원역 하차

이렇게 놀아요 How to play

😊 아이들에게 정말 좋은 놀이공원이에요

주말 오전 10시 30분부터 운행하는 꽃마차를 타고 경마가족공원 입구에 도착한다. 말들이 달리는 트랙 안에 자리한 경마가족공원은 소란한 경기장과는 달리 평온하다. 잘 가꿔진 장미정원을 산책하고, 큰 규모의 어린이 놀이터에서 신나게 뛰논다. 인라인 스케이트와 자전거를 무료로 빌릴 수 있어 굳이 장비를 챙겨갈 필요도 없다. 이곳의 하이라이트는 승마 체험. 가상 승마 체험 코너도 있는데, 그 진동이 진짜 말을 타는 듯한 느낌이다. 계절에 따라 특색 있는 축제와 가족놀이, 각종 만들기 체험이 풍부해 온종일 지내도 시간이 모자란 곳이다.

장미원이 있는 꽃동산

그늘막이 있는 대형 놀이터

야생화 정원

아이들이 가장 좋아하는 워터바이크

😊 흥미진진 스릴 넘치는 경마에 도전해요!

간단한 룰을 익혀 아이와 함께 경마에 도전해 보자. 경마가 사행성 오락으로 알려져 있지만 내기 금액을 적은 단위로 조절할 수 있어 크게 걱정하지 않아도 된다. 경기 전 패덕(Paddock: 레이스 전에 말을 선보이는 장소)에 가면 아주 가까이에서 말과 기수를 보며 컨디션이나 진행 상황을 관찰할 수 있다. 다섯 가지 베팅 방법이 있는데, 1위로 들어오는 말을 맞히는 단승식, 3위 안에 드는 말을 순위에 관계 없이 맞히는 연승식, 1, 2위를 순서대로 맞히는 쌍승식 등이 있다. 스릴 있는 경기도 즐기고 확률에 대한 개념을 알 수 있다.

스크린의 경주 트랙을 보고 하는 승마 체험

경마 문화를 즐기는 체험관

재미있는 말 타기

선생님, 알려주세요

Q 경마가족공원에서 재미삼아 베팅을 해봤는데, 아이가 무서운 승부욕을 보이네요. 미처 몰랐던 아이의 성향인 것 같습니다. 뭐든 지나치면 좋지 않으므로 이런 성향을 약간 조절해 주고 싶은데 어떻게 해야 할까요?

A 경쟁심이 많고 승부욕이 강한 아이는 경마가족공원에서 말에 승부를 거는 경주에 무척 흥분할 것이다. 적당한 승부욕은 추진하는 힘이 되어 앞으로 나가는 데 도움이 된다. 그러나 지나치게 승부욕이 강한 아이들이 있다. 이런 아이는 지는 느낌, 못하는 느낌을 너무 힘들어해 자기가 못할 것 같으면 미리 포기하거나 안 하려 든다. 또 게임을 하다가도 조금만 못하거나 질 것 같으면 끝까지 못하고 반칙을 쓰려고 하거나 화를 내며 하다가 말아버리기도 한다. 승부욕이 강한 아이는 마음속으로는 인정 받고 사랑 받고 싶은 욕심이 많은 아이다. 이런 아이 대부분은 커가는 과정에서 부모가 은연중 잘잘못을 강조했을 가능성이 크다. 아이가 실수했으면 너그럽게 봐줘야 하는데 부모 성향이 완벽주의면 실수를 용납하지 못한다. 그래서 높은 기준을 늘 아이한테 요구하게 된다. 그러므로 아이는 부모한테 야단 맞지 않으려고 늘 애를 쓴다. 또한 부모가 욕심이 많아 늘 1등을 강조하고 잘잘못에 대한 칭찬과 벌을 항상 확실하게 주었을 때 아이는 상을 받고 칭찬 받는 것에 매달리게 된다. 그러므로 승부욕이 강한 아이를 타고난 성질이라고만 볼 게 아니라 부모의 양육 태도를 점검해 봐야 할 것이다. 욕심이 많아 실제 결과는 좋을지라도 자기 자신은 늘 모자란다고 느끼기에 한 번도 만족을 모르고 불만스러워해 행복감을 느끼지 못하고 사는 불행한 아이가 될 수도 있기 때문이다.

서울대공원/
눈이 휘둥그레지는 동물 대탐험

Main 아프리카 초원이 연상되는 기린 서식지
1 호랑이의 식사 시간
2 표범과 치타 구분하기
3 코로 물을 먹는 코끼리들

동양 최대 규모의 동물원인 이곳은 다른 곳에서는 보기 힘든 사자, 호랑이, 코끼리, 기린, 하마 등의 맹수류를 볼 수 있어 밀림을 탐험하는 기분이다. 그 외에도 조류관, 해양관, 야행관, 곤충관, 원숭이관, 곤충전시관, 산림전시장 등이 있으며 홍학쇼와 돌고래쇼를 볼 수 있다. 테마가든은 아이들이 직접 만지고 체험할 수 있는 초식동물로 이루어진 어린이 동물원이다. 입구도 다르고 입장료도 다르니 미리 계획하고 가보는 것이 좋다. 동물원을 둘러본 뒤 위쪽에서 리프트를 타고 내려올 수 있는데, 아름다운 대공원 일대의 전경을 감상하며 위에서 동물들을 내려다보는 재미가 쏠쏠하다.

문의 02-500-7114/grandpark.seoul.go.kr
위치 경기도 과천시 막계동 159-1
요금 동물원 어른 3,000원 어린이 1,000원(만 3세 이상) **테마가든** 어른 2,000원 어린이 1,000원(만 3세 이상) **돌고래쇼** 어른 2,000원 어린이 1,000원(만 3세 이상) **이용시간** 오전 9시~오후 7시(동절기 오후 6시까지)
대중교통 지하철 4호선 대공원역 4번 출구

이렇게 놀아요 How to play

😊 돌고래, 홍학들의 공연을 봐요
돌고래쇼와 홍학쇼는 동물원에서 꼭 봐야 하는 볼거리다. 돌고래쇼는 물개의 귀여운 재롱과 스릴 넘치는 돌고래들의 흥미진진한 묘기를 볼 수 있다. 홍학쇼는 80여 마리의 아름다운 홍학들이 자태를 뽐내며 화려하게 펼쳐진다. 화려한 붉은 빛에 까만색 부리가 눈길을 끈다. 이 밖에도 동물원 곳곳에서 사육사가 원숭이, 사자, 호랑이 등에게 먹이 주는 모습도 볼 수 있다.

😊 어린이동물원에서 초식동물과 만나요
맞은편의 어린이동물원은 장미원과 초식동물이 모여 있는 테마가든으로 아이들이 자세히 동물을 관찰하고 먹이도 줄 수 있는 아기자기한 곳이다. 동물원은 규모가 크고 오르막길이지만 이곳은 가볍게 아이들과 걸어다니기에 좋다. 풍산개, 진돗개, 나귀, 젖소, 원숭이, 라마, 토끼, 사슴, 염소 등의 다양한 동물이 있으며, 직접 먹이를 주면서 동물과 접촉하며 쉽게 친해질 수 있다.

초식동물과 장미원이 있는 어린이동물원

분홍색의 자태를 뽐내는 홍학

먹이를 달라고 하는 물개

경기도 과천에서 유용한
요모조모 정보 모음

아이들과 함께하기 좋은 맛집

대공원 나들이하며 즐기는 퓨전 한정식
누리뜰

문의 02-503-1717/www.nuriddle.com
위치 경기도 과천시 막계동 322-3/지하철 4호선 대공원역 4번 출구 전방 50m
메뉴 퓨전 한정식 샐러드, 산적, 훈제오리, 대하찜 등 **가격** 15,000~20,000원대

다/녀/와/서

준비물 다양한 채소(파, 오이, 호박, 고구마, 감자, 버섯, 브로콜리), 이쑤시개, 우드락

채소로 동물 만들기(서울대공원)

다양한 채소를 이용하여 연상되는 동물을 만들어 봐요.

1. 우드락 위에 도화지를 붙이고 숲을 표현한다. 초록색 색지를 이용해도 된다.
2. 각 재료의 형태를 파악하여 자르고 붙여 동물을 만들어 본다. 호박이나 감자로 몸통을 만들고, 이쑤시개를 이용하여 다리와 머리를 붙인다.
3. 고사리로 꼬리도 만들고 연근으로 돼지 코도 표현한다.
4. 브로콜리와 버섯으로 낮은 나무를 만들고 쑥깃으로 높은 나무를 만든다. 다른 다양한 종류로 얼마든지 활용이 가능하다
5. 일정한 형식이 없고 아이들의 창의성과 상상력을 최대한 반영하여 멋진 작품을 만들어 본다.

준비물 두꺼운 도화지 또는 박스 재활용, 색종이, 가위, 풀

동물 가면 만들기(서울대공원)

동물 가면을 만들고 동물이 되어 활동해 봐요.

1. 동물원에서 만났던 동물들을 생각해 보고 만들고 싶은 동물을 정한다.
2. 엄마가 간단하게 도안해 주거나 동물 사진을 보며 얼굴을 그려 동물 가면을 만들고 동물이 되어 활동해 본다.
3. 눈과 입의 위치를 잡고 구멍을 내고, 고무줄로 귀 부분을 연결하여 가면을 만들어 준다.
4. 다양한 재료를 활용하여 꾸미기를 한 후 동물놀이를 해본다.

Course 25 경기도 부천

똑똑한 로봇이 사는 로보파크와 아인스월드 세계여행

별점지수

논리성 ★★★★★
관찰력 ★★★★
창의성 ★★★★
사회성 ★★★

Mom's Hidden Card
엄마의 비책

부천은 새로이 조성된 가족 관광지로, 최신 시설에 훌륭한 관광 인프라를 갖춘 명소가 많다. 대표적인 두 곳이, 로봇을 테마로 한 로보파크와 소인국이라 불리는 아인스월드. 로보파크에서는 아이들의 상상력을 자극하는 공간을 만날 수 있다. 로봇이 어른들 생각엔 먼 미래의 과학 기술로 받아들여질지 몰라도, 아이들에게는 당장 내일이라도 집안에 한 대 들여놓고 싶을 반갑고 친숙한 것이다. 이곳에는 실생활과 밀접한 로봇 체험을 할 수 있어 아이들이 쉽게 받아들일 것이다. 춤을 추거나, 집안일을 돕거나 내 얼굴을 그려주는 등 쉽고 재미난 로봇 구성으로 자연스럽게 첨단과학과 접할 수 있는 기회가 될 것이다. 근처의 아인스월드는 세계적으로 유명한 건축물을 미니어처로 조성해 놓은 공원으로 견문을 넓힐 수 있는 기회가 된다. 아이와 함께하는 해외여행이 시간적, 경제적으로 여의치 않는 가정이 많을 것이다. 여유가 되더라도 아이와 함께하려면 여러모로 꺼리지게 마련이다. 준비할 것도, 조심해야 할 것도 많아 여행을 제대로 즐기지 못하는 일이 많기 때문이다. 실물을 보는 것과는 감흥이 다르겠지만 아인스월드에서 아이들이 궁금해 할 만한 세계의 놀라운 건축 세상을 보여주는 것도 현명한 교육 방법이다.

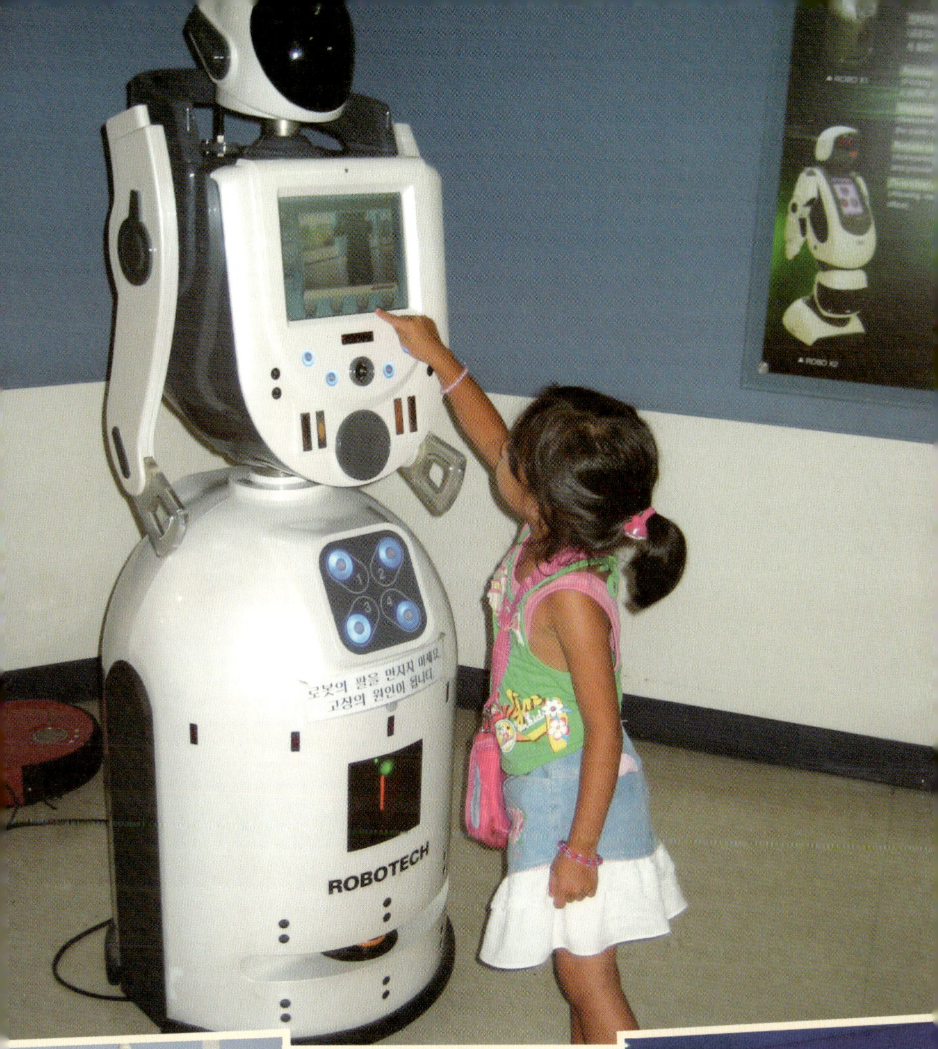

소요시간 5시간 베스트 여행시기 연중

2시간 소요 — 로보파크 ······ 3km/차로 10분 ······→ 2시간 소요 — 아인스월드

로보파크 / 아이들의 꿈이 무한대로 커지는 곳

Main 한국 최초 휴머노이드 로봇인 '휴보'와 함께 사진을 찍어보는 포토존 **1** 어린이용 가정 학습 도우미 **2** 그림 그리는 로봇 **3** 회로를 조립하여 작동시키는 과학 체험

부천의 로봇산업연구단지 안에 전시되어 있는 이곳은 미래의 다양한 지능형 로봇들이 살아가는 세상이다. 내 얼굴을 찍어 똑같이 그려주기도 하고, 춤도 추고, 공부도 도와 주고, 힘든 일도 척척 해주는 우리 생활에 유용한 고마운 로봇을 만날 수 있다. 1층의 4D영상관은 입체 영상에 의자가 움직이고, 바람과 물이 나오는 등의 효과가 더해져 실감난다. 2층에는 로봇뮤지엄, 로봇스포츠센터, 로보파크 체험실, 유비쿼터스관의 네 가지 테마로 나뉘어 있다. 전자키트를 직접 조립해 간단한 전자회로의 원리를 이해하는 체험 공간도 있다. 과학 기술과 로봇 산업을 경험할 수 있는 공간에서 아이들에게 꿈과 희망을 심어주는 기회가 될 것이다.

문의 032-621-2090/www.robopark.org
위치 경기도 부천시 원미구 약대동 193 부천테크노파크 401동 1503호 **요금** 어른 5,000원 어린이 3,000원(만 4세 이상) **이용시간** 오전 10시~오후 6시(동절기 오후 5시까지) **휴관일** 월요일
대중교통 지하철 1호선 송내역 2번 출구 북부광장/7-1번 버스 승차 후 부천테크노파크 하차

이렇게 놀아요

☺ '내 친구 로봇'은 어떤 것들이 있을까요?

미래에 우리와 밀접한 관계를 맺으며 주변에서 볼 수 있는 로봇은 어떤 것들이 있을까? 애완용 로봇, 청소용 로봇, 극한 직업 로봇 등을 만날 수 있다. 로봇스포츠센터는 로봇을 조종하여 각종 스포츠를 할 수 있는 곳이다. 간단한 작동법으로 로봇을 움직여 보고 직접 경기에 참여할 수 있어 유익한 체험이다. 로보파크 체험실에는 그림을 그려주는 로봇이 있는데, 주문하면 붓이 달린 팔이 나와 한 치의 오차도 없이 정확하게 그려 낸다. 다양한 로봇을 접하며 아이들의 무한한 상상력을 자극하는 체험을 해보자.

☺ 유비쿼터스관에 가볼까요?

유비쿼터스(Ubiquitous)란 시간과 장소의 제약 없이 자유롭게 네트워크에 접속할 수 있는 정보통신 환경을 말하는데, 어원은 라틴어로 '언제 어디서나 존재한다'라는 뜻이다. 지금도 우리의 환경에서 조금씩 진행되고 있으며 머지않아 모든 환경에 유비쿼터스와 밀접하게 연관될 것이다. 이곳에서는 무인으로 운영되는 편의점에서 물건을 사보고, 매직 미러(Magic Mirror)를 통해 필요한 정보를 볼 수 있으며, 책상 위의 디지털 스케치북과 청소 로봇, 애완 로봇 등 우리의 생활에 필요한 시설들을 체험하고 볼 수 있다.

자동차로 하는 공놀이 게임

미래 생활을 보여주는 유비쿼터스관

극한 작업용 로봇

관절이 자유자재로 움직이는 싸움 로봇

학습, 청소, 일정 관리를 해주는 가정용 로봇 '아이로비큐'

경기도 **199**

아인스월드
반나절 만에 즐기는 세계여행

Main 로마의 교회 건축을 엿볼 수 있는 바티칸 성베드로성당 **1** 뉴욕 엠파이어 스테이트 **2** 정교한 거북선 모형 **3** 형형색색의 타임스퀘어

세계의 대표적인 건축물을 한자리에서 만나볼 수 있으며 자연스럽게 역사와 문화 공부도 겸할 수 있는 곳이다. 유네스코가 지정한 34점의 세계문화유산과 유네스코 10대 문화유산 9점, 현대 7대 불가사의 6점 등, 세계 25개국 100여 점의 유명 건축물이 25분의 1로 축소되어 있다. 정교하고 디테일하게 제작되어 마치 소인국에 온 듯한 착각에 빠진다. 건축물뿐만이 아닌 만리장성과 한산대첩의 전투 장면 등을 영화처럼 연출하여 흥미롭게 관람할 수 있다.

Tip
낮에 보는 건물도 멋있지만 밤의 야경 또한 화려하고 아름답다. 해가 질 무렵 도착하여 주경과 야경을 모두 느껴보면 좋다.

문의 032-320-6000/www.aiinsworld.com
위치 경기도 부천시 원미구 상동 529-2번지
요금 어른 8,500원 어린이 6,000원(만 4세 이상)
이용시간 오전 9시 30분~오후 9시(평일 7시)
대중교통 지하철 1호선 송내역 북광장 2번 출구 5-2, 7-2 버스 이용 아이스월드에서 하차

이렇게 놀아요 How to play

😊 신기하고 멋진 세상 속을 구경해요

나라별로 구분한 12개의 존으로 나뉘어 전시되어 있다. 입구에 들어서면 제일 먼저 있는 영국 존에는 화려한 타워브리지와 빅벤, 버킹엄궁전 등이 있으며 프랑스 존에는 루브르박물관, 에펠탑, 베르사유궁전 등이 있다. 유럽 존에서는 이탈리아의 밀라노대성당, 피사의 사탑 등이 고풍스러운 자태를 뽐내고 있다. 아프리카 존에는 스핑크스, 피라미드가 있으며 아름다운 바다와 어우러진 시드니의 오페라하우스, 중국의 만리장성, 일본의 히메지성 등도 있다. 미국 존에는 국회의사당과 백악관, 자유의 여신상 등이 있다.

😊 진짜 현장에 있는 듯 사진 찍어보세요

건축물들은 최대한 실제 현장에 와 있는 듯한 느낌을 주기 위해 언덕 위에 지어져 있다. 또한 편리하게 사진 촬영을 하도록 위치를 지정해 발자국 모양을 만들어 놓았다. 건축물을 찍을 때 건물 밑 부분과 카메라 렌즈의 눈높이를 맞춰 찍어보면 아래부터 위까지 웅장한 느낌의 사진을 찍을 수 있다. 또한 건축물을 배경으로 인물을 찍을 때는 찍는 사람이 찍히는 사람보다 낮은 위치에서 촬영하면 건물이 멀리 떨어져 있는 것 같은 효과를 볼 수 있다. 재미있는 사진 촬영으로 좋은 추억을 남길 수 있다.

세계 최대의 미술품을 소장하고 있는 파리의 루브르박물관

한산대첩

중국의 놀라운 문화유산 만리장성

엠파이어스테이트빌딩

영국 런던 템스 강 위의 타워브리지

화려한 뉴욕 타임스퀘어의 밤

Course 26 경기도 화성·안산

하내테마파크와 누에섬전망대에서의 에코 트레블

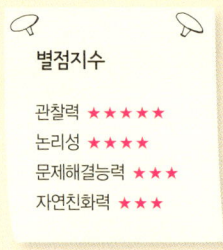

별점지수

관찰력 ★★★★★
논리성 ★★★★
문제해결능력 ★★★
자연친화력 ★★★

엄마의 비책

아이와 함께 여행하려고 하는 부모가 늘면서 종합테마파크가 곳곳에 들어서고 있다. 아이들에게 자연의 생생함을 느끼게 해주고, 다양한 장소에 데려가고 싶어하는 게 부모의 마음이라 인위적으로 조성된 테마파크를 부정적으로 바라볼 수 있다. 그러나 아이와의 여행에서 명심해야 할 것은 아이의 수준에 맞게, 아이가 지치지 않게 다니는 것이다. 인위적일지 모르지만 테마파크가 이동 거리를 최소화한 상태에서 다양한 액티비티를 할 수 있는 안전한 여행지가 될 수 있다. 특히 이 코스에서는 에너지파크와 염전 체험, 갯벌 체험 등을 곁들일 수 있어 환경 문제를 자연스럽게 얘기해 줄 수 있다.

요즘은 점차 갯벌이 사라져가는 추세라 아이들이 체험할 기회가 잘 없다. 바닷가를 상상하며 떠올리게 되는 탁 트인 시원한 풍경이 아니라 처음에는 낯설어하고 별로 좋아하는 기색이 없을 것이다. 그런데 막상 갯벌에서 놀다 보면 꼬물거리는 작은 생명체를 찾는 것, 미끈거리는 진흙의 감촉을 느끼는 것 등 아이들이 점점 빠져들 만한 요소가 굉장히 많다.

소요시간 7시간 베스트 여행시기 연중

2시간 소요 → 1시간 30분 소요 → 1시간 30분 소요

하내테마파크 ---- 5.5km/차로 10분 ----> 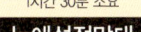 **누에섬전망대** ---- 도보 5분 ----> 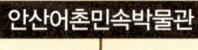 **안산어촌민속박물관**

하내테마파크 / 전시물과 함께하는 휴양 시설

Main 재미있는 모양의 작품과 함께하는 조형공원 **1** 도전정신과 성취감을 느낄 수 있는 챌린지파크 **2** 야생화와 분재가 자라는 온실 **3** 전통 공예품 판매

'하내'는 '하늘 아래 내일을 준비하기 위한 쉼터'라는 뜻이다. 이곳은 휴양 시설과 박물관, 체험 시설을 함께 아우른 종합테마파크다. 어린이나 청소년의 단체 수련 활동을 위한 시설과 함께 개인 관람객도 이용할 수 있다. 대형 정원의 산책로를 따라 야생화, 각종 수목, 수생식물, 분재, 생태식물, 전통 석조각 등을 감상할 수 있다. 아이들을 위한 석박물관, 곤충박물관, 박공예 전시장에서 자연 학습도 할 수 있다. 또한 전통차를 마시며 공예품을 감상하는 다도원과 체험 학습을 할 수 있는 공예원과 도예원이 있다. 전통 한옥 양식으로 된 숙박시설도 잘 되어 있는데 60,000원이면 4인 가족이 지내기에 넉넉하다. 자연과 교육, 체험, 웰빙이 함께 하는 하내테마파크에서 즐거운 추억을 만들어 보자.

문의 031-357-6151/www.hane.co.kr
위치 경기도 화성시 서신면 전곡리 508-2
요금 어른 6,000원 어린이 2,000원(만 5세 이상)
이용시간 오전 9시~오후 6시

이렇게 놀아요 How to play

😊 야생화와 조형정원을 구경해요

약간 비탈진 산책로에 야생화와 수생식물, 분재식물 등이 가득하다. 바닥에 심어진 둥그런 맷돌을 징검다리를 건너듯 건너 본다. 중간중간 있는 조각과 전통적인 느낌의 식물을 감상하는 것도 재미있다. 온실 안에 있는 잘 가꿔진 분재와 식물들도 볼 수 있으며 작은 폭포와 연못이 있어 자연을 느끼기에 좋다. 정원을 둘러본 뒤 따뜻한 소금족탕에 발을 담가 본다. 소금족탕은 발 지압과 족욕을 즐기는 곳으로 따뜻한 소금물에 발을 담그고 지압을 하면 각종 병 예방과 혈액순환을 도와 피로를 풀어준다.

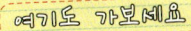

송산포도마을

맛있는 포도로 유명한 송산은 좋은 흙과 서해의 해양성 기후, 적절한 강우량, 풍부한 일조량 등으로 포도 재배에 적지다. 송산에 들어서면 여기저기에 포도나무가 밀집되어 있어 어디서든 주렁주렁 매달린 포도를 볼 수 있다. 봄이면 포도나무 분양도 하는데, 한 그루당 약 50,000원 선이다. 관리는 농장에서 해주고 가끔 들러 원두막에서 놀며 포도의 성장 과정을 관찰할 수 있다. 가을이 되면 분양 받은 포도에서 나온 포도를 직접 수확하는 즐거움도 느낀다. 분양을 받지 않아도 포도를 직접 딴 후 도매 가격에 살 수도 있다. 넝쿨마다 주렁주렁 열린 포도 구경도 하고 직접 딴 싱싱하고 달콤한 포도를 먹으며 포도 농장을 즐겨보자.

문의 031-357-8679, 011-9866-8949/ www.songsanpodo.co.kr
위치 경기도 화성시 송산면 봉보1리 174-2
수확시기 8월 말~9월 말

기와집 형태의 곤충박물관

피로를 풀어주는 소금족탕

다양한 광물을 전시하고 있는 석박물관

희귀하고 신기한 곤충을 만나는 곤충박물관

정겨운 분위기의 맷돌길

도자기 체험을 하는 도예원

누에섬전망대/
바닷길을 걸어 등대까지

Main 누에섬까지 걸어 갈 수 있는 바닷길 **1** 누에 모양의 누에섬 **2** 운항 관련 체험을 할 수 있는 전망대 내부 **3** 근처에서 잡은 물고기들

대부도 끝자락의 탄도방조제에서 1.2km 떨어진 곳에 작은 누에섬이 있다. 이곳은 하루 두 번 신비한 바닷길이 열리며 4시간 동안 다녀올 수 있다. 가는 길의 양쪽으로 갯벌이 펼쳐져 있어 가까이에서 갯벌의 생물들을 관찰할 수 있다. 누에섬 안의 전망대에는 선박의 안전 운항을 위해 어두운 밤 바다의 길을 알려주는 등대를 볼 수 있다. 전망대에 오르면 누에섬과 가까이에 있는 제부도가 한눈에 들어오며 시원스런 바다와 갯벌을 구경할 수 있다. 등대 이야기를 담은 영상물을 보며 운항 시뮬레이션을 통해 선박을 주간, 야간, 악천후의 상황에 따라 운항하는 체험 코너도 있다.

문의 032-886-0126/www.nueseom.com
위치 경기도 안산시 단원구 선감동 산 170번지
요금 어른 1,000원 어린이 500원(만 6세 이상)
이용시간 오전 9시~오후 6시(동절기 오전 9시~오후 5시) **휴관일** 월요일

안산어촌민속박물관/
어촌 마을 체험하기

Main 어촌 체험을 할 수 있는 체험장 **1** 세계 5대 갯벌 중 하나인 서해안 **2** 어부들의 물품 전시 **3** 물고기를 관찰할 수 있는 어항

바닷길이 하루에 두 번 열리는 누에섬의 입구에 자리 잡은 이곳은 잊혀져 가는 안산의 어업과 어촌의 문화를 살펴보며 체험할 수 있는 곳이다. 1전시실은 공룡발자국 화석과 공룡알 화석 등 안산의 역사와 생태 환경을 보여주며 해안과 관련 유물을 전시하고 있다. 2전시실은 갯벌에서 바지락을 캐는 어민들의 모습을 비롯해 세계 5대 갯벌 중 하나인 서해안 갯벌의 특징과 서식생물에 대해 알아본다. 3전시실에는 풍어제 등 어업의 역사와 어촌 모습, 어민들의 삶과 생활상을 볼 수 있다. 특히 어린이 상설 체험실은 서해안의 생태 환경을 체험할 수 있도록 꾸며져 있다.

문의 032-886-0126/www.iansan.net
위치 경기도 안산시 단원구 선감동 717번지
요금 어른 2,000원 어린이 1,000원(만 7세 이상)
이용시간 오전 9시~오후 6시
휴관일 월요일

누에섬전망대

이렇게 놀아요 How to play

😊 **바닷길을 건너며 갯벌 살펴봐요**

바닷길은 차가 다닐 수 있을 정도로 잘 닦여 있다. 탁 트인 전망에 방금 바닷물이 들어왔다 나간 뒤라 갯벌에는 각종 생물들을 구경하며 가는 재미가 쏠쏠하다. 관람 후 돌아오는 길에 바닷길이 물에 잠기는데, 그 광경도 신비롭고 재미있다. 시간적 여유가 있다면 근처의 작은 항구인 탄도항을 구경하는 것도 좋다.

안산어촌민속박물관

이렇게 놀아요 How to play

😊 **어촌에서는 어떤 일을 하는지 체험해요**

2층에는 어촌의 문화를 경험하고 서해안의 특성과 중요성에 대해 알 수 있는 체험장이 마련되어 있다. 작은 수조에서 해양생물을 탐구하고 모형의 갯벌생물을 채취하거나 낚시도 할 수 있다. 밀대로 쓱쓱 밀어 소금을 모으고 수차를 이용하여 물을 옮기는 염전 체험도 있어 아이들에게 유익하다.

갯벌에서 살아 숨쉬는 생명체

낚시도 하고, 문항도 하고

배 모양의 박물관 외관

갯벌에서 일하는 어부들 모형

고기 잡으러 떠나기 전에 하는 굿인 '둔배미놀이'

갯벌에 관한 공부를 할 수 있는 전시

경기도 화성·안산에서 유용한
요모조모 정보 모음

아이들과 함께하기 좋은 *맛집*

싱싱한 해산물로만 한 상 가득
탄도항 회센타

문의 02-376-2136
위치 인신어촌민속박물관 맞은편
메뉴 활어회, 칼국수, 조개구이
가격 활어회 50,000원 칼국수 6,000원
조개구이 30,000원 선

다/녀/와/서

준비물 자석, 색종이, 두꺼운 도화지, 풀, 가위, 클립

낚시놀이(안산어촌민속박물관)

낚시놀이를 하며 바닷속에 사는 어류와 갯벌에 사는 어류를 구분해 봐요.

❶ 바다생물과 관련된 책을 보며 관찰한다.
❷ 색지에 여러 가지 물고기를 그림을 그린 후 두꺼운 도화지에 붙여 모양대로 오려 준비한다.
❸ 물고기에 클립을 끼워 만들고 자석을 막대에 연결한다
❹ 자석의 성질을 알려주고 여행에서 봤던 갯벌에 사는 어류를 골라서 낚시해 본다.
❺ 한글이나 영어 글자를 이용하여 낚시해 보면 재미있게 글자를 익힐 수 있다.

Course 27 경기도 안산·인천 영흥

에너지파크 체험과 동주염전 소금 만들기

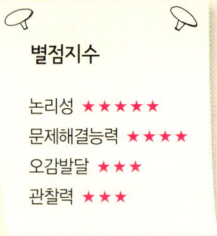

별점지수

논리성 ★★★★★
문제해결능력 ★★★★
오감발달 ★★★
관찰력 ★★★

Mom's Hidden Card

엄 마 의 비책

소금은 생활 속에 없어서는 안 되는 중요한 재료이면서도 아이들은 소금이란 재료의 중요성을 잘 모를 것이다. 그리고 소금이 어떻게 만들어지는지는 더욱 생소할 수 있다.

소금을 만드는 염전에 가보고 직접 만들어진 소금을 밀어보는 등의 경험은 새로운 지식을 습득할 뿐 아니라 생각하지 못하고 지내던 것을 한 번 더 생각해 보는 기회가 될 것이다.

놀이치료 과정 중에 치료자가 아이를 돕기 위한 '놀이 확장'이란 행동이 있다. 자동차를 미는 놀이만 하는 아이에게 치료자가 자동차 경주를 시도해 보는 아이디어를 준다든지 차에 짐을 싣고 가도록 해볼 때 아이는 치료자를 따라하면서 놀이의 내용을 넓히면서 자신을 더 펼칠 수 있도록 도와주는 것이다. 더욱이 집에서 소금을 만들어 보고 소금을 이용한 작품을 만드는 등 여행지에서 해본 경험을 다시 활용한 활동을 한다면 아이들은 여행지에서의 즐거움도 다시 살아나 즐거워지면서 경험한 감정과 지식을 더 견고하게 하고 넓히는 기회가 될 것이다.

소요시간 5시간 베스트 여행시기 5~10월

2시간 소요 　　　　　　　　　　　　　1시간 30분 소요
에너지파크 ----18km/차로 35분---- **동주염전**

에너지파크/
살아 있는 에너지 체험장

Main 에너지의 소중함을 배우는 에너지파크 **1** 전력의 종류를 보여주는 모형 **2** 공기의 힘을 이용해 공을 올리는 실험 **3** 바람의 에너지를 이용해 전기를 생산하는 풍력발전

인천 영흥도 화력발전소 앞에 자리한 에너지파크는 전기 생성의 원리를 아이들이 쉽게 이해할 수 있도록 꾸며진 체험 학습장이다. 안내 도우미의 설명을 들으며 '뚜뚜'라는 캐릭터의 생활 속으로 들어가 함께 체험한다. 1층에는 화력과 수력, 풍력 발전의 원리를 배울 수 있고, 2층에는 이해를 돕기 위한 게임 센터가 마련되어 있다. 3D 입체 영상관에서는 빛을 잃은 마을을 구하려고 뚜뚜가 벌이는 모험을 경험할 수 있다. 옥외 테마 공원은 미래 에너지 산업을 한눈에 볼 수 있으며, 놀이터와 생태연못이 꾸며져 있어 자연 학습장으로도 손색이 없다.

문의 032-455-3271/www.e-park.co.kr
위치 인천시 옹진군 영흥면 외리 산 368번지/시화방조제 지나 대부도에서 영흥대교 건너 영흥도에 위치
요금 무료 **이용시간** 오전 10시~오후 6시
휴관일 월요일

이렇게 놀아요 How to play

😊 게임을 통해 과학을 배워요

아이들이 이해하기 힘든 과학적 원리를 게임을 통해 배울 수 있다. 원통형 기계 안에 들어가 미끄럼틀을 타고 내려오는 놀이를 통해 석탄이 발전 설비를 거쳐 전기로 변하는 과정을 알 수 있다. 생활 속 조명의 종류와 원리에 대해 퀴즈를 풀며 공부하고, 전기가 통하는 도체와 통하지 않는 부도체를 실험으로 구분할 수도 있다. 다양한 놀이를 통해 에너지와 전기에 대한 상식을 배울 수 있어 주의력이 떨어지는 아이들에게 특히 좋다.

😊 간단한 실험으로 에너지를 공부해요

"선풍기의 날개는 왜 세 개일까?" 한 개부터 다섯 개까지의 날개를 가진 풍력발전기 단추를 누르면 전력량이 나오는데, 날개 세 개를 가진 풍력발전기가 가장 높은 것을 확인한다. 또 커다란 다람쥐 쳇바퀴를 돌려 전기를 생산하는 체험을 통해 전기 생산량과 환산 금액을 볼 수 있다. 페달을 밟아 물을 끌어올려 낙차를 이용해 수력 발전을 하는 체험과 천장에 붙어 있는 비행기에 빛을 비춰 비행기가 돌아가는 태양광 발전도 배워본다.

다람쥐 쳇바퀴를 돌려 에너지 생산하기

페달을 밟아 물의 낙차를 이용한 전기 생산

석탄이 전기로 변하는 과정을 보여주는 조형물

연료 전지로 가는 버스

태양광을 이용한 비행기 이동

선생님, 알려주세요

Q 아이가 어느 하나의 대상에 집중하는 시간이 매우 짧아요. 이곳처럼 게임과 접목시킨 시설에선 그나마 집중하는 듯한데, 정적인 박물관 같은 곳에선 여기 저기를 훑고 돌아다니는 게 집중도가 떨어져서인 듯합니다. 어떤 식으로 지도하면 좋을까요? 아이의 특성을 반영해 이곳처럼 아이에게 맞는 곳에만 데리고 다니는 게 더 좋은가요?

A 산만한 아이뿐 아니라 아이들의 발달 수준과 아이들의 흥미도는 각기 다르다. 보편적으로 좋아하는 곳이 있지만 아이들 성향에 따라 선호가 다른 장소들이 있다. 그러므로 우리 아이한테 어디가 맞을까를 염두에 두고 여행 장소를 선택해야 한다. 산만한 아이라도 역사에 관심 있는 아이는 박물관을 좋아한다. 아이가 어느 장소를 좋아하게 하려면 가정에서 준비돼야 할 것이다.

동주염전 /
짭짤한 소금을 만드는 염전 체험

Main 하얀 소금이 만들어지는 모습 **1** 염전의 전경 **2** 소금 맛을 볼까? **3** 소금에 대해 배워본다

끝없이 펼쳐진 소금밭은 탄성을 자아내게 한다. 동주염전은 전통 방식을 고수하며 천일염을 생산하는 대표적인 곳이다. 생소한 염전의 풍경을 보여주고, 소금 채취 체험도 할 수 있다. 맑은 날 오후가 되면 바닥은 눈이 내린 듯 하얀 소금 결정체가 반짝거린다. 마치 무에서 유를 창조하는 듯 생산되는 하얀 소금이 신기하기만 하다. 안산시에서 운영하는 시티투어를 신청하면 교통편 등이 수월하게 해결된다. 2~3개의 다른 코스와 연계하여 체험하며 가격은 15,000원 선이다.

문의 032-886-0900/www.djsalt.co.kr
위치 경기도 안산시 단원구 대부도동 657/대부도에서 대동초등학교를 지나 500m 직진 후 입간판이 보이면 우회전 200m
체험안내 031-481-3059(안산시문화관광부)

다/녀/와/서

준비물 꽃소금, 파스텔, 종이, 작은 주스병, 목공풀, 스프레이

색소금 만들기(동주염전)

파스텔로 소금 염색을 하는 재미난 경험을 해보고 소금 그림도 그려봐요. 색소금을 색색별로 유리병에 담아 두면 예쁜 장식이 돼요.

❶ 종이 위에 파스텔을 색칠한 뒤 소금을 올리고 비빈다. 까끌까끌한 느낌을 느끼며 흰 소금이 색을 입는 과정을 살펴본다.
❷ 4~5가지 색을 정하여 색소금을 만들고 소금의 양을 달리하여 양의 많고 적음을 인식한다.
❸ 종이에 그림을 그리고 목공풀을 바른 후 색소금을 뿌려 소금 그림을 그려본다.
❹ 그림이 마른 후 스프레이로 물을 뿌려 색소금이 녹으며 나타나는 모양을 관찰한다.
❺ 남은 색소금을 작은 유리병에 담는다. 양에 따라 높고 낮은 층이 생겨 예쁜 모양이 완성된다.

준비물 소금, 물, 냄비

집에서 소금 만들기(동주염전)

소금이 만들어지는 과정을 관찰하며 고체, 기체, 액체 상태를 배워요.

❶ 물에 소금을 넣어 소금이 녹아 액체가 되는 과정을 관찰한다.
❷ 소금의 양이 많아지면 물에 녹는 정도가 약해지며 녹지 않은 소금은 아래로 가라앉는다.
❸ 불에 가열하면 녹지 않은 소금이 완전히 녹았다가 가열되어 물은 기체 상태로 증발되고 다시 소금이 만들어진다.
❹ 물이 다 증발될 때까지 가열한 뒤 바닥에 하얗게 남은 고체의 소금을 긁어 염전에서 소금을 채취하듯이 모아 담는다.

Course 28 경기도 가평

낭만 가득한 남이섬과 어린왕자가 사는 쁘띠프랑스

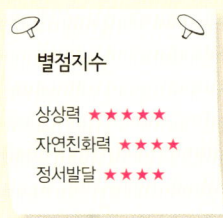

별점지수
상상력 ★★★★★
자연친화력 ★★★★
정서발달 ★★★★

Mom's Hidden Card
엄마의 비책

남이섬은 영상이 특히 아름다운 드라마 〈겨울연가〉의 촬영지로 유명세를 탔다. 워낙 많은 사람들이 찾는 곳이고, 그 경관이 매혹적이긴 하지만 아무런 준비 없이 아이를 데리고 갔다가는 다소 밋밋한 여행이 될 수 있다. 남이섬이 경기권의 대표 관광지로 자리 잡으면서 시기별로 다양한 행사가 펼쳐지는데, 이를 적극 활용하도록 하자. 아이와 함께 가면 좋을 만한 행사는 '세계책나라축제'다. 여행의 중요한 목적 중 하나가 아이와 그간 못해본 대화를 나누는 것일 텐데, 아이와 얘기를 나누기에 적절한 환경이 조성되는 축제다. 부모는 아이와 많은 이야기를 나누고 싶어하지만 막상 이야기를 하려면 부모부터 어색해지므로 유치원이나 학교에서 있었던 일을 묻고 아이는 답하는 식의 재미없는 대화가 이어지고 만다. 그러나 이와 같이 이야깃거리가 있는 공간에 간다면 보다 자연스레 이야기를 풀어갈 수 있을 것이다. 남이섬과 함께 돌아보면 좋을 쁘띠프랑스도 가볼 생각이라면 〈어린왕자〉를 다시 한 번 읽어보고 갈 것을 권한다. 세계책나라축제에 이어 쁘띠프랑스에서도 아이의 눈높이에 맞는 대화가 가능할 것이다.

소요시간 7시간(1박 2일 가능) 베스트 여행시기 5~10월

4시간 소요 **남이섬** ········ 15km/차로 20분 ········▶ 2시간 소요 **쁘띠프랑스**

남이섬, 낭만의 섬에서 열리는 세계책나라축제

Main 남이섬으로 들어가는 일주문 1 병뚜껑을 재활용해 만든 이색적인 작품 2 남이섬에서 이슬이 가장 먼저 내린다는 이슬정원 3 나무가 터널을 이루는 길

사계절 자연의 아름다움과 운치를 간직한 남이섬은 넓게 펼쳐진 잔디밭과 오래된 나무들로 숲을 이루며 각종 놀이 시설, 숙박 시설, 전시관까지 완벽하게 조성된 종합 휴양지다. 연인들의 데이트 코스로 유명한 장소인 줄 알았던 남이섬이 아이들에게도 많은 볼거리와 즐길거리가 있어 가족 모두가 즐거운 곳이다. 특히 매년 5월에서 6월 두 달간 이곳에서 열리는 세계책나라축제는 자연 속에서 책과 만나 마음의 양식을 넓히고 책을 통해 세계 문화를 체험할 기회를 준다. 낭만의 섬에서 엄마 아빠는 옛 추억에, 아이들은 책 속에 빠져본다.

문의 031-580-8030/www.namisum.com
위치 경기도 가평군 가평읍 달전리 144
요금 어른 8,000원 어린이 4,000원(만 3세 이상, 왕복 도선료 포함)
배 운항시간 오전 7시 30분~오후 9시 40분 (10~20분 간격으로 운행)
축제기간 5~6월

이렇게 놀아요 How to play

😊 세계책나라축제에서 실컷 책 구경해요

남이섬의 자연과 함께하는 세계책나라축제는 어린이들이 책과 친해질 기회를 제공한다. 보통 도서전과는 달리 그림책을 대형 북으로 만들어 섬 곳곳에 전시해 놓아 숲 전체가 거대한 도서관이 되며 그 길을 걷는 사람들은 동화 속 주인공이 된다. 자연과 어우러져 있는 책들을 보며 자연스럽게 책을 읽게 되고, 저절로 책 속에 빠져들게 된다. 전시관은 헌책으로 책 터널과 책탑이 만들어져 있으며 합판, 보도블록 등의 재활용품으로 전시장을 꾸며 놓아 친환경 전시이기도 하다.

😊 온 가족이 행복한 낭만의 길을 걸어요

남이섬 하면 가장 먼저 떠오르는 것은 '메타세쿼이아 숲길'이다. 해마다 겨울이면 하얀 눈으로 뒤덮여 순백의 절경을 보여주고, 봄과 여름에는 울창한 초록 잎에 휩싸이며, 가을이면 떨어지는 낙엽이 쌓여 운치 있는 아름다운 길이다. 아침에 이 길을 산책하면 나무 사이로 드는 햇살이 반짝반짝 빛나는 멋진 광경도 볼 수 있다. 청설모가 가득한 잣나무길과 타조농장과 음악당 사이에 있는 은행나무길, 강변을 끼고 있는 연인의 길 등 모든 산책로가 낭만으로 가득하다.

세계책나라축제의 도서전

재활용책을 이용해 쌓은 담

사계절 낭만을 간직한 메타세쿼이아 숲길

😊 문화 체험도 할 수 있어요

남이섬은 다양한 문화 체험이 가득하다. 남이공예원은 각종 공예품을 만드는 장인들이 상주하며 작업하는 공방으로 그들의 작업 환경을 볼 수 있으며 도자기 체험도 할 수 있다. 전시관으로는 남이섬의 발전 과정을 전시해 놓은 안데르센홀과 각종 미술 작품 전시와 관련 상품을 판매하는 유니세프홀, 남이섬에서 나온 폐자재를 재활용해 만든 이색 전시 공간인 레종갤러리가 있다. 또한 국내 최초의 대중가요 전용 시설인 노래박물관과 남이화랑, 〈겨울연가〉 촬영전시관도 있다. 섬이 넓어 선착장 입구부터 섬 중앙까지 이동하는 나눔열차를 타고 이동하거나 자전거를 이용하며, 시간을 넉넉히 잡고 여행하는 것이 좋다.

전시와 판매를 통해 수익금을 기부하는 유니세프홀

신나는 미술 체험 시간

폐목을 재활용해 작품을 만드는 남이공예원

섬 안을 운행하는 유니세프나눔열차

선생님, 알려주세요

Q 책 욕심이 많아 사달라고는 하는데, 막상 읽지 않는 우리 아이가 고민이에요. 그렇다고 안 사줄 순 없고… 좋은 방법이 없을까요?

A 우선 아이가 관심 있는 내용의 책을 선정하고 또 수준에 맞는 책을 골라주어야 한다. 그것이 동화책이든 만화책이든 간에. 그리고 혼자 못 읽는 아이는 엄마가 책을 읽어주어 책이 재미난 것이라는 느낌이 아이 마음속에 자리 잡아야 한다. 그래야 책을 보게 된다.

쁘띠프랑스
프랑스 마을에서 만나는 어린왕자

Main 거리 공연이 열리는 광장 **1** 프랑스의 마을에 온 듯한 분위기 **2** 어린왕자가 앉아 있는 간판 **3** 어린왕자의 친구인 여우

생텍쥐페리의 〈어린왕자〉를 테마로 꾸며진 이 마을은 어린왕자를 경험하고, 프랑스의 문화를 접하는 곳이다. 경기도 가평에 자리 잡은 곳으로 수도권에서 접근성이 좋다. 유럽의 한 시골 마을을 떠올리게 하는 주홍빛 지붕과 하얀 벽의 건물들이 마치 다른 나라에 여행 온 듯한 착각을 불러 일으킨다. 마을 안의 각 건물에는 프랑스 문화를 체험하는 공간과 전시관이 있다. 야외에는 팬터마임과 길거리 음악 공연도 열리므로 시간에 맞춰 관람하도록 한다.

Tip
2010년 리노베이션을 거쳤다. 드라마 〈베토벤 바이러스〉 촬영지로 알려지면서 주말이면 인파가 집중된다. 주차시설이 충분치 못하므로 되도록 빨리 도착하는 게 좋다.

문의 031-584-8200/www.pfcamp.com
위치 경기도 가평군 청평면 고성리 616번지
요금 어른 8,000원 어린이 5,000원(만 4세 이상)

이렇게 놀아요 How to play

😊 어린왕자를 만나요

어린왕자에 나오는 삽화가 건물 곳곳에 그려져 있으며 조각상도 볼 수 있어 마치 동화책을 보는 듯하다. 내용을 알고 있다면 이 그림은 어떤 내용인지 살펴보며 여행하는 게 더욱 재미있다. 붉은색 지붕에 흰 벽으로 통일된 건물들은 색다른 볼거리이며 잘 조성된 조경도 예쁘고 사랑스럽다. 출발 전 아이와 함께 〈어린왕자〉 책을 읽어보면 더욱 흥미로운 여행이 될 것이다.

😊 프랑스 문화를 체험해요

예쁜 건물 안에는 프랑스의 문화와 생활을 보여주고 있다. 오르골하우스에서는 아름다운 음색의 오르골 소리를 들을 수 있으며 원형 무대 옆의 갤러리에서는 프랑스의 상징인 '닭'을 전시하고 있다. 19세기 프랑스의 고택을 그대로 옮겨온 주택전시관과 〈어린왕자〉의 작가인 생텍쥐페리기념관도 있다. 아이들을 위한 체험도 많이 있는데 실로 연결된 인형을 움직여 보는 마리오네트 체험과 두드리고 흔들어 소리를 내는 타악기를 연주할 수 있다. 또한 목재놀이방에서 나무를 조립하여 다양한 모양을 만들어 볼 수도 있다.

풍클라쥬 외관

줄을 이용해 인형을 움직이는 마리오네트 체험

생텍쥐페리기념관

고풍스러운 분위기의 서재

두드려서 소리를 내는 타악기 체험

오르골 감상

경기도 가평에서 유용한
요모조모 정보 모음

아이들과 함께하기 좋은 맛집·잠자리

장작불에 고아 진한 국물 맛을 느낄 수 있는 곳
전주장작불곰탕

문의 031-585-5854 **위치** 경기도 가평군 청평면 하천리 484-1
메뉴 전주곰탕, 차돌배기곰탕, 꼬리곰탕 **가격** 7,000~11,000원대

남이섬 안에서의 꿈 같은 하룻밤을 보낼 수 있는 곳
호텔 정관루

문의 031-580-8000 **위치** 중앙 잣나무길로 약 10분 정도 직진 후 중앙광장, 수영장이 있는 벚나무길 지나 위치 **요금** 70,000~110,000원대

북한강이 내려다보이는 편안한 휴식처
강여울펜션

문의 031-582-8880, 011-666-9464 **위치** 경기도 가평군 가평읍 금대리 55-38
요금 120,000원대

다/녀/와/서

준비물 도화지, 색연필, 주사위

게임판 만들기(남이섬)

넓은 남이섬의 여러 길을 떠올리며 게임을 통해 길을 따라 목적지에 도착하는 게임판을 만들어 봐요. 수의 개념을 익히기에 좋으며 온 가족이 함께 즐길 수 있어요.

1. 도화지에 구불구불 길을 그리고 출발지와 도착지를 표시한다.
2. 1~50 정도까지 칸을 나누면서 숫자를 쓴다.
3. 한 번 쉬기, 뛰어넘기, 뒤로 가기 등의 룰을 표기해 이동하면 더욱 재미있다.
4. 말을 준비하고 주사위를 던져 나온 수만큼 이동해 게임을 해본다.

Course 29 경기도 김포·강화

옥토끼우주센터 탐험과 신기한 유리박물관

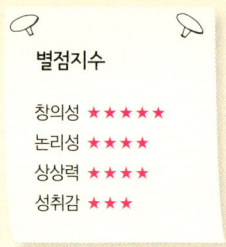

별점지수

창의성 ★★★★★
논리성 ★★★★
상상력 ★★★★
성취감 ★★★

엄마의 비책

우주 공간은 아이들의 상상의 나래를 마음껏 펼칠 수 있는 곳이다. 또한 우주비행사가 된다거나 우주선을 만들고 싶어하는 등 무궁무진한 흥미와 미래의 꿈을 실어볼 수 있는 곳이기도 하다. 좀 더 구체적으로 우주에 대한 지식과 우주인에 대한 이야기 등을 들어보고 관련 자료를 보는 항공우주센터 경험은 우주를 향한 미래의 꿈을 보다 구체적으로 마음속에 가져보게 할 것이다.

아이들의 미래에 대한 꿈은 수시로 바뀐다. 항공우주센터를 다녀오면 우주비행사가 되겠다고 하다가 배를 타면 선장이 되겠다고 하는 등 꿈과 희망이 그때그때 바뀌는 것이다. 아이가 그리는 미래의 희망과 꿈이 실천되려면 긴 시간 동안 노력해야 한다. 부모는 아이가 어떤 일을 하면서 살든지 자기가 가장 잘할 수 있는 것을 찾아 행복하길 바랄 것이고, 그렇게 할 수 있도록 뒷바라지할 뿐이다. 아이의 재능이 무엇인지 찾아보고, 또 인내력과 사회성을 기르게 해주려고 한다. 스스로 자기 할일을 하는 독립적인 아이가 되도록 자발성을 키워주고, 마음이 따뜻한 사람으로 크게 도와주려고 할 뿐이다. 이와 같이 기초를 잘 다지게 도와주면 나머지 구체적인 선택은 아이가 할 것이다. 바른 부모의 자세를 다시금 생각해 보자.

소요시간 6시간 베스트 여행시기 연중

3시간 소요   1시간 30분 소요

옥토끼우주센터 ---------→ **유리박물관**

15km/차로 25분

옥토끼우주센터 / 신나는 우주 여행

Main 화성을 탐사하는 화성 탐사선들 **1** 티라노사우루스의 얼굴 모양을 하고 있는 전망대 **2** 복잡한 버튼으로 가득 찬 우주왕복선 조종실 **3** 우주의 이론을 배우는 태양계 여행

우주 항공에 관한 전시와 교육을 하며 상상 속에 있던 우주를 탐험하고 호기심을 채워주는 체험형 테마파크다. 신비로운 우주 탄생의 비밀을 밝히고 태양계와 우주를 여행하며 항공 기술의 과거, 현재, 미래를 보여준다. 중간중간 움직이는 기구들을 탑승하며 내가 정말 우주를 여행하는 듯한 착각에 빠진다. 우주인이 되기 위해선 어떤 훈련과 과정이 필요하며 또 우주인이 되어 어떻게 여행하는지에 대해 알 수 있다. 아이들에게 미래의 꿈을 심어주는 기회가 될 것이다.

문의 032-937-6917/www.oktokki.com
위치 인천시 강화군 불은면 두운리 1026번지
요금 어른 13,000원 어린이 15,000원 유아(만 4~5세) 13,000원
이용시간 평일 오전 9시 30분~6시(주말·공휴일 오후 7시까지)

이렇게 놀아요 How to play

😊 우주체험관에서 우주비행사를 꿈꿔요
아이들을 위한 다양한 우주 체험을 할 수 있는데 마치 놀이기구를 타는 것과 같이 재미있다. 우주선을 타고 하는 중력 가속도 체험, 우주 공간 이동 장치를 타고 조종하기, 빙글빙글 돌며 우주 비행 훈련, 로켓 타기 등의 체험이 있다. 붐비지 않는다면 몇 번이고 탈 수 있어 아이들이 좋아한다. 3층 전시실에는 대한민국 최초 우주인이 탑승한 러시아 소유즈 우주선 모형이 전시되어 있다. 소유즈관에는 궤도모듈과 귀환모듈이 나와 있으며 우주에서 사용하는 제품, 우주복, 식량 등을 전시해 놓아 우주에서의 궁금증을 풀어준다. 미래 도시 꼬마 기차는 신비로운 미래의 도시를 축소해 꾸며 놓았는데 쭉쭉 뻗은 건물들 사이로 기차를 타고 한 바퀴 돌아볼 수 있다.

😊 야외 전시장에서 공룡과 로봇도 봐요
전시장 못지않게 야외에도 볼거리가 많이 있다. 왕복우주선 콜럼비아호에 물을 쏘면서 노는 물대포 공원과 대형 로봇이 있는 로봇공원. 움직이는 40여 마리의 공룡이 살고 있는 공룡공원이 있다. 공룡의 형태와 질감이 흡사하며 머리, 입, 꼬리가 움직여 실감난다. 우주선 모양을 한 플라네타리움 영상관에서 우주 관련 영상을 관람하고, 티라노사우루스의 머리 모양을 하고 있는 전망대에 올라 공원을 감상한다.

콜럼비아호가 있는 물대포공원

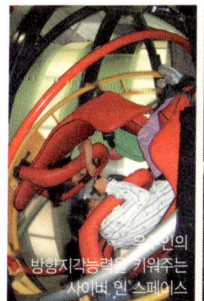
방향지각능력을 키워주는 사이버 인 스페이스

우주를 탐사하는 유인이동장치 MMU

움직이는 공룡이 있는 공룡공원

기차 타고 떠나는 미래 도시 여행

우주에서 쓰는 우주복, 식량 등이 전시된 소유즈관

유리박물관 /
직접 유리병을 만들어 보는 시간

Main 화려하고 투명한 유리 세상 **1** 유리의 원료 **2** 꽃을 표현한 야외의 유리 작품 **3** 작고 정교한 유리 작품

다양한 유리 공예품을 보며 유리병 만들기 체험을 할 수 있는 곳이다. 야외의 유리로 만든 대형 작품과 내부의 다양한 전시물을 보며 유리의 무한한 변화를 느낄 수 있다. 관장님의 유리 관련 제작 과정과 공예 기법에 대한 강의도 들을 수 있어 유리의 호기심을 해결하고 과학의 원리도 배워본다. 유리의 용액을 파이프에 묻혀 직접 불어서 나만의 유리병도 만들어 보자. 유리에 대해 감상하고 배우며, 체험하는 일석 삼조의 여행이 될 것이다.

Tip
전시보다 체험 학습 위주의 시설이다. 유리 공예 체험에 꼭 참여해 보자.

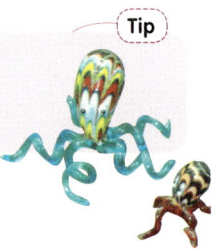

문의 1588-0511/www.glassmuseum.co.kr
위치 경기도 김포시 대곶면 율생리 673-2
요금 어른 2,000원 어린이 1,000원(만 6세 이상)
체험료 13,000원(유리 화병)
이용시간 오전 10시~오후 6시

이렇게 놀아요 How to play

😊 유리 화병을 만들어요

유리 체험은 숙련된 장인의 지도로 이루어지며 유리 용액을 묻힌 파이프에 입김을 불어 넣는 블로잉 기법을 체험해 본다. 처음에는 유리 용액이 풍선처럼 부풀어 올라 터질 때까지 맘껏 불어 연습한다. 실전으로 들어가면 파이프에 유리 용액을 묻혀 입으로 살짝 분 뒤 기본 형태의 틀에 넣고 빗살 모양을 만든다. 다시 한 번 살살 불어 화병의 길쭉한 형태를 만들고 세워질 수 있도록 밑받침 틀에 넣고 찍는다. 마지막으로 화병의 입구가 되는 부분을 절단한 후 건조하면 세상에 하나뿐인 멋진 유리 화병이 완성된다. 그냥 보고 지나쳤던 유리 제품이 이렇게 정성스럽게 만들어진다는 것을 배우고 성취감을 느끼는 좋은 체험이다.

유리용 물감으로 접시에 색칠
나만의 접시 완성
유리의 원료를 불어서 터뜨리기
귀여운 눈사람 작품

다/녀/와/서

준비물 전지, 크레파스, 물감, 큰붓

커다란 종이에 우주를 그려보기(옥토끼우주센터)

커다란 종이에 우주를 상상하여 표현하고 마음껏 색칠하여 꾸며봐요.

① 큰 전지에 크레파스로 우주를 마음껏 그리게 한다. 검은색으로 바탕을 색칠할 것을 감안하여 밝은 색으로 그린다.
② 크기를 생각하여 태양을 가장 크게 그리고 태양에서 가까운 별을 순서대로 그린 후 별의 이름도 써 본다.
③ 상상력을 발휘하여 우주선과 로켓을 그리고 우주를 여행한다.
④ 큰 붓에 검은색 물감을 묻혀 까만 우주를 색칠한다.
⑤ 여러 가지 물감을 활용하여 멋있게 꾸며본다.

Course 30 인천

차이나타운에서 체험하는 작은 중국

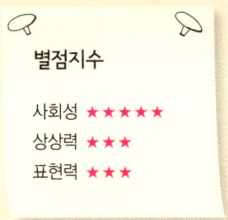

별점지수

사회성 ★★★★★
상상력 ★★★
표현력 ★★★

엄마의 비책

인천의 차이나타운은 자장면의 발상지로 알려져 있다. 차이나타운 여행은, 어떻게 보면 식도락 여행의 측면이 매우 크다. 아이와 함께 식도락 여행을 떠났는데, 제대로 즐기지 못한다면 스트레스를 받는 것은 물론 다음번 여행에서는 먹는 즐거움을 과감히 포기할 것이다. 아이가 평소에 어떤 식습관을 익혔느냐가 결국 여행의 커다란 즐거움 하나를 얻느냐, 마느냐로 귀결된다.

편식이 심한 아이는 여행지에서 먹을 수 있는 음식이 제한된다. 좋지 않은 식습관은 어려서부터 생긴 것이다. 특히 밥을 잘 안먹는 아이는 우선 골고루 영양을 섭취하는 것보다는 밥에 관한 관심을 갖도록 해야 한다. 속으로는 신경을 잔뜩 쓰고 있어도 겉으로는 전혀 관심 없는 척한다. 잔소리나 억지로 먹이기, 혼내기 등은 당연히 하지 말아야 한다. 아이가 느리게 먹거나 딴짓을 하더라도 내버려 둔다. 그리고 식탁 위에 아이 식사는 30분 정도 그대로 놔둔 뒤 안 먹으면 슬그머니 치운다. 이와 같이 전혀 밥에 관해 어떤 관심도 없는 것처럼 하면 차츰 아이는 밥에 대한 관심을 보이면서 스스로 밥을 찾게 된다. 이때까지 부모가 잘 버텨 밥에 대한 거부감을 없애는 게 식사 습관 지도의 관건이다.

소요시간 6시간 베스트 여행시기 4~11월

차이나타운 (2시간 소요) ····· 3km/차로 10분 ·····> **월미도** (2시간 소요)

차이나타운/
작은 중국에서 맛보는 자장면

Main 화려한 중국식 정원 **1** 용 모양의 화려한 조각상 **2** 다양하고 저렴한 제품들 **3** 붉은색을 좋아하는 중국인들의 붉은색 간판

1883년 인천항이 개항되고 1884년 청국 영사관이 설치되면서 중국인들이 이 일대에 이민, 정착하여 생활 문화를 형성했다. 이곳은 서구 근대 문물을 받아들인 관문이기도 하며 중국과 일본 등의 이국 문화가 공존한다. 거리 곳곳에는 붉은색의 건물들과 문양이 중국에 와 있는 듯한 착각을 불러 일으킨다. 중국풍 거리를 거닐며 멋진 문양을 구경하고, 자장면도 먹고, 중국 전통 상점을 구경하며 한국 속의 작은 중국을 느끼고 체험해 보자. 차이나타운 여행의 백미는 뭐니 뭐니 해도 식도락. 맛있는 음식은 여행의 활력소가 되기에 충분하다. 달콤한 탕수육이나 자장면 등 평소 집에선 잘 먹이지 않았던 중식을 이번 기회에 맛보게 하자.

문의 032-810-2851/www.ichinatown.or.kr
위치 인천시 중구 북성동1가
대중교통 국철 1호선 인천역 앞

이렇게 놀아요 How to play

😊 중국 문화를 느껴요
인천역을 빠져나오면 차이나타운의 상징인 패루(牌樓; 중국식 대문)가 정면에 보인다. 붉은색을 좋아하는 중국인답게 기둥, 지붕, 간판, 조명 등에 붉은색을 과감하게 사용했다. 차이나타운 길목 곳곳의 바닥과 벽에는 용, 판다, 패왕별희 등의 화려한 문양으로 장식되어 있어 더욱 중국에 와 있는 듯하다. 자유공원 앞에는 〈삼국지〉의 주요 장면을 그린 벽화 작품을 전시하고 있는데, 아이들이 특히 좋아한다.

😊 이색 중국 요리와 자장면을 먹어요
차이나타운을 가득 메운 중화 요리 전문점에 들러 자장면을 먹자. 중국 본토에선 맛볼 수 없는 자장면이 인천에서 만들어졌다는 유래를 아이들에게 들려준다. 중국식 볶음면을 한국인의 입맛에 맞게 변형하여 고소하고 맛있는 자장면이 탄생했다고 한다. 해물이 많이 들어간 얼큰한 짬뽕과 누룽지탕도 인기가 많다. 간식으로 적당한 왕만두, 수제월병, 공갈빵의 만드는 과정을 구경하고 바로 나온 따끈한 음식도 맛본다.

😊 한중문화관에 가보세요
한국과 중국의 역사가 공존하는 차이나타운의 지역적 특색을 살려 역사, 문화, 경제, 사회의 전반적인 내용을 비교, 전시하는 곳이다. 중국의 문화와 생활을 알 수 있으며 유물, 특산물, 수공예품 등이 전시되어 있다. 중국 문화 체험 코너에서는 중국차를 마시고 중국 전통 의상을 입어보는 체험을 할 수 있다. 인천중부경찰서 맞은편에 자리하고 있으며, 개관시간은 오전 9시부터 오후 6시까지다(월요일 휴관).

중국의 재미있는 물건들 구경하기

한중문화관 입구

자장면 먹어보기

줄거리와 그림이 나와 있는 삼국지 벽화

병뚜껑으로 만든 재미있고 유명한 카페 '뽀야'

선생님, 알려주세요

Q 외국 문화를 접하게 되는데, 아이들에게 미치는 긍정적인 효과와 부정적인 측면을 비교해 알려주세요. 그리고 아이와 함께 해외여행을 가는 건 대략 언제부터 고려하면 좋을까요?

A 해외여행은 다양성의 자극을 주는 곳이므로 당연히 아이 어른 할 것 없이 시야가 넓어지는 기회이다. 그러나 너무 어린 나이에 여행을 가는 것은 아이도 힘들고 부모도 힘들다. 3세 미만의 아동을 해외 리조트에 데리고 가는 경우가 있다. 물론 가서는 즐겁게 물놀이를 하면서 즐길 수 있지만 비행기를 장시간 타기에는 아직 무리다. 잠자리가 바뀌어 아이도 힘들고 또한 아이가 보채는 것으로 다른 승객에게도 피해를 주는 것이므로 가능한 한 해외여행은 자제하는 게 좋다. 동해안이든 해외든 물놀이를 하는 아이는 별 차이를 모르기 때문이다. 리조트 등의 해외여행은 취학 전 아동도 비행기를 잘 탈 수 있으면 즐겁게 지내다 올 수 있다. 그러나 역시 취학 전에 리조트에서의 경험이 국내 여행지에서와 별 차이가 없으므로 좋은 경험이라고 볼 수는 없다. 리조트로 여행하는 것은 부모가 여행지에서 아이와 얼마나 재미나게 놀았는지가 장소보다는 더 중요한 요소이다. 초등학교 고학년이 되면 리조트뿐 아니라 박물관 등 해외 유적지를 보는 경험을 살리기 시작한다.

여기도 가보세요

재미난박물관

과학적 원리로 작동되는 완구를 가지고 놀면서 과학에 대한 흥미를 끌어낼 수 있는 곳이다. 주입식 교육의 단점을 완벽히 보완한 과학 체험관으로 직접 보고, 만지고, 느끼면서 창의력과 집중력, 수리력을 높인다. 로봇과 타악기 체험, 수학적 구조물 만들기, 원통형 비눗방울 만들기 등 300여 가지 체험 코너가 마련되어 있다. 규모는 작지만 전시물을 하나하나 가지고 놀다 보면 2시간은 금세 지나간다.

문의 032-765-0780/www.funkr.com
위치 인천시 중구 사동 9-16번지
입장료 어른 6,000원 어린이 5,000원(만 2세 이상)
이용시간 오전 10시~오후 6시
휴관일 월요일

3D 스노보드

비눗방울 도형 만들기

정전지 체험으로 머리카락 세우기

월미도 /
과거와 미래가 만나는 인천의 상징

Main 엄청난 규모의 여객선 1 일몰을 감상하기 좋은 월미도 2 시원스런 분수대에서 즐거운 아이들 3 배를 정박시킬 때 사용하는 대형 닻

인천 하면 역시 월미도가 떠오른다. 이곳은 먹을거리, 놀거리, 볼거리가 가득한 문화 공간이다. 어른들은 낭만과 추억을 떠올리고, 아이들은 바다와 배를 감상하며 놀 수 있다. 부두에는 다양한 배가 정박해 있는데 유람선과 어선, 여객선 등이 오고 간다. 특히 자동차도 실을 수 있는 엄청난 규모의 여객선은 아이들의 시선을 사로잡는다. 1980년대에 유원지로 개발되면서 당시에는 활기를 띤 곳이었지만 지금은 시간이 지나 다소 쇠락한 분위기다. 그런데도 여전히 월미도가 그 명맥을 이어가는 것은 주변에 50여 곳의 횟집과 최근들어 활발하게 오픈하는 전망 레스토랑 덕분인 듯싶다. 보통 차이나타운과 연계해 여행하는데, 저녁 시간에 맞춰 이쪽으로 넘어오면 아름다운 낙조와 함께 만족스러운 한 끼 식사를 만끽할 수 있을 것이다.

문의 032-765-4169/www.incheon.go.kr
위치 인천시 중구 북성동1가

이렇게 놀아요 How to play

😊 유람선 타고 공연을 봐요

월미도 유람선은 월미도에서 출발해 영종도와 인천국제공항, 화력발전소, 영종대교, 작약도를 경유해 돌아오는 1시간 20분 코스로 운항한다. 선내에서 세계 각국에서 온 공연단의 춤과 노래, 묘기를 즐길 수 있다. 일몰 무렵 탑승하면 서해안 최고의 낙조를 손에 잡힐 듯 가까이에서 볼 수 있을 것이다. 하루 4회 운항하며 승선료는 어른 15,000원, 어린이 8,000원(5세 이상)이다.

문의 032-764-1171

배워봅시다

😊 월미도와 월미공원은 언제 생겼나요?

월미도는 백제 이후 영종도와 함께 중요한 교통로였고 조선시대에는 한양을 지키는 군사기지였으며 개항기에는 외국 선박이 우리나라에 들어오기 위해 머무는 첫 기착지였다. 월미가 육지와 연결된 것은 1906년이었으며 이후 경인 지역 최대 관광지로 발달하게 된다. 월미공원은 해방 이후 미군의 해양경찰대 기지로 사용되다가 한국전쟁시 인천상륙작전의 첫 상륙 지점이 되었고, 이후 50여 년 동안 일반인의 출입이 제한되었다. 2001년 인천시가 부지를 인수하고 도시자연공원으로 조성, 2005년 개방되었다.

여기도 가보세요

월미공원

자연 생태계의 푸르름을 느낄 수 있는 월미공원은 여러 갈래의 산책길이 있으며 구역별로 4계절 꽃길이 있어 식물을 구경하며 즐기기에 좋다. 한국식 정원을 둘러본 뒤 산책로를 따라 정상의 월미전망대에 올라서면 탁 트인 인천 시내 전망과 근해의 섬이 한눈에 들어온다. 인천항을 오가는 크고 작은 배와 컨테이너 선박들을 보며 항구란 곳이 어떤 곳인지 알게 된다.

문의 032-765-4131/wolmi.incheon.go.kr
위치 인천시 중구 북성동 1가 90번지

월미도의 명물인 놀이공원

언제나 즐거운 분수놀이

갈매기와 함께 바닷바람을 맞으며

인천에서 유용한
요모조모 정보 모음

아이들과 함께하기 좋은 맛집

1년 숙성된 춘장으로 된 맛있는 자장면을 먹을 수 있는 곳
자금성

문의 032-761-1688 **위치** 인천시 중구 북성동3가 10-4/차이나타운 입구 직진 삼거리 오른쪽
메뉴 자장면, 짬뽕, 탕수육, 중국 요리 일체 **가격** 자장면 5,000원 코스요리 1인당 15,000원부터

다/녀/와/서

준비물 자장가루, 전지, 스프레이, 붓

자장가루 놀이(차이나타운)

자장가루를 이용한 신체놀이 하고 손쉽게 자장면 만들어 먹어요.

❶ 커다란 전지에 자장가루를 뿌리고 아이들과 탐색해 본다.
❷ 만져보고 맛도 보며 가루를 이용하여 다양한 모양을 종이에 표현한다.
❸ 풀로 그림을 그린 후 자장가루를 뿌려 풀그림을 그린다.
❹ 그린 그림 위에 스프레이를 뿌려 가루가 녹는 것을 관찰하고 붓으로도 그림을 그린다.
❺ 손과 발을 사용하여 무늬를 만들고, 찍어보며 다양한 신체놀이를 한다.

course 31 강원도 춘천 막국수체험박물관과 애니메이션박물관_240 course 32 강원도 평창 감수성 쑥쑥 허브나라농원과 무이예술관 예술의 향기_250 course 33 강원도 정선·영월 정선레일바이크 체험과 정선5일장 구경_260 course 34 강원도 강릉 창의력 쑥쑥 참소리에디슨박물관과 하슬라아트월드_270 course 35 강원도 동해·삼척 망상오토캠핑리조트에서의 하룻밤과 신비한 동굴탐험관_280 course 36 강원도 속초 겨울에 익어가는 용대리 황태덕장과 테디베어팜_288

강원도

Course 31 강원도 춘천

막국수체험박물관과 애니메이션박물관

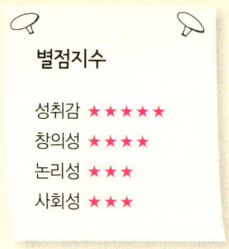

별점지수

성취감 ★★★★★
창의성 ★★★★
논리성 ★★★
사회성 ★★★

엄마의 **비책**

막국수체험박물관에서 가족이 다함께 요리를 해 보는 경험은 아주 특별하다. 요리놀이는 아이들에게 많은 것을 자극한다. 반죽하는 일은 손의 소근육을 발달시켜 글씨 쓰기나 그림 그리기 등을 잘못하는 아이들에게 자연스러운 훈련이 된다. 무슨 요리든지 손을 많이 사용하기 때문이다. 그러므로 엄마가 음식을 장만할 때 아이를 가끔 동참시켜 콩도 까고 양파 껍질도 벗기고 채소, 과일 썰기 등을 시키면 아이는 손 운동도 되고 엄마를 도와 칭찬도 받고 또 자기가 동참한 재료들로 음식이 만들어져 먹기까지 하면 훨씬 큰 뿌듯함을 느끼게 된다. 더욱이 가족이 다함께 요리놀이에 동참한다면 가족의 행복감과 더불어 사회성 발달까지도 자극하게 된다.

뒤이어 방문하게 되는 인형극박물관과 애니메이션박물관은 만화적 상상력을 자극하기에 좋은 공간이다. 만화에 빠지는 아이에게 걱정스런 눈길을 보내는 건 어쩔 수 없는 부모의 마음이겠으나 모처럼 교외로 나왔으니 아이들을 잠시 풀어주는 기분으로 마음껏 즐길 수 있도록 놓아주자. 오감발달을 자극하는 여행에 아이 스스로가 흥미를 갖는 건 무엇보다도 우선시되어야 할 부분이다.

소요시간 1박 2일 베스트 여행시기 연중

1시간 30분 소요		1박 소요		1시간 30분 소요		1시간 30분 소요
막국수체험박물관	2km/ 차로 5분	소양강댐	7km/ 차로 15분	인형극박물관 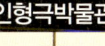	5.5km/ 차로 10분	애니메이션박물관

막국수체험박물관/
직접 뽑아 만들어 먹는 막국수

Main 면을 뽑는 국수통과 삶아 내는 가마솥을 형상화한 외관 **1** 메밀국수 관련 자료를 전시 **2** 수확한 마른 메밀단 **3** 쿵덕쿵덕 절구 빻기

춘천의 유명한 먹거리 막국수를 테마로 한 이곳은 메밀에 관련된 전시와 메밀을 이용한 막국수를 만들어 시식할 수 있다. 1층은 메밀의 성장 과정과 재배했던 농기구, 메밀을 이용한 요리들이 전시되어 있고, 2층은 체험장으로 메밀을 갈아 만든 메밀가루로 반죽해 면을 뽑고 삶아 막국수를 만들어 보는 요리 체험을 할 수 있다. 아이들과 같이 네 명이 한 팀을 이루어 막국수도 만들어 보고, 한 끼 식사도 가능해 가족이 함께하는 즐거운 요리 시간이 된다.

문의 033-250-4134/www.makguksumuseum.com **위치** 강원도 춘천시 신북읍 산천리 342-1
요금 어른 1,000원 어린이 500원(만 7세 이상)
체험료 한 팀당 3,000원
이용시간 오전 9시~오후 6시(체험 시간 오전 10시~오후 5시/12시~1시 점심시간 제외)
휴관일 공휴일 다음날

이렇게 놀아요 How to play

😊 막국수를 만들어요

과거 농촌에서 손님이 찾아오면 별미로 주는 음식이 막국수였다. 맷돌에 메밀을 갈아 멥쌀을 만든 다음 디딜방아에 찧어 가루를 내고 반죽해 국수 틀에 눌러 별다른 양념 없이 대접했다고 한다. 이에 '막 뽑아 바로 만들어 먹는 국수'가 어원이 되어 막국수라고 불렀다. 메밀가루에 물을 넣고 재빠르게 반죽한 뒤 국수 뽑는 틀에 넣고 반죽을 누르면 기다란 국숫발이 나온다. 끓는 물로 바로 들어가 국수가 삶아지면 갖은 양념으로 조리하여 맛있는 막국수를 만든다. 막 만든 국수라 의미가 있고 가족과 함께하는 요리라 더욱 맛있다. 반죽하고 누르고 비비는 요리 과정을 아이들과 함께 하며, 배불리 먹을 양은 아니지만 내가 만든 막국수를 먹을 수 있어 좋다.

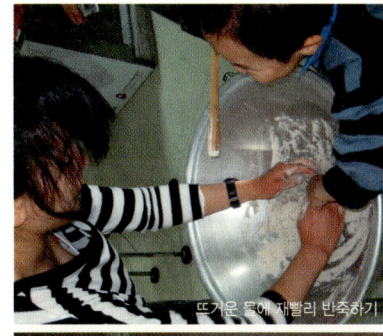

뜨거운 물에 재빨리 반죽하기

반죽을 국수틀에 넣고 위에서 눌러 끓는 물에 풍덩

갖은 양념을 해 비비기

소양강댐 /
수력 발전을 배울 수 있는 곳

Main 소양강을 막아 댐을 만들어 생성된 인공 저수지 **1** 물의 중요성과 수질 환경 보전을 위한 전시관인 물문화관 **2** 댐을 만들며 물의 흐름을 체험 **3** 위치에너지가 운동에너지로 바뀌는 장치

소양강댐은 용수 조절, 농·공업용 용수 공급, 시설 용량 20만kW의 수력발전소를 가동하는 등 다목적으로 사용하는 사력 댐이다. 저수지의 전경이 수려하며 유람선을 타고 감상할 수도 있다. 소양강이 내려다보이는 곳에 자리한 물문화관은 물을 테마로 만든 전시관으로 1층의 영상관에서는 소양강댐에 대해 관람한다. 2층의 체험과학관은 물의 원리, 댐의 원리를 실험할 수 있는 공간으로 물총을 쏘고, 펌프질하며 물의 흐름을 살펴볼 수 있다. 물정화장치, 자전거 분수, 거품 만들기, 무빙 라이트, 물 호루라기 등의 다양한 시설들이 있어 물놀이와 함께 과학 원리를 배울 수 있다. 주제과학관에는 댐과 수자원에 대한 소개와 소양강 댐의 역할과 기능을 그림으로 알기 쉽게 전시하고 있다.

문의 033-259-7204, 033-259-7334(물문화관)/ www.kwater.or.kr **위치** 강원도 춘천시 신북읍 천전리 산4 **요금** 무료 **관람시간** 오전 10시~오후 5시 **휴관일** 월요일

인형극박물관 / 상상의 나래를 마음껏 펼칠 수 있는 문화예술 공간

Main 인형극박물관 외관 **1** 몸으로 표현하는 그림자놀이 **2** 아빠가 하는 재미있는 인형극 **3** 그림자에 나비가 반응하는 영상 체험

춘천인형극장 옆에 자리한 인형극박물관은 국내외 200여 점의 인형과 각종 인형극 관련 자료들을 전시하고 있으며 인형극이 어떻게 만들어지는지 알 수 있는 곳이다. 장대인형극실, 손인형극실, 줄인형극실, 그림자극실 등의 테마별 인형전시실이 있으며 직접 체험해 보는 체험관이 있다. 인형극에서 나오는 인형들을 가까이에서 보고 어떻게 공연이 되는지를 볼 수 있다. 또한 인형을 조정해 인형극을 하면서 몸으로 참여할 수 있어 흥미롭다.

Tip
춘천인형극제 대표 캐릭터인 코코바우(cocobau)와 춘천인형극제에서 주관한 인형 캐릭터 디자인 공모에서 대상을 받은 매난국죽 캐릭터를 판매하는 캐릭터 숍이 있다.

문의 033-242-8450/theatre.cocobau.com
위치 강원도 춘천시 사농동 277-3
요금 2,000원(만 3세 이상/인형극 관람 시 1,000원) **관람시간** 오전 10시~오후 5시
휴관일 월요일

이렇게 놀아요 How to play

😊 내가 인형극을 해봐요

재미있는 동화 속에 들어온 것 같이 내부는 온통 인형들로 가득 차 있다. 줄로 연결된 막대기를 위에서 움직이면 아래 인형이 자연스러운 몸짓으로 움직이는 것이 신기하기만 하다. 인형극의 인형이 어떻게 만들어지는지 어떤 원리로 인형극을 하는지 알 수 있으며, 내가 무대에서 인형을 움직여 인형극을 할 수도 있다. 그림자 기법으로 하는 인형극 무대에서 몸과 손을 움직여 표현하는 그림자놀이도 재미있다. 아이들은 인형극의 주인공이 된 듯 이리저리 돌아다니며 놀이에 열중한다.

여기도 가보세요

춘천인형극장

인형극박물관과 나란히 있는 춘천인형극장은 국내 유일의 인형극을 공연하는 어린이 극장으로 2주마다 다른 내용의 수준 높은 인형극을 선보이고 있다. 주말에도 2시간 간격으로 인형극이 진행된다. 어린이들이 인형과 함께 보고, 듣고, 배우고, 노는 통합적 체험으로 색다른 경험이 될 것이다. 계획이 있다면 하루 전 전화 예매하는 것이 가격도 저렴하고, 시간 계획도 세울 수 있다.

문의 033-242-8450/theatre.cocobau.com
위치 강원도 춘천시 사농동 277-3
요금 현장 예매 7,000원(만 2세 이상) 전화 예매 5,000원(전날 예약)
관람시간 주말 오전 11시, 오후 2시, 4시(11시 관람 아빠 무료)

인형을 움직여 인형극 하기

까딱까딱 움직이는 나무인형

인형은 어떻게 만들어지나?

애니메이션박물관/
애니메이션의 모든 것이 담긴 공간

Main 애니메이션박물관 입구 **1** 다양한 금속을 조합해 만든 작품 **2** 둘리와 함께 **3** 몸의 형태가 그대로 나타나는 핀스크린

아이들이 좋아하는 만화에 대한 궁금증을 풀어주는 애니메이션박물관은 흥미 위주가 아닌 체험과 교육적인 부분이 많아 유익하다. 아이들의 상상력과 풍부한 감성을 불러 일으키는 전시물과 다양한 체험 교육 프로그램으로 이루어져 있다. 1층 전시관에는 애니메이션의 기원과 발전, 종류, 제작 기법, 제작 과정을 소개하며 애니메이션 관련 기기와 입체극장으로 구성되어 있다. 2층은 세계의 애니메이션 역사와 대표 작품을 볼 수 있으며 아트갤러리, 소리 체험실, 소리 스튜디오 등으로 구성되어 다양한 애니메이션의 제작 기법을 체험할 수 있다. 바로 옆 스톱모션관에는 인형을 이용한 스톱모션의 기법과 종류에 대해 전시하고 있다. 박물관 뒤쪽의 넓은 잔디밭은 의암호의 빼어난 경관과 함께 휴식하기 좋은 곳이다.

문의 033-243-3112/www.animationmuseum.com
위치 강원도 춘천시 서면 현암리 367번지
요금 어른 4,000원 어린이 3,000원(만 3세 이상)
관람시간 오전 10시~오후 6시
휴관일 월요일·공휴일 다음날

이렇게 놀아요 How to play

😊 체험을 통해 애니메이션 기법을 배워요

핀스크린 위를 몸으로 누르면 그 형상이 그대로 나타나는데 다양한 포즈를 취하고 어떤 형태가 나오는지 살펴본다. 한 장 한 장 그림이 그려져 있는 동그란 통을 돌리면서 그림이 연결되어 보이는 애니메이션 기법도 볼 수도 있다. 소리 체험 공간에는 도구를 이용해 효과음을 내거나 장르에 따라 달라지는 주제곡도 들어보고, 애니메이션 화면을 보면서 그에 맞는 소리를 직접 제작도 할 수 있다. '나도 애니메이터' 코너는 설명대로 인형과 카메라를 움직여 손쉽게 애니메이션을 만들어 보는 곳으로, 제작 원리를 경험하며 온 가족이 즐겁게 참여할 수 있다.

😊 바로 옆 스톱모션관에 가봐요

옆 건물의 스톱모션관은 아기자기한 인형들과 알록달록 예쁜 색상의 내부 디자인이 시선을 사로잡는다. 스톱모션이란 한 장면을 연출하여 촬영하고, 다른 움직임을 만든 뒤 또 촬영하여 컷을 연결, 움직이는 것처럼 보이게 하는 기법이다. 그림이 아닌 인형을 이용한 애니메이션인 것이다. 애니메이션 제작 과정도 볼 수 있다. 기획 회의를 하고, 시나리오 작업을 통해 디자인과 콘티 작업을 거쳐 인형이 만들어지고 장면을 촬영한 후, 편집과 음향효과로 마무리를 하여 하나의 애니메이션이 완성된다. 이처럼 많은 작업을 거쳐 작품이 만들어지는 것을 보며 애니메이션을 이해한다.

애니메이션 체험 로봇

스톱모션 인형이 만들어지는 과정

스톱모션관의 전시 공간

선생님, 알려주세요

Q 만화가 상상력을 자극하고, 창의적 능력을 길러준다고 해 아이들에게 권장하는 것은 알겠는데, 아무래도 부모로서 만화에 빠져드는 아이가 걱정이에요. 다른 박물관에는 관심도 없으면서 애니메이션박물관에서는 역시나 시간 가는 줄 모르는 우리 아이, 괜찮나요?

A 책을 좋아하는 아이는 만화책뿐 아니라 일반 책도 가리지 않고 다 좋아하게 마련이다. 그런데 만화책만 보려는 아이는 평소에도 좀 어렵고 힘든 것은 피하려는 성향을 가진 경우가 많다. 이런 성향은 부모의 양육 태도와 연관이 있으므로 주의를 요한다. 그리고 대체로 아이들은 박물관 나들이를 좋아하지 않  는다. 무엇이든 직접 만져보고 체험해 봐야 집중할 힘이 생기기 때문이다. 전시보다는 경험을 많이 할 수 있는 박물관 위주로 여행지를 고르자. 교육적 효과가 큰 여행지에 다니고 싶은 부모의 마음을 알겠으나, 무엇이 우선인지를 항상 생각해야 한다. 여행을 통해 아이가 크는 것이지, 아이의 교육 때문에 억지로 여행을 다니는 건 잘못된 발상이다.

강원도 춘천에서 유용한
요모조모 정보 모음

아이들과 함께하기 좋은 맛집·잠자리

소양강댐 앞에 있는 유명한 닭갈비집
통나무닭갈비

문의 033-241-5999/www.chdakgalbi.com **위치** 강원도 춘천시 신북읍 천전6리 38-26
메뉴 닭갈비, 쟁반막국수, 감자부침, 빙어튀김 등 **가격** 8,000~10,000원

소양강이 내려다보이는 깔끔한 민박집
춘천민박/춘천펜션

문의 033-241-1232/www.cc-minbak.co.kr **위치** 강원도 춘천시 신북읍 천전6리 38-6
요금 민박형 30,000원 펜션형 50,000원(2~3인실 기준)

다/녀/와/서

준비물 전지, 크레파스, 색얼음

물의 여행 경험하기(소양강댐)

물이 수증기가 되어 올라가서 구름이 되고 비가 내려 강을 이루는 내용을 그리면서 물의 여행을 체험해요.

1. 전지에 물의 흐름을 그려본다. 관련 서적을 보고 활용하면 이해가 빠르다.
2. 물은 바다에서 증발해 위로 올라가 비가 되어 내리고, 겨울에는 눈이 되어 내린다는 것을 알려준다.
3. 물의 양을 잰 후 액체인 물을 끓여 보글보글 끓으면서 생기는 기체를 관찰한다.
4. 물이 끓어 기체가 돼 물의 양이 줄었다는 것을 보여준다.
5. 물감을 녹여 종이컵에 부은 뒤 고체인 색 얼음을 만들어 본다.
6. 커다란 종이에 얼음으로 그림을 그린다.

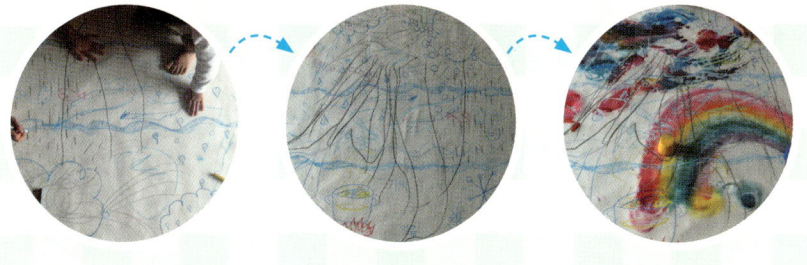

Course 32 강원도 평창

감수성 쑥쑥
허브나라농원과
무이예술관 예술의 향기

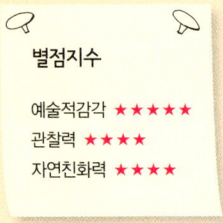

별점지수

예술적감각 ★★★★★
관찰력 ★★★★
자연친화력 ★★★★

엄마의 비책

강원도는 때 묻지 않은 천혜의 자연환경을 자랑하는 곳이다. 아름다운 자연 속에 자연스레 마음이 활짝 열리고 그동안 쌓인 스트레스가 저절로 해소된다. 특히 평창은 지형 자체가 산속 깊은 곳이라 같은 강원도라도 이곳에선 훨씬 더 맑은 산내음과 공기를 가슴 깊이 느껴볼 수 있다. 허브나라농원, 무이예술관의 다양한 경험들이 보다 섬세한 감성을 자극한다. 평창 출신의 작가 이효석에 대한 이야기를 아이에게 들려주면서 메밀로 만든 음식, 한우 등 맛있는 음식들을 먹을 때 가족이 함께하는 행복감을 다시금 느껴볼 수 있다.

가까운 거리에 알찬 관광지가 세 곳이나 몰려 있는 평창은 집중력이 떨어지고 아직 차를 타는 데 익숙지 않은 유아를 데려오기에도 적합한 곳이다. 감수성을 키워줄 만한 아름다운 환경에 젖어 아이들과 다양한 감정을 공유하는 여행이 될 것이다.

소요시간 1박 2일 베스트 여행시기 5~10월

3시간 소요 → 허브나라농원 — 3.5km/차로 10분 → 1시간 30분 소요 무이예술관 — 4km/차로 10분 → 1시간 30분 소요 이효석문학관

허브나라농원/
동화 속 꽃밭이 눈앞에 펼쳐진 곳

Main 허브 향 가득한 허브농원 전경 **1** 테마별로 나뉘어진 정원의 푯말 **2** 동심을 자극하는 나무로 만든 기차 **3** 손글씨로 써 정감 있는 안내판

아름다운 허브와 꽃, 아기자기한 그림들로 가득한 이곳은 마치 동화 속 한 장면 같다. 100여 종의 허브가 재배되며 그 쓰임에 따라 테마별로 정원을 나뉘어 있다. 중간중간 원목으로 만들어 예쁘게 색칠해 놓은 기차, 새집, 벤치 등이 동심을 자극하는 볼거리다. 허브 관련 숍과 카페, 음식점 등도 있으며 위로 올라가면 허브농원이 한눈에 내려다보이는 펜션과 공연을 하는 별빛무대도 있다. 이곳을 여행하는 가장 좋은 방법은 허브나라펜션에서 숙박을 하는 것이다. 펜션에서 하룻밤을 보내고 새벽에 허브농장의 아름다움과 신선함을 느끼며 산책하는 일은 특별한 경험이 될 것이다.

문의 033-335-2902/www.herbnara.com
위치 강원도 평창군 봉평면 흥정리 303번지
요금 5~10월 어른 5,000원 어린이 3,000원(만 7세 이상) 11~4월 어른 3,000원 어린이 2,000원(만 7세 이상) **관람시간** 오전 8시 30분~오후 7시(동절기 오후 6시까지)
숙박요금 4인 기준 80,000~120,000원(숙박 시 입장료 무료/월~목요일 20% 할인)

이렇게 놀아요 How to play

☻ 14가지 테마로 허브를 나눴어요

농장은 입구에서부터 산책로를 따라 테마별로 14곳의 정원이 있다. 쓰임새에 따라 분류된 요리정원, 향기정원, 공예정원, 약용정원, 차정원 등이 있는데, 처음 보는 신기하고 다양한 허브들이 주를 이룬다. 이러한 허브는 재배해 요리, 약제, 차, 향기 등 다양한 용도로 쓰이고 있다. 자생정원에는 우리나라의 허브인 마늘, 생강, 파 등이 있으며 미용정원에는 화장품과 향수의 원료로 쓰이는 허브가 자라고 있다. 온실정원에는 예쁜 새집이 가득한 버드하우스가 있고, 유리정원에는 허브 화분을 판매하고 있다. 아이와 함께 싱그런 허브 향을 가득 담아본다.

예쁜 이름의 작은 휴식 공간

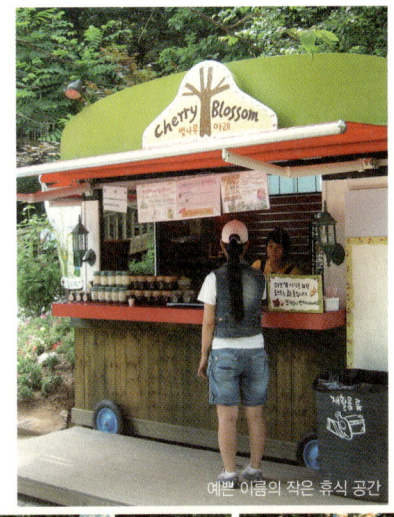

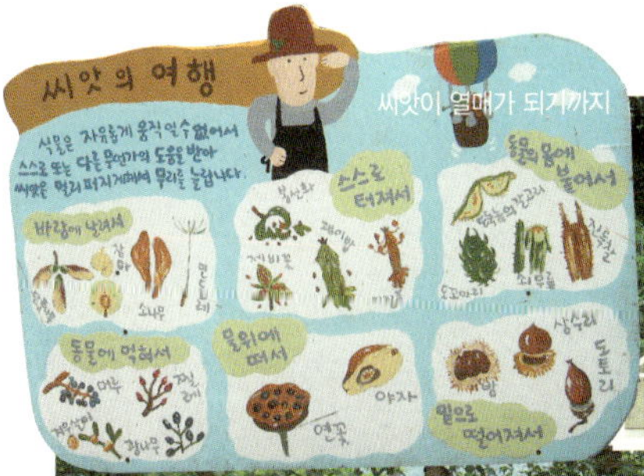

씨앗이 열매가 되기까지

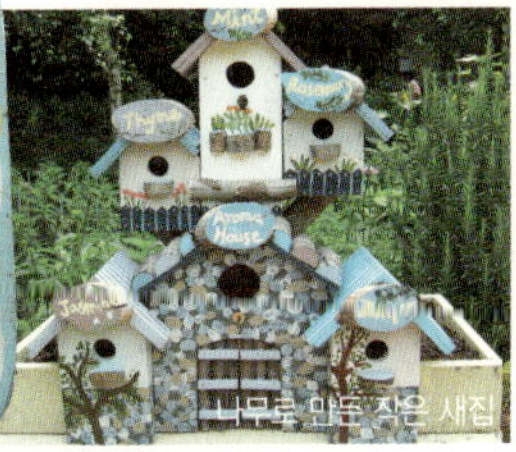
나무로 만든 작은 새집

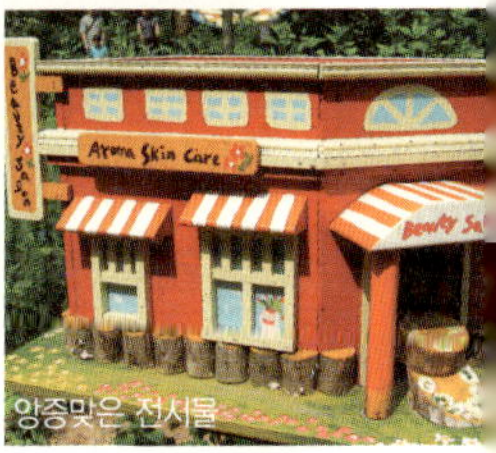

앙증맞은 전시물

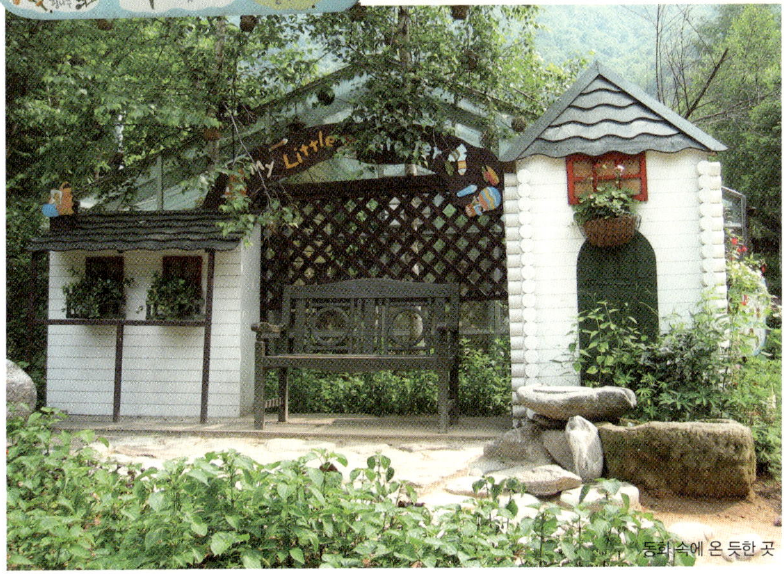
동화 속에 온 듯한 곳

🙂 허브를 활용한 제품이 많아요

눈으로 아름다운 허브를 보고, 코로 향긋한 허브 향을 맡았다면 입으로는 맛있는 허브 요리를 먹어 볼 차례다. 요리에 꽃과 잎이 들어가 있어 예쁘기도 하지만, 먹는 건 생소해 망설여질 수 있다. 아이와 함께 허브를 먹거나 맛을 음미해 보고, 씹는 느낌과 향을 얘기해 본다. 펜션 내에는 허브로 만든 샤워용품이 준비되어 있는데 허브 향 가득한 욕조에서 반신욕을 즐기면 몸과 마음의 피로가 풀린다.

여기도 가보세요

흥정계곡

흥정산에서 발원한 흥정계곡은 5km에 이르는 구간에 걸쳐 사계절 아름다운 자연경관과 맑은 물로 감동을 준다. 강물에는 냉수성 어류인 송어, 산천어 등의 민물고기가 살고 있다. 계곡에 들어가 발도 담가 보고, 작은 민물고기도 잡으며 계곡의 시원함을 느껴 본다. 계곡 옆 소나무 숲에서 잠시 누워 삼림욕을 해도 좋다. 허브나라농원 바로 옆에 있어 부담 없이 들를 수 있다.

문의 033-330-2753(평창군청 문화관광과), 033-330-2635(평창군 봉평면사무소)
위치 강원도 평창군 봉평면 흥정리

허브로 만든 빵을 판매하는 곳

어둠에 질병을 치료하는 향기정원

선생님, 알려주세요

Q 아이가 허브를 키워보겠다고 사달라고 해요. 식물을 키우는 게 아이 정서 발달에 좋다고 하는데, 구체적으로 어떤 영향을 미치나요? 또 부모가 아무래도 좀 도와줘야 할 텐데, 어디까지 개입하는 게 좋을까요?

A 식물을 키우는 것은, 사실 아이보다는 어른에게 더 좋다. 성장하는 것을 바라보고 정성을 기울이는 마음이 순화작용을 하게 되고 따뜻한 마음이 가슴속에 들어오게 된다. 그러나 어린아이에게는 식물을 키우는 게 동물을 키우는 것만큼 감정적으로 큰 영향을 미치진 못한다. 동물은 사람과 교감하는 능력이 있어 자극을 주지만 식물의 자극을 아이들이 직접적으로 느끼기엔 미미하기 때문이다. 그러나 엄마가 아이와 함께 물을 주고 거름을 주는 등 식물을 돌보는 학습을 하게 되면 차차 관심을 갖는다. 식물 자체에 아이에게 영향을 미친다기보다는 부모와 함께하는 과정에서 생기는 학습 효과가 더욱 크다고 할 수 있다. 특히 허브는 음용할 수 있는 식

물이므로 잎을 말려 차를 함께 마셔보면서 자연스레 아이의 흥미를 유도해 보자.

무이예술관/
다양한 예술로의 초대

Main 대나무로 된 그네 안 **1** 역동적인 인체를 표현한 작품 **2** 귀여운 고양이 작품 **3** 무이예술관 전경

조각가, 도예가, 서예가 등 네 명의 예술인들이 폐교된 무이초등학교를 고쳐 만든 예술관이다. 야외조각공원에는 병풍처럼 둘러싸인 나무숲과 100여 점의 조각 작품이 어우러져 조화를 이루고 있다. 교실에는 각 방에 특성을 달리한 도자기, 서예, 판화, 서양화 등의 그림 작품이 전시되어 있다. 교실 한쪽 작업실에서는 작품 활동을 하는 작가의 모습을 생생하게 볼 수 있으며, 도자기를 만들거나 그림을 배울 수 있는 체험장도 있다. 곳곳에 정감 있고 센스 넘치는 그림들과 안내판이 재미를 더한다. 9월에는 봉평에서 메밀꽃 축제가 열리며 예술관 근처에서도 흐드러지게 핀 메밀꽃을 볼 수 있다.

문의 033-335-6700/www.mooee.co.kr
위치 강원도 평창군 봉평면 무이리 58번지
요금 어른 2,000원 어린이 1,000원(만 7세 이상)
관람시간 오전 9시~오후 7시(동절기 오전 10시~오후 5시)
휴관일 첫째·셋째 주 월요일

이렇게 놀아요

😊 조소 작품을 보며 따라해요

교실 앞 운동장에는 조소 작품이 전시되어 있는데 주로 사람을 모델로 하여 작품을 만들었다. 벽을 미는 듯한 포즈, 손을 올리고 있는 포즈 등 작품을 보며 모습을 흉내 내고 사진도 찍어 본다. 넓은 조각공원을 뛰어다니며 어떤 모양을 형상화한 것인지, 제목은 무엇인지, 재질이나 색상의 느낌은 어떤지 생각해 보면 아이들의 미술적 재능과 감각을 발전시킬 수 있다. 운동장 한쪽에는 '시가 있는 공간'을 대나무로 만들어 놓았는데, 그곳에서 시를 읽으며 사색에 잠겨본다.

조각품의 포즈 따라해 보기

독서를 하며 사색에 잠기는 '시가 있는 공간'

야외 전시장 전경

뾰족뾰족 고슴도치를 떠올리게 하는 작품

복도에 전시된 작품들

메밀밭을 주제로 한 작품 전시

이효석문학관 /
문학의 향기가 전해지는 곳

Main 이효석문학관 전경 **1** 책 모양으로 된 입구 **2** 〈메밀꽃 필 무렵〉의 대표적인 구절 **3** 이효석 선생의 동상

이효석은 평창에서 태어나 한국 단편문학 〈메밀꽃 필 무렵〉을 쓴 대표적인 우리나라 작가다. 이효석문학관은 가산 이효석의 삶과 문학 세계에 대해 보여주며 그의 대표 작품을 전시하고 있다. 이효석 문학관에서 약 1km 정도 떨어진 곳에 자리한 이효석 생가에 가보면 그 풍경에서 작품의 배경이 묻어나 있다. 생가와 마을을 둘러보며 정겨운 시골의 정취를 느껴본다. 출출하다면 근처에 메밀 요리를 파는 음식점이 있으니 맛있는 막국수와 메밀전을 먹어본다.

> **Tip**
> 여행하기 전 이효석문학관 홈페이지에 꼭 들러보자. 자료가 일목요연하게 잘 정리되어 있고, 문학관 외에 효석문화제 등 부가 정보를 얻을 수 있다.

문의 033-330-2700/www.hyoseok.org
위치 강원도 평창군 봉평면 창동리 544-3번지
요금 어른 2,000원 어린이 1,000원(만 6세 이상)
관람시간 오전 9시~오후 6시 **휴관일** 월요일

이렇게 놀아요 How to play

😊 문학의 향기를 느껴요
이효석문학관 내부는 작가의 문학 세계를 시간의 흐름에 따라 전시한 문학전시실, 문학교실, 학예연구실 등으로 이루어져 있다. 문학 세계를 다룬 영상실, 옛 봉평 장터 모형, 어린이용 영상물 등을 설치하여 다양한 체험을 할 수 있다. 야외의 이효석 조각상은 책상에 앉아 글을 쓰는 작가의 모습을 담고 있다. 동상 옆에 앉아 작가가 되어 글을 써 보고 사진도 찍는다.

배워봅시다

😊 〈메밀꽃 필 무렵〉은 어떤 작품인가요?
아름다운 문체와 완벽한 구조, 뛰어난 문학적 상징 등을 두루 갖춘 〈메밀꽃 필 무렵〉은 현대 문학의 백미로 한국 현대 단편소설 중에서 가장 뛰어난 작품으로 인정받는다. 글의 전체적인 내용은 만남과 헤어짐, 그리움, 떠돌이의 애수 등을 보여 준다. 장돌뱅이자 왼손잡이로 사회로부터 소외되어 떠돌아다니는 '허생원'이 어느 날 '성서방네 처녀'를 만나 하룻밤을 보낸다. 그 뒤 그들은 헤어져 서로의 삶을 살게 되고 시간이 흐른다. 어느 날 허생원은 '동이'라는 청년을 만나게 되는데, 그가 자신의 아들임을 알게 되고 해피엔딩을 암시하며 끝이 난다. "산허리는 모두 메밀밭이어서 피기 시작한 꽃이 소금을 뿌린 듯이 흐붓한 달빛에 숨이 막힐 지경이다."라는 메밀꽃 필 무렵의 대표적인 구절로 아름답고 애절함이 느껴진다.

© 김형효
소설의 배경이 되었던 이효석 생가

© 김형효
이효석 생가의 소박한 모습

© 김형효
이효석 선생 동상

강원도 평창에서 유용한
요모조모 정보 모음

아이들과 함께하기 좋은 맛집 · 잠자리

시골 인심이 느껴지는 유명한 막국수집
현대막국수

문의 033-335-0314 **위치** 강원도 평창군 봉평면 창동리 384-4
메뉴 메밀국수, 메밀묵무침, 메밀부침 등 **가격** 5,000~6,000원대

원목으로 지은 산장 같은 곳
허브나라펜션

문의 033-335-2902/herbnara.com **위치** 강원도 평창군 봉평면 흥정리 303번지
요금 4인 기준 80,000~120,000원(숙박 시 허브나라농원 입장료 무료/월~목요일 20% 할인)

다/녀/와/서
준비물 스티로폼, 수수깡, 철사, 빨대, 이쑤시개 등

스티로폼으로 멋진 작품 만들기(무이예술관)

재활용 스티로폼판에 철사, 빨대, 수수깡 등을 꽂아 조형 작품을 자유롭게 표현해 봐요.

1. 스티로폼판 위에 색 철사를 정당한 크기로 잘라 구부려서 형태를 만든다.
2. 철사 안에 수수깡이나 빨대를 넣어 모양을 만들어 준다.
3. 꽂을 수 있는 소재를 다양하게 활용해 꾸민다.

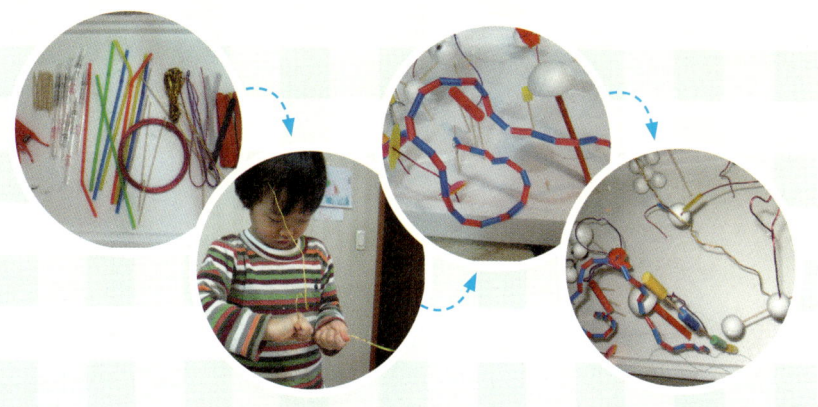

Course 33 강원도 정선·영월

정선레일바이크 체험과 정선5일장 구경

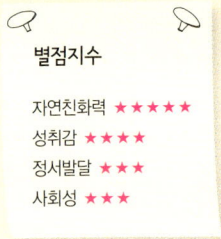

별점지수

자연친화력 ★★★★★
성취감 ★★★★
정서발달 ★★★
사회성 ★★★

엄마의 비책

페달을 밟아 철도 위를 달리는 네 바퀴 자전거인 레일바이크를 타는 경험은 아이뿐만 아니라 어른도 즐겁고 흥분하게 만든다. 가족 여행이 아이에게만 즐거움을 주는 것은 아니다. 그러므로 장소를 선택할 때 가족 전체가 함께 즐거움을 줄 수 있는 곳을 선정하는 게 좋다. 아이들은 부모가 함께 동참하여 같이 웃고 같이 소리 지르고 같이 힘들어 할 때 더욱 행복감을 느낀다. 그래야 가족애를 아이와 부모 가슴에 더 깊이 전달할 수 있다. 레일바이크는 이와 같은 가족애로 하나됨을 느끼게 하는 좋은 놀이 시설이다. 오르막이 없는 내리막길이라서 혼자 페달을 밟아도 힘이 들지 않는다.

가끔 가족이 다함께 하려고 할 때마다 투덜거리고 꼭 다른 것을 하겠다거나 안 한다고 고집을 부려 분위기를 망치는 아이들이 있다. 바깥 나들이는 현장 체험의 교육 장소이긴 하나 매 순간 아이를 교육하려고 든다면 즐거운 여행이 아니라 서로 화가 나서 돌아오는 여행이 될 것이다. 그러므로 이런 경우에는 장소를 선택할 때 아이 특성을 잘 살펴 아이가 가장 즐거워 할 수 있는 곳을 고른다. 그래서 아이가 즐거운 경험을 많이 하게 되면 아이의 까다로운 성격도 좀 순화되기도 한다. 억지로 하는 것은 안 하느니만 못하다.

소요시간 1박 2일 **베스트 여행시기** 9~11월

2시간 30분 소요 → 정선레일바이크 — 25km/차로 35분 → 2시간 소요 → 정선5일장 — 36km/차로 40분 → 1박 소요 → 하이원리조트 — 54km/차로 55분 → 1시간 30분 소요 → 청령포

정선레일바이크/
아름다운 철도 위의 자전거 여행

Main 자연을 가슴에 품고 하나되는 시간 **1** 구절리로 다시 올라가는 풍경열차 **2** 철도 위에서 놀기 **3** 열차를 개조해 만든 어름치카페 내부

구절리에서 아우라지까지 7.2km의 철도 길을 레일바이크를 타고 내려왔다가 다시 풍경열차를 타고 올라가는 코스다. 구절리역에서 출발해 아우라지역까지는 거의 내리막이어서 4인용 레일바이크를 한 사람이 페달을 밟아도 잘 달린다. 그러나 페달을 세게 밟아 가속도가 붙으면 앞차와 추돌하게 되므로 조심해야 하며 손잡이를 꼭 잡아야 한다. 4인용의 앞자리는 안전하게 되어 있어 어린아이들도 탑승이 가능하다. 시속은 약 15km로 50분 정도 소요되며 아우라지역에서 무료로 운행되는 풍경열차를 타고 출발 지점으로 다시 올라갈 수 있다. 아우라지역에서 주차한 뒤 구절리로 올라갔다가 내려와도 된다. 가족이 함께 힘을 모아 달리는 레일 위의 자전거 여행은 특별한 체험이 될 것이다.

문의 033-563-8787/www.railbike.co.kr
위치 강원도 정선군 북면(여량면) 구절리 290-4
이용료 4인승 26,000원 2인승 18,000원(50%는 인터넷 예약, 50%는 현장 판매) **운행시간** 오전 9시~오후 6시(동절기 오후 3시까지/평일 오전 9시, 11시, 오후 1시, 3시, 5시 5회 운행)

이렇게 놀아요 How to play

😊 자전거 타며 보는 풍경이 환상이에요

구절리역에서 출발한 기차는 좌우로 울창하게 우거진 숲, 깜깜하고 으스스한 터널, 시원하게 내려오는 강변, 잠시 쉴 수 있는 휴게소, 기암절벽이 멋있는 송천계곡, 아기자기한 논밭을 지난다. 주변 경관을 감상하며 가다 보면 어느새 아우라지역에 도착한다. 정선의 풍경을 걸어서 보기엔 너무 멀고, 차를 타고 가면서 느끼는 것 또한 쉽지 않다. 그러나 자전거를 타고 가는 길은 적당히 운동도 하면서 아름다운 경관을 빠짐없이 눈에 넣을 수 있어 매력적이다. 다시 구절리역으로 가기 위해 운행되는 증기기관차 모양의 풍경열차를 타는 것도 재미있다.

😊 여치, 어름치 구경하세요

구절리역에 있는 여치카페는 짝짓기를 하고 있는 여치 두 마리가 더듬이를 세우고 다리는 금방이라도 튀어 오를 것 같은 모습을 하고 있다. 뒤쪽에는 동강이 흐르고 있으며 잔디밭과 벤치가 있어 특별한 분위기를 느끼며 차를 마실 수 있다. 아우라지역에는 어름치가 자갈밭에서 산란하는 모양을 형상화한 어름치카페가 있어 그 또한 볼거리다. 입구가 물고기의 입에 있어 물고기 속으로 들어가는 듯하다. 물고기의 몸 속에 뭐가 있는지 상상하며 들어가 본다. 두 카페 모두 폐객차를 개조하여 만들어 길쭉한 형태가 되었으며 그 내부도 길쭉해 기차 속에 있는 느낌이다.

선생님, 알려주세요

Q 부모가 자전거를 가르쳐주는 장면을 TV나 영화에서 자주 봤습니다. 그런데 우리 아이는 아직 어려서인지 겁을 많이 내요. 자전거를 배우기에 적당한 시기는 언제인가요? 또 타는 것에 유독 거부감을 나타내는 아이를 어떤 식으로 가르치면 좋을까요?

A 실내에서 유아용 자전거를 두 돌 전부터도 타기 시작한다. 그러다 집 근처에서 실내용 자전거로 잠깐 타다가 바깥용 자전거로 바꾼다. 이 과정에서 서서히 변화를 주며 세발자전거에서 보조 바퀴 있는 두발자전거. 여기서 보조 바퀴를 뗀 두발자전거로 바꿔간다. 취학 전에는 보통 보조 바퀴 있는 두발자전거를 탄다. 이런 단계별 교육은 아이에게 성취감을 맛보게 해주고, 자신감을 길러주는 데도 효과적이다. 두려움이 많은 아이는 늘 다른 아이보다 느리게 과정을 밟을 것이다. 그렇다고 해서 너무 억지로 시키면 거부감만 늘어날 것이다. 무엇이든 일단 흥미가 생기고, 이 활동이 재미있어야 할 것이다.

정선5일장 /
전통 시골장의 넉넉한 인심

Main 현대식 건물로 새롭게 단장한 정선장터 **1** 정선에서 직접 수확하여 말린 산나물 **2** 김치 양념이 안에 들어간 메밀전병 **3** 정선의 특산물인 더덕

정선5일장은 국내 최대 규모의 재래시장으로 장이 서는 날에는 길가에 약 800m 길이의 시장이 형성된다. 도시에서 찾아볼 수 없는 여러 가지 재미와 정겨움을 느낄 수 있으며 시골에서 나는 농산물과 공예품, 농기구, 먹을거리를 만날 수 있다. 계절마다 특산물이 나오는데 봄에는 냉이, 달래, 참나물, 곰취 등 각종 무공해 산나물이 나고, 여름에는 찰옥수수와 감자 등이, 가을에는 더덕, 머루, 다래, 아가위, 산초 등 산 열매들이 많이 나온다.

Tip
이미 관광지화 되어 옛날의 그 맛은 없겠으나, 방문하는 시간대를 장이 서는 이른 새벽으로 잡는다면 조금은 색다른 느낌을 받을 것이다. 관광지이기 전에 이곳 사람들의 생생한 삶의 터전임을 엿볼 수 있다.

문의 033-560-2569(정선군청)/www.ariaritour.com **위치** 강원도 정선군 정선읍 봉양리
장 서는 날 매달 2, 7, 12, 17, 22, 27일/5~10월 성수기 토요일

이렇게 놀아요 How to play

😊 토속 음식 이름이 재미있어요

정선 특산물로 만든 재미있는 이름의 음식을 먹어본다. '곤드레밥'은 곤드레나물을 넣어 지은 밥으로 간장, 고추장, 된장 등으로 비벼 먹는 비빔밥이다. '콧등치기'라는 음식은 여름에 시원하게 먹는 메밀국수로 쫄깃한 면발이 콧등을 친다 하여 이름 붙여졌다. '올챙이국수'는 옥수수 전분으로 만들며 모양이 올챙이 같다 하여 붙여진 이름이다. 절인 배추를 매콤하게 양념한 메밀전병과 팥이 들어간 수수부꾸미는 요기를 하기에 좋다. 정선의 주 특산물인 황기를 넣어 끓인 황기백숙도 꼭 먹어봐야 할 음식이다.

😊 재래시장에서의 재미를 느껴봐요

언제부터가 '시장'은 곧 '마트'라는 말로 바뀔 만큼 우리 주변에서 재래시장을 보기는 쉽지 않다. 요즘 재래시장의 활성화를 위해 천장에 돔을 치고 건물을 세워 깔끔하고 편리한 시설로 바뀌었다. 정선5일장도 요즘 시대에 맞게 바뀌어 예전의 왁자지껄한 노점 분위기는 안 나지만 막 수확한 듯한 싱싱한 채소와 나물, 이곳만의 특산 먹거리가 재래시장 특유의 멋을 더한다. 마트처럼 포장이 깔끔하거나 다듬어져 있지는 않지만 바로 재배한 농산물을 저렴한 가격에 살 수 있고 시골만의 인심과 여유를 만날 수 있다.

찹쌀부침에 팥소를 넣어 먹는 수수부꾸미

부쳐서 바로 먹는 맛이 일품인 빈대떡

출출할 때 먹어야 제 맛인 빈대떡

국수 면발이 콧등을 친다 해서 이름 붙여진 '콧등치기'

흥이 절로 나는 아리랑 공연

😊 〈정선아리랑〉 창극 공연 관람해요

정선5일장이 열리는 날 오후 4시 40분에 정선문화예술회관 공연장에서 〈정선아리랑〉 창극을 무료로 볼 수 있다. 일제강점기와 한국전쟁으로 격동의 세월을 보낸 우리 민족이 아리랑을 통해 한을 달래는 과정을 그린 작품이다. 구수하고 정감 있는 노랫말과 민요가락이 때론 흥겹게, 때론 애잔하게 느껴진다. 옛 조선시대부터 한국전쟁이 일어난 1950년대까지 순차적인 내용으로 구성, 역사의 흐름을 알 수 있다. 이곳에는 우리나라의 전통 민요와 창을 들을 수 있어 아이들에게 좋은 기회가 될 것이다.

문의 033-560-2363/www.ariaritour.com
위치 강원도 정선군 정선읍 봉양리 267 정선문화예술회관 3층 공연장 **요금** 무료 **공연시간** 4~11월 정선5일장 날 오후 4시 40분~5시 30분

여기도 가보세요

아라리촌

정선의 옛 주거 문화를 볼 수 있는 이곳은 굴피집 너와집 귀틀집 등이 있고, 정선 지방의 전통 민가도 있으며 숙박 체험도 가능하다. 〈양반전〉을 테마로 양반과 농민의 생활상을 보여주는 조각상이 곳곳에 놓여 있다. 돈으로 양반의 신분은 샀지만 양반의 부패된 생활에 실망하고 결국은 다시 상민으로 돌아가는 과정을 해학적으로 보여주고 있다. 조각상을 보며 내용을 연상해 보고 흐름을 연결해 본다. 다양한 재료와 형태의 옛집도 구경하고 민속놀이도 즐겨 본다.

문의 033-563-3462/www.jsimc.or.kr
위치 강원도 정선군 정선읍 애산리 560번지
요금 무료 **이용시간** 오전 7시~오후 10시

하이원리조트,
사계절 가족 종합 리조트

Main 골프장과 연결되어 있는 하이원호텔 1 알프스풍의 벨리콘도 2 강원랜드에서 볼 수 있는 분수 쇼 3 고급스런 디자인의 호텔 내부

하이원 스키, 콘도, 하이원CC, 하이원호텔, 강원랜드 호텔, 강원랜드 카지노 등이 있는 사계절 가족형 종합 리조트로 그 규모와 시설이 국내 최고를 자랑한다. 마치 외국의 리조트에 온 듯 고급 인테리어와 시설을 갖추고 있다. 카지노 이미지를 벗고 가족 휴양 시설로 이미지를 개선하면서 온 가족이 함께 즐길 수 있는 휴양, 레저 시설을 마련했다. 콘도와 호텔로 나뉜 숙박 시설은 깔끔하고 세련된 인테리어에 수영장과 사우나 등의 부대 시설이 있어 이용하기 편리하다. 겨울철이면 스키·보드 마니아들이 모여드는 곳인데, 경사가 완만한 슬로프가 수 킬로미터 이어져 아이들이 타기에도 적합하다.

문의 1588-7789 / www.high1.co.kr
위치 강원도 정선군 고한읍 고한리 산1-139

이렇게 놀아요 How to play

😊 화려한 분수 쇼 보고 휴양 시설 즐겨요

강원랜드 호텔 호숫가에서 펼쳐지는 화려한 분수 쇼는 분수와 조명이 연출하는 아름다움이 장관을 이룬다. 시시각각 변하는 조명, 다양한 곡선을 만들며 뿜어내는 분수와 함께 레이저 쇼까지 어우러져 황홀함에 빠져 버린다(매일 오후 8시 30분, 화요일 공연 없음). 분수쇼 외의 시간에는 조형미가 돋보이는 루미나리에를 볼 수 있다. 낮에는 호수 주변 산책로가 잘되어 있으며 아기자기 예쁜 들꽃이 가득해 가볍게 산책하며 즐기기에도 좋다. 강원랜드 호텔 내에는 온천과 수영장이 있어 온 가족이 함께 즐기기에 좋다.

😊 겨울에는 스키 타요

겨울에는 해발 1,426m의 백운산 정상에서 시작하여 다양한 슬로프로 초보자에서 최상급자까지 누구라도 정상에서 자신의 기량에 맞는 슬로프를 선택해 활강을 즐길 수 있다. 특히 마운틴 콘도 입구에서 스키장 리프트가 연결되어 있어 이용하기에 편리하다. 여름에는 잔디밭 슬로프를 이용해 서머스키를 타거나 빙글빙글 짜릿한 터비썰매와 쿨라이더를 탈 수 있다. 하이원리조트를 감싸고 있는 하늘길 등산로는 해발 1,100m에서 시작하는데 야생화군락을 거닐며 자연의 정취를 만끽할 수 있는 코스다.

화려한 조명과 음악이 함께하는 분수 쇼

자연과 함께하는 산책길

수영장과 놀이터가 있는 마운틴 콘도

여름에 타는 서머스키와 터비썰매

호숫가 위에 설치된 조명 건축물인 루미나리에

청령포 /
역사 공부하며 솔림욕 즐기기

Main 단종이 거처하던 처소 **1** 나룻배를 타고 강을 건너 들어간다. **2** 죽은 단종의 영혼을 위로 하기 위한 '유지비각' **3** 강 건너에 있는 청령포

청령포는 왕위에서 쫓겨난 어린 단종이 귀양을 와 유배 생활을 했던 곳이다. 삼면이 강으로 둘러싸여 있고 한쪽은 험난한 산으로 되어 있어 육지 속의 섬이라 불린다. 이렇게 고립된 곳에 유배된 단종은 사람들과의 접촉이 금지되었고, 홀로 외로이 지냈다고 한다. 배를 타고 안으로 들어서면 소나무 숲이 무성하게 펼쳐진다. 수령이 오래되어 둘레도 굵고, 높이 뻗어 있는 모습이 장엄하다. 솔잎 향을 맡아보면 은은하고 싱그러운 향에 몸과 마음이 편안해진다. 단종의 처소와 각 건물 또한 소나무로 둘러싸여 있는데 구불구불 곡선을 이루며 뻗어 있는 소나무의 모습이 희귀하다. 나뭇가지가 갈라져 위로 길게 뻗은 약 600년 된 소나무는 단종의 비참한 모습을 옆에서 보고 들어 '관음송'이라는 이름이 붙여졌다고 한다. 오랜 세월을 버티다 구부러져 버팀목에 기대어 있는 소나무들도 볼 수 있다.

문의 033-370-2620(안내소)
위치 강원도 영월군 남면 광천리
이용료 어른 1,300원 어린이 700원(도선료 포함)

Course 34　강원도 강릉

창의력 쑥쑥
참소리축음기에디슨박물관과
하슬라아트월드

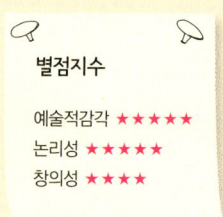

별점지수

예술적감각 ★★★★★
논리성　　 ★★★★★
창의성　　 ★★★★

엄마의 비책

　강릉의 하슬라아트월드부터 에디슨박물관, 오죽헌 등으로 이어지는 1박 2일 일정은 그 어느 국내 여행 코스보다 다채로운 경험을 선사한다.
　에디슨 발명품을 보면서 에디슨에 관한 이야기뿐 아니라 새로운 것을 만들어 내는 '발명'에 대한 이야기를 나누어보자. 근처의 함정전시관에서는 군함과 잠수함을 구경하고 오죽헌에서는 신사임당과 율곡 이이에 대한 이야기를 나눌 수도 있다. 많은 부모들이 여행을 통해 아이가 자연스레 새로운 지식을 습득하기를 기대한다. 특히 박물관이나 유적지를 갔을 때는 더욱 이런 기대감이 많이 생긴다. 이런 장소를 나들이하는 부모가 아이한테 무척 열심히 설명하는 모습을 흔히 본다. 부모도 미리 여행 전에 공부를 하고 아이와 함께 공부하는 자세로 여행에 임한다면 진지해질 것이다. 그러나 이런 장소를 여행할 때 주의할 점은 아이의 발달 단계와 성격에 따라 부모가 달리 행동해야 한다는 것이다. 취학 전에 산만하고 뛰노는 것만 좋아하는 아이라면 우선 여행지를 선택할 때 설명을 많이 듣고 조용해야 하는 장소는 어울리지 않는다. 부모의 욕심으로 장소를 선택해 억지로 참으라고 하고 혼낸다면 오히려 이런 곳에 대한 거부감만 더 커질 것이다.

소요시간 1박 2일 **베스트 여행시기** 4~10월

2시간 소요 — 하슬라아트월드 —(3km/차로 5분)→ 1시간 30분(1박) 소요 — 강릉함정전시관 —(20km/차로 30분)→ 2시간 소요 — 참소리축음기 에디슨박물관 —(4km/차로 10분)→ 1시간 30분 소요 — 오죽헌

하슬라아트월드/
바다와 맞닿은 예술공원

Main 창의적인 작품이 가득한 예술공원 **1** 재미있는 안내 표지판 **2** 자연과 하나가 되는 작품 **3** 신발 바닥이 땅에 묻어 있는 이색적인 길

신라시대 부르던 강릉의 옛 지명인 '하슬라'에서 이름을 딴 예술공원이다. 산책로를 따라 꾸며진 조각 작품과 전시관, 다양한 형태의 조형물이 자연과 어우러져 있다. 이곳의 예술 작품들은 눈으로만 보는 것이 아니라 만지고, 두드리고, 올라가고, 같이 어우러지도록 만들어져 있어 관객들이 함께 참여하고 느낄 때 비로소 예술 작품으로 완성된다. 공원은 약간 비탈진 산책길을 따라 조성되어 있는데 길마다 붙여진 이름이 재미있다. 누누접이길, 절절소리길, 여여물길, 둥둥흔들길, 내내바다길 등 그 길의 특징을 살려 이름을 지었다. 다양한 장소와 작품을 접한 아이들은 그만큼 많은 관찰력과 사고력을 길러 생각의 깊이가 깊어진다.

문의 033-644-9411/www.haslla.com
위치 강원도 강릉시 강동면 정동진리 산33-1번지
요금 어른 5,000원 어린이 3,000원(만 5세 이상)
이용시간 오전 9시~오후 7시(동절기 오후 6시 30분까지)

이렇게 놀아요

😊 엄마와 함께 산책의 즐거움을 느껴요

길의 특성에 따라 다른 뜻으로 이름 지어진 산책로를 생각하며 길에 접어들기 전 왜 그 이름이 붙었는지 느끼면서 걸으면 재미있는 말놀이가 된다. 각종 야생화와 수목들이 즐비한 '성성활엽길'에는 곤충 조각과 그림이 보물처럼 숨어 있다. 소나무들이 연출하는 자연스러운 광경을 감상할 수 있는 '소나무정원'을 지나면 구름같이 둥근 조형물이 있는 '누누접이길'이 나온다. 그 다음은 이곳의 가장 대표적인 공간인 '하늘정원' 전망대가 나오는데 끝없이 펼쳐진 동해의 수평선이 내려다보인다. 발 아래 계곡 소리가 들리는 '절절소리길', 산 너머 바다와 숲이 울렁거리는 '둥둥흔들길', 바다를 바라보며 내리막 길을 걸을 수 있는 '내내바다길' 등도 흥미롭다.

😊 숨어 있는 동물들을 찾아봐요

나무에 거미줄을 매달아 놓고 거기에 잡힌 곤충들을 재미있게 표현하거나 바위에 동물이나 곤충들을 그려 마치 바위 위에 앉아 있는 착각이 든다. 곳곳에 실물 모양의 개구리나 곤충 등의 작품을 잔디 위에 전시해 놓아 생동감이 전해진다. 또한 산책로 바닥의 돌에는 얼굴 모양이 새겨져 있고, 신발 바닥을 땅에 묻어 놓거나 난간에는 붕어빵이 매달려 있다. 기발한 아이디어 작품은 아이들의 상상력을 자극하는 훌륭한 소재다.

진짜 곤충같은 작품들

거미줄에 걸린 곤충 잡기

실제 같아 보이는 곤충 작품들

딩동~땅동~ 악기가 된 그릇

나무 뿌리를 형상화한 작품

밟으면 물이 뿜어져 나와 분수가 되는 길

다산과 풍요를 상징하는 '빌렌도르프 비너스'

함정전시관 / 해군과 해양 문화를 체험하는 함정전시관

Main 길이 118m, 높이 27m의 거대한 전북함 **1** 날렵한 뱃머리와 레이더 **2** 함포를 조준해볼까? **3** 배를 정박시킬 때 사용하는 닻

한국 해군 함정인 4,000톤 급의 '전북함'과 침투 중 좌초된 북한 잠수함이 전시되어 있는 이곳은 해군과 해양 문화를 체험할 수 있는 곳이다. 1945년 미국에서 생산되어 베트남전쟁을 치른 뒤 1972년에 우리나라 군함으로 인도했으며 1999년까지 27년간 우리나라 해군의 주력 함정으로 사용했다니 그 역사가 놀랍기만 하다. 1층은 군함과 해군, 전쟁에 대한 자료를 전시하고 있으며, 2층은 주로 해군의 생활 공간으로 침실과 의무실, 식당, 함장실 등이 있어 그들의 생활을 볼 수 있다. 육지에서 할 수 있는 것을 모두 다 배 안에서 해야 하기 때문에 좁은 복도를 따라 방마다 알차고 짜임새 있게 구성되어 있다. 3층에는 함교, 조타실, 전투 정보실 등이 있어 군함을 움직이고 지휘하는 중요한 역할을 하는 곳이다.

문의 033-640-4470/www.gntour.go.kr
위치 강원도 강릉시 강동면 안인진리 3-5번지
요금 어른 2,000원 어린이 1,000원(만 7세 이상)
이용시간 오전 9시~오후 6시(동절기 오후 5시까지)

이렇게 놀아요 How to play

😊 잠수함을 지나가요

1996년 9월 무장간첩을 태우고 동해안에 침투했던 잠수함이 해군에 의해 인양되어 이곳에 전시 중이다. 온갖 장비로 꽉 들어찬 잠수함 내부는 폭이 좁아 어린이가 겨우 지나갈 수 있는 정도의 공간밖엔 없다. 잠시 서 있기도 힘든 공간에서 26명이 며칠을 지냈다는 것이 믿어지지 않을 정도다.

여기도 가보세요

정동진 조각공원

정동진역에서 근처 해발 600m의 산에 자리하고 있는 이곳은 커다란 배 모양의 선크루즈 호텔로 유명한 곳이기도 하다. 지대가 높아 확 트인 동해, 정동진역, 해안도로를 한눈에 조망할 수 있다. 정동진에서 빼놓을 수 없는 일출을 감상하기에도 아름다우며 선크루즈 위에서 내려다보이는 전망도 멋있다. 숙박을 하지 않더라도 일출 시간에 맞춰 개장하기 때문에 일출도 보고 아침의 상쾌한 공기를 맞으며 공원을 둘러보면 좋다. 예술 조각 작품이 있는 해돋이공원과 익살스런 장승들이 있는 장승공원에서 작품을 감상하며 산책해 본다.

문의 033-610-7000/www.esuncruise.com
위치 강원도 강릉시 강동면 정동진리 50-10번지 **요금** 어른 5,000원 어린이 3,000원(만 5세 이상) **이용시간** 성수기 주말 오전 4시 30분~오후 9시 비수기 일출 30분 전~일몰 시

안전모를 착용하고 들어가야 하는 잠수함

실제 사용한 흔적이 있는 생생한 내부

선생님, 알려주세요

Q 여자아이가 잠수함, 포탄 같은 걸 아주 좋아해요. 다소곳하게만 키우려는 건 아니지만 걱정이 되네요. 함정전시관처럼 좋아하는 곳에 데려가자니 안 그래도 남자 같은 성향을 더 부추기는 것 같고, 그렇다고 싫어하는 곳에 억지로 데려갈 순 없고. 어떻게 하는 게 좋을까요? 그리고 이런 취향은 크면서 바뀔까요?

A 남성성과 여성성을 동시에 갖춘 양성성이 환영받는 시대다. 아이한테 보이는 남성성을 없애려 하기보다는 이는 그대로 놔두고 여성성을 더 키워주는 방향으로 지도하자. 여성성을 키우는 데는 여자아이들과 어울려 노는 시간을 충분히 갖게 하는 게 최고다. 자매만 있는 집의 여자아이는 보다 여성성이 많이 나타나므로 남성적인 여자아이와 잘 어울리지 못할지도 모르니 또래 활발한 여자아이를 사귈 수 있도록 도와주자.

참소리축음기에디슨박물관/
에디슨의 발명품을 모아놓은 곳

Main 에디슨이 발명한 제품으로 가득한 주방 **1** 대형 스피커로 감상하는 음악감상실 **2** 참소리축음기에디슨박물관 전경 **3** 다양한 모양의 전구

에디슨의 발명 작품을 주제로 전시하고 있는 이곳은 소리와 관련된 발명품이 있는 참소리축음기오디오박물관과 에디슨의 발명품이 전시된 과학박물관으로 나뉘어 있다. 주요 전시품은 뮤직박스, 축음기, 라디오, TV, 에디슨의 각종 발명품 등으로 관장이 직접 세계 60여 개국을 다니며 수집한 5,000여 점이 전시되어 있다. 참소리축음기오디오박물관은 소리, 영상, 빛을 테마로 한 전시관과 전용 음악 감상실이 있으며 3층에는 경포호수를 볼 수 있는 전망대가 있다. 에디슨사이언스뮤지엄은 에디슨의 발명품, 유품, 생활용품 등 업적을 기릴 만한 발명품 500여 점이 전시되어 있다.

문의 033-655-1130/www.edison.kr
주소 강원도 강릉시 저동 35-1
요금 어른 7,000원 어린이 5,000원(만 3세 이상)
이용시간 오전 9시~오후 6시

이렇게 놀아요 How to play

😊 어떤 발명품이 있을까요?

에디슨사이언스뮤지엄 1전시관에는 에디슨의 대표적 3대 발명품인 축음기, 전구, 영사기가 전시되어 있다. 2전시관은 그가 발명하고 개발한 생활용품과 가전제품, 주방기기 등이 전시되어 있다. 대표적인 발명품으로는 등사기, 주식시세표시기, 전화기, 커피포트, 타자기, 재봉틀, 난로, 선풍기, 다리미 등이 있다. 옛 주방을 재현해 놓은 곳에는 에디슨의 발명품이 빼곡히 전시되어 있어 그가 없었다면 생활이 얼마나 불편했을지 상상하게 된다. 이 모든 것이 에디슨의 발명이라는 것이 놀랍고 대단하며, 기발한 아이디어와 발명을 할 수 있었던 에디슨의 호기심과 탐구정신을 배우게 된다.

배워봅시다

😊 에디슨은 누구일까요?

세계에서 가장 위대한 발명가인 에디슨은 특허 수가 1,000종이 넘을 정도로 많은 발명을 했다. 어린 시절 성적이 좋지 않아 3개월 만에 퇴학을 당해 교육은 어머니가 맡아 했으며 집안이 가난해 12세에 신문팔이를 하며 살았다. 기차 실험실에서 실험 도중 화재를 일으켜 차장에게 얻어 맞아 청각 장애를 일으키게 되고 그 후부터 연구에만 몰두하게 된다. "천재란 99%가 땀이며, 나머지 1%가 영감이다."라는 유명한 말을 남겼다. 실패를 많이 해도 절망과 포기를 하지 않고 연구에만 몰두한 노력파 발명가이다.

아름다운 모형의 나팔축음기

동전을 넣고 음악을 듣는 뮤직박스

1930년대 라디오와 TV

에디슨이 발명한 영사기들

선생님, 알려주세요

Q 우리 아이는 호기심이 강해 가는 곳마다 사고를 치고 엄마를 힘들게 합니다. 왕성한 호기심을 누르고 못하게 하는 데 한계가 있고, 일일이 못하게 하는 것도 기를 꺾을까 걱정입니다. 좋은 방법이 없을까요?

A 아이가 아직 무엇이 되고 안 되는 것을 확실히 배우지 못해 생기는 일이다. 두세 돌 정도의 아이라면 발달 단계상 되는 것과 안 되는 것의 구분을 배우기 시작한다. 그러나 그 이상의 나이인데도 사고를 친다면 두 가지를 생각해 봐야 한다. 아이의 기질이 산만한 것은 아닌지, 또 하나는 아이가 반항심이 많은 것은 아닌지 여부다.

아이를 집에만 데리고 있을 수 없으므로 가능한 한 제한이 적고 마음대로 신나게 놀 수 있는 곳을 데리고 다닐 것을 권한다. 그래야 아이도 신나고 부모도 제재를 덜하게 돼 여행이 즐거울 수 있다. 제재가 덜한 상황에서 아이는 '한계'에 대해 조금이나마 이해할 것이고, 신나는 기분이 많게 되면 유순하고 고분고분해져 제재를 잘 받아들이게 된다.

오죽헌 / 신사임당과 율곡 이이가 태어난 유서 깊은 곳

Main 추사 김정희의 글씨를 새겨놓은 오죽헌의 바깥채와 안채 **1** 오죽헌의 입구인 자경문 **2** 율곡 이이의 영정을 모신 문성사와 검은대나무 **3** 강릉시립박물관에 전시된 가족 명절 풍경

이곳은 조선 초기에 지어진 별당 건물로 조선시대 학자이자 정치가였던 율곡 이이 선생이 태어난 곳이자 그의 어머니인 신사임당이 살았던 유서 깊은 곳이다. 또한 조선 전기 주택이 어떤 모습이었는지를 완벽하게 보여주는 자료로 역사적 가치가 높다.

오죽헌(烏竹軒)은 까마귀처럼 검은 대나무가 많다 하여 붙여진 이름인데, 아직도 그 대나무가 남아 있다. 율곡 선생 가족의 글씨와 그림을 보관하는 율곡기념관과 율곡 이이의 영정을 모신 문성사와 신사임당의 영정이 모셔져 있는 몽룡실을 둘러볼 수 있다. 또한 건너편에는 강릉시립박물관과 향토문화관이 있다.

문의 033-640-4457/www.ojukheon.or.kr
위치 강원도 강릉시 죽헌동 201
요금 어른 3,000원 어린이 1,000원(만 7세 이상)
이용시간 오전 8시~오후 6시(동절기 5시 30분까지)

강원도 강릉에서 유용한
요모조모 정보 모음

아이들과 함께하기 좋은 맛집

푸짐한 회와 밑반찬이 감동적인 곳
은파횟집

문의 033-653-9565 **위치** 강원도 강릉시 강문동 223
메뉴 모듬회, 광어, 우럭, 탕류 **가격** 60,000원 선

순두부의 참맛을 느낄 수 있는 곳
초당 할머니순두부

문의 033-652-2058 **위치** 강원도 강릉시 초당동 307-4
메뉴 초당순두부, 순두부백반, 모두부 **가격** 4,000~5,000원대

다/녀/와/서

준비물 동그란 뻥튀기 등 다양한 모양 과자, 물엿

과자로 다양한 얼굴 꾸미기(하슬라아트월드)

하슬라아트월드에서 체험한 것을 바탕으로 과자를 이용해 얼굴 모양이나 나무 모양을 만들어 봐요.

① 길쭉한 모양, 동그란 모양, 작은 모양, 세모 모양 등의 다양한 과자를 아이와 함께 고르고 어디에 쓰면 좋을지 계획한다.
② 동그란 뻥튀기 위에 과자를 올려 물엿으로 붙인 후 다양한 표정의 얼굴 모양을 만들고, 표정을 지어 본다.
③ 얼굴 외에도 나무나 꽃 등의 다양한 모양을 꾸밀 수 있다.

Course 35 강원도 동해·삼척

망상오토캠핑리조트에서의 하룻밤과 신비한 동굴탐험관

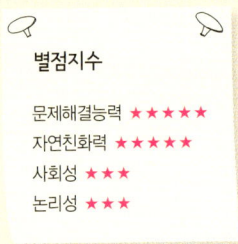

별점지수

문제해결능력 ★★★★★
자연친화력 ★★★★★
사회성 ★★★
논리성 ★★★

엄마의 비책

　캠핑카의 경험은 얼마나 아이들에게 신기할까? 마치 장난감 세상에 와 있는 듯 여길 것이다. 차 안에서 잠도 자고, 밥도 해 먹는 경험은 또래 집단 사이에서도 일종의 무용담처럼 회자될 만한 것이다. 매번 똑같은 1박 2일을 하기보다는 이번처럼 캠핑카 같은 독특한 요소를 여행에 끼워넣어 보자. 아이가 여행에 적극적으로 나서도록 만드는 건 결국 부모의 몫이다. 삼척의 동굴 탐험 또한 흔한 경험이 아니어서 아이들 가슴을 두근거리게 할 것이다.

　단, 여기서는 아이의 성향을 고려해 봐야 한다. 컴컴하고 어두운 곳을 두려워하는 아이는 아마도 동굴에 들어가기를 거부할 수도 있고, 또 안에 들어가서도 새로움에 대한 호기심보다는 어두움에 대한 공포와 불안이 더 커서 즐겁지 않을 수 있다. 아무리 좋은 경험이라도 아이가 편해야 즐거움을 얻을 수 있고 교육이 된다. 아이가 두려워하고 거부하면 억지로 하지 말고 경우에 따라서는 포기해야 할지도 모른다. 너무 아쉽다고 속상해하지 말고 오히려 몰랐던 아이의 모습을 한 번 더 생각해 보게 된 계기로 삼아야 한다. 집으로 돌아와서는 아이가 보다 강해지고 배짱이 있는 아이로 키우려면 어떻게 해야 하는지 고민해 볼 일이다.

소요시간 6시간 **베스트 여행시기** 4~10월

5시간 소요		2시간 소요		1시간 30분 소요		1시간 30분 소요
망상오토캠핑리조트	6.5km/차로 10분	묵호항	18km/차로 30분	동굴신비관	도보 5분	동굴탐험관

망상오토캠핑리조트/
캠핑카에서 바다와 함께하는 여행

Main 캠핑카에서 보내는 낭만적인 바닷가 여행 **1** 바다와 접해 있는 캠핑 사이트 **2** 파도치는 바닷가에서 모래놀이를 **3** 잘 갖춰져 있는 편의 시설

국내 최초로 조성된 자동차 전용 캠핑장으로 망상해수욕장의 울창한 송림과 깨끗한 백사장, 맑고 푸른 바다가 어우러져 자연과 함께하는 곳이다. 2002년 제64회 세계 캠핑캐라바닝 동해대회를 계기로 만들어진 자연친화적인 레저 공간으로 자동차를 이용한 가족 단위 관광 휴양 시설이다. 자동차를 주차하고 텐트를 치거나 캠핑카를 직접 빌려 와 자동차 캠프장에서 캠프를 할 수도 있고, 이곳에 있는 90여 대의 캐라반에서 숙박을 할 수도 있다. 자동차 캠핑뿐 아니라 소규모 가족을 위한 통나무집으로 된 캐빈하우스와 대가족을 위한 펜션 형식의 아메리칸코티지, 패밀리로지가 있어 조용하고 깨끗하게 이용할 수 있다.

문의 033-534-3110/www.campingkorea.or.kr
위치 강원도 동해시 망상동 393-39
요금 자동차 캠프장 27,500원 캐라반 66,000원
콘도형 /7,000원(비수기 주말 기준)
캠핑카 문의 www.donghaeccc.co.kr,
www.feelife.co.kr, www.egoodweekend.com

이렇게 놀아요 How to play

😊 캠핑카에서의 하룻밤을 즐겨봐요

자동차 안에 거실, 주방, 침실, 화장실이 있는 캠핑카에서의 하룻밤은 아이들에게 특별한 경험이 된다. 무더운 날씨라면 바로 앞 망상해수욕장에서 수영을 하며 편하게 이용할 수 있다. 아이들과 마른 나뭇가지를 골라 모닥불을 피워 맛있는 군고구마도 구워 먹는다. 따뜻한 모닥불 앞에서 파도 소리를 들으며 가족이 도란도란 모여 대화하는 시간을 보낸다. 다음날 새벽에 일찍 일어나 일출을 보는 것도 잊지 말자.

😊 캠핑카 내부 시설을 쏙쏙 파헤쳐봐요

캠핑카 안에는 작은 테이블과 화장실, 조리 시설, 침대까지 4인 정도의 가족이 생활할 수 있는 모든 시설이 갖춰져 있다. 캠핑카를 움직여서 이동할 수는 없지만 그 안에 작지만 짜임새 있는 시설들이 재미있기만 하다. 가장 앞쪽에 싱크대와 냉장고가 있으며 그 뒤로 식탁과 소파가 있다. 밤에는 이 소파를 밑으로 접어서 쿠션을 깔면 평평한 침대가 된다. 캠핑카의 내부 시설은 회사마다 조금씩 다르니 확인 후 이용한다.

캠핑카 옆에 마련된 의자와 테이블

식탁과 수납공간

없는 게 없는 작은 집인 캠핑카 내부

아트막한 침실

선생님, 알려주세요

Q 캠핑카 혹은 텐트를 치고 1박을 하게 되는데, 아무래도 밖에서 자는 거라 아이와 함께하는 게 조금 걱정이 됩니다. 오토 캠핑장이다 보니 공동 생활에 대한 부분을 이해시키는 것도 그렇고요. 어떻게 대비하면 좋을까요?

A 공동 생활에 대한 부분은 아이의 발달 단계보다는 성향과 더욱 밀접하게 연관되어 있다. 어린아이라도 순하고 얌전한 아이는 문제가 안 되지만 마음대로 하고 여기저기 사고를 치는 아이라면 문제가 된다. 공동 생활에 대해 아이에게 여행 전에 주의를 줘도 막상 그 장소에 가면 언제 이야기를 들었나 싶을 정도로 집과 똑같은 행동을 해 부모를 당황하게 만든다. 집에서 하는 행동이 밖에 나가면 그대로 나타나고 오히려 흥분되어 더 심하게 나타날 수 있으므로 이를 감안하여 장소 선택을 하자.

묵호항/
활기찬 새벽 어시장

Main 낭만적인 바닷가 여행 **1** 바닷가의 오리떼 **2** 오징어잡이 배의 환한 조명 **3** 1m 길이의 왕문어

오징어가 가장 많이 나는 곳으로 유명한 묵호항은 망상해수욕장과 가까이 있어 함께 돌아보기 좋다. 새벽 어시장은 아침을 여는 사람들의 열기로 가득하다. 수많은 오징어와 다양한 생선들이 늘어서서 주인을 기다리고 있고, 상인들은 저마다 다양한 소리와 몸짓으로 암호를 만들어 대화를 하고 있다. 경매를 통해 가장 비싼 가격을 제시하는 사람이 낙찰 받는 방식인데, 그날의 시세와 물고기의 상태 등을 잘 알고 경매에 임해야 하므로 전문 지식을 요하는 일이다. 경매라는 단어에 생소한 아이들에게 이러한 광경은 산 경험이 될 것이다. 묵호항 부근에는 조명을 단 오징어잡이 배와 잘 손질된 오징어가 거꾸로 매달려 있는 정겨운 풍경도 볼 수 있다.

문의 033-533-3011
위치 강원도 동해시 묵호동

동굴신비관 / 신비한 관음굴을 I-MAX 영화로 감상

Main 중심부에 있는 커다란 석회동굴 **1** 동굴의 생성 원리 관찰하기 **2** 동굴에 사는 박쥐에 대한 전시 **3** 석회가 흘러내린 모양의 외관

동굴이 많은 삼척의 특성을 살려 만든 이곳은 동굴 문화를 체험하는 곳이다. 외관은 특이한 건물 모양을 하고 있는데, 자세히 보면 석회동굴의 석회가 흘러내린 모습이다. 전시관 내부는 큰 석회동굴을 중심으로 빙글빙글 올라가며 전시되어 있다. 1전시실은 종류와 동굴의 생성 과정을 보여주며, 2전시실에는 동굴의 지형, 서식 동물이 전시되어 있다. 3전시실은 영화 속 동굴과 동굴의 미래 모습을 재현한 공간이다. 생생한 동굴의 모습과 함께 입체 영상과 그래픽 패널로 되어 있어 이해하기 쉽다. 3층의 아이맥스(I-MAX) 영화관은 스크린이 천장에 돔 형태로 설치된 특이한 구조다. 세계적인 미개방 석회동굴인 관음굴의 비경을 특수 대형 영상으로 관람하며, 자연의 신비와 환상의 동굴 세계를 경험한다.

문의 033-570-3838/tour.samcheok.go.kr
위치 강원도 삼척시 성남동 168-3번지
요금 어른 3,000원 어린이 1,500원(만 6세 이상)
이용시간 오전 9시~오후 6시
상영시간 주말 오전 10시 30분, 오후 12시, 2시, 3시 30분, 5시(평일 3회)

동굴탐험관 /
동굴 속으로 들어가 볼까?

Main 박쥐 모양의 외관 **1** 동굴 탐사 복장 **2** 동굴에 사는 박쥐 **3** 울퉁불퉁 동굴길 체험

동굴엑스포 내에 동굴신비관과 가까운 거리에 있는 동굴탐험관은 세계의 7대 동굴을 탐사하는 곳으로 동굴의 모습을 하나하나 모형으로 만들어 실제 동굴에 들어와 있는 것처럼 느끼도록 꾸며 놓았다. 동굴 내부와 같이 꾸며진 곳에서 미끄럼을 타고 내려오거나 암벽 타기, 다리 건너기 등의 체험을 하며 흥미진진하게 탐험할 수 있다. 폭은 좁고 바닥은 울퉁불퉁하며 천장은 튀어나와 동굴 속의 환경과 똑같이 만들어 실감 난다. 종유석, 석순, 석주 등의 간단한 용어도 익히고 생성 과정이 다른 동굴들을 비교해 보며 어떤 동굴인지 유추해 맞춰 보는 놀이도 해본다. 실제 동굴을 보는 것도 좋지만 아이들에게 위험하고 답답해 할 수 있어 이곳은 더할 나위 없는 체험 학습장이 된다.

문의 033-574-6228/tour.samcheok.go.kr
위치 강원도 삼척시 성남동 173번지
요금 어른 2,000원 어린이 1,000원(만 6세 이상)
이용시간 오전 9시~오후 6시

강원도 동해·삼척에서 유용한
요모조모 정보 모음

아이들과 함께하기 좋은 맛집

삼척에서 유명한 막국수집
부일막국수

문의 033-572-1277 **위치** 강원도 삼척시 등봉동 1-1
메뉴 비빔막국수, 물막국수, 돼지고기 수육 **가격** 6,000~7,000원대

다/녀/와/서

준비물 커다란 종이상자(아이가 들어갈 수 있을 정도), 종이상자(지붕용), 잡지, 신문, 전단지, 풀, 가위, 테이프, 매직 등

종이상자로 나만의 멋진 집 만들기(망상오토캠핑리조트)

종이상자를 이용해 집을 만들고 잡지의 화려한 색상을 활용해 모자이크로 모양을 내요. 미적 감각과 집중력, 창의력을 기를 뿐 아니라 자원재활용품에 대한 이해를 꾀할 수 있어요.

❶ 상자 윗부분 중 짧은 쪽을 앞뒤 세모 모양으로 자르고 긴 부분과 사선으로 연결시켜 뾰족한 지붕의 틀을 잡는다
❷ 커다란 상자에 창문과 문을 그리고 칼로 뚫은 후 투명 테이프로 마무리한다.
❸ ❶의 상자보다 약간 밖으로 나오게 다른 상자를 펼쳐 지붕을 올리면 집의 형태가 완성된다.
❹ 집의 겉면에 그림을 그리고 잡지를 이용해 예쁘게 꾸미다. 지붕도 모양을 만들어 붙인다. 좋아하는 것이거나 음식만 오려 붙이는 등 다양하게 활용한다.
❺ 바닥에는 이불을 깔고 창문에는 헝겊 조각으로 커튼을 만든다.
❻ 아이의 이름을 넣어 예쁜 문패도 만들어 본다.

Course 36 강원도 속초

겨울에 익어가는 용대리 황태덕장과 테디베어팜

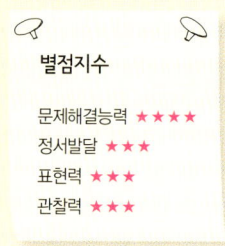

별점지수
문제해결능력 ★★★★
정서발달 ★★★
표현력 ★★★
관찰력 ★★★

엄마의 비책

강원도 속초의 특산품은 뭐니 뭐니 해도 황태다. 맛있는 황태 요리를 먹고 황태에 대한 공부를 온몸으로 체험하는 코스다. 그러나 황태 요리를 아이가 좋아하고 맛있어 해야 하는데, 황태는 주로 어른들이 좋아하는 음식이어서 아이들이 먹는 즐거움을 놓칠 수 있다. 황태 요리의 경우처럼, 어른과 아이 입맛이 차이가 많이 나면 먹는 것에서 오는 여행의 기쁨을 잃게 되는 안타까운 경우가 생긴다. 편식이 심하거나 인스턴트 음식을 즐겨 먹는 아이는 이처럼 여행에서도 불리하다는 것을 기억해 두자. 아무래도 국내 여행을 하다 보면 토속 음식들이 많고, 그 음식 자체가 여행의 큰 부분을 차지한다. 한편, 귀여운 테디베어를 만나보는 여행지 테디베어팜에서는 아이 마음속에 있는 '아기가 되고 싶은 마음'을 끌어내 스스로 행복감을 느낄 것이다. 아이뿐만 아니라 엄마도 마음속에 있는 따뜻한 감정을 자극받아 어린아이 마음이 되면서 아이와 함께 행복감을 느낄 수 있을 것이다.

소요시간 1박 2일 **베스트 여행시기** 1~2월

1시간 30분 소요		1시간 30분 소요		2시간 소요		3시간 소요
용대리 황태덕장 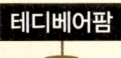	→ 15km/ 차로 25분	**테디베어팜** 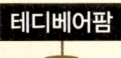	→ 3.5km/ 차로 10분	**대포항**	→ 10km/ 차로 20분	**설악워터피아** 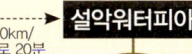

용대리 황태덕장 /
황태가 노랗게 익는 마을

Main 황태를 말리는 광경 **1, 2** 주렁주렁 매달린 황태가 이채롭다. **3** 황태를 손질하는 모습

용대리는 우리나라의 최대 황태덕장 마을로 전국에서 생산되는 황태의 70%가 나오고 있다. 명태가 겨우내 얼고 녹는 반복을 통해 노르스름하며 쫄깃한 황태로 만들어지는 데 최적의 기후적 특성을 갖추고 있기 때문이다. 마을은 눈 덮인 백두대간의 광활한 풍경과 함께 나무 막대 사이사이에 줄지어 늘어선 황태가 보기 좋게 걸려 있다. 겨울 동안 서서히 건조되며 맛 좋은 황태가 되는데, 마르고 나서도 외형은 통통하고 노란 빛을 띠며, 속살은 부들부들하고 구수한 맛을 낸다. 매년 2월 말쯤 황태 축제가 열리는데 황태 요리를 맛보고 다양한 문화 체험까지 가능해 지역 특성을 살린 마을 축제의 재미를 느낄 수 있다.

문의 033-534-3110
위치 강원도 인제군 북면 용대3리

이렇게 놀아요

😊 황태 요리를 먹어봐요

보통 생선은 바닷가에서 말리는데 산 중턱에 한 자리를 차지하고 말린 황태의 모습이 아이들에게는 새롭기만 하다. 말린 황태는 버릴 게 없는데 속살은 뜯어 황태채를 만들고 뼈는 튀겨 먹고 대가리는 국물을 낼 때 사용하고 황태 껍질은 무쳐 먹는다. 그중에서 가장 맛있는 요리법은 황태구이인데, 통으로 잘 손질된 황태에 양념을 발라가며 맛있게 구운 요리이다. 아이들과 근처 음식점에서 먹거나 집에 와서 함께 요리해 본다.

배워봅시다

😊 황태는 어떤 물고기로 만든 것일까요?

황태는 명태를 가공하여 붙여진 이름으로 명태는 가공 방법에 따라 다양한 이름으로 불린다. 얼리지 않은 것을 생태, 말려서 수분이 빠진 것을 북어, 반쯤 말린 것을 코다리, 겨울철에 잡아 얼린 것을 동태라고 부르며, 산란기 중 잡은 명태를 얼리고 말리는 과정을 반복해 가공한 것을 황태라고 부른다. 또한 명태의 새끼를 말린 것은 노가리, 명태의 알로 만든 젓갈을 명란젓이라 한다. 황태는 그 효능도 다양한데 단백질이 높고 인체의 신진대사를 도우며 머리를 맑게 하고, 아미노산이 풍부해 해독 작용과 숙취 해소에 좋다.

양념장을 발라 구워낸 맛깔 나는 황태구이

배를 갈라 두드려 손질된 황태

황태포를 만들기 위한 작업

테디베어팜/
테디베어가 사는 마을

Main 대형 테디베어
1 판다 인형과 악수하기
2 사물놀이하는 테디베어
3 백설공주 테디베어

 귀여운 테디베어 곰인형이 살고 있는 마을로 여행을 떠나본다. 다양한 테디베어를 만날 수 있는데 각 나라의 전통 의상을 입고 있거나 〈백설공주〉, 〈피터팬〉, 〈백조의 호수〉, 〈걸리버 여행기〉 등의 명작 동화의 주인공이 되기도 한다. 또한 사람이 할 수 있는 일상생활이나 스포츠 등 모든 활동의 주인공이 테디베어로 되어 있어 작품 하나하나가 재미있고 참신하다. 테디베어와 함께하는 크리스마스 공간과 생일 파티 공간은 아이들이 가장 좋아하는 곳이다. 전시관 곳곳에는 어른 크기의 아저씨 테디베어가 서 있는데 함께 사진을 찍다 보면 마치 살아 있는 것 같은 착각에 빠진다. 엄마가 옆에서 테디베어가 되어 목소리를 내주며 함께 대화해 본다.

문의 033-636-3680/www.teddyfarm.net
위치 강원도 속초시 노학동 1073-66
요금 어른 5,000원 어린이 3,000원(만 2세 이상)
이용시간 오전 10시~오후 6시(화요일 휴관)

대포항 / 물고기 구경하고 맛있는 해산물 맛보기

Main 각종 해산물이 가득한 대포항 **1** 저렴한 가격에 회를 먹을 수 있는 대포항 난전 **2** 이곳의 별미인 새우튀김 **3** 즉석에서 구워 먹는 해산물

대포항은 속초에서 가장 유명한 항구이다. 항구로 들어오는 진입로 양 옆으로 횟집과 건어물 가게 등이 늘어서 있다. 안쪽으로 들어서면 활어난전이 형성되어 동해안에서 갓 잡은 싱싱한 활어를 맛볼 수 있다. 활어회의 가격을 비교하며 가장 싸고 양이 많은 곳을 찾아 맛있는 활어회를 맛보고 대포항의 별미인 오징어순대와 새우튀김도 먹어본다. 항구에 정박해 있는 고깃배도 구경하며 항구의 재미를 느껴보자.

문의 033-633-3171 **위치** 강원도 속초시 대포동

이렇게 놀아요 *How to play*

😊 건어물도 종류가 많아요

생선, 조개, 미역 등의 수분을 20% 이하로 말려 보관하는 건어물. 부패하기 쉬운 생선을 장기간 보존하는 데 효율적인 방법으로 영양가가 높고 칼로리가 적어 영양 간식으로도 좋다. 대표적인 건어물로는 미역, 북어, 다시마, 마른오징어, 김, 멸치 등이 있다. 물에 불려 국물을 끓이거나 볶아 먹기도 한다. 그 밖에도 꽁치를 말린 과메기, 명태를 말린 코다리나 황태가 있다. 아이와 건어물 가게에 들어가 어떤 생선을 말린 것인지 알아본다.

설악워터피아/
산속 따뜻한 온천수

Main 산속에서 신선이 된 듯 즐기는 온천욕 **1** 야외 파도풀 전경 **2** 실내 아쿠아동 **3** 야외 온천 수영장

한화리조트 설악 내에 있다. 공간으로 나뉘는데 스파동, 온천/사우나, 스파밸리, 레인보우스트림, 아쿠아동에서 물놀이와 온천욕을 즐길 수 있다. 스파동은 실내에서 다양한 스파를 즐길 수 있는 곳으로 중앙에 파도풀이 있으며 다양한 슬라이더, 야외와 연결된 유수풀이 있어 신나는 물놀이도 할 수 있다. 야외의 스파밸리는 동굴사우나, 에어스파, 커플스파, 레인스파 등 13여 종이 있어 제대로 된 스파를 느낄 수 있다. 10여 가지의 이벤트 탕이 있는 레인보우스트림은 유수풀이 흐르는 곳곳에 있어 언제나 접근이 가능하며 분수와 유아풀은 아이들이 좋아한다. 아쿠아동은 물줄기와 공기방울에 의해 전신을 마사지하는 10여 종의 탕과 사우나가 있어 몸의 피로를 풀며 스파를 즐기기에 좋다.

문의 033-630-5500/www.seorakwaterpia.co.kr
위치 강원도 속초시 장사동 24-1번지
요금 주중 어른 39,000원 어린이 29,000원 주말 어른 46,000원 어린이 36,000원(만 3세 이상/각종 카드 최대 40% 할인) **이용시간** 오전 10시~오후 8시 30분(기간별 시간 확인)

강원도 속초에서 유용한
요모조모 정보 모음

아이들과 함께하기 좋은 맛집·잠자리

황태를 우려낸 진한 국물의 황태국이 일품인 곳
진부령식당

문의 033-462-1877/www.jindining.co.kr
위치 강원도 인제군 북면 용대3리 73번지
메뉴 황태국, 황태구이정식 가격 7,000~9,000원대

양념간장에 비벼 먹는 순두부의 원조이자 가장 유명한 곳
김영애할머니 순두부

문의 033-635-9520 위치 강원도 속초시 노학동 1011-39 메뉴 순두부정식 가격 6,000원

외국에 온 듯 이국적 풍경의 편안한 숙소
설악의 풍경 펜션

문의 033-635-9439/www.sightpension.com 위치 강원도 속초시 노학동 1000-13
요금 4인실 주중 70,000원 주말 120,000원

다/녀/와/서

준비물 쌀국수 또는 소면, 건어물(디시마, 황태, 멸치 등), 채소(버섯, 호박, 당근), 소금, 간장

아이들과 황태로 쌀국수 만들기(용대리 황태덕장)

황태나 멸치 등의 건어물을 이용해 국물을 만들어 국수를 만들어 먹어요.

1. 국물을 내는 건어물을 탐색한다. 말라 있어 딱딱하고 맛은 짭조름하며 쫄깃쫄깃한 건어물을 먹어본다. 물에 담근 다시마가 끈적끈적 부드럽게 변하는 모습도 관찰한다.
2. 건어물을 물에 넣고 푹 끓여 육수를 준비한다. 아무것도 넣지 않은 육수를 맛보게 한다
3. 버섯과 기타 채소를 다듬고 썰어 준비한다.
4. 준비된 육수에 채소를 넣고 소금과 간장으로 간한 후 끓여 놓는다.
5. 끓는 물에 면을 삶은 다음 체에 내려 물기를 뺀다.
6. 면을 담은 후 국물을 부으면 맛있는 쌀국수가 완성된다.

course 37 충북 충주·단양 산마루농원 사과 따기와 온달동굴관광지 고구려 문화 체험_298

course 38 충남 논산·공주 탐스런 딸기삼촌농원과 공룡이 사는 계룡산자연사박물관_308

course 39 충남 당진·덕산 덕산스파캐슬과 삽교호 함상공원의 군함 체험_318

course 40 충남 천안 거봉마을 포도 체험과 민족의 숨결이 숨쉬는 독립기념관_326

course 41 충남 서천 해양박물관 바닷속 탐험과 춘장대해수욕장 놀이_332

course 42 충남 아산 I 기쁨두배마을 배 따기 체험과 피나콜랜드 오르기_340

course 43 충남 아산 II 당림미술관에서 자연과 함께하는 미술놀이_346

충청도

Course 37 충북 충주·단양

산마루농원 사과 따기와 온달동굴관광지 고구려 문화 체험

별점지수

성취감 ★★★★★
정서발달 ★★★★
오감발달 ★★★★

Mom's Hidden Card
엄마의 비책

산마루농원에서처럼 아이들이 직접 사과를 따거나 고구마, 감자를 캐는 경험은 훨씬 더 가슴에 남기 마련이다. 특히 나이가 어릴수록 직접 경험하는 것이 교육 효과가 더 높고 즐겁게 배울 수 있다. 직접 체험을 한 후에 설명을 들으면 보다 탄탄한 지식 습득을 하게 되는 것이다. 어리지 않더라도 생각하는 것을 싫어하고 움직임이 많은 아이는 직접 경험의 기회를 더 많이 주어야 할 것이다. 체험 농원 같은 곳에서 아이들의 반응을 세심히 살펴보면 후에 아이의 공부 방식을 결정할 때도 도움이 된다. 주의산만한 아이는 수학을 공부하더라도 종이에 있는 문제를 푸는 방식보다 교구를 사용하거나 컴퓨터를 이용한 공부 방식이 집중도를 높이는 데 훨씬 좋다.

산마루농원에서 단양팔경을 지나 도착하게 되는 온달동굴관광지는 최근에 가장 각광받는 테마 관광지로, 아이들이 좋아하는 옛 이야기, 신비한 자연경관, TV 드라마 속의 한 장면이 어우러져 있다. 단양팔경에서보다 오히려 더 큰 즐거움을 얻게 될 것이다. 어른의 시각에선 단양팔경을 최대한 꼼꼼히 보여주고 싶겠으나, 가장 중요한 것은 아이가 행복감을 느끼는 순간임을 기억하고 아이의 눈높이에 맞춰 시간을 안배하는 게 중요하겠다.

소요시간 1박 2일 베스트 여행시기 9~11월

3시간 소요 → 산마루농원 — 53km/차로 1시간 5분 → 4시간 소요(1박) → 단양팔경 — 40km/차로 45분 → 3시간 소요 → 온달동굴관광지

산마루농원/
아삭아삭 새콤달콤 꿀사과 따기 체험

Main 가지가 휘어지게 주렁주렁 매달린 사과들 **1** 사과 향 맡으며 즐거워하는 아이 **2** 빨갛고 탐스럽게 익은 사과 **3** 사과로 즙을 내 만드는 사과떡케이크

끝없이 줄지어 선 사과나무에 사과가 주렁주렁 열려 있고 농원 안은 사과 향이 가득하다. 작은 나무에 어쩜 이렇게 많이 열려 있는지 무거워 축 늘어진 가지에 사과가 매달린 모습이 신기하기만 하다. 사과를 따보고 그 자리에서 먹을 수도 있으며 직접 딴 사과는 도매 시세로 가져갈 수 있다. 4월이면 사과나무 분양도 가능한데 한 그루씩 분양받아 언제든 이곳에 들러 꽃도 따주고 사과가 익는 과정을 볼 수 있다. 모든 관리는 농장에서 해주며 1그루당 약 30kg의 사과를 가져갈 수 있으며, 가을에는 밤이나 농산물을 수확할 수도 있다.

문의 043-848-6006, 011-276-6541/www.cjfarmstay.com **위치** 충북 충주시 직동 산69 **체험비** 수확한 사과 kg당 소매 가격, 사과떡케이크는 별도 6,000원 **수확시기** 후지사과나무 10~11월 홍로사과나무 9월 초~9월 말 양광사과나무 9월 중순~10월 초

이렇게 놀아요 How to play

😊 누가 제일 크고 빨간 사과를 땄을까요

주렁주렁 사과가 매달려 가지가 늘어져 있는 사과나무에는 빨갛고 윤이 나는 사과들이 저마다의 미모를 자랑한다. 크고 예쁜 사과를 잘 골라 따는 것이 좋다. 빨갛고, 크기가 큰 사과를 골라 따는 시합을 아이들과 해 본다. 나뭇가지나 덜 익은 사과에 피해를 주지 않도록 하는 것도 중요하다. 직접 딴 사과를 쓱쓱 닦아 그 자리에서 먹으면 달콤하면서 새콤한 사과의 과즙이 입 안에 퍼진다. 이 시기에는 뾰족뾰족 가시가 있는 알밤을 까는 재미도 쏠쏠하다.

😊 사과로 떡케이크 만들어요

맛있는 사과를 듬뿍 넣어 사과떡케이크를 만들어 본다. 찹쌀가루에 사과즙으로 반죽을 해 비벼서 잘 섞은 뒤 체에 내린다. 비비고, 체에 내리는 일은 아이들이 할 수 있게 돕는다. 둥그런 틀에 넣은 뒤 찜통에서 잘 쪄지면 기본 케이크 형태가 된다. 그 위에 사과로 모양을 내 장식하면 더욱 맛있고 먹음직스런 사과떡케이크가 완성된다. 그 밖에 천연 염료를 이용해 다양한 문양을 만들어 염색하는 체험도 해 본다.

배워봅시다

😊 뉴턴의 만유인력에 대해 알아봐요

과학자 아이작 뉴턴이 사과나무에서 떨어지는 사과를 보고 만유인력의 법칙을 발견했다. 무게를 가지고 있는 모든 물체는 서로 잡아당기는 인력이 작용하는데, 그 힘을 만유인력이라고 한다. 지구가 사과를 당기는 힘이 사과가 잡아당기는 힘보다 크기 때문에 떨어지게 되는 것이다. 이 만유인력의 크기는 두 물체 질량의 곱에 비례하고, 거리의 제곱에 반비례한다는 공식이 있다.

토실토실 잘 익은 밤송이

가장 예쁜 사과 찾아보기

정성스럽게 사과떡케이크를 만드는 아이들

천연 염색장

함께 체험할 수 있는 천연 염색

사과과학관

충주 하면 사과가 떠오를 정도로 사과 생산으로 유명한 지역이다. 충주 사과시험장 내에 있는 사과과학관은 충주 사과의 우수성을 보여주고 지역 특산품인 사과를 홍보하기 위한 전시관이다. 사과의 역사와 재배 과정, 효능, 가공품 전시 및 판매 코너 등으로 구성되어 있다. 외부에는 100여 종의 사과 품종을 재배해 사과 모양을 비교할 수 있으며, 분양 받아 자라고 있는 뉴턴의 사과나무도 볼 수 있다. 아이들에게 사과를 더 깊이 이해하는 볼거리가 될 것이다.

문의 043-850-3583/www.cj-apple.co.kr
위치 충북 충주시 동량면 대전리 1665-1
요금 무료 **관람시간** 오전 10시~오후 6시(동절기 오후 5시까지)

리쿼리움 술박물관

술 문화 종합 박물관인 이곳에 들어서면 박물관 입구의 커다란 증류기가 술박물관임을 말해주듯 전시되어 있다. 1층은 와인관, 맥주관, 동양주관, 증류주관 등 주종별 전시관이 있고, 2층은 세계 각국의 음주 문화와 술과 건강에 대한 자료가 전시되어 있다. 아담한 규모의 박물관이지만 볼거리가 많다. 바로 앞에 탄금호를 끼고 있어 주위 경관이 아름다워 산책하기 좋다. 칵테일을 만들어 보거나 테이블 매너를 실습할 수 있는 음주 문화 체험도 할 수 있다.

문의 043-855-7333/www.liquorium.com
위치 충북 충주시 가금면 탑평리 51-1번지
요금 어른 6,000원(와인 1잔 포함) 어린이 4,000원(만 7세 이상/음료 1잔 포함)
관람시간 오전 10시~오후 6시 **휴관일** 목요일

단양팔경/
그림 같은 단양 풍경

단양팔경은 단양군을 중심으로 주위 12km 내외에 자리하고 있는 8개의 명승지를 말한다. 남한강 위쪽에는 무지개 모양을 하고 있는 석문, 물 위에 흐르는 것 같은 세 개의 봉우리인 도담삼봉이 있다. 청풍 쪽에는 죽순 모양으로 솟아 있는 옥순봉, 거북처럼 웅장하게 버틴 구담봉이 있다. 단양천 골짜기에는 선암의 삼형제인 하선암, 중선암, 상선암이 있으며 바둑판처럼 세로로 솟은 사인암이 있다.

옥순봉 · 구담봉

놓치지 말아야 할 단양풍경 01

단양팔경 중 하나인 옥순봉과 구담봉은 유람선을 타고 가야 볼 수 있다. 이동 경로는 다양하지만 장회나루에서 청풍나루까지 1시간 동안 왕복하는 쾌속선을 타고 가야 풍성한 볼거리를 즐길 수 있다. 충주호의 잔잔한 물살을 가르며 달리면 시원한 바람이 불어 가슴을 뚫리게 한다. 강가의 양 옆으로 펼쳐지는 그림 같은 풍경이 탄성을 자아낸다. 구담봉, 옥순봉과 함께 청풍호반의 아름다운 자연경관을 마음껏 감상할 수 있다.

유람선을 타고 감상하는 옥순봉과 구담봉

문의 043 423-8516, 043-851-7400/www.chungjuho.com
위치 충북 단양군 단성면 장회리 13-3 **요금** 어른 12,000원 어린이 7,000원(만 3세 이상/장회나루-청풍나루 왕복) **운항시간** 오전 9시~오후 4시 30분(동절기 오전 10시~오후 3시)

도담삼봉 · 석문

놓치지 말아야 할 단양풍경 02

강 위에 유유히 떠 있는 도담삼봉

남한강 상류 한가운데에 3개의 기암으로 이루어진 섬을 도담삼봉이라 한다. 푸른 강물 가운데 우뚝 선 기암괴석이 모두 남쪽으로 비스듬히 기울어져 있다. 큰 바위를 남편봉, 그리고 양쪽의 작은 바위는 처봉과 임신한 첩봉이라고 부르기도 한다. 석문은 무지개 모양을 한 돌문으로 도담삼봉의 음악분수대 앞에서 300m 정도 올라가면 전망대를 지나 자리 잡고 있다. 석문 너머로 보이는 언덕 위의 마을이 한 폭의 그림같이 평화롭게 자리하고 있어 감상의 재미를 더한다.

문의 043-422-1146 **위치** 충북 단양군 단양읍 도담리 195번지

이렇게 놀아요

😊 모양에서 이름의 의미와 유래 찾아요

구담봉(龜潭峯)은 기암절벽의 모양이 거북 닮았으며 물속 바위에 거북무늬가 있다 하여 붙여진 이름이다. 옥순봉(玉筍峯)은 희고 푸른 바위들이 대나무 죽순 모양으로 힘차게 우뚝 치솟아 있어 옥순봉이라 한다. 그 이름과 실제 모습이 어울리는지 살펴보며 특징을 찾아본다. 가운데가 남편봉, 왼쪽이 아내봉, 오른쪽이 첩봉의 모습을 한 도담삼봉(島潭三峯)에는 재미있는 전설이 전해지고 있다. 부부 금실이 좋은 부부가 아이가 생기지 않아 첩을 얻게 되고 그 첩이 임신한 것을 자랑하듯 불룩한 배를 남편 쪽으로 내밀자 아내가 보기 싫어 돌아 앉아 있는 모습이라 한다.

돌로 된 둥근 모양의 석문

그림 같이 아름다운 마을

여기도 가보세요

광공업전시관

도담삼봉 내에 있는 이곳은 여러 광물을 만져보고 관찰할 수 있어 유익하다. 지하는 석회석 지형과 석회석에 관련된 자료가 전시되어 있고, 1층은 단양의 관광지에 대한 해설, 2층은 광물과 화석의 이해를 돕는 전시와 석회동굴 체험관이 있다.

문의 043-421-7900 **위치** 충북 단양군 매포읍 하괴리 도담삼봉 내 **요금** 어른 1,000원 어린이 300원(만 6세 이상) **이용시간** 오전 9시~오후 6시(동절기 오후 5시까지)

온달동굴관광지 / 고구려 문화 체험하기

Main 고구려 시대 세트장 **1** 중국의 영향을 받아 붉은색을 사용한 고구려 시대 건축물 **2** 온달동굴 내부 **3** 온달과 평강공주를 기리기 위한 동상

고구려의 명장 온달장군과 평강공주의 전설을 주제로 조성된 테마파크다. 특히 이 영춘면 지역은 삼국시대의 고구려 영토이자 고구려와 신라가 영토 전쟁을 벌였던 곳으로, 온달산성과 국경 문화 유적이 남아 있다. 온달동굴, 테마공원, 온달산성, 드라마 세트장으로 되어 있어 삼국시대의 생활상을 배울 수 있다. 고구려의 문화와 건축 양식을 살펴보고 동굴 탐험도 하며, 산성에도 올라가 보는 일석 삼조의 여행지다. 매년 10월이면 '온달문화축제'가 성대히 열린다.

Tip
이곳의 새로운 명물로 떠오른 높이 5.5m에 폭 2.4m 규모의 대형 우체통을 찾아보자. 온달동굴관광지의 전경이 담긴 엽서가 함께 비치되어 있어 이곳에서의 감상을 적어 지인에게 보낼 수 있다. 손편지를 써본 적 없는 아이들에게 특별한 경험이 될 것이다.

문의 043-423-8820/tour.dy21.net
위치 충북 단양군 영춘면 하리 147
요금 어른 5,000원 어린이 2,500원(만 7세 이상/연개소문 촬영장, 온달동굴, 온달산성 패키지)
관람시간 오전 9시~오후 6시(동절기 오후 5시까지)

이렇게 놀아요 How to Play

😊 온달장군 이야기를 들려줘요

온달장군이 이곳에서 수양을 했다는 전설이 있는 온달동굴은 4억5000만 년 전에 생성되었다고 한다. 총 길이가 700m이며 갖가지 기이한 모양의 종유석과 석순이 발달한 석회암 동굴이다. 특히 지하수가 풍부해 동굴 밑바닥에는 깊이 1m 정도의 물이 흐르고, 소규모 연못이 있으며 4계절 내내 15℃ 정도의 온도를 유지한다. 어른들은 높이가 낮은 지역이어서 헬멧을 쓰고 가야 하는 번거로움이 있지만 잘 조성된 관람로와 조명 시설이 갖춰져 있어 아이들과 관람하기에 적당하다. 온달장군과 평강공주에 대한 이야기를 아이들에게 들려주면 이곳이 더 의미 있게 다가올 것이다.

😊 세트장에서 고구려 문화를 체험해요

이곳은 고구려 왕실의 문화와 생활상을 보여주는 곳으로 고구려 관련 드라마의 세트장으로 사용된다. 화려하고 섬세한 문양과 붉은 색상으로 마감된 건물은 웅대했던 고구려의 기상과 문화를 말해주는 듯하다. 내부로 들어가면 각 배우들의 처소와 성의 내부가 생동감을 준다. 광장은 민속놀이 체험을 할 수 있도록 꾸며 놓았다.

궁궐 체험을 할 수 있는 광장

온달동굴 입구

시설이 잘 갖춰진 동굴 내부

반복되는 문살과 기둥의 문양 관찰하기

배워봅시다

😊 동굴은 어떻게 만들어지나요?

자연 동굴은 대부분 석회암 동굴인데, 석회암이 산성을 띠는 물과 반응하여 오랫동안 지하로 내려가며 석회암 성분을 녹여 동굴이 생성되는 것이다. 계속 씻겨 나가면서 틈새가 커지고 그 커진 틈새로 더 많은 양의 물이 흘러가서 씻겨 나가는 속도가 가속돼 동굴이 만들어진다. 녹으면서 천장에는 종유석과 바닥에는 석순이 만들어지며, 그 둘이 이어져 기둥이 되는 것을 석주라 한다.

용 문양과 금 장식으로 화려하게 만든 왕좌

충북 충주 · 단양에서 유용한
요모조모 정보 모음

아이들과 함께하기 좋은 맛집 · 잠자리

단양의 별미 마늘솥밥정식 전문점
장다리식당

문의 043-423-3960 **위치** 충북 단양군 단양읍 별곡리 599
메뉴 마늘솥밥정식, 비빔밥, 육회, 두부구이 등 **가격** 7,000~15,000원대

충주호가 내려다보여 전경이 멋진 곳
단양대명콘도

문의 1588-4888/www.daemyungresort.com **위치** 충북 단양군 단양읍 상진리 4-1
요금 19평형 4인 기준 주중 55,000원 주말 95,000원 선

다/녀/와/서

준비물 사과조림(사과 2개, 호두 반줌, 흑설탕 4큰술, 건포도 · 계핏가루 · 버터 약간씩), 파이 반죽(밀가루 3컵, 버터 3큰술, 달걀노른자 1개, 우유 4큰술, 소금 약간, 만두피 또는 얇게 민 일반 밀가루 반죽), 식용유

사과파이 만들기(산마루농원)

직접 따온 사과를 이용하여 맛있는 사과파이를 만들어요.

1. 분량의 재료를 섞어 파이 반죽을 만든다.
2. 사과는 잘게 썰어 준비하고 분량의 재료를 넣어 물기 없이 조린다.
3. 파이 반죽을 3mm 두께로 밀어 동그랗게 찍어낸 후 사과조림을 올리고 반을 접어 만두 모양을 하거나 하나 더 올려 동그란 모양을 만든다. 아이들과 다양한 모양을 만들어 본다.
4. 포크로 꾹꾹 눌러 터지지 않도록 작은 구멍을 낸 뒤 식용유에 노릇하게 튀긴다.

Course 38 충남 논산·공주

탐스런 딸기삼촌농원과 공룡이 사는 계룡산자연사박물관

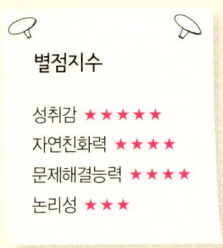

별점지수

성취감 ★★★★★
자연친화력 ★★★★
문제해결능력 ★★★★
논리성 ★★★

Mom's Hidden Card
엄마의 비책

딸기삼촌농원은 지역 특산물을 활용해 꾸민 전형적인 체험 여행 장소다. 딸기잼을 만들어 먹거나 도자기를 직접 만드는 것은 아이들에게 성취감을 준다. 초등학교 이상의 자녀를 둔 부모들은 성취감을 학습과 관련지어 생각하는 경우가 많다. 받아쓰기를 100점 받아올 때, 물론 아이도 성취감을 느끼고 자신감이 생기는 것은 사실이다. 그러나 자신감 없고 위축된 아이의 자신감 기르기를 학습으로만 해결해서는 성공하기 어렵다. 이미 아이가 의욕을 상실해 학습 동기가 없으므로 공부를 자꾸 안 하려 들기 때문이다. 공부에 대한 스트레스가 큰 경우, 배가 아프다고 하는 등 신체 증상이 나타나기도 한다. 성취감에 있어서는 시험에서 100점을 받는 것이나 도자기를 완성하는 것이나 아이들에겐 다르지 않다. 그러므로 즐거움을 주면서도 성취감을 맛볼 수 있는 체험은 자연스레 아이에게 자신감을 심어주는 좋은 기회다. 함께 돌아볼 수 있는 계룡산자연사박물관에 가면 아이들이 특히 좋아하는 공룡 전시물을 만날 수 있다. 공룡 관련 전시물을 보고 있자면 어른 아이 할 것 없이 탄성을 자아내며 시간을 잊은 듯 천진한 마음으로 돌아간다. 아이와 비슷한 감정을 공유하는 건 엄마로서 값진 경험이다.

소요시간 1박 2일　**베스트 여행시기** 3~5월

2시간 30분 소요　　2시간 30분 소요　　2시간 소요　　2시간 소요

딸기삼촌농원 → 금강자연휴양림 → 계룡산도예마을 → 계룡산자연사박물관

36km / 차로 45분　　15km / 차로 22분　　8km / 차로 15분

딸기삼촌농원
딸기 따고, 먹고, 잼 만들기

Main 톡! 소리가 나며 따지는 새콤달콤한 딸기 **1** 신나게 딸기를 따 먹는 아이 **2** 하얀 딸기꽃에서 열매가 되는 과정 관찰하기 **3** 직접 만든 딸기잼

논산에 자리 잡은 마음 좋은 딸기삼촌이 운영하는 이곳은 딸기를 마음껏 따 먹을 수 있는 곳이다. 농약은 쓰지 않은 채 진디벌과 무당벌레를 풀어놓는 등 천적을 이용한 농법으로 재배하여 밭에서 직접 딸기를 따 씻지 않고 바로 먹을 수 있다. 비닐하우스 안에는 알이 크고 새빨간 딸기가 가득하다. 딸기의 꽃받침이 열매와 반대 방향으로 젖혀진 게 맛있고 달다. 다른 딸기 농장은 보통 시간 제한을 두는데, 이곳은 인심 좋은 아저씨의 배려로 원하는만큼 딸기를 먹을 수 있다. 딸기만 먹어도 적잖이 배가 부르다는 관람객이 많으므로, 오전에 이곳을 들를 예정이라면 점심 식사는 간단하게 해결할 수 있는 곳으로 잡아도 무난하겠다.

문의 010-3884-4349/www.samchon.kr
위치 충남 논산시 노성면 병사리 423-9
체험료 어른 15,000원(딸기 500g 증정) 어린이 8,000원(만 3세 이상), 딸기잼 만들기 8,000원
이용시간 오전 10시~오후 6시
체험소요시간 12~4월

이렇게 놀아요 How to play

😊 딸기밭에서 신나는 딸기 체험해요
향긋한 딸기 향이 풍기는 비닐하우스에서 '톡톡' 소리 나며 따지는 딸기는 너무나 싱싱하고 달콤하다. 빛깔마저 빨갛고 반짝거려 끝없이 펼쳐진 딸기밭에 계속 머무르고 싶다. 빨갛게 익은 딸기도 있지만 아직 연둣빛을 띠며 덜 익은 딸기들도 눈에 띈다. 하얀색 딸기꽃에서 초록빛 작은 열매가 되고 색이 점점 붉어지고 커지며 딸기로 변하는 모습을 관찰해 보자. 딸기가 어디에서 어떻게 만들어지는지 알 수 있어 산교육이 된다.

😊 딸기잼 만들어요
비닐하우스에서 실컷 딸기를 따 먹었으면 딸기잼을 만들어 보자. 약 3kg의 딸기를 따서 깨끗이 씻는다. 그 뒤에는 아이들의 몫인데. 아이들은 완전 몰입해 열심히 즙을 낸다. 설탕 1.5kg을 섞은 뒤 약한 불에서 저어 가며 20분간 졸이면 잼이 완성된다. 설탕 양을 조절할 수 있어 입맛에 맞게 딸기잼을 만들 수 있다. 미리 식빵을 가져가면 방금 만든 잼을 발라 먹을 수 있다. 그 밖에도 딸기 비누를 만들거나 딸기 화분을 심어 가져갈 수 있다.

염청 크고 선명한 빨간색 딸기 골라보기

손으로 신나게 딸기를 주물주물

내가 직접 만들어 더 맛있는 딸기잼

금강자연휴양림/
그림 같은 풍경을 만나는 곳

Main 한눈에 들어오는 수려한 자연경관 **1** 언덕에 올라 잔디에서 뛰놀기 **2** 산의 생태에 관한 전시를 하는 산림박물관 **3** 창연정에서 내려다보는 금강의 풍경

계룡산 줄기의 잘 보존된 울창한 숲에 지어진 금강자연휴양림은 그림 같은 풍경과 다양한 휴식처로 몸과 마음이 즐거운 곳이다. 산림박물관과 동물마을, 열대온실은 자연학습교육장으로 손색없는 곳이다. 사육 환경이 좋아 동물들의 움직임과 표정이 자연스럽고 근처의 풀을 뜯어 가까이 대면 서로 먹겠다고 몰려드는 모습이 신기하다. 먹이를 주며 동물들과 친해지고 특징적인 모습도 관찰해 본다. 수목원, 야생화원, 잔디광장에서는 산책하며 휴식을 취할 수 있다. 최근 새로 리뉴얼 한 산림박물관은 6개 전시실로 주제를 달리하여 아름다운 숲의 생태에 대해 자세히 전시하고 있다. 자연휴양림도 있어 산세를 느끼며 하룻밤을 보내는 계획을 세워도 좋다.

문의 041-850-2686/www.keumkang.go.kr
주소 충남 공주시 반포면 도남리 12-2
요금 어른 1,500원 어린이 700원(만 6세 이상)
이용시간 오전 9시~오후 6시(동절기 오후 5시까지)

계룡산도예마을 / 도예가들이 모여 사는 특색 있는 마을

Main 마을 곳곳에서 볼 수 있는 조형 작품 **1** 지붕 위에 올라 있는 자전거 **2** '고토갤러리'의 외관 **3** 작가의 개성을 살린 작품이 전시된 공방

계룡산 주변은 1500년대부터 도자기의 주생산지로 유서 깊은 곳이다. 그중 계룡산 도예마을은 철화분청사기의 우수성을 재창출하고 맥을 잇기 위해 도예가 18명이 모여 도예 작업을 하며 마을을 형성해 살고 있는 곳이다. 건물마다 전시장이 있어 마을 전체가 하나의 갤러리 같은 분위기이며, 건물 외부는 독특한 디자인의 조형물이 설치되어 눈길을 끈다. 흙 냄새가 배어 있는 작업장에 들어서서 도자기가 구워지는 가마들을 보면 전통의 향기가 느껴진다.

흙을 구워 만든 독특한 조형 작품들

문의 토울공방 041-857-4072/www.towool.com
주소 충남 공주시 반포면 상신리 569 계룡산 도예촌 **체험비용** 컵 10,000원 접시 15,000원 선

이렇게 놀아요 How to play

😊 도자기 만들기 체험해요

아이들이 직접 만들어 성취감을 느낄 수 있는 도자기 체험을 해본다. 선생님의 꼼꼼한 지도로 도자기를 만들 수 있다. 손바닥으로 두드려 밑판을 만들고 길다란 가래를 만들어 돌려 쌓아 올린 후, 잘 붙도록 손가락으로 밀어준다. 구워져 나왔을 때 활용이 가능한 작품을 만들려면 빈틈없이 꼼꼼하게 해야 한다. 밝은 색의 흙을 한 번 바른 후 그 위에 그림도 그리고 꾸미기를 하면 나만의 작품이 완성된다. 예술 작품 감상은 아이들의 미적 감각을 풍부하게 하고 창의적인 생각을 이끌어내는 데 많은 도움을 준다.

선생님이 기초부터 꼼꼼하게 지도

아이들이 만든 작품

하트 모양 접시를 만든 후 그림을 그려 마무리

선생님, 알려주세요

Q 공예 체험을 하면 마지막에 마무리를 하지 못합니다. 한동안 꼬적거리다가 금세 흥미를 잃는 거죠. 집중력 문제인 것 같은데, 아이들의 특성상 그런가 싶어 그냥 두었거든요. 그런데 밖에서 보기가 너무 안 좋아요. 그렇다고 강요하거나 매번 도와주는 건 좋은 방법이 아닌 것 같아요. 어떤 식으로 교육시켜야 할까요?

A 조금씩 집적거리기만 하고 끝까지 해내지 못하는 이들이 있다. 금세 흥미가 다른 곳으로 옮겨가는 것이 집중력의 문제이기도 하지만 평소 아이를 잘 관찰해 봐야 한다. 기질적으로 주의산만한 문제를 가진 아이도 자기가 좋아하는 책 읽기를 할 때는 몇 시간을 집중하기도 한다. 그러므로 원래  집중을 못하는 아이인지 만들기를 원래 안 좋아하는 아이인지. 아이가 흥미로워하는 것은 무엇인지를 살펴보고 여행지를 선택해야 한다. 그리고 원래 인내력이 부족하고 의존성이 많아 끝까지 못하는 아이는 가정에서 인내력 기르기를 생활 속에서 실천해야 한다. 그래야 부모가 주는 경험들을 자기 것으로 받아들여 자신을 살찌우는 데 쓸 수 있다.

계룡산자연사박물관 /
놀면서 저절로 배우는 자연사

Main 높이 16m의 브라키오사우루스의 실제 화석 **1** 조형물 위에 올라 신나게 노는 아이들 **2** 인체의 신비를 쏙쏙 파헤쳐 보자 **3** 곰 박제와 악수를!

계룡산 자락에 자리한 이곳은 우주, 공룡, 광물, 육상생물, 해양생물, 인간 등 자연과학의 전반적인 내용을 전시하고 있다. 입구의 커다란 브라키오사우루스를 시작으로 건물에 이르기까지 수십 마리의 크고 작은 공룡의 모형들이 야외에 전시되어 있어 흥미를 돋운다. 사설재단에서 운영하는 곳이라 입장료는 조금 비싼 편이지만 테마별로 다양하고 많은 자료가 전시되어 있어 충분히 그 값을 한다. 다른 박물관과 달리 전시물 앞의 유리를 가능한 한 설치하지 않아 호랑이, 사자, 곰, 물개 박제의 생생한 모습을 볼 수 있다. 재미있게 관람하며 자연과학을 저절로 배우는 공간이다.

문의 042-824-4055/krnamu.or.kr
주소 충남 공주시 반포면 학봉리 511-1
입장료 어른 9,000원 어린이 6,000원 유아 4,000원(만 2세 이상)
관람시간 오전 10시~오후 6시 **휴관일** 월요일

이렇게 놀아요 How to play

😊 신기한 전시물이 많아요

1층 로비에는 높이가 16m나 되는 엄청난 크기의 브라키오사우루스의 실제 화석이 전시되어 있어 공룡이 살았다는 역사를 뒷받침한다. 현재 골격의 약 85%가 복원돼 세계적으로 완성도가 매우 높은 공룡화석이다. 또한 몸 길이가 30m, 몸무게가 120t의 흰긴수염고래의 골격이 전시되어 있어 그 크기를 짐작하게 한다. 3층 특별전시실에는 국내에서 가장 오래된 미라가 약 600년 동안 자연 건조된 상태로 보존되어 있다.

여기도 가보세요

계룡산 동학사

자연사박물관에서 약 1km 올라가면 자리한 동학사는 비구니 승가대학으로 비구니들의 수행 사찰 역할을 하고 있다. 매표소에서 동학사까지 30분 정도 걸어 올라가는데 길 옆으로는 계곡이 흐르고, 산세가 아름다워 고즈넉한 오솔길을 산책할 수 있어 좋다.

문의 042-825-2570
위치 충남 공주시 반포면 학봉리 동학승가대학 **입장료** 어른 2,000원 어린이 400원

공룡의 거대한 아래다리 뼈

생생한 바닷속 풍경

꽃과 열매에 대해 알아보기

600년 된 학봉장군 미라

선생님, 알려주세요

Q 아이가 박물관의 박제된 동물을 무서워해 보지 않으려고 합니다. 자연과학을 교육하기 위해 왔는데 오히려 역효과가 날까 걱정입니다. 어떻게 지도하면 좋을까요?

A 겁이 많고 소심한 아이인 것 같다. 괜찮다고 부모가 설명해도 아이는 정말 무서운 것이므로 억지로 하지 말고 그 장소에서 나오는 게 좋다. 다른 아이들은 다 구경하고 즐거워하고 신기해 하는 것을 내 아이가 못하면 속상하고 또 걱정이 될 것이다. 그러나 그 자리에서 아이를 혼내거나 야단 치는 식으로 부모 감정이 드러나서는 안 된다. 아이가 좀 더 나이가 들면 편히 받아들일 수 있다. 또한 겁 많고 소심하고 여린 성격이 좀 더 강해지도록 가정에서 양육 지도 시 관심을 더 가져야 한다. 원래 기질상의 문제이기도 하나 환경으로도 부모의 지나친 과잉보호나 집 안에서만 자라는 아이는 계속 겁 많고 소심한 기질이 더 심해질 수 있다.

야외에 전시된 티라노사우루스 모형

충남 논산 · 공주에서 유용한
요모조모 정보 모음

아이들과 함께하기 좋은 맛집 · 잠자리

손두부로 만든 맛깔 나는 요리 전문점
촌동네

문의 042-825-4110 **위치** 충남 공주시 반포면 학봉리 소방서 뒤
메뉴 한정식, 보쌈, 두부전골, 닭도리탕 **가격** 10,000원대

금강과 계룡산을 품은 그림 같은 경치가 으뜸인 곳
비발디하우스

문의 041-881-7755/www.bihouse.co.kr **위치** 충남 공주시 장기면 금암리 352-3
숙박료 80,000~100,000원대

다/녀/와/서

준비물 찰흙, 빨대, 이쑤시개, 모양 꾸미기 재료(콩, 스파게티 등)

찰흙으로 컵 만들기(계룡산도예마을)

배운 내용을 생각하며 가래를 만들어 쌓아 나만의 멋진 컵을 만들어 봐요.

❶ 어떤 컵을 만들지 생각해 보고, 평평하게 한 찰흙을 동그란 그릇으로 눌러 바닥이 될 판을 만든다.
❷ 찰흙을 손바닥으로 굴려 가래를 길게 만들어 층층이 쌓는다.
❸ 5~6줄 정도로 쌓아 올린 후 하트나 별 등 모양을 만들어 준다.
❹ 손잡이도 만들고, 곡물을 이용해 붙여 꾸민다.
❺ 빨대나 이쑤시개 등을 이용해 다양한 모양을 만들어 조형놀이를 해본다.

Course 39 충남 당진·덕산

덕산스파캐슬과 삽교호 함상공원의 군함 체험

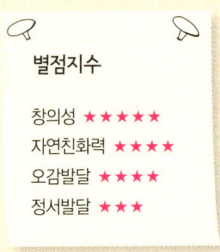

별점지수

창의성 ★★★★★
자연친화력 ★★★★
오감발달 ★★★★
정서발달 ★★★

Mom's Hidden Card
엄마의 비책

요즘 들어 서울 근교에 스파 시설이 많이 생겼다. 노곤한 온천물에 몸을 담그고 있자면 쌓인 피로가 절로 풀리고, 아이와 함께라면 정서적인 효과도 기대할 수 있기 때문에 가족놀이 장소로 각광받는다. 물놀이는 규칙이나 형태가 정해져 있는 것이 아닌 마음껏 자신을 펼칠 수 있는 놀이여서 아이들에게 특히 좋다. 몸을 많이 움직이므로 스트레스도 빠르게 해소되고 운동 효과도 아주 크다. 특히 가족과 함께하는 물놀이는 아이가 부모와 하나됨을 느낄 수 있는 좋은 기회이다. 또한 물속에서 서로 살이 닿는 스킨십을 자연스레 할 수 있으므로 더욱 친밀감을 느끼게 된다. 나이가 어릴수록 평소 집에서도 부모와 함께 물놀이를 즐길 수 있는 기회를 많이 마련하면 가족 간의 즐거움을 나누는 데 큰 도움이 될 것이다.

스파에서 넉넉한 시간을 보내려면 전날 출발해 1박한 후 스파를 하는 게 좋겠다. 전날 돌아보기 좋은 장소로 삽교호 함상공원과 태신목장을 추천한다.

소요시간 1박 2일 **베스트 여행시기** 4~10월

2시간 소요 → **삽교호 함상공원** — 22km/차로 30분 → 3시간 소요 **태신목장** — 20km/차로 35분 → 4시간 소요 **덕산스파캐슬**

삽교호 함상공원
해군이 되어 군함 탐험하기

Main 바다 위에 떠 있는 상륙함과 구축함 **1** 육상으로 상륙작전 시 사용하는 장갑차 **2** 데워서 바로 먹는 전투 식량 **3** 약 3m 높이의 대형 스크루 프로펠러

해군의 퇴역 함정을 활용한 테마공원인 이곳은 푸른 바다 위에 떠 있는 커다란 군함에서 해병대의 문화를 체험하는 곳이다. 길이 약 100m, 폭 15m의 상륙함과 구축함의 두 대가 나란히 떠 있으며 규모가 커서 다 둘러보는 데는 약 2시간이 소요된다. 상륙함은 상륙 작전과 수송 임무를 수행하는 함정으로 사용되었다. 현재는 전시관으로 활용되어 해병대의 생활과 함정에 대한 내용을 전시하고 있다. 구축함은 전투함으로 내부 시설이 그대로 보존되어 함교와 작전실, 함장실, 내무반 등 해군의 생활을 체험할 수 있도록 되어 있다. 입구에 마련된 해군복과 모자를 착용하면 잠시 동안 진짜 해군이 된 것 같은 느낌으로 관람할 수 있다.

문의 041-363-6960/www.sgmp.co.kr
위치 충남 당진군 신평면 운정리 197-3
요금 어른 5,000원 어린이 4,000원(만 3세 이상)
이용시간 오전 9시~오후 7시(동절기 오후 5시까지)

이렇게 놀아요 How to play

😊 함교, 함포 체험해요

군함에서 일어나는 모든 전술적인 상황을 지시하는 심장부인 함교에서 지휘 및 조타 체험을 해 보자. 여러 장비를 작동하고 직접 해군 대장이 되어 역할극도 해 보면 재미있다. 함교 앞의 함포에서 조준도 하고 작동하며 포탄이 터지는 상상을 해 본다. 갑판 아래에는 해군 내무반과 식당, 이발소 등이 작은 공간에 짜임새 있게 들어서 있다. 좁은 통로를 통해 가야 하는 여러 방들을 아이들은 마치 미로 찾기를 하듯 돌아다니며 탐험한다. 식당에는 전투 식량을 판매하는데, 아빠는 군대의 옛 추억을 떠올리고 아이들은 양철통에 먹는 색다른 맛으로 재미있게 식사를 해 본다.

배워봅시다

😊 해병대의 유래에 대해 얘기해 주세요

해병에는 '귀신 잡는 무적 해병대'란 수식어가 항상 따라붙는다. 귀신도 잡을 것 같은 용맹성과 패기를 나타내는데 6.25전쟁 당시 적은 인원으로 북한군과 싸워 큰 승리를 거둔 뒤 한 미국 기자가 '귀신 잡는 해병대'란 제목으로 기사를 올린 것이 시초가 되어 지금까지도 그렇게 불리고 있다. 해병대의 훈련을 체험하는 어린이 해병대 캠프는 아이들에게 극기 훈련을 통한 인내와 끈기를 가르쳐 준다.

해군 복장을 하고 함포에 앉아 조준하기

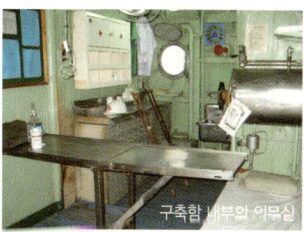
구축함 내부의 어무실

대량으로 음식을 만드는 주방

30kg짜리 완전군장을 어깨에 메고서

커다란 물고기 입으로 들어가는 듯한 입구

태신목장/
오감만족 완벽한 낙농 체험

Main 한적하고 평화로운 농장 전경 **1** 멋진 그림이 그려져 있는 수레를 타고 목장 둘러보기 **2** 유유히 풀을 뜯고 있는 젖소 **3** 배가 고픈 듯 손을 쪽쪽 빨아 먹는 돼지들

푸른 초원에 젖소, 말, 양, 돼지, 오리 등의 초식동물이 옹기종기 모여 살고 있는 곳으로 목가적이고 평화로운 풍경을 감상할 수 있다. 마치 동화책에 나오는 목장 같은 분위기여서 아이들의 동심을 자극한다. 이곳에는 다양한 체험 프로그램이 마련되어 있는데 소젖 짜기, 송아지 우유 주기, 건초 주기 등의 낙농 체험과 치즈 만들기, 아이스크림 만들기, 피자 만들기 등이 있다. 목장의 입구에는 미술관에 온 듯 재미있는 미술 작품이 전시되어 있다. 주로 동물을 형상화한 작품인데, 그중 '소'를 소재로 한 작품이 많아 소와 더욱 친해질 수 있다.

문의 041-356-3154/www.taeshinfarm.com
위치 충남 당진군 면천면 문봉리산 45
요금 7,000원(트랙터 타기 포함/만 3세 이상)
체험료 낙농 체험·치즈 만들기 체험 10,000원
아이스크림 만들기 5,000원(4인)
이용시간 오전 10시~오후 5시

이렇게 놀아요 How to play

😊 송아지와 소에게 먹이를 주세요

젖소의 생활을 볼 수 있는 낙농 체험을 해본다. 따뜻한 소의 젖꼭지를 가만히 눌러주어 직접 짜낸 우유를 송아지에게 먹인다. 어린 송아지들은 우유병을 갖다 대자마자 쪽쪽 빨아 먹으며 친근하게 다가온다. 아이들은 동물에게 먹이를 주며 서로 교감하고 친해진다. 동물도 사람과 마찬가지로 눈도 마주쳐 주고, 머리도 쓰다듬어 주면 더 좋아한다. 큰 젖소에겐 사료와 건초를 준다.

😊 우유로 아이스크림과 치즈 만들어요

우유를 응고시키는 기계에 하루 동안 담가 10분의 1로 줄어든 두부 같은 모양의 덩어리를 미리 준비한다. 그 덩어리를 잘게 뜯어 뜨거운 물에 담갔다가 주물럭주물럭 잘 반죽을 하고 늘이면 쫀득쫀득 맛있는 모차렐라 치즈가 된다. 다시 뜨거운 물에 담그면 말랑말랑해져서 여러 모양도 만들 수 있다. 과학의 원리를 이용한 아이스크림 만들기는 생각보다 간단하다. 큰 대접에 얼음과 소금을 넣고, 그 위에 작은 대접을 중탕하듯 올리고, 우유를 부은 뒤 계속 저으면 우유가 점점 응고되면서 시원하고 맛있는 아이스크림이 완성된다.

농장을 한 바퀴 돌아보는 커다란 트랙터

푸른 초원 위를 마음껏 뛰어다니기

갓 짜낸 우유를 먹는 송아지

조각공원에 있는 작품

치즈 만들기 체험에 열중하는 아이들

덕산스파캐슬 /
마음까지 따뜻해지는 스파 여행

Main 아이들이 즐겁게 놀 수 있는 야외 온천 **1** 덕산스파캐슬 콘도 전경 **2** 스릴을 즐기는 바디 슬라이드 **3** 건강한 발을 위한 지압탕

덕산스파캐슬은 온천과 물놀이, 미용, 레저 숙박 시설을 갖춘 복합 휴양지다. 워터파크 내의 물이 온천수로 되어 있어 겨울에도 즐기기 좋으며, 깔끔한 시설과 다양한 스파, 물놀이 시설로 우리나라에서 가장 좋은 온천워터파크 중 하나로 알려진 곳이다. 스파 시설인 천천향은 파라원, 워터레이, 써니레이, 해미원, 오감원, 온천 사우나의 6가지 테마로 나뉘어 있다. 동서양의 각종 스파와 물놀이 시설을 다 이용하려면 여유 있게 계획을 짜야 한다. 내부 인테리어는 울창한 조경과 고풍스러운 스타일로 환상적인 분위기를 연출한다. 편의 시설도 잘 갖춰져 있어 아이들과 이용하기에 불편함이 없다.

문의 041-330-8000/www.m-castle.co.kr
위치 충남 예산군 덕산면 사동리 361번지
요금 어른 48,000원 어린이 30,000원(만 3세 이상, 카드 제휴 20~40% 할인)
이용시간 오전 9시~오후 9시(슬라이드 이용 오전 10시~오후 7시)

충남 당진·덕산에서 유용한
요모조모 정보 모음

아이들과 함께하기 좋은 맛집·잠자리

당진에 가면 꼭 먹어봐야 하는 우렁이쌈밥
우렁이박사

문의 041-362-9554 **위치** 충남 당진군 신평면 도성리 499-1
메뉴 우렁이 쌈밥 정식, 우렁무침, 우렁덕장, 된장찌개 등 **가격** 6,000~12,000원

산과 물이 만나 이루어진 자연이 숨쉬는 공간
가야펜션

문의 070-8248-8077/www.ducksan.net **위치** 충남 예산군 덕산면 대치리 65-1
요금 60,000~80,000원

다/녀/와/서

준비물 우유갑, 칼, 가위, 수수깡, 나무젓가락, 양파망, 셀로판테이프, 다양한 재활용품

우유갑으로 배 만들기(삽교호 함상공원)

재활용품을 이용해 배를 만들어 보고 물에 띄워봐요. 재활용품을 이용해 다양한 재료를 활용하는 능력을 기를 수 있어요. 되도록 물에 젖지 않는 재료를 사용해요.

❶ 길다란 우유갑을 반으로 자르고 가운데 5~6군데 가위집을 낸다.
❷ 가위집 낸 곳을 안쪽으로 휘어 셀로판테이프로 고정하면 바닥이 곡선 모양이 된다.
❸ 우유갑의 뾰족한 세모 모양을 뱃머리로 하고 나무젓가락과 비닐을 이용해 돛을 만든다.
❹ 커다란 스티로폼 상자를 이용해 배를 만들어 본다.
❺ 양파망에 물고기 그림을 그려 넣거나 구부려지는 재료로 튜브도 만들어 완성한다.

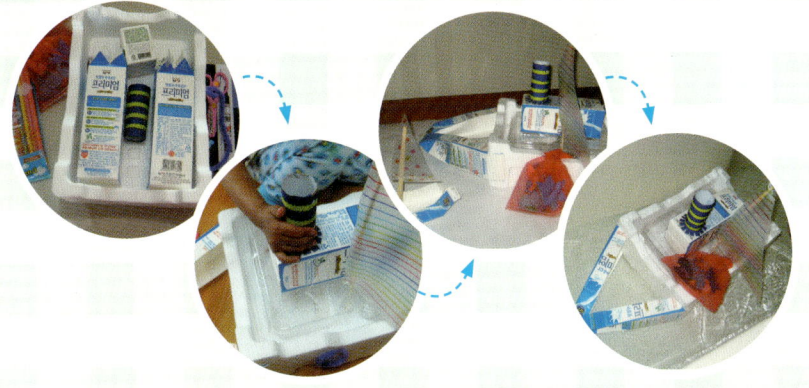

Course 40 충남 천안

거봉마을 포도 체험과 민족의 숨결이 느껴지는 독립기념관

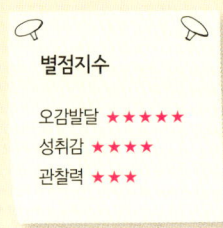

별점지수

오감발달 ★★★★★
성취감 ★★★★
관찰력 ★★★

Mom's Hidden Card

엄마의 비책

여름철 포도 따기뿐만 아니라 가을철 자주 열리는 사과 따기, 밤 줍기, 고구마나 감자 캐기 등의 농산물 체험 활동은 부모와 아이 모두에게 직접 수확하는 즐거움을 만끽하게 해준다. 나무와 땅에서 자기 손으로 수확한 결실은 직접 시장에서 그것들을 간편하게 얻는 것에 비할 바 아니다. 단순하게 먹기만 하던 것에서 먹을거리가 생기기까지의 과정에 참가하면서 사고가 조금씩 열리는 경험을 할 수 있다. 부모는 농산물을 직접 따면서 농부의 마음까지도 헤아리기를 기대하지만, 이는 아이에게 너무 많은 걸 바라는 것이다. 설명이 많아지면서 아이들에게 느낌을 강요하게 되는데 아이는 직접 느낀 만큼만 배울 뿐이다. 자연스런 기회를 주고 아이가 이 과정에서 호기심을 가지고 질문하면 아이 수준에 맞게 답해주는 것이 산 교육이다.

소요시간 9시간　　**베스트 여행시기** 7~10월

5시간 소요　　　　　　　　　　　2시간 소요

거봉마을 ······· 30km/차로 40분 ·······▶ **독립기념관**

거봉마을 포도 체험 /
알알이 탱탱한 거봉 따기

Main 주렁주렁 매달린 탐스런 거봉 **1** 거봉마을 체험장 **2** 거봉마을을 알리는 소원의 종 **3** 거봉을 정성스럽게 포장하는 모습

전국 제일의 거봉 산지인 입장의 거봉은 송이가 크고 당도가 높으며 병충해에 강해 인기가 높다. 마을에 들어서면 온통 거봉 밭으로 가득하며 검보랏빛으로 잘 익은 탐스러운 거봉이 주렁주렁 매달려 있다. 직접 거봉을 따보고 그와 관련된 체험을 통해 성취감을 느낀다. 체험의 순서는 약간씩 다를 수 있으나 포도 밟기 및 와인 담그기, 생태 체험, 손수건 꽃 물들이기, 포도송편 만들기, 거봉 따기를 차례로 하게 된다. 점심은 한식으로 제공되며 딴 직접 거봉은 2kg씩 가져갈 수 있다. 알알이 잘 익은 싱싱하고 맛있는 거봉을 직접 따서 먹으며 자연의 소중함과 수확의 보람을 느껴본다.

문의 041-582-1019, 011-255-5192/geobong.invil.org
주소 충남 천안시 입장면 연곡리 309-6
체험료 21,000원(만 4세 이상/거봉 2kg, 점심 포함)
체험시간 오전 10시 30분~오후 4시

이렇게 놀아요 How to play

😊 거봉 따기와 거봉 밟기해요
나무에서 갓딴 거봉은 슈퍼마켓에서 보던 것과 달리 줄기가 곧고 알이 싱싱하며 코끝으로 향이 전해진다. 딴 포도를 그 자리에서 먹는 일은 농촌 수확 체험에서 가장 즐거운 일이다. 포도 밟기 체험이 끝난 후에는 신청자에 한해 와인을 만들 수도 있다. 포도를 손으로 주무르고 발로 밟는 것 자체가 재미있을 뿐더러 아이들의 자유로운 사고력을 이끌어 내고 스트레스를 해소하는 데도 도움이 된다. 포도의 빛깔을 보고, 향을 맡고, 맛을 느끼면서 오감을 자극하는 좋은 체험이다.

😊 손수건 물들이고 포도송편 만들어요
손수건에 꽃물 들이기는 꽃과 잎으로 손수건 한쪽에 모양을 내어 올려 놓고 숟가락으로 두드려 염색하는 것이다. 들꽃을 따서 손수건 위에 이리저리 디자인하여 모양을 만들고 반으로 접은 후 숟가락으로 신나게 두드리면 대칭으로 된 예쁜 모양의 손수건이 완성된다. 다음으로는 포도즙으로 찹쌀 반죽을 해 보랏빛이 나는 송편을 만든다. 동글동글 굴린 다음 가운데 구멍을 내어 고물을 집어 넣은 뒤 입구를 조심스럽게 막아 모양을 만든다. 아이들의 소근육 발달에도 좋다.

거봉 밟기를 하며 발끝의 촉감 느끼기

주렁주렁 매달린 알알이 탱탱한 거봉

포도즙으로 반죽해 만든 포도송편

선생님, 알려주세요

Q 자연의 소중함과 수확의 기쁨을 느끼게 해주고 싶어 체험을 했는데 우리 아이는 수확에는 관심 없고 먹기만 합니다. 아이가 보람을 느낄 수 있도록 적절하게 지도할 수 있는 방법을 알려주세요.

A 수확의 기쁨을 아이에게 기대하긴 무리이다. 이것은 어른도 마찬가지이다. 수확의 기쁨은 씨 뿌리고, 물 주고, 가지 치고, 거름 주는 등 농작물이 잘 자랄 수 있게 공을 들이고 자주 들여다보면서 점점 커가는 모습을 볼 때에만 느껴지는 것이다. 과정에 동참하지 않고 따는 것만으로 수확의 기쁨을 느끼긴 어렵다. 어른은 수확의 과정을 머릿속으로 이해하고 있기에 탐스러운 포도송이를 보면 신기하면서 감동적이지만, 이 또한 농부의 기쁨과는 비교될 수 없을 것이다. 아이들은 머릿속으로도 그런 과정을 생각하는 인지 발달 수준이 안 되기에 따 놓은 것 먹는 즐거

움만을 느끼는 게 당연하다. 수확의 기쁨을 가르치고 싶다면 가정에서 상추, 토마토 등을 기르며 그 과정 중에 아이를 자주 동참시키는 식으로 지도해보자.

독립기념관,
민족의 숨결이 느껴지는 곳

Main 웅장한 독립기념관의 외관 **1** 아이들이 흥미로워 하는 모형 기차 **2** 민족의 비상을 표현하고 있는 겨레의 탑 **3** 녹지와 나무그늘이 드리워진 백련못 주변

우리나라 국난 극복 역사와 나라를 지키고 발전시켜 온 조상들의 역사를 보여주는 기념관으로 나라와 민족의 소중함을 배우고 애국심을 기를 수 있는 곳이다. 시간의 흐름에 따라 순차적으로 7개 전시관으로 나뉘어 있으며 전시관 외에 입체영상관, 야외 전시물 등이 볼거리다. 1전시관은 선사시대부터 조선시대까지 국난 극복에 관계된 자료를, 2전시관은 1860년대부터 1910년 국권상실 때까지의 근대 민족 운동의 자료를 전시하고 있다. 3전시관은 일제의 침략과 만행의 실상을, 4전시관은 1910년대 국내외 독립 운동과 3·1운동 자료를 전시하고 있다. 5전시관인 독립전쟁관은 만주를 중심으로 전개된 항일 투쟁 관련 자료와 모형물을 보여주며, 6전시관은 사회·문화운동관, 7전시관은 대한민국 임시정부관이다.

문의 041-560-0114/www.i815.or.kr
주소 충남 천안시 목천읍 남화리 230번지
입장료 무료 **관람시간** 오전 9시 30분~오후 6시 (동절기 오후 5시까지) **휴관일** 월요일

충남 천안에서 유용한
요모조모 정보 모음

아이들과 함께하기 좋은 맛집 · 잠자리

진한 국물의 순댓국과 고소하고 맛있는 순대 잘하는 집
아우내먹거리순대

문의 041-564-2544 **위치** 충남 천안시 동남구 병천면 171 **메뉴** 순댓국 **가격** 5,000~7,000원대

깔끔하고 편안한 잠자리
상록리조트

문의 041-560-9114/www.sangnokresort.co.kr **위치** 충남 천안시 수신면 장산리 669-1 **요금** 115,000원

다/녀/와/서

준비물 포도, 설탕, 거름망

포도잼·포도주스 만들기(거봉마을)
아이들과 함께 따온 포도로 집에 와서 포도주스와 포도잼을 만들어 봐요.

❶ 포도를 깨끗이 씻은 뒤 냄비에 넣고 물 없이 30~40분간 잘 저어 가며 끓인다. 껍질과 씨를 함께 넣고 끓이기 때문에 그 안에 있는 영양분을 다 먹을 수 있어 좋다
❷ 끓인 포도물을 굵은 체에 내리고 남은 껍질은 보자기에 걸러 낸다.
❸ 포도 원액에 물을 섞으면 포도주스가 되고, 원액 1, 설탕 0.7 비율로 넣고 끓이면 포도잼이 된다.

준비물 도화지, 잡지, 칼, 가위, 자

태극기 그려보기(독립기념관)
우리나라 태극기를 그리고 잡지를 이용해 모자이크로 색을 채워요.

❶ 태극기 모양을 보고 그린 다음 잡지에 있는 색을 이용하여 찢어 붙인다..
❷ 신문이나 잡지의 글자를 활용해 글씨를 써본다.

Course 41 충남 서천

해양박물관
바닷속 탐험과
춘장대해수욕장 놀이

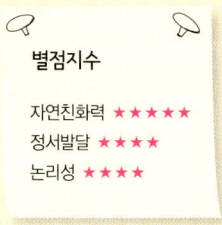

별점지수

- 자연친화력 ★★★★★
- 정서발달 ★★★★
- 논리성 ★★★★

Mom's Hidden Card

엄마의 비책

부모가 아이와 함께 해수욕장에 갈 때는 동해보다 서해를 선호한다. 서해안 바닷가는 수심이 깊지 않아 우선 안전하고, 썰물 때를 잘만 이용하면 아이와 놀거리가 무궁무진하기 때문이다. 이곳에 소개된 춘장대해수욕장이나 월하성포구의 마을은 서해의 대표적인 바닷가 놀이터다. 아직은 크게 붐비지 않은 채 적당히 입소문을 타고 관광지로 개발된 곳이라 편의시설도 만족할만한 수준이다. 최근에는 바닷물이 깨끗해지면서 물고기떼도 심심찮게 볼 수 있다. 바닷가에 가기 전에 서천의 해양박물관에 들러 희귀 조개류와 어류 전시물을 먼저 관람하고 이어서 바다 체험을 하면 아이들이 여행지를 받아들이고 기억하는 정도를 배가시킬 수 있을 것이다. 학습 위주의 장소와 놀이 장소를 연계할 수 있는 대표적인 코스여서 특히 추천한다.

여행 계획을 짤 때 월하성마을의 갯벌에서 보내는 시간을 충분히 잡도록 하자. 갯벌체험을 처음 해보는 아이라도 미끈거리고 따스한 진흙의 질감을 한 번 느껴 보면 스스로 흥미를 붙이고 그 공간에 빠져든다. 흙에서 느껴지는 푸근함을 아이도 본능적으로 아는 것이다. 특히 이곳 갯벌에서는 손쉽게 맛조개를 캘 수 있어 다른 지역의 갯벌체험보다 더욱 값진 시간을 보낼 수 있다.

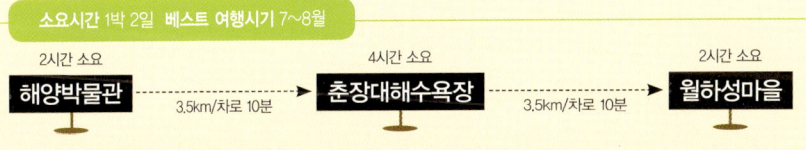

소요시간 1박 2일 **베스트 여행시기** 7~8월

해양박물관 — 2시간 소요 — 3.5km/차로 10분 → 춘장대해수욕장 — 4시간 소요 — 3.5km/차로 10분 → 월하성마을 — 2시간 소요

해양박물관 / 바닷속의 신비한 해양생물들

Main 입구의 거대한 물고기가 아이들의 시선을 사로잡는다. **1** 신비한 바닷속 세계 **2** 대형 거인 조개 껍질 **3** 가시가 돋은 복어

세계적인 희귀 조개류와 어류 박제, 아름다운 산호와 화석 그리고 살아 있는 어류 등 약 15만여 점을 전시하고 있다. 신비한 바닷속 해양 생태계를 직접 체험할 수 있는 산 교육장이다. 2층에는 입체영상관과 공룡탐험관, 화석관이 있으며 마량포구 등 휴식 공간이 마련되어 있다.

문의 041-952-0020/www.scmmuseum.co.kr
위치 충남 서천군 서면 마량리 90-3
요금 7,000원(만 3세 이상) **관람시간** 오전 9시~오후 6시(동절기 오전 9시 30분~오후 5시)

이렇게 놀아요 How to play

☺ **특별한 바다생물을 만나요**

이곳에는 이름만 들어도 등골이 오싹한 식인상어, 길이 1.2m 무게 250kg의 거인조개, 성질이 우둔한 개복치, 멸종 위기에 처한 장수거북 등을 볼 수 있다. 중앙에 전시되어 있는 대형 고래화석은 그 크기를 짐작하게 한다. 수족관에는 대형 철갑상어와 가오리, 바다뱀, 열대어가 살고 있어 가까이에서 어류도 볼 수 있다. 생태체험관에는 게, 뱀장어, 우럭 등이 사는 수족관이 있어 직접 손으로 만지고 잡아 볼 수 있다.

춘장대해수욕장/
아이들과 함께하기 좋은 해수욕장

Main 수심이 낮고 물이 깨끗해 가족 여행으로 좋은 춘장대해수욕장 **1** 즐거운 모래놀이 **2** 모래에 파묻혀 즐거워 하는 아이 **3** 출렁출렁 파도에 몸을 맡기기

넓게 펼쳐진 해변에 해송으로 둘러싸여 있는 춘장대해수욕장은 경사가 완만하고 파도가 잔잔해 아이들과 즐기기에 좋다. 최근 서해안의 바닷물이 깨끗해지면서 해변 근처에는 작은 물고기떼도 볼 수 있다. 해수욕 외에도 썰물 때면 걸어서 갈 수 있는 섬이 있고, 갯벌에서는 맛살, 조개 등을 잡을 수 있어 다양한 놀이가 가능하다. 아직 잘 알려지지 않아 인파가 몰리지 않고 오염이 덜 되었으며, 곱고 깨끗한 모래사장이 있어 좋다. 무엇보다 완만한 경사로 물놀이를 하기에 안전해 어린 아이와 같이 여행하기에 적극 추천하는 해수욕장이다.

문의 041-950-4224/www.chunjangdae.or.kr
위치 충남 서천군 서면 춘장대리
개장일 7월 1일~8월 16일

이렇게 놀아요 How to Play

😊 아이들과 수영하고 모래성 쌓아요

1.5도의 완만한 경사와 잔잔한 파도, 수심이 얕아 아이들과 해수욕하기에 안전하다. 해변에서 잔잔한 파도를 맞으며 튜브에 몸을 싣고 바다를 느껴본다. 모래사장의 곱고 부드러운 모래는 잘 뭉쳐져 모래놀잇감을 준비해 멋진 작품도 만들고, 모래성도 쌓는다. 오염되지 않은 모래사장에는 작은 게와 조개류가 가득해 작은 해양생물을 관찰할 수도 있다. 해수욕장 바로 앞에는 깨끗하고 시설 좋은 펜션이 있다.

😊 아침엔 바다새, 저녁엔 일몰 구경해요

아침 바닷가는 한적하면서 밀물이 지나간 뒤라 갯벌에는 조개와 꽃게가 눈에 띈다. 이런 바닷가의 주인은 바다새들이다. 먹이를 먹으려고 무리 지어 바닷가에서 아침식사를 하고 있다. 살금살금 다가가서 새들도 구경하고 쫓아가보자. 저녁이 되면 서해안의 볼거리인 일몰을 감상한다. 해가 바다의 수평선에 가까워지더니 어느새 수평선에 걸려 조금씩 안으로 들어가 없어진다. 해 지는 모습을 보며 붉게 물든 바닷가를 거닐어 본다.

온 가족이 모두 모여 커다란 모래성 쌓기

바다 전망이 좋은 수영장이 있는 펜션

야외에서 즐기는 바비큐 파티

배워봅시다

😊 밀물과 썰물에 대해 알려주세요

밀물은 바다에서 육지로 오는 물을 말하고, 썰물은 밀물로 들어 왔던 물이 다시 바다로 나가는 것인데, 이는 지구와 달의 당기는 힘에 의해 만들어진다. 지구와 달이 일직선상에 놓이면 인력에 의해 바다 물이 부풀어 오르게 되어 밀물이 되는 것이며 반대로 달과 직각 방향에 있는 곳에서는 바닷물이 줄어들게 되어 썰물이 되는 것이다. 밀물과 썰물은 하루에 두 번씩 일어나는데, 이것은 달과 일직선상에 놓인 지구의 반대편에서도 같은 현상이 일어나기 때문이다. 동해안도 밀물과 썰물의 현상이 일어나지만 잘 느끼지 못한다. 서해는 수심이 얕아 썰물이 되면 바닷물이 많이 빠지지만 동해는 같은 양이 빠져도 워낙 수심이 깊어 표시가 잘 나지 않기 때문이다.

앞에서 끌고 뒤에서 밀고 시원한 물놀이

월하성마을/
갯벌이 맛조개 밭

Main 갯벌에서 놀면서 조개 잡기 1 갯벌에서 만날 수 있는 생물들 2 조개 캐기에 열중인 아이들 3 소금을 뿌리면 쏙 올라오는 맛조개

월하성포구의 작은 마을인 이곳은 물이 들어오면 갯바위 낚시를 하고, 물이 빠지면 바다 멀리 모래 갯벌에 나가 조개잡이를 할 수 있는 장소다. 이곳에서 가장 많이 나는 조개는 맛조개이며 꼬막과, 밀조개 등도 잡힌다. 물때에 맞춰 가장 물이 많이 나가는 시간을 전후로 2시간 정도 채취할 수 있기 때문에 미리 시간을 알고 가는 것이 중요하다. 조개잡이에 필요한 도구는 맛소금, 소금통, 긴 삽과 작은 삽, 괭이, 잡은 조개를 담을 통 등이며 복장은 슬리퍼가 아닌 샌들을 신고, 모자와 음료를 준비하는 것이 좋다. 갯벌 안으로 한참 들어가기 때문에 필요한 준비물을 잘 챙겨야 하며 입구에서 필요한 장비를 빌리거나 살 수 있다.

문의 041-952-7060/walhasung.seantour.org
위치 충남 서천군 서면 월호리 585-12
요금 3,000원

이렇게 놀아요 How to play

😊 맛조개 잡는 일, 너무 쉬워요

조개를 잡을 때에는 순발력과 민첩성을 필요로 한다. 삽으로 모래를 5cm 정도 걷어 내면 손가락 크기만한 타원형 구멍이 나 있는데, 여기에 맛소금을 소금통에 담아 뿌리면 길다란 맛조개가 쏙 올라온다. 그와 동시에 재빠르게 잡아 올려야 하는데 조금만 늦으면 다시 들어가 땅 속으로 꼭꼭 숨어 버린다. 처음에는 조개를 놓치기도 한다. 삽으로 파는 사람, 소금 넣는 사람, 조개 잡는 사람으로 역할을 분담해 잡으면 어느새 조개잡이 팀이 된다. 맛조개 외에도 소라와 고동 등도 잡을 수 있으며 갯벌의 생태를 관찰할 수 있어 유익한 갯벌 체험이 된다. 잡은 맛조개는 소금물에 1~2시간 정도 담갔다가 석쇠에 구워 먹는다. 어디에서도 맛볼 수 없는 싱싱하고 맛있는 조개구이를 먹을 수 있다.

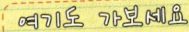 여기도 가보세요

한산모시박물관

우리나라의 미를 상징하는 여름 전통 옷감인 모시의 역사성과 우수성을 보여주는 전시관이다. 한산모시는 색상이 희고 우아하며 섬세하고 가늘어 여름철 옷감으로는 으뜸으로 치고 있으며, 예로부터 최고의 명성을 누려온 자연 섬유다. 전시실에는 모시의 역사를 전해주는 서적과 베틀, 모시길쌈 도구, 모시 제품 등이 전시되어 있으며, 모시가 섬유로 되어 가는 과정을 관람할 수 있다. 전통 공방에서는 모시를 짜는 공정을 재연하고 있어 이해를 돕는다.

문의 041-951-4100/www.hansanmosi.kr
위치 충남 서천군 한산면 지현리 60-1
요금 어른 1,000원 어린이 300원(체험료 무료) **관람시간** 오전 9시~오후 6시(동절기 오후 5시까지)

발이 푹푹 들어가는 갯벌

즉석에서 먹는 맛있는 조개구이

갓 잡은 신선한 맛조개

충남 서천에서 유용한
요모조모 정보 모음

아이들과 함께하기 좋은 맛집·잠자리

풍부한 해물로 맛을 낸 시원한 국물과 쫄깃한 면발
소문난 해물칼국수

문의 041-956-3360 위치 충남 서천군 마서면 도삼리 73-7 메뉴 칼국수 가격 5,000원대

춘장대 해수욕장 바로 앞 너무 멋진 펜션
산에바다에펜션

문의 041-951-0023/www.sanebadae.co.kr 위치 충남 서천군 서면 도둔리 1254 요금 4~6인실 비수기 80,000원 성수기 160,000원

다/녀/와/서

준비물 종이접시, 빨대, 작은 스푼, 사인펜, 색종이, 꾸미기 재료

종이접시로 물고기 만들기(해양박물관)

종이접시와 빨대 등을 이용해 다양한 물고기를 만들어 봐요.

❶ 종이접시를 반으로 접거나 2개를 붙여 물고기의 몸을 만든 후 색지를 오려 지느러미와 눈을 붙인다.
❷ 수수깡을 비스듬하게 잘라 비늘이나 지느러미를 표현한다.
❸ 빨대로 다리를 만들어 꽃게도 완성하고 다양한 재활용품을 만들어 본다.

Course 42 충남 아산 1

기쁨두배마을 배 따기 체험과 피나클랜드 오르기

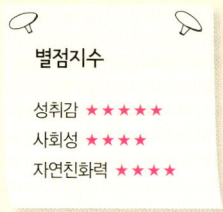

별점지수

성취감 ★★★★★
사회성 ★★★★
자연친화력 ★★★★

엄마의 비책

배를 따고 캠핑장에서 잠을 자면서 자연 속에서 보내는 시간들은 긴장감과 불필요한 스트레스를 저절로 떨치게 된다. 자연은 몸에 좋은 맑은 공기뿐만 아니라 조건과 계산을 하지 않아도 되는 넉넉한 품을 사람에게 내주기 때문에 자연 속에 있으면 저절로 사람이 편안해지는 것이다. 활동적인 것을 좋아하는 아이는 조심해야 할 게 많은 곳에 가면 규제를 많이 받아 부모와 아이 모두 스트레스를 받게 된다. 이런 아이들은 자연이 있는 곳에 데리고 다니면 평소 제제를 많이 받고 살다가 마음대로 할 수 있기에 스트레스가 말끔히 해소된다. 반대로 소심한 아이도 자연 속에 있으면 자연스레 움직이는 행동이 많아지므로 움츠렸던 마음을 펼칠 수 있어 보다 밝고 활발한 아이가 된다.

기쁨두배마을 / 넉넉한 인심으로 기쁨이 두 배가 되는 마을

Main 커다란 배를 따는 모습 1 기쁨두배마을 정보센터 2 어떤 배가 크고 맛있을까? 3 경운기 타고 마을 한 바퀴 돌기

이름처럼 기쁨이 두 배가 되는 배마을인 이곳에서 배따기 체험과 그와 관련된 농촌 체험을 할 수 있다. 전국에서도 그 맛을 알아주는 배를 맛보는 것은 물론이고 배로 만든 배 요구르트 시식과 배빙수는 특색 있는 먹을거리이다. 또한 이 외에도 배 염색하기, 농작물 재배 등이 진행된다. 농촌의 넉넉한 인심과 내 고향 같은 시골의 멋과 맛을 마음껏 느끼며 수확하는 즐거움을 얻을 수 있다. 체험 외에도 배 따기만 할 수 있는데, 직접 딴 배를 도매 가격에 가져갈 수 있다. 모양이 약간 모가 난 배는 주인에게 말만 잘하면 덤으로 받아 갈 수 있다.

문의 041-532-6754, 010-2297-7257/asan.invil.org
위치 충남 아산시 둔포면 석곡1리 297-2번지
체험료 어른 15,000원 어린이 14,000원(만 6세 이상) 배따기 체험 1상자 약 7.5kg 20,000원대
체험시간 오전 10시 30분~오후 3시(추석 전후 약 2개월간)

이렇게 놀아요 How to play

😊 기쁨 두 배 체험해 봐요
오전 10시 30분부터 진행되는데 오전에는 배 따기 체험과 생태 체험을 한다. 배는 예쁘고 큰 배가 맛있고 당도도 높으니 잘 골라서 따야 한다. 점심은 시골 밥상으로 차려진다. 힘들게 일한 뒤 꿀맛이 나는 밥을 먹으며 노동의 보람을 느낄 수 있다. 밥을 먹은 뒤에는 배를 이용한 염색하기와 땅콩이나 고구마 캐기 등의 농작물 수확 체험을 하고 약 3시경에 체험이 끝난다.

😊 커다란 배 찾아봐요
배는 종이에 싸 있어 종이를 뜯기 전에는 크기를 짐작하기가 어렵다. 아이와 함께 서로 큰 배를 찾아보고 큰 배를 고른 쪽이 이기는 놀이를 해보자. 하기 어렵고 힘든 일도 게임을 하면 재미있어 하고 승부욕을 발휘한다. 비슷한 크기의 배를 들어 크기와 무게에 관한 수학적인 개념도 익힐 수 있다. 직접 딴 싱싱한 배를 그 자리에서 한 번 먹어 보자. 아삭한 배를 한 입 베어 물면 시원한 배즙이 입 안에 가득 퍼진다. '신선함이 이런 것이구나!' 하는 기분을 느낄 수 있을 것이다.

😊 캠핑장에서의 하룻밤은 어떨까요?
배마을 체험을 한 뒤 근처 캠핑장에서 텐트를 치고 가족들과 고기를 구워 먹으며 하룻밤을 보내는 계획을 세우자. 체험장에서 약 300m 거리에 있으며 한 동당 약 15,000원 비용으로 캠핑을 할 수 있다. 해가 지는 저녁이나 이슬 맺힌 아침에 농촌 주변을 산책하며 정겨운 시골 마을을 둘러본다. 자연 속에서 할 수 있는 놀이를 찾아 아이들과 함께한다면 색다른 여행이 될 것이다.

배워봅시다

😊 배는 왜 종이에 싸 있어요?
초여름 작은 배 열매가 열리면 네모난 모양의 종이를 둥글게 말아 하나하나 싸준다. 이는 흠이 없고 깨끗한 상품을 만들기 위한 것이다. 까치, 까마귀 같은 날짐승에 의한 손상을 막고, 병충해도 방지된다. 또한 맛있어 보이는 배의 고유한 빛깔을 유지하기 위해서다.

피나클랜드
푸르름이 가득한 동산

Main 수생식물을 관찰할 수 있는 연못 1 감성을 풍부하게 하는 꽃밭 2 노래가 절로 나오는 미루나무 3 얼굴 모양의 나무

주제별로 나뉜 특색 있는 소정원과 산책로, 잔디광장이 있어 아이들과 산책을 하며 자연을 만끽하기에 좋다. 메타세쿼이아 길을 따라 광장에 도착하면 정원과 작은 호수, 휴식을 취하는 파라솔이 있으며 2,000여 평의 잔디광장에는 아름다운 꽃과 조각상이 어우러져 있다. 작은 초식동물농장이 있어 먹이를 주는 재미를 느낄 수 있으며, 무지개색을 테마로 한 레인보우가든에서 수많은 꽃을 만날 수 있다. 그 밖에 허브가든, 암석원, 수국길, 과수정원, 라일락 산책로 등의 볼거리가 있다. 곳곳의 아름다운 정원과 길을 따라 언덕을 올라갔다 전망을 보고 내려오는 코스로 아이들과 반나절 나들이하기에 더없이 좋은 곳이다.

문의 041-534-2580/www.pinnacleland.net
위치 충남 아산시 영인면 월선리 346-2
요금 어른 5,000원 어린이 3,000원(만 3세 이상)
이용시간 오전 10시~오후 9시(동절기 7시 30분까지)

이렇게 놀아요 How to play

😊 자연과 마음껏 교감해요

초록빛 푸른 초원 위에 하얀 울타리와 그 안에 있는 초식동물의 모습은 평화롭고 한가로워 보인다. 염소와 양들 근처에서 풀을 들고 있으면 어느새 나타나 우적우적 먹기에 바쁘다. 처음에는 무서워하던 아이들도 조금 지나면 마치 친구가 된 듯 서로 대화하며 먹이를 준다. 연못가에 다다르면 각종 수생식물과 물고기들을 쉽게 볼 수 있어 그것 또한 즐거움이다. 약간 비탈진 길을 따라 오르기 때문에 적당히 운동도 되고 곳곳에 있는 정원과 들꽃들을 감상하는 재미가 쏠쏠하다.

연못에 사는 잉어 / 물을 파서 집을 짓고 사는 토끼들

초원의 풀을 뜯고 있는 산양

다양한 모양으로 꾸며진 꽃밭

작은 언덕에 오르는 즐거움

여기도 가보세요

아산스파비스

온천수를 이용한 신개념의 테마 온천인 아산스파비스는 수치료 바데풀과 어린이용 키즈풀, 사계절 이용이 가능한 실외 온천풀에서 물놀이와 온천을 즐길 수 있다. 대욕장에는 계절에 따라 딸기, 쑥, 솔잎, 인삼, 허브를 이용한 23개의 이벤트탕과 기능탕을 이용할 수 있다. 새로 개장한 야외워터파크는 75m 대형 파도풀과 100m 레이스 슬라이드, 스릴 만점 125m 바디 슬라이드, 파도 치는 유수풀 등이 있어 완벽한 물놀이를 즐길 수 있다.

문의 041-539-2000/www.spavis.co.kr
위치 충남 아산시 음봉면 신수리 288-6
요금 비수기 어른 33,000원 어린이 24,000원
성수기 어른 48,000원 어린이 32,000원
이용시간 주말 오전 8시~오후 8시 주중 오전 9시~오후 7시

Course 43 충남 아산 II

당림미술관에서 자연과 함께하는 미술놀이

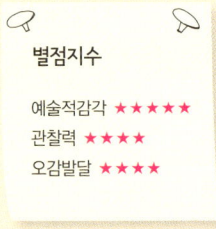

별점지수

예술적감각 ★★★★★
관찰력 ★★★★
오감발달 ★★★★

엄마의 비책

당림미술관은 아이들의 작품을 전시한 어린이 미술관이다. 또래 작가의 작품이 걸린 걸 보면 아이들은 적잖이 놀랄 것이다. '미술관' 하면 으레 나이가 많은 전문 예술가의 수준 높은 작품을 전시한다고 알고 있기 때문이다. 당림미술관은 아이들이 예술을 한층 가깝고, 친숙하게 느끼는 계기가 될 수 있다. 아이들의 작품인지라 때론 유치하고, 때론 어색해 보이더라도 이 역시 자유로운 표현의 한 형태로 이해할 것이며, 스스로 미술 활동을 할 때 좀 더 과감히 한 발짝 나아가는 기반이 될 수도 있다. 간혹 정형화된 방식으로 미술 활동을 강요하여 미술을 싫어하고 또 스스로 잘못한다고 생각해서 포기하는 안타까운 경우들이 있다. 자기 자신의 표현에는 잘잘못이 있는 게 아님을 일깨워주면 좀 더 풍성하게 자신을 표현할 수 있을 것이다.

당진미술관에 자리한 충남 아산은 외암리 민속마을, 세계꽃식물원 등 아기자기한 명소가 곳곳에 흩어져 있다. 여유로운 시골길을 달리는 맛이 남다른 곳이므로 넉넉한 시간을 두고 1박 2일 동안 돌아보자.

소요시간 1박 2일　베스트 여행시기 3~6월

2시간 소요　　　　　　　　2시간 소요　　　　　　　　2시간 소요

당림미술관　→　외암리민속마을　→　세계꽃식물원

　　　1.8km/차로 3분　　　　18km/차로 22분

당림미술관/
자연과 함께하는 체험 미술 교육

Main 나만의 상상의 집 만들기 **1** 재미있는 얼굴 모양 **2** 연못가의 오리떼 **3** 나뭇가지 위에 색칠만 해도 작품 완성

자연 속에 자리한 당림미술관은 아이들의 재미있는 그림과 작품들로 꾸며진 어린이 미술관이다. 정기 전시와 공연 외에도 아이들을 위한 여러 미술 활동으로 창의력과 상상력, 호기심을 증진시키는 체험식 교육을 하고 있다. 매달 다양한 프로그램이 있으며 가족 체험은 주말에 2시간 동안 진행된다. 계절별 주제를 정해 자연과 함께하는 미술 체험으로 아이들의 정서를 안정시키고 미술에 대한 이해를 높일 수 있다. 시간이 맞지 않아 체험을 하지 못하더라도 아이들의 작품을 감상하는 것만으로도 아이디어를 얻고 정보 수집도 할 수 있다. 오리떼가 몰려다니는 연못과 조각 작품, 가족이 담소를 나누는 휴식 공간이 있어 나들이가 더욱 즐겁다.

문의 041-543-6969
위치 충남 아산시 송악면 외암2리 산 2-1
요금 무료
체험료 어린이 1인당 20,000원 **체험시간** 토·일요일 오전 10시, 오후 2시(전화 예약)
관람시간 오전 11시~오후 5시
휴관일 월요일

이렇게 놀아요 How to play

😊 미술 수업 골라 하는 재미가 있어요.

계절마다 달마다 진행되는 프로그램이 조금씩 다르며 수업의 성격에 맞춰 생태 수업과 함께 진행된다. '미술재료학' 수업에서는 자연에서 얻어지는 재료로 물감을 만드는 원리를 경험하고 열매, 꽃잎, 뿌리, 돌가루, 흙 등을 이용해 직접 물감을 만들어 그림을 그려본다. '입체 체험' 시간에는 다양한 시점에서 바라보고 그림 그리는 법을 배우고 투시도를 이해한다. '벽화 그리기'를 통해 벽화의 발전과 기법에 대해 알아본다.

😊 창의력을 키우는 작품을 감상해요

미술관 전면에는 커다란 거미줄이 있고, 그 안에 곤충들이 매달려 있어 호기심을 자극한다. 다양한 재료를 활용해 만든 아이들의 작품이 건물 속에 녹아나듯 전시되어 있다. 벽면에 선을 만들며 이루어진 손 작품과 바닥에 그려진 벽화, 알록달록 예쁜 색상으로 칠해진 집들, 판화 작품, 심지어는 팔레트에 그려진 작품도 눈에 띈다. 주변에서 쉽게 쓸 수 있는 나뭇가지, 솔방울, 재활용품을 이용해 자유롭게 표현하고 액자 틀을 이용하여 마무리한 작품들이 재미있다.

새로운 미술을 경험하는 미술 체험

선생님과 함께하는 미술 시간

자연물을 활용해 만든 모빌

다양한 소재로 자유롭게 표현한 콜라주

자연물과 재활용품을 이용해 재구성한 작품

벽을 가득 메운 아이들 작품

창의력과 생각을 이끌어 내는 작품들

외암리민속마을/
옛 시골 마을의 정겨움

Main 500년 전 모습 그대로 간직한 외암리 민속마을 **1** 커다란 나무 밑에서 그네 타기 **2** 짐을 얹어 등에 지고 가는 지게 **3** 곡식을 빻을 때 쓰는 연자방아

외암리민속마을은 약 500년 전에 부락이 형성된 마을로 고택과 초가집, 돌담, 정원 등의 모습이 그대로 보존, 유지되고 있다. 지금까지도 그곳에서 많은 주민들이 옛날 생활방식으로 살면서 마을을 가꾸고 있는 것을 볼 수 있어 사극의 한 장면에 온 듯한 착각을 한다. 번잡한 도시의 아파트에 사는 아이들에게 옛날 주거 형태와 생활 모습, 그와 함께 가축을 키우거나 논과 밭에서 농사짓는 모습까지 볼 수 있어 더욱 의미가 크다. 마을 안에서 숙박도 할 수 있는데, 초가집 형태의 민박이 마련되어 있으니 하룻밤을 보내며 정겨운 농촌을 경험해 보자. 주말에 진행되는 체험거리도 다양한데 한지 부채 꾸미기, 모형 곤충 만들기, 아기솟대 만들기, 한과 만들기 등이 있다.

문의 041-541-0848/www.oeammaul.co.kr
위치 충남 아산시 송악면 외암리
요금 어른 2,000원 어린이 1,000원(만 6세 이상)
이용시간 오전 9시~오후 6시
체험료 5,000원
숙박료 40,000원대(최대 6인 수용 온돌방)

세계꽃식물원
꽃 향기 가득 365일 꽃이 피는 곳

Main 형형색색 아름다운 꽃의 나라 **1** 페트니아 길 **2** 하트 모양의 꽃 장식 **3** 한가로운 풍경의 베고니아 연못

세계적으로 유명한 식물들이 아름답게 심어져 있는 이곳은 마치 꽃 박물관과 같다. 국내 최대 규모인 약 2만6400㎡(8,000평)의 유리온실과 아름다운 정원은 네덜란드식 가든 센터를 활용했으며 1,000여 품종에 1,000만 송이의 꽃이 전시 중이다. 식물원은 동백관, 초화, 튤립, 아마릴리스, 베고니아, 카라, 백합의 7가지로 나뉘어 있으며 테마마다 다른 분위기로 꾸며져 있어 꽃과 조화를 잘 이루고 있다. 향긋한 향기를 맡으며 화려한 색상의 예쁜 꽃들을 보면 저절로 마음속에서 아름다운 생각이 피어난다. 매달 다양한 꽃을 테마로 축제를 하며 아이들을 위한 꽃을 이용한 체험스쿨도 있으니 꽃으로 작품을 만들어 아름다움을 표현해 보자.

문의 041-544-0746/www.asangarden.com
위치 충남 아산시 도고면 봉농리 576번지
요금 어른 6,000원 어린이 4,000원(만 4세 이상/미니화분 증정) **체험료** 5,000원(손수건·압화액자 만들기) **이용시간** 오전 10시~오후 6시(동절기 오후 5시까지)

이렇게 놀아요 How to play

😊 오감만족하며 꽃을 느껴요

꽃 전문 식물원인 만큼 다양한 꽃을 만나며 아이들과 함께 꽃 이름을 익히고 관찰해 본다. 이곳의 가장 큰 장점은 꽃을 만져보고 따보고, 먹어보며 자세히 관찰할 수 있다는 것이다. 아이들이 꽃을 더욱 잘 이해하고, 학습 효과를 높이기 위한 식물원의 배려이다. 꽃잎의 모양을 살펴보면 하나로 연결된 꽃잎이 있고, 여러 장으로 되어 있거나 또는 10장 이내의 꽃잎으로 되어 있다. 또한 같은 노란색이라도 붉은 빛이 도는 노랑과 연둣빛이 도는 노랑이 있듯이 색상을 비교, 관찰하며 색에 대한 공부도 할 수도 있다. 오감을 자극하며 꽃을 자세히 보는 훈련은 관찰력을 길러주고 아이들의 감수성을 풍부하게 만든다.

😊 꽃잎손수건 만들고 꽃비빔밥 먹어요

식물원에서 자라는 꽃으로 예쁜 손수건을 만들어 본다. 다양한 꽃잎을 손수건 위에 배치해 반으로 접어 두드려 물들인다. 염색을 착색하기 위해 천연매염제에 담근 후 말리면 나만의 예쁜 수건이 완성된다. 그 외에 압화를 이용한 액자, 목걸이, 열쇠고리도 만들 수 있다. 눈으로 보고, 향기를 맡아보고, 만들기까지 했다면 꽃비빔밥을 먹을 차례다. 노란색 꽃은 시큼하고, 빨간색 꽃은 단맛이 돌며, 주황색 꽃은 새콤하면서 향긋하다. 꽃 하나하나를 씹어보며 맛을 음미한다면 그 기억이 더욱 오래 간직될 것이다.

배워봅시다

😊 꽃의 구조를 알아봐요

꽃의 겉모습은 모양과 색, 크기가 모두 다르지만 그 내부를 보면 일정한 구조를 하고 있다. 크게 꽃잎과 꽃받침, 꽃자루, 암술, 수술로 나뉜다. 다시 암술은 암술머리, 암술대, 씨방으로 나뉘고 수술은 수술대와 꽃밥으로 구분된다. 식물은 자신의 씨를 멀리 퍼뜨리기 위해 바람을 이용한 방법(풍매화), 물을 이용한 방법(수매화), 곤충을 이용한 방법(충매화) 등으로 번식을 한다. 특히 곤충에 의한 번식을 위해 꽃은 저마다 화려한 색과 향으로 곤충을 유인한다.

충남 아산에서 유용한
요모조모 정보 모음

아이들과 함께하기 좋은 맛집

시골 향기가 물씬 풍기는 푸짐한 상차림
외암리 시골밥상

문의 041-544-7157
위치 충남 아산시 송악면 강당리 89-1
메뉴 시골밥상정식 **가격** 10,000원

다/녀/와/서

준비물 솔방울, 나뭇가지, 갈대, 나뭇잎, 열매 등 자연에서 얻을 수 있는 것, 실, 테이프

솔방울과 나뭇가지를 이용해 모빌 만들기 (당림미술관)

나뭇가지에 실이나 낚시끈을 이용해 묶은 후 솔방울이나 자연물을 달아 모빌을 만들어 봐요. 자연물은 아이들의 무궁무진한 놀잇감이자 누가 어떻게 만드느냐에 따라 다른 작품이 나와 흥미로운 소재예요.

❶ 아이들과 함께 자연으로 나가 나뭇가지나 솔방울을 줍고 소재가 될 만한 것들을 찾아본다.
❷ 길다란 나뭇가지에 4~5개의 실을 매닮아 늘이드린 후 솔방울을 단다
❸ 중간중간 다른 열매나 자른 나뭇가지 등을 잘 엮어 다양한 모양을 만든다.
❹ 매달았을 때 연결되는 모빌이 될 만한 것들을 찾아 함께 엮는다.
❺ 나뭇잎에 테이프로 양면을 붙여 모양대로 오린 뒤 함께 매단다.
❻ 집 안에 걸어 놓으면 자연적인 분위기가 물씬 풍기는 모빌이 된다.

course 44 **전북 전주** 전주한옥마을 전통울 맛보는 행복한 하룻밤_356　**course 45** **전북 임실** 임실치즈마을과 도화지에서의 도예 체험_366　**course 46** **전북 부안** 채석강의 놀라운 절경과 원숭이학교_374　**course 47** **전북 고창** 푸르른 청보리밭과 고인돌박물관 선사 체험_380　**course 48** **전남 함평 · 나주** 함평엑스포공원 나비축제와 항공우주전시장_388　**course 49** **전남 보성 · 순천** 초록이 물결치는 녹차밭과 낙안읍성민속마을_398　**course 50** **전남 무주** 천혜의 무주리조트와 반딧불이 사는 반디랜드_408　**course 51** **전남 곡성 · 담양** 간이역 기차마을과 기차에서의 하룻밤_420

전라도

Course 44 전북 전주

전주한옥마을
전통을 맛보는
행복한 하룻밤

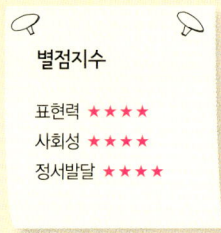

별점지수

표현력 ★★★★
사회성 ★★★★
정서발달 ★★★

엄마의 비책

한옥마을에서 잠을 자면서 차를 마시고 지내는 경험은 아이들보다는 어른들에게 더 풍요로운 마음을 갖게 한다. 물론 아이들도 새로운 주거 형태에 신기해 하고 재미나게 뛰어다닌다. 부모가 여유로운 마음으로 아이들을 대하면 자연히 아이들도 즐거워할 것이며 가족이 함께하는 일체감과 가족애를 진하게 느낀다. 이런 감정이 여행지를 오래도록 기억하게 하는 힘이다.

어느 장소를 여행하든지 여행지만의 특성이 있고 색다른 경험을 하게 돼 아이의 다양성을 자극하는 게 여행의 교육적인 목적이다. 그러나 지나치게 교육적인 목적을 염두에 두고 좁은 의미의 지식을 집어넣으려고 하는 부모들이 있다. 그리고 의미 부여를 지나치게 하려 든다. 특히 한옥의 형태, 다도, 녹차의 맛, 성당의 건축 형태는 아이들이 관심을 갖기에는 너무 어려운 자극이다. 더욱이 하루 이틀의 체험으로 어떻게 그 깊은 느낌을 알 수 있을까. 여행지의 특성상 어떤 것은 한 번만의 자극으로로 목적을 달성하지만 한옥에서의 체험처럼 나이가 들어야 알 수 있는 것이 있듯 일시적인 경험만으로 지나치게 단편적인 지식을 전달하려고 애를 쓰다 보면 자연스런 여행의 즐거움마저 사라진다.

소요시간 1박 2일 베스트 여행시기 연중

4시간 소요	1박 소요	1시간 소요	1시간 30분 소요
전주한옥마을	전주한옥생활체험관	전동성당	전주한지박물관
	도보 10분	도보 10분	9.5km/차로 15분

전주한옥마을 /
다양한 전통문화를 체험하는 곳

Main 한옥 문화 체험과 숙박을 할 수 있는 '동락원' **1** 미적 감각을 길러주는 한지 공예 체험 **2** 전통 방식으로 짓고 있는 기와집 **3** 은은한 멋을 풍기는 한지 작품

전주한옥마을은 도심 속에 잘 보존된 약 800여 채의 한옥들이 모여 있는 곳으로 전통 생활문화가 살아 숨쉬는 명소이다. 실제로 사람들이 생활하는 가옥들 사이로 각종 전통문화 시설이 밀집되어 있으며 공예방과 찻집, 음식점 등도 함께 자리하고 있다. 기와와 황토로 토담을 쌓아 만든 담장, 한국의 대표 작가들이 참여한 예스러운 현판, 한옥 자체의 아름다움…. 전주한옥마을은 한국의 미, 그중 서민의 생생한 삶에서 묻어나는 아름다움을 여실히 보여주는 대표 마을이라고 하기에 손색없는 곳이다. 최근에는 산책로를 개선했는데, 마을 중간의 실개천이 흐르는 은행나무길을 조성하고 8개의 공원에는 정자와 연못 등을 만들어 쉴 만한 공간을 충분히 만들었다.

문의 063-282-1330(전주한옥마을 안내소)/ hanok.jeonju.go.kr
위치 전북 전주시 완산구 교동/풍남동 소재

이렇게 놀아요 How to play

😊 한방문화센터에서 한방 체험해요

'한의학을 이용한 건강한 삶'을 모토로 한 이곳은 한의학의 기초 이론과 치료 원리에 관한 전시를 한다. 한방에 관한 전시와 함께 자신의 사상체질을 알아볼 수 있고, 그에 따른 약족탕 체험을 할 수 있어 인기가 좋다. 한약재는 약용 외에 방향제, 화장품, 비누 등 그 용도가 무궁무진한데, 이를 만들어 보는 체험도 있다.

문의 063-232-2500/www.hanbangcenter.com
위치 전북 전주시 완산구 풍남동 3가 57번지
관람시간 오전 10시~오후 7시(동절기 오후 6시까지) **체험료** 4,000~5,000원대(한방주머니, 한방비누, 한방화장품) **휴관일** 월요일

😊 차를 마시며 전통 다도 체험해요

소박한 한옥의 설예원에서는 생활 예절과 다도 예절을 체험한다. 다례란 차를 마시며 지켜야 하는 예의범절이나 몸가짐 그리고 차와의 조화를 말한다. 녹차를 이용해 차를 우려내는 방법과 찻잔을 사용하는 방법을 배우고 차를 마시는 방법에 대해 배운다. 향긋하고 감미로운 차를 마시며 넉넉한 마음과 여유를 만날 수 있는 곳이다.

문의 063-288-4566/www.seoryeowon.or.kr
위치 전북 전주시 완산구 풍남동 3가 42-5
체험시간 월~토요일(시간 예약 후 방문)
체험료 어른 10,000원 어린이 5,000원

한방문화센터 입구

각종 약재로 만드는 한방 주머니

기와를 얹은 낸 담장

한약의 효능과 종류

선생님, 알려주세요

Q 다도만큼 아이들이 견디기 힘든 게 또 있을까요? 가만히 있는 것 자체가 아이들에겐 여간 힘든 일이 아니니까요. 다도나 서예처럼 인내심이나 차분함을 길러주는 활동은 대략 몇 살 때부터 체험하도록 하는 게 알맞나요? 아직 너무 어린데, 부모가 조바심에 억지로 시키는 건 아닌지, 혹은 너무 때를 늦추는 건 아닐지 걱정됩니다.

A 어른도 다도나 서예가 힘들고 재미없을 수 있다. 더욱이 아이들은 다도와 서예의 필요성을 인식하지 못하는 경우가 많으므로 억지로 참는 경우가 많다. 우선 다도와 서예는 나이가 들어 왜 필요한지를 인식해 힘들더라도 머리로 참는 노력을 할 수 있는 연령이 되어야 한다. 간혹 산만한 아이를 차분하게 하고 싶어 다도나 서예를 시키려고 하지만 실패하게 된다.

전주한옥생활체험관/
옛 정취가 물씬 풍기는 하룻밤

Main 아름다운 풍속을 세상에 전한다는 의미의 '세화관' **1** 뒤뜰에 있는 작품 **2** 전주한옥마을의 약도 **3** 툇마루를 걷고 있는 아이

전주한옥마을이 국내외 여행객들에게 체험형 관광명소로 인정받고 있다. 전주한옥마을의 대표적인 기와집에서 조선시대 양반의 생활을 1박 2일간 체험해 보자. 이곳은 중앙에 널찍한 마당을 두고 사랑채와 안채, 대청에 모두 11개의 방이 있는 전통적인 구조다. 한지로 마감한 온돌방, 황토로 된 야트막한 돌담, 곱게 뻗은 처마, 뒤뜰에 자리 잡은 장독대 등이 전래동화에서나 봤던 경관이다. 토요일 저녁이 되면 마당에서는 판소리 공연이 펼쳐진다. 유유히 흐르는 우리 가락이 마음을 편안하게 한다. 한지로 된 따뜻한 방바닥에 이불을 깔고 하룻밤을 보낸다. 아침에 일어나면 정갈하게 차려진 놋그릇에 9첩 반상이 나오는데, 맛 또한 일품이다. 타임머신을 타고 조선시대로 거슬러 올라가 양반집 자제가 된 것 같은 상상을 해 본다.

문의 063-287-6300/www.jjhanok.com
위치 전북 전주시 완산구 풍남동 3가 33-4
체험료 60,000~80,000원(2인 기준, 한옥 생활 체험, 조식 제공)

전동성당 / 개화 초기의 아름다운 성당 건축

Main 선주한옥마을 옆에 자리한 서양식 건물인 전동성당 **1** 종탑이 있는 세 개의 봉우리 **2** 아치형 천장과 창문 **3** 미사에 참여할 수 있다.

전주한옥마을 입구에 자리한 전동성당은 한옥의 분위기와 상반된 서양 건축물이어서 더욱 눈길을 끈다. 1914년에 완공된 서양식 건물로, 화려한 로마네스크 양식과 웅장한 비잔틴 양식이 조화롭게 융합된 건축물이다. 한국의 성당 중에서도 웅장하고 곡선미가 아름다운 건물로 손꼽힌다. 고색이 창연한 유럽의 어느 성당을 옮겨 놓은 듯하다. 수직으로 뻗은 기둥과 종탑 사이에 있는 아치형 문과 스테인드글라스 창문은 웅장하면서도 부드러운 느낌이다.

문의 063-284-3222, 063-286-3222 / www.jeondong.or.kr
위치 전북 전주시 완산구 전동 1가 200-1
미사 주말 오전 5시 30분, 10시 30분, 오후 5시, 오후 8시 **평일** 오전 5시 30분, 오후 7시

이렇게 놀아요 How to play

😊 건물을 감상하고 도형 찾기 놀이해요

전동성당은 다른 건물에서 볼 수 없는 형태가 다양하게 나타나 있다. 전동성당 앞 벤치에 앉아서 아이들과 도형 찾기 놀이를 해 본다. 바랜 듯한 적회색 벽돌로 만들어진 모양들을 찾아보면 그 정교함과 디테일에 놀라게 된다. 전체적인 건물의 형태는 가운데를 중심으로 반으로 접었을 때 포개지는 대칭형이다. 3개의 종탑은 반구로 되어 있고, 문과 창문에는 아치 형태를 사용하여 부드러운 느낌이며, 직사각형의 기둥과 중간중간 동그란 창문도 눈에 띈다. 성당 내부의 천장 또한 아치형으로 되어 있어 아름다우며 창문은 화려한 색상의 스테인드글라스 벽화가 장식하고 있어 인상적이다.

> **여기도 가보세요**
>
> ### 경기전
>
> 전동성당 바로 맞은편에 있는 경기전은 조선이 건국되자 왕권을 공고히 하고 태조의 초상화를 보관하기 위해 태종 14년(1414년)에 건립되었다. 주요 건물로는 태조 이성계의 영정을 봉안한 본전과 전주사고, 조경묘, 예종대왕의 태실이 있다.
>
> **문의** 063-284-2337
> **위치** 전북 전주시 완산구 풍남동3가 102
> **관람시간** 오전 9시~오후 6시(동절기 5시까지)

곡선미를 강조한 성당 내부

건물 안에 숨겨진 도형 찾아보기

웅장하고 안정적인 좌우대칭 건물

전주한지박물관 / 한지의 진정한 가치를 확인하는 문화공간

Main 종이의 원료와 제작 과정에 대해 나와 있는 전시실 **1** 박물관 외부 전경 **2** 닥종이 인형이 전시된 기획전시실 **3** 한지 제품실

재미있는 종이나라로 여행을 떠나볼 수 있는 이곳은 종이와 관련된 1,800여 점의 유물 및 자료를 소장하고 있다. 인류의 종이 문명 발달사와 관련 유물을 소개하고 있으며 한지를 직접 떠 보는 체험 코너가 있어 아이들이 집중하는 모습을 쉽게 볼 수 있다. 박물관 내부는 크게 종이역사관, 종이작품전시관, 한지 소개관, 한지뜨기체험관으로 나뉘어 있는데, 역시 체험관이 최고 인기이다. 그밖에도 닥종이 인형 전시 코너와 가상 종이 접기 체험 코너도 흥미롭다.

문의 063-210-8103 / hanjimuseum.co.kr
위치 전북 전주시 덕진구 팔복동2가 180번지 노스케스코그 전주공장 내
요금 무료(체험료 무료)
관람시간 오전 9시~오후 5시 **휴관일** 월요일

이렇게 놀아요 How to play

😊 한지를 만들어 봐요

1층의 한지 제작 체험관에는 선조들의 한지 만드는 과정을 재현해 보여준다. 그 뒤 즉석에서 삶은 닥피를 발틀과 발을 이용해 휙휙 좌우로 빠르게 흔들어 곱게 펴지도록 걸러 내어 종이를 만들어 본다. 얇은 막이 형성된 종이를 탈수기로 건조시키면 내가 만든 종이가 완성된다.

배워봅시다

😊 최초의 종이는 어디서 만들어졌나요?

문자도 없던 아득한 옛날, 사람들은 끊임없이 자신을 표현하고 기록을 남기고자 노력했다. 종이가 없던 시절에는 짐승의 가죽을 부드럽게 하여 만든 양피지에 기록했다. 종이와 유사한 재료로 가장 오래된 것은 이집트 나일 강에서 자라던 파피루스(Papyrus)였다. 영어 페이퍼(Paper)의 어원이 된 파피루스는 나무에서 채취한 갈대의 껍질을 겹쳐서 눌러 햇볕에 말려 사용했다고 한다.

한지 만들기 체험

종이 관련 정보 검색대

목판 인쇄 체험

한지 제작 과정 관람과 만들기 체험 공간

전북 전주에서 유용한
요모조모 정보 모음

아이들과 함께하기 좋은 맛집

비빔밥의 대명사인 전주비빔밥으로 가장 유명한 곳
가족회관
문의 063-284-0982 **위치** 전북 전주시 완산구 중앙동3가 80 **메뉴** 전주비빔밥정식 **가격** 10,000원

출출할 때 부담 없이 먹는 칼국수와 만두 맛이 일품인 곳
베테랑 칼국수
문의 063-285-9898 **위치** 전북 전주시 완산구 교동 85-1 **메뉴** 칼국수, 만두 **가격** 3,000~4,000원

다/녀/와/서

준비물 전지, 색지, 사인펜, 잡지, 전단지, 풀

스테인드글라스 효과 연출하기(전동성당)
셀로판지를 유리창에 붙여 스테인드글라스 효과를 연출해 봐요.

❶ 셀로판지를 다양한 모양으로 자른 다음 유리창에 스프레이를 뿌려 자른 셀로판지를 붙인다.
❷ 셀로판지가 겹치면서 자연스럽게 색의 혼합을 연출할 수 있다.
❸ 수성펜을 이용해 형태를 그리거나 부족한 부분을 꾸며 완성한다.

Course 45 전북 임실

임실치즈마을과
도화치에서의 도예 체험

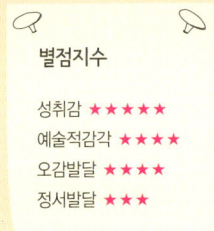

별점지수

성취감 ★★★★★
예술적감각 ★★★★
오감발달 ★★★★
정서발달 ★★★

Mom's Hidden Card
엄마의 비책

치즈로 유명한 임실에서 피자치즈를 만들고 낙농 체험도 하며 성취감을 느낀다. 치즈를 이용한 피자나 스파게티 등은 아이들이 아주 좋아하는 음식이다. 때문에 치즈가 어떻게 만들어지는지를 경험하고, 만든 치즈로 요리해 보는 경험은 다른 체험 학습보다 아이들의 열의가 더 클 것이다.

지식을 다양화하고 사고를 확장시키기 위한 자연스런 자극이 여행이다. 많은 감각을 자극하여 지식을 습득하게 되면 확실하게 자기 것으로 지식이 흡수되며 많은 것을 알고 싶어진다. 단순하게 먹기만 했던 '치즈'를 직접 만들어 보면서 치즈가 어떻게 만들어지는지의 경험을 통해 한 단계 더 심화된 자극을 받게 된다. 이 같은 자극은 다른 사물을 보더라도 좀 더 깊이 있게 관찰하게 되고 '왜', '어떻게'라는 질문을 자연스레 떠올리면서 이에 대한 답을 얻고 싶은 마음이 생긴다. 바로 이런 부분이 지식을 자연스레 확장하는 자세를 배우게 하는 것이다. 아이들에게 지식을 습득하는 자세와 알아가는 즐거움을 얻게 해주는 게 여행의 중요한 교육적 목적이다. 이런 탐구하는 자세야말로 공부의 즐거움을 얻게 하는 것이다. 어려서부터 넓은 의미로 지식을 탐구하는 자세를 배운다면 공부를 재미있게 할 것이다.

소요시간 1박 2일 베스트 여행시기 4~9월

4시간 소요 → 2시간 소요 → 1시간 30분 소요 → 2시간 소요

임실치즈마을 --6.5km/차로 10분--> 사선대 --4km/차로 10분--> 장미농원 --3km/차로 10분--> 도화지

임실치즈마을 / 쭈욱~ 쭉 늘려서 만드는 맛있는 피자치즈

숲골치즈체험학교

추천 프로그램 01

치즈체험마을 중 가장 규모가 크고 프로그램도 다양하다. 오전에 치즈를 만든 후 점심은 치즈카레라이스가 제공된다. 치즈 체험 후에는 유가공 공장 견학, 아이스크림 만들기, 피자 만들기 등도 할 수 있다. 약 오후 2시부터 낙농·초지 체험, 산양 체험, 공예 체험 등도 준비되어 있으며 각 3,000원 정도가 추가된다.

문의 063-644-2009/www.soopgol.co.kr **위치** 전북 임실군 관촌면 덕천리 705-12번지 **체험비** 18,000원(만 3세 이상)

임실치즈마을(정보화마을)

추천 프로그램 02

정보화마을에서 진행하는 체험이다. 치즈 체험 후에는 농산물 수확 체험, 방앗간 체험, 산양비누 만들기 등의 프로그램이 준비되어 있다. 마을 주민의 따뜻함과 시골의 정겨움을 느끼며 그들의 삶을 엿볼 수 있는 장점이 있다.
문의 063-643-3700/cheese.invil.org **위치** 전북 임실군 임실읍 금성리 610-1 **체험비** 16,000원(낙농 초지 체험 3,000원, 피자 만들기 8,000원, 산양 체험 4,000원 추가)

임실치즈피자마을

추천 프로그램 03

옥정호 부근의 폐교인 옥정 초교를 개조해 만든 이곳은 목사 부부가 운영하는 곳으로 가족 중심의 체험장이다. 스파게티 만들기와 쌀피자 만들기, 농촌 체험 등이 있으며 황토로 지은 숙소가 마련되어 있어 1박 2일 여행 시 좋다.
문의 063-642-2700, 010-5738-4880/www.cheesecook.co.kr **위치** 전북 임실군 강진면 옥정리 92-1번지 (구)옥정분교 **체험비** 19,000원(쌀피자 만들기, 농촌 체험, 산양 체험 시 추가)

이렇게 놀아요

😊 피자치즈를 쭈욱~쭉 늘려봐요

치즈마을에 도착하면 먼저 경운기로 된 전용 이동차를 타고 체험장으로 간다. 치즈마을의 느티나무길을 지나 체험장에 도착해 치즈에 대한 기본 강의를 듣는다. 강의가 끝나면 본격적으로 치즈만들기가 시작된다. 뜨거운 물과 섞인 치즈덩어리를 잡고 가족이 하나가 되어 살살 잡아당기면 치즈가 점점 늘어나 큰 보자기가 된다. 늘이기를 많이 할수록 더 쫄깃하고 맛있는 치즈가 완성된다. 완성된 치즈를 정도 포장용기에 담아 갈 수 있다.

여기도 가보세요

옥정호

섬진강 상류를 막아 다목적 댐을 만들면서 생긴 인공호수다. 청아한 호반 주변으로 난 도로는 드라이브 코스로 유명하다. 특히 아침에 오면 호수 표면에서 아지랑이처럼 피어오르는 물안개가 신비로운 분위기를 만든다. 드라이브 코스로는 운암삼거리에서 운암 면사무소에 이르는 749번 지방도로, 총 8km 정도 되며 약 15분이 소요된다.

문의 063-640-2613(옥정호관리소)
위치 전북 임실군 운암면/정읍시 산내면

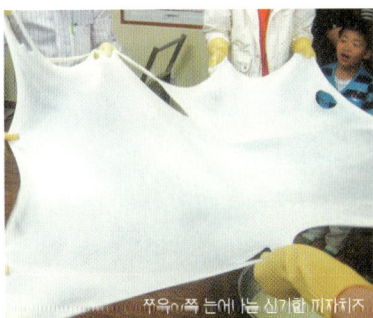
쭈욱~쭉 늘어나는 신기한 피자치즈

풀을 뜯어 소에게 먹이를 주는 아이들

우유를 쭉쭉 빨아 먹는 송아지

덜컹덜컹 경운기를 타고서 체험장으로

깔끔한 체험장 내부

사선대/
선녀들이 놀았던 아름다운 공원

Main 빼어난 경치를 자랑하는 공원 전경 1 아이들이 좋아하는 그물놀이터 2 건강을 위한 지압길 3 마음껏 뛰어놀 수 있는 잔디구장

사선대는 물이 맑고 경치가 아름다워 하늘에서 신선과 선녀들이 내려와 놀았다는 전설이 깃든 곳이다. 천을 가로지르는 예쁜 나무 다리 사이로 오색 분수가 물을 뿜고 잔디구장과 운동경기장, 산책로, 조각공원 등의 시설도 갖춰져 있어 가족 놀이 공간으로 손색이 없다. 특히 사선대를 끼고 산자락 위에 세워진 운서정에 이르는 산책 코스를 권한다.

문의 063-643-2575
위치 전북 임실군 관촌면 관촌리

배워봅시다

😊 사선대에는 전설이 전해 내려와요

지금부터 3300년 전 진안의 마이산과 임실의 운수산에 살고 있던 네 명의 신선이 저마다 선녀를 거느리고 병풍처럼 아름다운 주위 풍경에 취해 이곳에 내려왔다고 한다. 맑은 냇물에 목욕한 후 바위 위에서 즐겁게 놀았는데, 이때 까마귀가 함께 놀기를 즐겼다고 한다. 이러한 유래로 이곳을 사선대(四仙臺)라 했고, 강 이름은 오원강(烏院江), 바위는 놀음바위, 동네는 오천리(烏川里)라 한다. 전설처럼 강가를 바라보며 신선과 선녀가 놀았던 모습을 상상해 보는 건 어떨까?

장미농원
색상도 향기도 으뜸인 임실 장미

Main 잔잔한 음악이 흐르는 장미 향 가득한 온실 **1** 장미나무 관찰하기 **2** 장미의 모종 **3** 향기로운 장미 향

관촌면에 자리한 장미농원에는 상당히 큰 유리온실이 있고 그 안은 아름답고 탐스러운 장미들로 가득하다. 이곳에선 빨간 장미를 거의 볼 수가 없다. 크기뿐 아니라 색상도 다채롭고 특이하다. 어른 가슴 높이까지 곧게 올라간 대 위에 아직 꽃을 피우지 않은 봉우리의 장미가 가득한데 이 장미가 시장으로 팔려간다. 포장을 해 판매하기 때문에 덜 핀 장미를 수확하는 것이다. 그중 많이 핀 장미는 상품 가치가 떨어져 꺾어 놓는데, 그 장미를 모아 집에 와서 잘 말린 후 포푸리를 만들어 보는 것도 좋다. 2004년부터 특화 작목 단지로 육성되어 생산되는 임실 장미는 색상이 선명하고 병해에 강하며 꽃대가 무려 70㎝ 이상이라 상품 가치가 매우 높다. 음악이 흘러나오는 온실에 들어서자마자 장미 향기와 싱그러움이 느껴진다.

문의 063-643-5700 / www.imsilrose.net
위치 전북 임실군 관촌면 신전리 377-1

도화지 / 도자기 굽는 아담한 학교

Main 교실에서 차를 마시며 담소를 나누는 공간 **1** 폐교를 리모델링한 외관 **2** 야외의 도자기 작품 **3** '도자기 꽃이 피는 땅'이라는 의미의 도화지

'도자기 꽃이 피는 땅'이라는 뜻의 예쁜 이름을 갖고 있는 도화지(圖花地)는 도자기 만드는 체험을 하는 곳이다. 폐교를 리모델링해 아담하게 자리 잡고 있으며 복도와 교실에는 도예 작품이 전시되어 있다. 도자기 만드는 것 외에도 봄에는 야생화 체험, 여름에는 황토 염색, 가을에는 다도 체험, 겨울에는 군고구마 먹기 등 계절별로 특색 있는 프로그램을 운영한다. 체험 과정도 좋지만 고향에 온 듯한 푸근함과 가족적인 분위기가 이곳의 가장 큰 미덕이다.

Tip '주말 가족 프로그램'을 눈여겨보자. 가족 그릇 만들기가 프로그램의 핵심으로, 함께 만들어가는 액티비티라 유대감 형성에 효과적이다. 영유아 자녀라면 손바닥 찍기 같은 간단한 체험을 즐길 수 있다.

문의 063-643-8689 / www.dohwagi.com
위치 전북 임실군 신전리 107-2 (구) 상월초등학교
체험비 10,000원(작품당)

전북 임실에서 유용한
요모조모 정보 모음

아이들과 함께하기 좋은 잠자리

황토와 통나무로 지은 푸근한 펜션
흙집연 펜션

문의 063-643-2922/www.yeoncondo.com **위치** 전북 임실군 강진면 옥정리 81번지
요금 60,000~80,000원

다/녀/와/서

준비물 피자치즈, 식빵, 양파, 피망, 햄, 버섯, 스파게티소스, 마요네즈

직접 만든 피자치즈로 피자 만들기(임실치즈마을)

임실체험장에서 만들어 온 피자치즈로 피자를 만들어 봐요. 아이들이 직접 할 수 있어 성취감을 느낄 수 있어요.

❶ 준비한 채소를 잘게 썰어 준비한다. 어린이용 칼을 이용해 아이들이 썰어 보도록 한다.
❷ 식빵에 스파게티소스를 바르고 채소를 골고루 올린다. 순서를 정해 아이들이 올려보게 한다.
❸ 피자치즈를 올린 후 마요네즈를 약간 뿌린다.
❹ 오븐에 노릇하게 구워 맛있게 먹는다.

준비물 장미꽃, 망사봉투

장미꽃 포푸리 만들기(장미농원)

시들어 가는 꽃을 이용해 향기를 가득 담은 포푸리를 만들어 봐요.

❶ 장미꽃잎을 따서 전자레인지에 약 2분간 돌리면 꽃잎이 마른다. 그냥 실온에 널어 놓고 말려도 된다.
❷ 말린 꽃잎을 예쁜 망사 봉투나 바구니에 담는다. 향을 더 내고 싶으면 오래된 향수 등을 뿌려도 좋다.
❸ 현관이나 화장실에 걸어 두면 향기 날 때마다 여행의 추억을 되새길 수 있을 것이다.

Course 46 전북 부안

채석강의 놀라운 절경과 원숭이학교

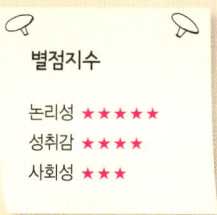

별점지수
논리성 ★★★★★
성취감 ★★★★
사회성 ★★★

엄마의 비책

　부안에 가면 채석강의 특이한 바위층을 보거나 원숭이학교에서 쇼를 구경하고 곰소 염전을 돌아보는 등 신기하고 재미난 경험이 곳곳에 흩어져 있다. 눈앞의 광경이나 체험 자체가 충분히 아이에게 놀라움을 선사하고 즐거움을 준다 해서 부모의 역할은 끝난 게 아니다. 요즘은 워낙 관광지가 잘 발달되어 있어 부모가 개입하는 정도가 한정적인데, 아이들에게 정작 기억에 남는 것은 그곳에서 무엇을 함께했느냐임을 기억하자. 채석강에서 조약돌 던지기를 해보고, 변산해수욕장에서는 모래성을 함께 쌓고, 원숭이학교에 가선 원숭이에게 먹이를 주는 등 함께하는 활동을 염두에 두고 여행하도록 한다. 함께 놀이를 할 때 진한 감정을 나누게 되어 부모에 대한 좋은 이미지가 마음속에 생긴다. 이와 같은 좋은 느낌이 쌓여야 아이는 부모와 안정된 애착을 맺을 수 있다.

소요시간 1박 2일 베스트 여행시기 7~8월

3시간 소요 곰소염전·곰소항 → 21km/차로 30분 → 3시간 소요 채석강 → 29km/차로 40분 → 3시간 소요 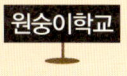 원숭이학교

곰소염전·곰소항 /
소금이 만들어지는 과정 살펴보기

Main 하얀 소금이 만들어지는 염전 **1** 곰소염전에서 생산한 천일염으로 만든 젓 **2** 곰소항의 생선들 **3** 넙적한 밀대인 '대파'로 소금물을 쓸어 보는 체험

한국 최고의 천일염 생산지인 곰소염전은 지형, 토지, 기후가 제염에 적합하고 강물이 많이 유입되지 않는 청정한 자연환경으로 그 명성을 이어 오고 있는 곳이다. 바둑판 무늬로 끝없이 펼쳐진 염전에서 소금이 만들어지는 과정을 볼 수 있다. 바로 옆 곰소항은 천일염을 이용해 만든 곰소젓갈로 유명하다. 생선, 조개, 낙지, 멍게 등의 해산물을 이용해 만들어진 짭조름하면서 달짝지근한 젓갈을 맛보고 내 입에 맞는 젓갈도 찾아본다.

배워봅시다

😊 소금이 화폐로 사용된 적도 있어요

우리에게 없어서는 안 되는 소금은 고대부터 소중히 여겨져 왔다. 금과 같은 비율로 교환하거나 중국에서는 실제 소금으로 화폐를 만들어 사용했다고 한다. 또한 로마제국의 군인들은 월급을 소금(salarium)으로 받았는데 봉급을 뜻하는 샐러리(salary)의 어원이기도 하다. 이처럼 내륙 국가에서는 소금이 곧 돈이었음을 알 수 있다.

문의 063-582-7511(남선염업 생산부)
위치 전북 부안군 진서면 진서리 1217번지

채석강 / 파도의 힘으로 만들어진 납작한 조약돌 구경하기

Main 판석이 차곡차곡 쌓아 올라간 듯한 해식 절벽 **1** 파도에 의해 깎인 조약돌 **2** 채석강에서 살고 있는 바다생물 **3** 잔잔한 파도와 모래사장이 있는 격포해수욕장

부안의 대표적인 관광 명소인 채석강은 지구의 나이테가 신비롭게 아로새겨진 곳이다. 바닷물에 의해 깎이고, 그 잔해가 다시 쌓이고, 또 깎이고 하는 과정이 반복되면서 판석을 차곡차곡 쌓아놓은 듯한 수많은 층이 생겼다. 검은 퇴적암 층암절벽 위로 나타난 밝은 녹색빛이 아름답다. 채석강의 밀물과 썰물로 물이 드나드는 바위 주변에는 많은 어패류가 살고 있다. 고랑에는 작은 물고기와 말미잘이 보이고, 바위에는 따개비와 굴, 홍합 등이 다닥다닥 붙어 있다. 움직이는 작은 생물들을 관찰하는 재미가 쏠쏠하다. 이곳의 또 다른 특징은 모든 조약돌이 납작하고 얇은 모양을 하고 있다는 것이다. 오랜 세월을 거치며 파도에 깎이고 쓸려 돌이라고는 믿어지지 않을 만큼 얇고 매끄럽다. 채석강 중간에는 신비한 해식 동굴이 있어 그 안에 들어가 바다를 바라볼 수 있다.

문의 063-582-7808/www.buan.go.kr
위치 전북 부안군 변산면 격포리 301-1

원숭이학교 /
원숭이의 좌충우돌 학교 생활

Main 열심히 공부하는 원숭이의 학교 생활 **1** 세발자전거를 타는 원숭이 **2** 물고기 관찰하기 **3** 악어동물원

사람과 가장 많이 닮은 원숭이의 학교 생활을 공연으로 볼 수 있는 곳이다. 원숭이의 재치 있고 코믹한 행동이 친근하게 다가와 아이들은 어느새 친구가 된다. 1부는 원숭이의 기초 교육 시간으로 인사, 앉기, 걷기 등의 간단한 묘기로 진행되며 2부는 체육 시간으로 점프, 구르기, 물구나무, 장대발 타기 등 온갖 화려한 개인기가 펼쳐진다. 재미있는 원숭이 공연 외에도 미니 동물원과 자연 체험 공간이 있어 아이들과 반나절 즐기기에 좋은 곳이다.

문의 063-584-0708/monkey.playtech.co.kr
위치 전북 부안군 상서면 감교리 505번지
요금 어른 6,000원 어린이 5,000원(만3세 이상)
원숭이공연 별도 어른 10,000원 어린이 9,000원 (만 3세 이상)
이용시간 오전 10시~오후 6시(원숭이 공연 11시, 2시, 4시 약 45분간 공연)

전북 부안에서 유용한
요모조모 정보 모음

아이들과 함께하기 좋은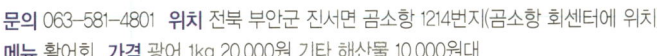

짭조름하면서 감칠맛나는 9가지 젓갈을 먹을 수 있는 곳
곰소쉼터

문의 063-584-8007 **위치** 전북 부안군 진서면 진서리 1219-19
메뉴 젓갈정식, 간장게장 **가격** 7,000~10,000원대

저렴한 가격에 싱싱한 회와 해산물이 푸짐하게 나오는 곳
싱싱수산

문의 063-581-4801 **위치** 전북 부안군 진서면 곰소항 1214번지(곰소항 회센터에 위치)
메뉴 활어회 **가격** 광어 1kg 20,000원 기타 해산물 10,000원대

리조트 바로 앞에 바다가 바라다보이는 곳
채석강리조트

문의 063-583-1234/www.chaesukgang.co.kr
위치 전북 부안군 변산면 격포리 298번지
요금 원룸형 일반실 주중 50,000원 주말 70,000원

다/녀/와/서

준비물 조약돌, 조개껍데기, 글루건, 나뭇잎, 크레파스 등

주워 온 납작한 조약돌로 표현하기(채석강)

크고 작은 조약돌과 조개껍데기 등을 이용해 연상되는 동물이나 식물을 표현하고 꾸며봐요.

1. 돌의 모양을 보고 연상되는 동물을 생각한다.
2. 길쭉한 돌로는 다리나 곤충의 몸통을 만들고, 둥근 돌로는 동물의 얼굴, 세모 모양으로는 날개 등에 활용한다.
3. 모양을 만들고 글루건을 이용해 붙인다.
4. 나뭇잎이나 식물의 줄기와 뿌리 등을 이용해 다양하게 표현해 본다.
5. 잘 표현이 되지 않는 부분은 크레파스로 그린다.

Course 47 전북 고창

푸르른 청보리밭과
고인돌박물관 선사 체험

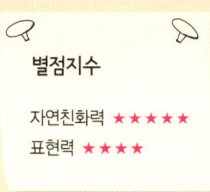

별점지수
자연친화력 ★★★★★
표현력 ★★★★

Mom's Hidden Card
엄마의 비책

요즘 들어 보리는 그다지 특별하지 않은 음식이 됐다. 보릿고개라는 말이 매년 회자되며 없어서는 안 될 아주 중요한 작물이었던 시절이 불과 수십 년 전이다. 고창의 청보리밭은 보리에 대한 인식의 변화를 보여주는 대표적인 장소다. 이제는 보리밭이 사시사철 다양한 체험 활동이 가능한 관광지로 탈바꿈했다. 이처럼 부모 세대와 아이 세대의 차이가 드러나게 되는데, 여행을 하면서 현재의 청보리밭 관광에만 집중하기보다는 부모의 이야기를 항상 곁들이는 습관을 들이자. 계획하고 가르치려 해도 잘되지 않는 것이 여행 중에는 자연스럽게 이루어질 수 있다.

근처의 고인돌박물관은 고창의 선사 유적을 엿볼 수 있는 곳이다. 만화에서만 봤던 고인돌을 전시하는데, 모형이 아닌 진짜가 놓여 있다는 말에 아이들이 열광할 것이다. 실제 생김새 자체도 대단히 만화적이라 특히 좋아한다. 굳이 선사시대의 유물임을 설명하기보다는 여전히 미스터리로 남아 있는 유적의 신비를 "왜?"라고 자꾸 물어보면서 창의력을 자극하는 식으로 생각을 유도하자.

소요시간 1박 2일 베스트 여행시기 5~7월

2시간 소요 — 청보리밭 — 16.5km/차로 30분 → 2시간 소요 — 고인돌박물관 — 18km/차로 30분 → 2시간 소요 — 선운사

청보리밭
끝없이 펼쳐진 초록 물결

Main 아이들 키만한 높이의 보리길 1 알알이 여문 보리 2 보리축제 전경 3 보리밭 길 걷기

초록 물결의 보리밭이 끝없이 펼쳐진 고창 공읍면 일대에서 4월 중순부터 약 한 달간 청보리밭축제가 열린다. 푸른 물결이 바람에 따라 넘실대는 모습이 마치 보리바다에 와 있는 듯하다. 보리밭 사이 길을 따라 거닐어 보고 보리가 자라는 모습을 살펴본다. 또 보리로 만든 음식을 먹어보며 자연스럽게 보리에 대해 배우게 된다. 축제 기간에는 보리와 관련된 다양한 체험과 볼거리, 먹을거리가 있어 더욱 알차게 여행할 수 있다. 보리를 수확한 후 여름에는 해바라기를 심어 해바라기 씨를 생산하며, 가을에는 메밀을 심어 메밀꽃으로 가득해 언제 와도 좋은 곳이다.

문의 063-562-9897/www.chungborium.co.kr
위치 전북 고창군 공읍면 선동리 산119-1번지
요금 무료 축제기간 4월 중순~5월 중순

이렇게 놀아요 How to play

😊 보릿길을 걸어봐요
이른 봄에 심어 늦봄에 수확하는 보리밭은 온통 푸르고 푸르다. 자연스런 곡선으로 산책 길이 잘 나 있어 길을 걸으며 푸르름을 감상한다. 키만큼 길쭉한 보리의 줄기를 잘라 사이에 손톱으로 선을 그어 구멍을 내고 불어보면 '삐~삐~' 소리가 나는 피리가 된다. 보리 열매를 관찰하며 벼와의 차이점을 찾아보는 것도 재미있다. 무성한 보리숲 사이에서 아이들과 술래잡기놀이를 해 본다. 엄마는 아이들의 키가 작아 잘 보이지 않아 찾기가 어려우나 아이들은 키 큰 엄마를 금방 찾아낼 것이다.

😊 보리로 만든 음식 체험해요
축제 기간에는 보리를 이용하여 보리 모종 화분 만들기, 보리개떡 만들기, 보리고추장 만들기, 보리강정 만들기 등의 체험을 할 수 있다. 밭에서 수확한 보리로 온 가족이 함께 맛있는 보리강정을 만들어 본다. 물엿과 보리튀밥을 비벼 모양 만들기를 하거나 꼭꼭 뭉치면 완성된다. 보리 하면 빠질 수 없는 보리비빔밥도 먹어본다. 쌀밥과 다르게 입 안에서 알알이 굴러다니는 감촉과 고소함을 느낄 수 있다.

배워봅시다

😊 보릿고개가 뭔 줄 아나요?
옛날 농촌은 궁핍해 지난 가을에 수확한 양식은 바닥이 나고, 보리는 미처 여물지 않은 5~6월(음력 4~5월)경이 되면 먹을 음식이 없어 생활이 매우 어려웠다. 나무껍질로 간신히 연명하다시피 하며 워낙 지내기가 힘들어 마치 큰 고개를 넘는 것 같다 하여 '보릿고개'라는 이름이 붙여졌다. 이 세상에서 가장 넘기 어려운 고개가 '보릿고개'리 할 정도로 어려운 시기였다고 한다. 배를 졸여 가며 지내다가 6월에 첫 수확하는 보리는 그들에게 아주 고맙고 귀한 음식이었다.

초록 물결이 넘실대는 보리밭

조물조물 뭉쳐 보리강정 만들기

축제장의 다양한 체험

보리의 종류와 보리로 만든 제품

맛있는 보리밥

고인돌박물관 / 고인돌 유적지 구경과 선사 체험

Main 거대한 돌을 옮기는 고인돌 끌기 체험장 **1** 바닥의 통나무를 굴려 돌을 이동하는 모형 **2** 고인돌의 내부 모습 **3** 고인돌 유적지의 전경

청동기 시대의 대표적 무덤인 고인돌이 세계적으로 가장 밀집되어 보존되고 있는 이곳은 그 수가 많기도 하지만 다양한 형식이 분포되어 있어 문화유산의 가치가 높다. 이 고인돌 유적지에 청동기 시대의 각종 유물 및 생활상과 세계의 고인돌 문화를 한눈에 볼 수 있는 박물관이 건립되었다. 박물관 외부에는 선사마을, 체험마당이 있고, 돌을 옮기기 위한 상석 끌기 체험을 할 수 있으며 근처 유적지에서는 실제 고인돌을 볼 수 있어 교육 효과가 매우 크다.

문의 063-560-2576/www.gcdolmen.go.kr
위치 전북 고창군 고창읍 도산리 676
요금 어른 3,000원 어린이 1,000원(만 6세 이상)
관람시간 오전 9시~오후 6시(동절기 오후 5시까지) **휴관일** 월요일

이렇게 놀아요 How to Play

😊 고인돌박물관에서 고인돌을 살펴봐요
2층 전시실에는 청동기 시대로 거슬러 올라가 그 시대의 문화와 생활상이 모형으로 나타나 있다. 그들의 삶과 죽음에 대해 알 수 있으며 고인돌이 어떻게 탄생했으며, 어떻게 제작되었는지 보여준다. 장비와 도구가 없던 청동기 시대에 과학적인 방법으로 고인돌을 제작했던 인류의 지혜를 볼 수 있다. 3층의 체험 공간에는 암각화 그리기와 불피우기, 고인돌 만들기 등을 체험할 수 있어 더욱 깊이 이해할 수 있다.

😊 선사마을과 고인돌유적지에도 가봐요
야외 선사마을에는 움집과 망루에서 토기와 석기를 만드는 모습을 모형으로 볼 수 있다. 또한 거대한 고인돌의 덮개돌을 선사인들이 운반했던 방식 그대로 운반해 볼 수 있는 체험마당이 조성되어 있다. 선사마을을 둘러본 뒤에는 진짜 고인돌을 볼 차례다. 박물관에서만 보던 고인돌을 실제 유적으로 보는 것은 훌륭한 현장 학습이 된다. 넓은 들판 여기저기에 뿌려 놓은 듯 자리하고 있는 커다란 돌들이 그대로 보존되어 있다.

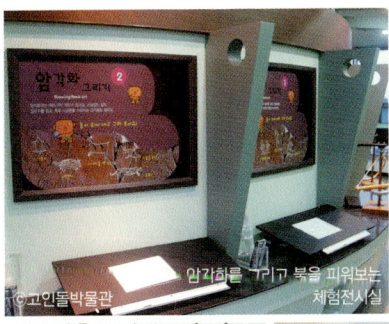
ⓒ고인돌박물관 — 암각화를 그리고 불을 피워보는 체험전시실

ⓒ고인돌박물관 — 청동기 시대의 생활상

줄에 매달려 즐거운 아이들

ⓒ고인돌박물관 — 고창 고인돌에 관련된 전시

고인돌 유적지에 있는 실제 고인돌

고인돌마다 고유번호가 부착되어 있다.

전라도 **385**

선운사 /
빨간 동백이 봄을 알리는 곳

Main 템플스테이를 할 수 있는 선운사 전경 **1** 시원한 약수 **2** 운치 있는 도솔천 **3** 동백꽃으로 물든 선운사

도솔산에 자리한 선운사는 산새가 아름답고 봄이면 벚꽃, 가을이면 아름다운 단풍으로 더욱 아름다운 사찰이다. 특히 봄에는 500~600년 된 동백꽃이 군락을 이루어 붉게 물든다. 작고 소박한 형태지만 강렬한 붉은색이 인상적이다. 근처 산길에는 벚꽃이 만개하여 장관을 이룬다. 또한 가을에는 꽃무릇이라는 예쁜 꽃이 피어 마음을 사로잡는다. 이곳은 사찰에서 하루 동안 머물며 불교 문화를 체험하며 마음의 휴식을 얻는 템플스테이를 할 수 있는 곳이기도 하다.

Tip
정식 템플스테이가 부담스럽다면 테마별로 가볍게 꾸린 템플스테이에 도전해보자. 시기별로 해맞이 템플스테이, 염전체험 템플스테이, 차꽃따기 템플스테이 등을 운영한다.

문의 063-561-1422/www.seonunsa.org
위치 전북 고창군 아산면 삼인리 500번지
요금 어른 2,500원 어린이 1,000원(만 7세 이상)
관람시간 오전 7시~오후 7시(동절기 오후 6시까지)

전남 고창에서 유용한
요모조모 정보 모음

아이들과 함께하기 좋은 맛집 · 잠자리

장어구이 먹고 든든하게 여행하기
산장회관

문의 063-563-3434 **위치** 전북 고창군 아산면 삼인리 386-8
메뉴 장어소금구이, 장어양념구이 **가격** 18,000원대

정사각형의 특이한 구조에 탁 트인 전망이 자랑인 곳
산노을펜션

문의 063-561-1561/www.sunwoonsan.com **위치** 전북 고창군 부안면 선운리 273-1
요금 4인용 주말 100,000원 선

다/녀/와/서

준비물 보리, 검은콩, 주방 그릇, 거름망, 컵, 검은 도화지, 풀 또는 양면테이프

보리로 곡물놀이(청보리밭)

보리와 콩을 이용해 곡물놀이를 하고 양의 개념도 배워요.

1. 커다란 비닐을 깔고 보리를 뿌린다. 보리를 만져보고, 비벼보고, 빼리면서 뒹굴안나. 검은콩도 살펴본다.
2. 나무, 스테인리스, 유리 등 다양한 재료에 보리를 떨어뜨려 나는 소리를 들어본다.
3. 보리와 콩을 섞어 함께 논 뒤 보리가 빠져나가는 거름망으로 걸러 다시 보리와 콩을 분류해 본다.
4. 곡물 위에 비닐을 깐 뒤 밟으며 발에 느껴지는 감촉을 느껴본다.
5. 보리와 콩을 각각의 컵에 담아보고 보리와 콩을 섞어 담았을 때 양의 변화를 알아본다.
6. 검은 종이에 풀이나 양면테이프로 그림을 그린 뒤 보리를 뿌려 그림을 그려본다.

Course 48 전남 함평·나주

함평엑스포공원 나비축제와 항공우주전시장

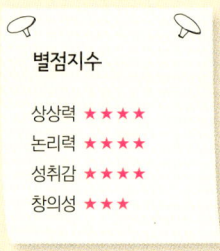

별점지수

상상력 ★★★★
논리력 ★★★★
성취감 ★★★★
창의성 ★★★

Mom's Hidden Card
엄마의 비책

함평엑스포공원에서 열리는 대규모 나비축제나 무안의 항공우주전시장은 곤충이나 비행기 같은 특정 항목을 자세히 관찰할 기회를 제공한다. 어느 한 가지에 몰두하고 집착하는 성향의 아이에게는 다른 어느 곳보다 행복한 시간이 된다. 집중력이 뛰어난 아이는 생각보다 많은 시간을 보낼 것이고, 반대의 경우라면 돌아보는 데 그칠 것이다. 아이의 특성을 고려해 동선과 여행 시간을 안배하도록 하자.

테마가 있는 전시장에 갈 때 아이의 특성을 엿볼 수 있는데, 한 가지에 몰두하는 아이는 온통 좋아하는 데에만 관심 있다. 지나치게 한 가지에만 몰두하고 집착하는 아이는 집중력이 있고 특정 분야에 지식이 해박한 반면, 또래 아이들과 어울리지 못하거나 다른 영역에는 관심이 없어 균형 있게 발달하지 못한다.

이와 같이 한 가지에 집착하는 아이는 낯선 것에 대한 두려움이 많고 마음속에서는 무엇엔가 매달리려는 유아적인 상태이며 하고 싶은 것만 하려는 성향이 강하다. 부모는 아이가 관심 보이는 것만 반응하거나 억지로 못하게 해서도 안 된다. 집착 행동만 고치려들지 말고 아이 마음을 헤아리도록 노력한다. 두려움 많고 소심하지만 어떻게 해야할지 모르는 불편함을 해결하면 과도한 집착이 줄어든다.

소요시간 1박 2일 **베스트 여행시기** 4~10월

3시간 소요		1시간 30분 소요		2시간 소요		2시간 소요
함평엑스포공원	→	항공우주전시장	→	삼한지테마파크	→	천연염색문화관
	10.5km/ 차로 25분		16km/ 차로 30분		13km/ 차로 30분	

함평엑스포공원 / 곤충의 세상에서 신나게 놀기

Main 약 73만㎡의 대규모 공원에서 펼쳐지는 엑스포 **1** 친근한 곤충 모형 캐릭터 **2** 장수풍뎅이 **3** 귀여운 애벌레 가로등

매년 봄이면 함평에서 세계나비곤충엑스포가 열린다. 약 330만㎡(100만 평)의 엄청난 규모, 20여 개의 체계적인 전시관, 수치만 봐도 과연 이 지역 최고의 볼거리임을 짐작할 수 있다. 생태환경을 주제로 한 콘텐츠로 경쟁력이 돋보이는 행사다. 행사장이 크다고 해도 주말이나 연휴 때는 인파가 몰려 인기 전시관은 붐비므로 시간과 코스 계획을 잘 짜고 관람하는 것이 좋다. 축제 기간 외에도 전시관 관람이 가능한데 나비생태관, 황금박쥐생태관, 원예치료관 등을 관람할 수 있다.

문의 0505-322-2008/www.hampyeongexpo.org **위치** 전남 함평군 함평리 123-1
요금 어른 5,000원 어린이 2,500원(만 7세 이상) 유아 1,500원(만 4세 이상)
축제기간요금 어른 15,000원 어린이 9,000원(만 7세 이상) 유아 6,000원(만 4세 이상)
이용시간 오전 9시~오후 6시
축제기간 약 4월 중순부터 45일간
휴장일 월요일

이렇게 놀아요 How to play

😊 곤충들 만져보고 느껴요

살아 있는 다양한 나비들을 눈앞에서 보는 것은 물론이고 애벌레와 장수풍뎅이, 여치 등의 곤충들을 직접 만지고 살펴볼 수 있다. 평소에 곤충을 무서워하던 아이라도 이곳에선 많은 곤충을 가까이에서 자연스럽게 접하며 두려움이 없어진다. 나뭇잎에 붙어 있는 나비 번데기들과 번데기에서 부화하는 나비, 애벌레에서 부화하는 장수풍뎅이의 모습도 볼 수 있다. 주위 환경과 비슷한 보호색을 하고 있는 곤충들을 찾아보는 것도 신기하기만 하다. 누에에서 실이 만들어지는 과정도 볼 수 있어 아이들의 자연 생태 학습에 많은 도움이 된다.

😊 나비 이름에서 무늬를 연상해 봐요

한국에서 서식하는 나비는 약 250여 가지가 되는데, 대부분 그 생김새에서 연상되는 이름으로 되어 있어 이름을 유추해 볼 수 있다. 표범의 문양을 하고 있는 구름표범나비, 윗 날개 위에 붉은 띠가 있는 윗붉은점독나비, 뒷날개에 긴 꼬리가 달린 각시긴꼬리제비나비 등 재미있는 이름이 많이 있다. 이름과 날개의 모양을 비교해 보면 관찰력을 기를 수 있고 더욱 오래 기억에 남는다.

여기도 가보세요

함평자연생태공원

KBS 어린이 프로그램인 〈후토스〉를 촬영하는 곳으로 유명한 자연생태공원이다. 넓은 호숫가에 버섯으로 만든 집과 〈후토스〉 주인공 캐릭터 모형이 꾸며져 있어 아이들이 좋아한다. 공원은 장미원, 괴석원, 생태연못, 수변관찰데크 등으로 구획되어 있어 자연 생태를 느끼기에 좋다. 야외학습장에는 멸종 위기의 반달가슴곰을 볼 수 있는데 귀여운 곰의 모습을 관찰할 수 있다.

문의 061-320-3514/www.ecopark.or.kr
위치 전남 함평군 대동면 운교리 500-1번지
요금 어른 5,000원 초등학생 2,000원(만 7세 이상) 어린이 1,000원(만 4세 이상)
이용시간 오전 9시~오후 6시(동절기 5시까지) **휴장일** 월요일

장수풍뎅이의 애벌레와 번데기를 관찰

공원 사방에 펼쳐진 꽃동산

항공우주전시장 /
실제 전투기 타고 전시관도 둘러보기

Main 실제 군용 전투기 **1** 비행기 구경에 신이 난 아이들 **2** 아빠 목마를 타고서 **3** 대간첩작전과 병력 수송으로 쓰이던 수송기

전쟁에서 사용되었던 실물 항공기를 볼 수 있는 항공우주전시장은 아이들에게 비행에 대한 꿈과 상상력을 키워주는 곳이다. 6·25 전쟁과 월남전에 참전했던 군용기를 비롯해 구소련, 중국 전투기가 전시되어 있다. 사진으로만 보던 각종 항공기를 실제로 보면 그 규모와 정교함에 놀라게 된다. 내부 전시관에는 비행기의 발명, 발전 과정, 비행기의 종류와 엔진의 실물이 전시되어 있으며 로켓과 인공위성의 종류와 원리, 우주 탐험의 역사에 대해 보여주고 있다. 비행과 우주를 주제로 다양한 학습 자료와 소품이 전시되어 있다.

문의 061-452-3055
위치 전남 무안군 몽탄면 사창리 720-1
요금 어른 1,000원 어린이 500원
이용시간 오전 9시~오후 6시 **휴관일** 월요일

이렇게 놀아요 How to play

😊 비행기 안에 들어가 공군이 되어 봐요
대간첩작전과 병력 수송에 사용되었던 비행기 안에 들어가 볼 수 있다. 비행기의 내부도 꼼꼼히 들여다보자. 수십 개의 조작 버튼으로 이루어진 조종석과 이중으로 된 날개, 접히는 바퀴 등 생각보다 복잡한 실제 비행기의 내부에 아이들이 큰 관심을 보인다. 비행기 각 부분의 역할을 알아보고, 비행기의 특징과 차이점을 비교해 본다.

😊 항공우주전시관을 둘러봐요
항공과 우주 분야의 발전상을 한눈에 볼 수 있도록 다양한 자료가 전시되어 있다. 하늘을 날기 위한 인간의 노력과 도전에 대한 내용을 전시하고 있다. 비행기의 주요 부품이 전시되어 있어 실제 규모를 짐작할 수 있으며 작은 모형 비행기와 제트기가 눈길을 끈다.

여기도 가보세요

회산 백련지

동양 최대의 백련 서식지인 이곳은 7~9월이면 백련꽃이 절정을 이루니 이 시기에 여행을 왔다면 빼놓지 말고 들르자. 녹색 호수가 하얀 백련꽃으로 가득 메운 장관을 볼 수 있다. 백련지에 조성된 자연생태공원에는 각종 수생식물을 관찰할 수 있는 데크, 유리온실, 야생화공원이 아기자기하게 꾸며져 있다.

문의 061-285-1323/tour.muan.go.kr
위치 전남 무안군 일로읍 복용리 140-1번지
요금 어른 3,000원 어린이 2,000원(만 6세 이상) **이용시간** 오전 9시~오후 6시

비행기 내부는 어떻게 생겼을까?
수많은 버튼으로 복잡한 조종석
수송기의 내부

항공의 발전사와 우주를 알려주는 전시관

항공의 발전사와 우주를 알려주는 전시관

설립자인 옥만호 장군의 군복

삼한지테마파크 /
삼국시대의 생활상을 엿볼 수 있는 곳

Main 통나무로 만든 목책성루 **1** 덜컹덜컹 달구지 타기 **2** 둥둥둥 북치기 체험 **3** 시원스럽게 펼쳐진 나주평야

삼국시대를 배경으로 하는 드라마 촬영을 위한 오픈 세트이며, 삼국시대의 생활과 문화를 체험하는 곳이다. 각 테마가 있는 전시관에는 삼국시대의 역사와 유물, 생활상을 전시하고 있다. 투호, 활쏘기 등의 민속 체험도 있어 지루하지 않게 즐기며 구경할 수 있다.

문의 061-335-7008
위치 전남 나주시 공산면 신곡리 산2번지
요금 어른 3,000원 어린이 1,000원(만 6세 이상)
이용시간 오전 8시~오후 6시(동절기 오전 9시~오후 5시)

이렇게 놀아요 How to play

☺ **목책성루에 올라가 전투를 해요**
칼이나 방패가 있다면 금방이라도 전투를 할 것 같은 태세로 아이들은 성문과 성벽을 보고 환호성을 지른다. 계단을 따라 올라가 성 위에서 왕처럼 성문을 누비고 돌아다닌다. 아빠는 성문 아래에서 적군이 되어 같이 결투를 하며 전쟁놀이를 해본다. 가장 위에 있는 신단에 가면 테마파크가 한눈에 들어 온다. 그림 같은 영산강과 나주평야의 전경이 시원하게 내려다보인다. 아이들에게 지형에 관련된 이야기를 해줘도 좋다.

천연염색문화관/
천연 염색 문화가 살아 숨쉬는 곳

Main 염색한 원단을 늘어뜨린 듯한 외판 **1** 천연 염료로 염색한 고운 빛깔의 원단 **2** 면의 분할과 색채의 조합이 조화를 이루는 보자기 **3** 개나리꽃으로 물들인 실크 스카프

천연 염색의 계승과 보급을 위해 설립된 곳이다. 전시관에는 다양한 재료로 염색된 고운 빛깔의 원단을 비롯해 그것으로 만들어진 제품을 전시하고 있다. 전시관 뒤쪽에는 직접 염색 체험을 할 수 있는 체험장과 깔끔한 숙박시설도 갖춰져 있다. 100여 명이 숙박할 수 있는 시설로서 단체 체험 및 연수, 그리고 세미나를 할 수 있도록 마련돼 있다. 염색 체험은 염색에 대한 기본적인 강의를 들은 후 원하는 무늬를 만들어 보는 식이다. 원리에 대해 미리 배우고 염색을 하다 보면 그만큼 이해도가 높아 학습 효과가 크다.

문의 061-335-0091/naturaldyeing.or.kr
위치 전남 나주시 다시면 회진리 163번지
요금 무료 **체험요금** 손수건 염색 3,000원 티셔츠 염색 5,000원(티셔츠 별도)
이용시간 오전 9시~오후 6시(동절기 5시까지)

이렇게 놀아요 How to play

😊 무늬를 만들어 염색 체험을 해요

계절마다 자라는 식물이 다르기 때문에 염료도 달라진다. 봄에는 치자로 만든 노란색, 여름에는 쪽으로 만든 파란색, 가을에는 감으로 만든 갈색, 겨울에는 소목으로 만든 빨간색으로 염색할 수 있다. 손수건에 하는 경우가 대부분이지만 흰색 티셔츠를 염색을 해 입으면 더 큰 성취감을 느낄 수 있다. 고무줄을 이용한 홀치기 기법으로 무늬를 내는데 크고 작은 동그란 무늬나 직선무늬를 낼 수 있다. 어떤 형태로 모양을 낼지 스케치해 보고 거기에 맞게 고무줄로 묶어 염색한 후 무늬가 잘 나왔는지 확인해 본다.

배워봅시다

😊 천연 염료의 종류는 뭐가 있을까요?

화학 물감이 없었던 옛날에는 자연에서 염료를 만들어 옷에 염색했다. 요즘에는 자연적이고 은은한 색상을 원하거나 각종 피부질환으로 몸에 좋은 천연 염료로 염색을 하는 일이 많아지고 있다. 천연 염료의 재료는 식물, 동물, 광물 등으로 분류할 수 있다. 식물 염료는 식물의 잎과 꽃, 열매, 수피 등에 포함된 색소이며, 동물의 피나 즙, 보라조개, 오배자 등에서 추출한 것이 동물 염료다. 광물 염료는 각종 돌가루나 황토, 머드, 숯, 화산재 등을 이용하는 것이 대표적이다.

손수건을 원하는 색으로 적셔 보다.

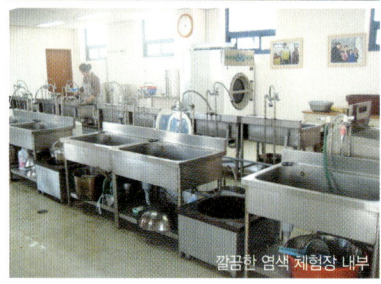

깔끔한 염색 체험장 내부

주물주물 황토 염색에 신이 난 아이

황토 염색으로 완성된 티셔츠

외부 체험장 전경

전남 함평 · 나주에서 유용한
요모조모 정보 모음

아이들과 함께하기 좋은 맛집

하얀집 나주의 별미인 곰탕이 맛있는 곳
나주곰탕

문의 061-333-4292 **위치** 전남 나주시 중앙동 48-17 **메뉴** 곰탕, 수육 **가격** 6,000원

상다리 부러지는 전라도 요리가 일품인 한정식집
무안 안성식당

문의 061-452-3020 **위치** 전남 무안군 몽탄면 사천리 34 **메뉴** 백반, 장어구이, 떡갈비 **가격** 7,000원

다/녀/와/서

준비물 애기똥풀, 명반, 흰티

애기똥풀 염색하기(천연염색문화관)

노란 애기똥풀 줄기를 똑 따면 노란 물이 나와요.

1. 애기똥풀을 넉넉하게 채취한 후 30분간 삶는 동안 어떤 디자인으로 염색할지 그려본다.
2. 생각한 디자인에 맞게 고무줄을 이용해 홀치기 기법으로 무늬를 만든다.
3. 노란 물에 색이 빠져나가지 못하게 명반을 섞은 후 흰색 티셔츠나 손수건을 담가 염색한다. 많이 수무를수록 선명하고 예쁜 색이 나온다. 맑은 물로 헹군 후 그늘에서 말린다.

준비물 두꺼운 도화지, 크레파스, 다리미, 가위, 긴 고무줄

나비의 날개 만들기(함평 엑스포공원)

1. 두꺼운 도화지 위에 작은 크레파스를 잘라 가루를 낸다.
2. 두 장의 종이를 겹쳐 다리미로 다리면 크레파스가 녹으면서 서로 섞여 문양이 나타난다.
3. 나비 모양으로 잘라 가운데를 연결한 후 긴 고무줄을 붙인다. 이처럼 다양한 곤충을 표현할 수 있다.

Course 49 전남 보성·순천

초록이 물결치는 녹차밭과 낙안읍성민속마을

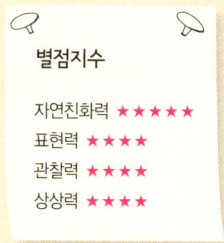

별점지수

자연친화력 ★★★★★
표현력 ★★★★
관찰력 ★★★★
상상력 ★★★★

엄마의 비책

한국에서 가장 유려한 풍광으로 손꼽히는 보성의 녹차밭은 영화나 광고 배경으로 채택되며 유명세를 타기도 했다. 녹차밭을 목적으로 이 지역에 여행을 오는데, 막상 와보면 낙안읍성민속마을에서 더욱 큰 감흥을 느끼게 된다는 이들이 많다. 녹차밭이나 순천만 갈대가 선사하는 시각적인 아름다움보다 낙안읍성민속마을에서 오감을 자극하는 체험이 아이들에겐 더욱 기억에 남기 때문이다. 아이와 함께하는 시간임을 항상 염두에 두고 시간을 안배해야 하는데, 바로 이런 곳에서 어른과 아이의 관점 때문에 갈등이 생길 수 있으니 유의하자.

아이들이 좀 크고 나면 개성을 존중해 아이만의 시간과 취미활동을 갖게 하는 것이 바람직하다. 그러나 여행 중에는 최대한 함께하는 시간을 갖도록 노력해야 한다. 어른과 아이가 함께 즐긴다면 이 같은 문제는 자연히 해결된다. 그런 의미에서 순천오픈세트장은 의무감 때문에 억지로 여행을 떠나는 부모에게 자극이 될 만한 곳이다. 1960~80년대를 재현한 세트장으로, 누가 시키지 않아도 어른들이 먼저 추억에 젖어 많은 이야기를 아이들에게 할 것이다. 코스를 짤 때 이런 부분도 염두에 둔다면 1박 2일에 생기를 불어넣을 수 있다.

소요시간 1박 2일 베스트 여행시기 4~6월

2시간 30분 소요		2시간 소요		2시간 30분 소요		2시간 소요
녹차밭	→ 40km/ 차로 50분	**낙안읍성민속마을**	→ 25km/ 차로 40분	**순천만자연생태공원**	→ 12km/ 차로 20분	**순천오픈세트장**

녹차밭
싱그런 연둣빛 차밭

Main 초록빛으로 물든 녹차밭 전경 **1** 녹차 아이스크림 **2** 운치 있게 늘어선 전나무길 **3** 구불구불 곡선을 그리며 계단을 이루는 녹차밭

은은한 연둣빛 차나무가 녹색 융단을 깔아놓은 듯한 이곳은 어딜 둘러봐도 한 폭의 풍경화가 연출된다. 산 중턱을 개간하여 수십 개의 층계를 이루며 등고선을 따라 만들어진 구불구불한 곡선이 리듬감을 준다. 사이사이 고랑을 거닐며 찻잎도 따보고 사진에도 담아보면 온통 초록 물결로 물들어 어느새 마음이 평안해진다. 앉아서 찻잎을 따는 아낙네들의 모습이 힘들어 보이기보다는 이렇게 멋진 풍경 속에서 매일 일하는 것이 부럽게 느껴질 정도다. 녹차밭을 둘러본 뒤에는 시음장에서 아이스크림과 녹차를 맛보며 그 향과 맛을 음미해 본다.

문의 061-852-2593/www.dhdawon.com
위치 전남 보성군 보성읍 봉산리 1288-1
요금 어른 2,000원 어린이 1,000원(만 6세 이상)
관람시간 오전 6시~오후 8시(동절기 오전 7시~오후 6시)

이렇게 놀아요 How to play

😊 녹차밭을 내려다보며 그림을 그려봐요

녹차밭의 푸르름을 제대로 느끼는 방법은 산비탈을 올라가는 길에 아래를 내려다보며 감상하는 것이다. 굽이굽이 물결치듯 부드러운 곡선이 겹겹이 늘어서 있다. 곡선이 시작하는 지점에서 끝나는 지점까지 손으로 그리며 모양을 관찰해 보는 것도 재미있다. 같은 무늬, 색깔이 반복되어 원근감을 이해시키는 데도 도움이 된다.

배워봅시다

😊 녹차 한 잔이 나오기까지 알아봐요

먼저 녹차의 맨 위에 새로 핀 어린 잎으로 찻잎을 딴다. 맑은 날 이슬에 젖은 잎을 따는 것이 좋다고 한다. 그 다음 솥에 넣고 적당한 온도로 덖어 아린 맛을 없애고 맛의 풍미를 낸다. 덖은 후에는 차 맛이 잘 우러나고 잘 부서지지 않게 비벼준다. 이렇게 덖고 비비는 과정을 세 번 반복한 후 수분을 빼기 위해 말린다. 여러 과정을 거친 후에야 비로소 향긋한 녹차가 완성된다. 노력과 정성이 많이 들어간 귀한 차라는 것을 아이들이 알고 맛을 보면 약간 씁쓸하긴 하지만 적응해 보려고 노력할 것이다.

여기도 가보세요

율포해수욕장 · 해수녹차탕

50~60년생 소나무 숲이 어우러져 경치가 좋고, 크고 작은 섬들에 둘러싸여 있는 해수욕장이다. 전국에서 유일하게 관광지 안에 해수풀장과 해수녹차온천탕이 마련되어 있다. 해수와 녹차가 만나 온천욕을 즐기고 있노라면 피로 회복, 성인병, 관절염 등의 치료에 도움이 된다.

문의 061-850-1100(디비치콘도 내 해수녹차탕) **위치** 전남 보성군 회천면 동율리 528-1번지 **요금** 어른 6,000원(만 7세 이상), 어린이 4,000원(만 6세 이하) **시간** 오전 6시~오후 8시

선생님, 알려주세요

Q 색채를 이용한 인지발달 요법도 있다고 들었어요. 흔히 초록은 마음을 편안하게 하고, 머리를 맑게 해준다고들 하는데요. 어린아이들에게 유효하게 작용하는 몇 가지 색채에 대해 설명해 주세요.

A 너무 세부적인 것에 매달릴 필요는 없다. 아이가 간혹 검은색으로 그림을 그렸다고 부모는 크게 걱정한다. 물론 여러 색을 다양하게 쓰지 않고 온통 검은색으로만 사람을 그리거나 빨간색으로 덧칠한 그림은 심리적인 의미를 부여할 수 있다. 그러나 단편적인 단서만으로 전체를 파악하려는 것이 무리이다. 자연이 주는 초록색은 바라보고 있으면 마음이 편안해지고 차분해지는 느낌으로 불안한 마음을 가라앉혀준다고 한다. 색에 대한 책을 참조해 마음에 드는 것으로 방을 꾸미거나 커튼 색을 고르되 이 과정에서 특정 색의 기능을 과장되게 해석하거나 아이에게 강요하는 우를 범하지는 말아야겠다.

낙안읍성민속마을/
시간이 멈춘 듯한 조선시대 마을

Main 초가집과 나지막한 돌담길 **1** 세대가 살고 있는 평온한 마을 풍경 **2** 마을을 둘러싸고 있는 높이 4~5m의 성곽 **3** 담쟁이덩굴

낙안읍성민속마을은 왜구의 침입을 막기 위해 조선시대에 축조된 성곽으로 현재까지 옛 모습이 잘 보존되어 있는 곳이다. 100여 채의 민가가 있고 200여 명이 읍성 안에서 생활한다. 마을은 한 면이 1.5km 남짓한 정방형의 아담한 규모여서 천천히 걸어서 돌아봐도 충분하다. 마을을 둘러싼 성곽 위에 오르면 옹기종기 초가집이 모여 있고, 빨래터며 장터가 활기를 띤 모습이 마치 타임머신을 타고 조선시대로 시간 여행을 온 듯한 착각에 빠진다. 웅장한 기와집과는 또 다른 매력이 있는 초가마을에서 소박한 옛 서민의 생활상을 엿볼 수 있다.

문의 061-749-3347/www.nagan.or.kr
위치 전남 순천시 낙안면 동내리437-1
입장료 어른 2,000원, 어린이 1,000원(만 7세 이상) **관람시간** 5~10월 오전 8시 30분~오후 6시 30분 11~4월 오전 9시~오후 5시

이렇게 놀아요 How to play

😊 실제 거주하는 초가집에 가봐요

아파트 생활만 하던 아이들은 볏짚으로 덮어져 있는 지붕과 돌로 쌓아 올린 담장이 있는 소박한 초가집에 사람이 살고 있다는 것에 신기해 한다. 마당에는 아궁이 위에 솥단지가 올려져 있고 방금 전까지 밥을 해서 먹었던 흔적도 볼 수 있다. 기회가 된다면 아궁이 안에 나뭇가지를 넣고 불을 지피는 것도 재미있다. 또한 초가집 곳곳에 대장간 체험, 소달구지 타기, 옥사 체험, 농기구 체험장 등이 있어 옛것의 소중함을 배울 수 있다.

여기도 가보세요

낙안민속자연휴양림

낙안읍성 뒤 금전산 기슭에 자리 잡고 있는 낙안민속자연휴양림에 가보자. 규모가 크진 않지만 사람이 많지 않아 매우 고요해 휴양의 참맛을 느낄 수 있는 곳이다. 휴양림 내 숙소에서 1박을 하는 것도 좋다. 유럽풍으로 지은 '숲속의 집'과 기와집 형태의 '산림문화휴양관'이 있다. 이른 아침 싱그런 숲의 공기를 마시며 아이와 함께 소중한 추억을 만들어 본다.

문의 061-754-4400/www.huyang.go.kr
위치 전남 순천시 낙안면 동내리 산3-1번지 **요금** 어른 1,000원, 어린이 300원(만 7세 이상) **숙박료** 숲속의집 4인실 50,000~70,000원대 야영장 캠핑 4,000원

수문장 교대식와 거리 행렬

정감 있는 시골 풍경

익살스런 표정의 장승들

물의 낙차를 이용해 곡식을 빻은 물레방아

수확한 농산물을 파는 아주머니들

순천만자연생태공원
갯벌과 갈대, 철새와 함께하기

Main 끝없이 펼쳐진 갈대밭과 관람데크 **1** 순천만의 생태에 대해 전시하고 있는 전시관 **2** 순천만을 한 바퀴 돌아보는 보트 **3** 갯벌에 살고 있는 망둥이

순천만은 세계적으로 유명한 희귀 조류의 월동지로 생태계가 완벽에 가깝게 보존된 곳이다. 학술적 가치가 높아 자연 학습에 좋을 뿐 아니라 가을이면 갈대숲이 우거진 아름다운 광경을 선사한다. 넓게 자리 잡은 갯벌과 약 100만㎡의 갈대군락은 새들의 먹이와 서식 환경에 중요한 역할을 하고 있다. 갈대 사이사이 갯벌에는 짱뚱어와 갑각류, 갯지렁이 등을 관찰할 수 있다. 대대포 부근이 관람하기 좋은 곳으로 S자로 휘어져 나가는 물길을 따라 풍성한 갈대가 일렁인다. 순천만의 생태에 대해 전시하고 있는 자연생태관 관람과 야간에는 천문대 관측도 할 수 있어 학습에 도움이 된다.

문의 061-749-3006, 061-749-3311(천문대)/www.suncheonbay.go.kr
위치 전남 순천시 대대동 162-2번지
요금 자연생태관/천문대 어른 2,000원, 어린이 500원(만 6세 이상) **관람시간** 오전 10시~오후 10시 천문대 별자리 관측 오후 5시부터 현장 예약(오후 7시, 8시 20분, 9시) **휴관일** 월요일

이렇게 놀아요 How to play

😊 **여름 철새, 겨울 철새, 텃새를 알아봐요**

철새들이 옮겨 다니는 이유는 생활하기 좋은 기후를 찾고, 이동 중 다양한 먹이를 먹으며 적응력이 강한 자손을 남기고, 널리 분포하여 생식지를 확대하기 위해서다. 계절별로 이곳에 머무르는 철새가 다양한데 봄에 남쪽에서 날아와 가을에 돌아가는 여름 철새는 해오라기, 꼬마물떼새, 개개비 등이 있다. 또한 봄에 북쪽으로 날아가 번식하고 가을과 겨울을 보내는 겨울 철새는 청둥오리, 흑두루미, 청기러기, 황새 등이 있다. 사시사철 이곳에 머무르는 텃새는 쇠백로와 왜가리, 황조롱이, 검은머리물떼새 등이 있는데 지구 온난화로 한 곳에 머무르는 텃새가 점점 늘어나고 있는 추세다.

갯벌에 사는 생물을 관찰하는 전시대

순천만에 살고 있는 희귀 철새인 흑두루미

용산전망대에서 본 'S'자형 물길

철새의 특징과 종류를 전시한다.

순천오픈세트장 / 1960년대 달동네 구경

Main 1960년대 순천읍 거리 **1** 촌스럽지만 정겨운 미용실 간판 **2** 흔들흔들 다리 **3** 허름한 건물 옆에 세워진 항아리와 연탄

전남 순천시 조례동에 자리한 순천오픈세트장은 1960년대의 배경을 보여주는 드라마의 야외 세트장으로, 그 당시의 서민 생활 풍경을 볼 수 있는 곳이다. 이곳은 크게 1960년대 순천읍, 1970년대 서울 달동네, 1980년대 서울 변두리의 변화가 세 부분으로 나뉘어 있고, 중간중간 대표적인 집의 내부가 오픈되어 있다. 이발소, 극장, 구멍가게 등 허름한 옛 건물들과 촌스럽지만 정감 있는 간판들이 옛것에 대한 정겨움과 향수를 느끼게 해주는 곳이다.

Tip

앞서 소개한 주요 명소를 하루 동안 도는 '시티투어버스'를 순천시에서 운영한다. 순천역광장에서 오전 9시 50분에 출발해 오후 5시에 끝나는 일정이고, 요일별로 경유지가 다르다. 순천시 홈페이지(tour.suncheon.go.kr) 또는 전화(061-749-3107, 3328)로 미리 예약한다.

문의 061-749-4003/scdrama.sc.go.kr
위치 전남 순천시 조례동 22번지
요금 어른 3,000원 어린이 1,000원(만 6세 이상)
관람시간 오전 9시~오후 6시

이렇게 놀아요 How to play

😊 사라진 생활소품을 구경해요

30~40년 전의 생활을 보여주는 곳이라 지금은 쓰이지 않는 물건들을 여기저기서 볼 수 있다. 지금은 보기 힘든 연탄, 항아리, 탈곡기, 우물, 판자집 등의 쓰임새와 방법을 알려준다. "엄마가 옛날에 쓰던 물건인데…"로 시작해 설명해 주고 보여줄 것들이 너무나 많은 곳이다.

1970년대 높은 언덕에 위치한 달동네

마을의 공동 우물

1970년대 미용실 내부

농기구의 용도에 대해 설명해 준다

아이들과 함께하기 좋은 맛집·잠자리

벌교의 별미인 꼬막 요리 전문점
벌교 국일식당

문의 061-857-0588　**위치** 전남 보성군 벌교읍 벌교리 641
메뉴 백반, 꼬막정식　**가격** 6,000~13,000원대

떡갈비와 함께 먹는 맛있는 한정식
순천 금빈회관

문의 061-744-5554　**위치** 전남 순천시 장천동 47-8
메뉴 돼지 떡갈비, 소떡갈비　**가격** 10,000~25,000원

숲속에서 하룻밤 보내고 새소리에 잠드는 곳
낙안민속자연휴양림

문의 061-754-4400/www.huyang.go.kr　**위치** 전남 순천시 낙안면 동내리 산3-1
요금 숲속의집 4인실 50,000~70,000원대 야영장 캠핑 4,000원

Course 50 전북 무주

천혜의 무주리조트와 반딧불이 사는 반디랜드

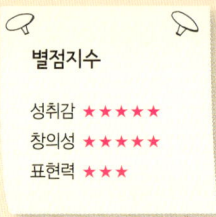

별점지수
- 성취감 ★★★★★
- 창의성 ★★★★★
- 표현력 ★★★

Mom's Hidden Card
엄마의 비책

반디랜드에서 무주의 자랑인 천연기념물 반딧불이를 구경하고, 무주리조트에서 1박 하는 코스다. 무주리조트는 아이보다도 산을 좋아하는 부모가 더 좋아할 만한 장소다. 특별히 어떤 활동을 한다기보다는 하루쯤 자연 속에 폭 파묻혀 쉬어가는 데 여행의 의미를 두기 때문이다. 반면 어린아이들은 자꾸 무언가를 하자로 졸라댈지도 모른다. 등산이나 스키를 가족 구성원 모두가 즐긴다면 모를까, 그게 아니라면 무주리조트는 다소 난감한 여행지가 될 수 있다. 가족 나들이에서 가장 중요하면서도 힘든 것은 가족 모두의 욕구를 채우면서 또한 타협을 잘하는 것이다. 어느 한쪽에만 맞추면 당연히 상대가 불만이어서 즐거움을 함께할 수가 없을 것이다. 부모가 등산을 즐긴다고 해서 아이들에게 강요하거나 억지로 밀어붙일 때는 가족 나들이의 원래 의미가 사라지고 만다. 1박 2일 여행을 떠나기 전에 아이와 많은 대화를 나누는 게 좋다. 그곳에 가서 무엇을 하며 어떻게 시간을 보낼 것인지에 대해 어느 정도 계획을 짜도록 한다. 유명 관광지라고 해서 막상 갔더니 어쩔 줄 모르고 시간 낭비만 하는 경우도 적잖이 있다.

소요시간 1박 2일 베스트 여행시기 연중

2시간 소요 — 반디랜드 — 16.5km/차로 30분 → 2시간 소요 — 무주리조트 — 16.5km/차로 30분 → 4시간 소요 — 덕유산곤돌라 — 16.5km/차로 30분 → 1시간 30분 소요 — 트리스쿨

반디랜드 /
반딧불이가 살고 있는 곳

Main 예쁜 모양으로 전시된 곤충 **1** 가장 마음에 드는 나비 골라보기 **2** 입구에 있는 대형 반딧불이 **3** 밤하늘의 별과 달을 관측하는 천문대

무주의 자랑인 반딧불이를 테마로 만들어진 이곳은 곤충박물관, 천문대, 청소년 야영장, 야외 놀이터 등의 다양한 시설을 갖추고 있다. 2000여 종의 전 세계 희귀 곤충 표본이 전시된 곤충박물관과 200여 종의 식물을 만날 수 있는 생태온실이 있다. 또한 밤하늘의 달과 별을 볼 수 있는 천문대와 통나무집으로 된 숙소도 마련되어 있다. 생태체험관에는 천연기념물로 지정, 보호되고 있는 반딧불이의 자라는 모습과 먹이 생태 등을 살펴볼 수 있다. 산으로 둘러싸인 아름다운 반디랜드의 야외 놀이터에서 신나게 뛰노는 것도 즐거움이다.

문의 063-320-2182/www.bandiland.com
위치 전북 무주군 설천면 청량리 1011
요금 어른 3,000원 어린이 1,000원(만 5세 이상)
천문과학관 어른 3,000원 어린이 1,000원
이용시간 오전 9시~오후 6시(동절기 오전 9시~오후 5시) **휴관일** 월요일

이렇게 놀아요 How to play

😊 **곤충박물관에서 희귀 곤충을 살펴봐요**
이곳에서는 다른 박물관에서 보지 못 했던 희귀 곤충을 볼 수 있다. 반짝반짝 윤이 나는 초록색 비단벌레와 화려한 문양의 호랑나비가 눈길을 끈다. 보호색과 보호 문양을 띠고 있는 잎벌레, 대벌레, 나뭇잎나비 등이 신기하기만 하다. 일반 곤충과 다르게 다리가 4개인 워커리하늘소, 크기가 엄청 큰 대형 사슴벌레, 대형하늘소, 반짝반짝 광이 나는 나비 등 볼수록 신기한 곤충이 가득하다.

통나무집과 야영장이 있는 큰 규모의 반디랜드

하나의 작품이 된 나비 전시

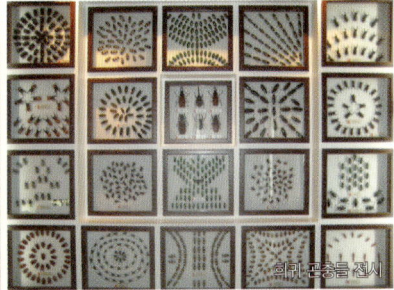
희귀 곤충들 전시

희귀 식물을 볼 수 있는 생태온실

무주리조트
덕유산을 품은 천혜의 자연환경

Main 알프스의 건축 양식을 도입한 '호텔티롤' **1** 편안하고 고급스러운 레스토랑 **2** 절경을 감상하며 산책을 즐길 수 있는 설천호수 **3** 무주구천동 계곡

덕유산 국립공원 내에 자리한 무주리조트는 한국의 대표적인 산악형종합 휴양 리조트다. 수려한 자연환경을 배경으로 오스트리아풍으로 지어져 마치 유럽에 온 듯하다. 여름에는 시원한 무주구천동 계곡에 발을 담그며 더위를 식히고, 겨울에는 다양한 경사로와 코스에서 스키를 즐기며 백색으로 물든 덕유산의 장엄함을 느낄 수 있다.

Tip
여름철·겨울철 성수기에서 몇 주 전에 예약을 해도 객실을 확보하기가 여의치 않다. 겨울에는 1일 스키 패키지 상품을 운영하니 당일치기도 고려해보자. 리프트와 교통, 스키나 보드 장비 렌털료까지 포함된 금액이 60,000~100,000원 선이다.

문의 063-322-9000/www.mujuresort.com
위치 전북 무주군 설천면 심곡리 산43-15

이렇게 놀아요 How to play

😊 카니발 스트리트를 걸어봐요

오스트리아풍 건물의 특징으로는 하얀색 벽면, 짙은 갈색 지붕, 그리고 세모 모양의 돌출된 창을 꼽을 수 있다. 정문에서 바로 보이는 웰컴센터는 중세 유럽풍의 고성을 떠올리게 하는 특별한 공간이다. 경사진 산의 곳곳에 자리하고 있는 빌라 형태의 리조트는 산과 함께 어우러져 조화를 이룬다. 알프스 산장처럼 지어진 티롤 호텔과 다양한 음식점과 상점이 있는 카니발 스트리트를 거닐면 마치 알프스의 어느 마을에 와 있는 듯하다.

산장 분위기의 콘도인 '가족호텔'

빨간 체크 소파와 원목 바닥이 어우러진 호텔 로비

유럽풍의 고성이 연상되는 '멜랑 비터'

음식점과 상점이 있는 '카니발 스트리트'

전라도 **413**

덕유산곤돌라 /
곤돌라 타고 덕유산 정상 정복하기

Main 곤돌라 타고 발 아래 펼쳐진 풍경 감상하기 **1** 걷기 쉬운 능선길 **2** 원츄리군락지 **3** '살아서 천년, 죽어서 천년'이라는 '주목나무'

높이 1,614m의 덕유산은 전북 무주군, 장수군, 경남 거창군, 함양군에 걸쳐 길게 능선을 이루고 있다. 마치 한 폭의 동양화를 보는 듯 능선과 구름이 교차되어 장엄함을 연출한다. 힘들게 산행한 후 정상에서 느끼는 감동과 성취감은 세상을 다 얻은 듯 자신감을 갖게 한다. 아이들과의 산행은 쉽지 않은데 무주리조트 내의 곤돌라를 이용하면 누구나 쉽게 정상에 오를 수 있다. 곤돌라를 타고 설천봉에 도착하여 향적봉 정상에 오른 뒤 다시 곤돌라를 타고 내려오거나 등산로를 따라 내려오는 코스를 선택할 수 있다.

문의 063-320-7381/www.mujuresort.com
위치 무주리조트 웰컴센터 왼쪽 설천하우스 앞
요금 왕복 어른 12,000원 어린이 9,000원 편도 어른 8,000원 어린이 6,000원
이용시간 오전 9시 30분~오후4시(시기별 시간이 다르니 미리 확인해야 한다. 오후에 올라가면 바로 내려와야 하므로 여유 있게 오전에 이용한다.)

이렇게 놀아요 How to play

😊 곤돌라 타고 덕유산 정상에 올라가요
곤돌라를 타고 오르는 길은 놀이기구를 타듯 재미있다. 발 아래 펼쳐진 산 위를 올라가며 새가 되어 하늘을 나는 듯한 기분에 빠진다. 약 15분 뒤 설천봉에 도착하여 능선을 타고 완만한 길을 따라 30분 정도 걸으면 정상에 이른다. 중간중간 보이는 고목들이 멋진 풍경을 연출한다. 향적봉 정상에 오르면 하늘과 산의 경계선에 서서 발 밑의 푸른 산을 감상하며 정상의 기분을 느껴본다.

😊 아름다운 야생화가 만발해요
사계절 볼거리가 풍부한 덕유산은 봄에는 철쭉꽃이 군락을 이루고, 여름에는 다양한 야생화와 시원한 구천동계곡이 있으며, 가을에는 울긋불긋 단풍이 들고, 겨울이면 주목과 어우러진 눈꽃이 아름다운 장관을 연출한다. 특히 여름의 향적봉 주변은 각종 야생화와 천연 식물들이 많다. 소박하고 생명력 넘치는 야생화들이 만발해 다채로운 색깔로 장관을 이룬다.

돌자꽃

마타리꽃

산꼬리풀꽃

엉겅퀴꽃

선생님, 알려주세요

Q 등산을 하고 싶은데 아이가 걷는 것을 너무 싫어해서 조금만 가면 안아달라고 하거나 못 간다고 투정을 부립니다. 놀이터에서 잘 노는 것을 보면 체력이 약한 것 같지는 않은데, 아무래도 아이들에게 산은 무리인가요?

A 초등학교 저학년까지는 아이들이 산을 좋아한다. 산을 싫어하기보다는 평소 힘들고 어려운 일을 하지 않으려 드는 나약함이 문제일 것이다. 이런 나약함을 해결하기 위해 등산을 활용하려면 산에 갔을 때 즐겁고 좋은 일이 많아야 할 것이다. 맛있는 것도 먹고 쉴 때 계곡에서 물놀이를 하거나 흙장난을 마음껏 하는 등 아이가 좋아하는 것을 많이 할 수 있어야 올라갈 때 지루하고 귀찮은 것을 덜 힘들게 느낀다. 그리고 못 간다고 자꾸 혼내고 억지로 끌고 가면 다음번엔 절대 안 가려 할 것이다.

트리스쿨 / 퉁탕퉁탕 두드리며 스트레스 날리기

Main 폐교를 리모델링한 건물 외관 **1** 트리스쿨에서 만든 수납자동차 **2** 귀여운 장식품 **3** 나무로 만든 시계와 액자

아이들이 친환경 국내산 나무를 사용해 작품을 만드는 목공에 체험장이다. 약 800㎡(2400평) 규모의 폐교를 리모델링한 전문 학습장으로 탁 트인 공간감을 자랑한다. 이곳에서 이루어지는 주요 활동은 일부 가공된 제품을 쓱싹쓱싹 사포로 문지르고 뚝딱뚝딱 망치로 때려 연필꽂이, 선반, 수납장, 장난감 등을 만드는 것이다. 아이들이 다루기에 위험해 보이지만 꼼꼼히 가공하고 나무 망치를 사용해 안전하게 만들 수 있다. 또한 친환경 부자재를 사용하고 국내산 나무 위주로 재료를 가져와 더욱 안심이다. '나무를 이용한 만드는 즐거움'을 통해 창의력을 키울 수 있다. 망치로 때리는 작업은 아이들에게 집중력을 향상시켜 줄 뿐만 아니라 스트레스를 자연스럽게 해소할 수 있는 즐거운 놀이가 된다.

문의 063-324-3392/www.treeschool.co.kr
위치 전북 무주근 무주읍 가옥리 419
체험료 8,000~15,000원
이용시간 오전 9시~오후 6시

이렇게 놀아요 How to play

😊 **뚝딱뚝딱 망치질로 작품을 만들어요**

이곳에서 사용하는 나무는 모두 국내산 원목을 가공하여 인체에 무해하고 변형이 없는 튼튼한 재료로 만들어진다. 여기에 날카롭지 않은 못과 나무 망치, 인체에 무해한 본드를 사용한다. 선생님의 꼼꼼한 지도 하에 부모님이 못 박는 부분만 살짝 잡아주면 아이들은 쉽게 망치질을 하며 형태를 만들 수 있다. 다 만든 후에는 모서리나 날카로운 부분을 사포로 문질러 부드럽게 해준다. 어렵게 생각했던 못 박기, 붙이기, 꾸미기 등의 작업을 끝내고 나면 아이들은 무한한 성취감을 느낀다.

꼼꼼하게 설명해 주시는 선생님

안전한 못과 망치로 신나게 두들기기

체험관 내부

내가 만들어 더욱 의미 있는 납 자동차

😊 어떤 나무를 사용하는지 알아봐요

국내산 편백나무, 소나무, 벚나무 등을 가공한 만들기의 주재료는 표면을 매끄럽게 1차 가공한 것이다. 나무별로 냄새를 맡아보면 고유의 은은한 향이 풍겨난다. 만들기에 사용했던 크고 작은 나무 재료들이 어떻게 만들어지는지 관찰해 본다. 동글동글한 나무는 동그란 나뭇가지를 가로로 자른 것이고, 납작한 나무판은 큰 나무를 세로로 잘라 만든 것이다. 나무의 결을 보면 가로로 자른 것은 동글동글 나이테가 보이고, 세로로 자른 것은 길쭉길쭉 줄무늬가 보여 구분할 수 있다.

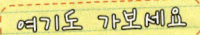 여기도 가보세요

나제통문

구천동 33경 중 제1경인 이곳은 산의 바위를 뚫어 만든 굴문이다. 삼국시대 신라와 백제의 경계 관문이라 해서 '나제통문'이란 이름이 붙여졌다. 나제통문을 시작으로 신풍령 정상을 지나 경남 거창까지 이어지는 37번 국도는 '한국의 아름다운 길 100선'에 뽑히기도 했다. 혹 지도가 있다면 아이들에게 무주의 위치를 알려준다. 경상도, 충청도, 전라도가 감싸고 있는 모양을 설명해 주면 아이들이 지형을 익히는 데 도움이 된다.

위치 전북 무주군 설천면 소천리 37번국도

나무를 자르고 다듬는 공간 / 나무를 세로로 잘라 만든 납작한 판

나무를 깎아 만든 작품 전시

전남 무주에서 유용한
요모조모 정보 모음

아이들과 함께하기 좋은 맛집 · 잠자리

직접 뜯은 산나물로 만든 산채정식 전문점
별미가든

문의 063-322-3123 **위치** 전북 무주군 설천면 삼공리 713(구천동입구)
메뉴 산채정식, 산채비빔밥, 빈대떡 등 **가격** 7,000~15,000원대

푸짐한 보쌈과 고랭지 채소로 만든 보쌈김치의 환상적인 조화
원조할매보쌈식당

문의 063-322-7707 **위치** 전북 무주군 설천면 삼공리 418-33
메뉴 보쌈정식, 산채정식, 더덕정식 **가격** 2인 기준 26,000원 선

멋스러운 산장 분위기의 독채에서 즐기는 기쁨
리틀프로방스

문의 063-322-5088 **위치** 전북 무주군 설천면 삼공리 734번지 **요금** 150,000원대

나 / 너 / 와 / 서

준비물 밀린 꽃잎, 종이, 목공용 본드

야생화를 말려 미니 액자 만들기(덕유산)

들에 핀 여러 종류의 꽃을 따서 책갈피에 넣고 잘 말려 액자를 만들어요. 아이들의 구성력과 창의력을 키우며 만들어진 예쁜 액자로 4계절 꽃을 구경할 수 있어요.

❶ 들에 핀 야생화를 따서 꽃잎이 다 펴지도록 책갈피에 꽂아 말린다.
❷ 말려서 평평해진 꽃과 꽃잎을 이용해 종이 위에 재구성하고 배치해 액자를 만들어 본다.
❸ 자유롭게 무늬를 만들어 보게 하여 미적 감각과 구성력을 기른다.

Course 51 전남 곡성·담양

간이역 기차마을과 기차에서의 하룻밤

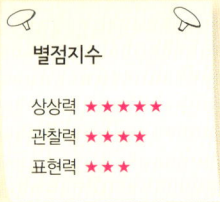

별점지수

상상력 ★★★★★
관찰력 ★★★★
표현력 ★★★

엄마의 비책

기차 여행은 모두를 설레게 한다. 아이들은 새로운 탈것을 매우 좋아하기 때문에 기차 여행은 떠나기 전부터 즐겁다. 이번 코스는 철저히 '기차'라는 테마로 1박 2일 동안 움직이는 여행이다. 곡성역에서 가정역까지 이어지는 철길 위로 온 가족이 레일바이크에 몸을 싣는다. 특히 간이역에 들러 운치 있는 여행을 즐길 수 있다. 섬진강변을 레일바이크 위에서 특별한 방식으로 느껴보고 가정역에 도착해서는 폐객차를 개조한 펜션에 묵는다. '기차'라는 매개체 하나로 1박 2일이 완성되면 아이들 머릿속에는 이번 여행이 더욱 깊이 새겨질 것이다.

우리 아이가 특히 기차 여행에 흥미를 보인다면 여행을 하면서 지나쳐온 노선과 역을 이용해 나만의 기차 여행 지도를 만들어 보자. 복잡한 기차 노선과 역 이름을 기억하려면 그곳에서 어떤 추억이 있었느냐를 떠올리는 게 효율적이다. 예를 들어 대전역에서 가락국수를 먹었다면 역 이름과 함께 가락국수의 그림을, 부산역에는 해수욕장 아이콘을 그려 넣는 식이다. 여행을 다녀올 때마다 노선도가 추가되고 어느새 얽히고설킨 기차 여행 지도가 완성될 것이다. 지리에 대한 감각이나 한글 감각 등 인지 발달에 유용한 여행 놀이이다.

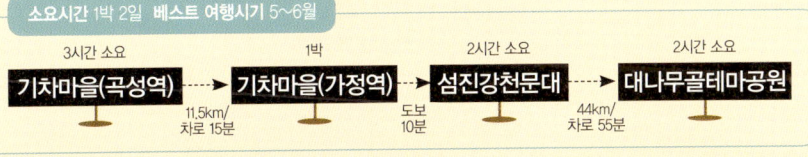

소요시간 1박 2일　베스트 여행시기 5~6월

3시간 소요		1박		2시간 소요		2시간 소요
기차마을(곡성역)	→	기차마을(가정역)	→	섬진강천문대	→	대나무골테마공원
	11.5km/ 차로 15분		도보 10분		44km/ 차로 55분	

기차마을(곡성역)/
츄~츄~ 칙칙폭폭 증기기관차 타기

Main 장난감으로만 보던 증기기관차를 실제로 보는 즐거움 **1** 옛 모습 그대로인 곡성역 전경 **2** 출발하는 기차의 경적소리에 신난 아이들 **3** 매표소

곡성역은 1933년 지어져 1998년까지 전라선으로 운영되다가 신전라선이 생기면서 기차마을로 꾸며졌다. 1930년대 기차역을 그대로 보존하고 있으며 주변이 생태공원으로 조성되어 각종 시설과 휴식 공간이 있다. 기차 운행은 곡성에서 가정역까지 13km 구간을 하루에 3~5번 왕복한다. 지금은 운행되지 않는 증기기관차 형식의 기차라 정감 있고 고향의 정취가 느껴진다. 온 가족이 함께 타보는 레일바이크는 침곡역부터 가정역까지 약 5km를 섬진강변을 따라 달린다. 자연을 온몸으로 느끼며 주변 경관을 감상하며 가는 여행의 즐거움을 만끽해 본다.

문의 061-363-6174/www.gstrain.co.kr
위치 전남 곡성군 오봉면 오지리 770-5번지
요금 증기기관차 왕복 어른 6,000원
어린이 5,500원(만 4세 이상) 편도 어른 4,000원
어린이 3,500원 레일바이크 침곡역~가정역
4인승 22,000원 2인승 15,000원
운행시간 하루 5회 운행(동절기 하루 3회 운행)
이용시간 오전 9시~오후 6시

이렇게 놀아요 How to play

😊 칙칙폭폭 증기기관차를 타봐요

장난감이나 TV에서만 보던 증기기관차를 직접 타보는 일은 아이들에게 재미있는 경험이 된다. 하얀 연기를 뿜으며 '뿌우~뿌우~' 하고 출발하는 경적소리가 들리면 더욱 신나고 마음이 들뜬다. 시속 30~40km로 천천히 달리기 때문에 밖의 풍경을 생생하게 느낄 수 있다. 섬진강과 빨간 철쭉꽃길이 어우러져 운행시간 내내 아름다운 광경이 눈앞에 펼쳐진다. 시간은 약 25분이며 가정역에서 20분간의 자유 시간이 주어진다. 20분 뒤에 다시 돌아올 수도 있고, 가정역 앞 섬진강변에서 놀다가 다음 기차를 탈 수도 있다.

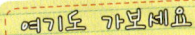

영화세트장

영화나 드라마 촬영을 위해 곡성역 바로 옆에 1960년대 배경의 세트장이 지어져 있다. 세트장을 구경하는 것 외에 도자기 공방, 삼베공방, 심청 홍보관, 농기구전시장, 짚풀 공예관, 국악기체험관 등 아이들이 체험을 할 공간이 풍성하게 마련되어 있다.

기차마을(가정역) / 기차 모양 펜션에서의 하룻밤

Main 기차 펜션의 테라스에서 즐기는 섬진강의 경관 **1** 기차 펜션 뒤의 전망 좋은 목조펜션 **2** 곡성역에서 출발한 기차가 머물다 가는 가정역 **3** 가정역 외관

곡성역에서 출발한 기차가 머무는 곳인 가정역에는 음식점과 펜션을 조성했다. 이곳에서 가장 눈에 띄는 것은 4량의 폐객차를 리모델링해 만든 기차펜션이다. 1박 2일의 여행을 계획했다면 꼭 기차펜션에서 숙박하는 것을 추천한다. 기차 1량에 2채씩 지어졌으며 주방, 화장실, 침실로 나뉘어 있고 앞으로는 테라스가 있어 전망을 감상할 수 있다. 가정역 바로 앞의 섬진강변은 수심이 어른 무릎 깊이 정도로 아이들이 물놀이하기에 적당하다. 물이 맑아 안이 환히 들여다보이며 다슬기와 조개류를 잡을 수 있어 유익한 자연 체험 학습이 될 것이다.

문의 061-362-5600/www.gspension.co.kr
위치 전남 곡성군 곡성읍 오곡면 송정리 55-1
숙박요금 기차펜션 90,000~110,000원 목조펜션 110,000~130,000원

이렇게 놀아요 How to play

😊 기차펜션에서 풍경을 감상해요

밖에서 보면 딱 기차 모양인데 안으로 들어가면 집처럼 꾸며 놓은 재미있는 기차펜션을 구경해 보자. 길쭉한 형태의 기차 내부에 어떻게 방이 놓여 있는지, 어떤 부분을 개조해 만들었는지 알려주면 이해가 빠를 것이다. 철로 위에 그대로 올라와 있어 금방이라도 움직일 것 같은 상상에 빠진다. 기차 테라스에서 바라보는 섬진강과 주변 마을의 풍경이 그림처럼 아름다워 탄성이 절로 나온다. 아이들의 무한한 상상력을 키워주는 낭만적인 기차 안에서의 하룻밤을 즐겨보자.

경절을 울리며 기적역으로 들어오는 기차

길쭉한 기차를 리모델링한 기차펜션 내부

깔끔하고 편리한 구조의 펜션

원목을 사용하여 나무 향 가득한 목조펜션

기차펜션에서 바라본 건너편의 천문대

달리고 있는 듯한 기차펜션

섬진강천문대 /
밤하늘을 수놓은 별과 달 만나기

Main 섬진강천문대 외관 **1** 주관측실의 600mm 천체망원경 **2** 천문대에서 관측한 달 표면 사진 **3** 밤하늘의 별자리 감상

밤하늘의 별과 우주를 더 가까이 볼 수 있는 섬진강천문대는 아름답고 깨끗한 섬진강이 흐르는 가정역 바로 맞은편에 자리하고 있다. 다른 천문대가 높은 산에 있는 데 비해 이곳은 평지에 위치한다. 그 덕분에 접근성이 좋고 주변에 불빛이 없어 맑은 하늘을 볼 수 있다. 낮에는 오후 2시부터 태양을 관측하며, 밤에는 약 오후 8시 30분부터 별자리와 성운 성단 등을 관측한다. 아이들이 우주에 대한 상상력을 키우고 구체적인 우주 과학 체험을 할 수 있는 기회가 될 것이다.

문의 061-363-8528/star.gokseong.go.kr
위치 전남 구례군 구례읍 논곡리 829-2번지(가정역 바로 맞은편) **요금** 주간 어른 1,800원 어린이 600원(만 7세 이상) 야간 어른 3,000원 어린이 1,000원(만 7세 이상)
이용시간 오후 2시~오후 10시
휴관일 월요일

이렇게 놀아요 How to play

😊 신비로운 우주를 관찰해요

주관측실에는 우리나라 순수 과학 기술로 제작한 600mm 천체망원경으로 약 15분간 달, 토성, 화성 등을 관측할 수 있다. 그 뒤 보조관측실에서는 계절별 별자리 설명을 들으며 별자리를 관측할 수 있다. 천체 투영실에서는 천체 관련 영상물을 상영하거나 별자리를 설명한다. 돔 형태의 천장을 바라보며 감상하는데 별이 쏟아질 듯 실감난다. 아이들에게는 아직 별과 우주라는 개념이 어려울 수 있으니 체험하기 전 전시홀에서 충분히 우주에 대한 설명을 해주면 더 많은 것을 배울 수 있다. 하늘을 보며 별자리도 찾으며 신비롭고 아름다운 밤하늘을 느껴본다.

별이 지나간 자취

별에 관한 기본 지식을 얻는 전시관

2층 야외 보조관측실

돔형 천장을 보며 관람하는 플라네타리움

태양 표면을 관측하는 곳

대나무골테마공원
하늘 향해 쭉쭉 뻗은 대나무 숲

Main 가늘고 긴 대나무가 숲을 이룬 공원 **1** 속이 빈 단단하고 곧은 대나무 올려다보기 **2** 대나무 잎을 먹는 판다와 함께 **3** 공원 내의 잔디밭과 소나무숲

곧게 뻗은 대나무가 울창한 숲을 이루고 있는 이곳은 사진작가인 신복진 선생이 30년간 가꿔온 대나무 밭을 공원으로 꾸민 공간이다. 산자락에 자리 잡아 산책로가 넓고 잘 닦여 있어 아이들과 죽림욕을 하며 걷기에 적당하다. 그 외에도 갤러리, 소나무숲길, 캠프장, 잔디마당, 휴식할 수 있는 쉼터가 있어 다양한 체험이 가능하다. 대나무축제 행사장 옆의 죽녹원도 둘러볼 만하다. 산책로가 좀 좁지만 아담하게 잘 조성되어 있으며 시내에서 접근성이 좋다.

Tip
캠핑 문화가 자리 잡으면서 이곳 텐트 사이트의 개별 이용도 늘고 있다. 텐트 1동의 이용료는 15,000원이다.

문의 061-383-9291/www.bamboopark.co.kr
위치 전남 담양군 금성면 봉서리 산51-1번지
요금 어른 2,000원 어린이 1,000원(만 5세 이상)
이용시간 오전 9시~오후 7시(동절기 오후 5시까지)

이렇게 놀아요 How to play

😊 시원스런 대나무 숲길을 걸어봐요
쭉쭉 뻗은 높디높은 대나무를 아이들이 신기하게 바라본다. 판다가 좋아하는 잎이라고 하면 더 이해가 빠를 것이다. 대나무를 흔들면 저 위에서는 잎이 흔들리며 스윽~스윽~ 소리가 난다. 기온이 높더라도 대나무 그늘과 시원한 바람이 더위를 식혀준다. 마음을 열고 긴 호흡으로 산책로를 올라가다 보면 갤러리를 지나 소나무 숲길이 나온다. 황톳길로 되어 있어 맨발로 걸어보면 발도 지압되고 솔림욕도 즐길 수 있다.

😊 죽순을 관찰해 봐요
죽순은 대나무의 땅속줄기에서 돋아나는 어리고 연한 싹이다. 4~5월경이 자라는 시기이며 성장한 대나무에서 볼 수 있는 모습을 다 갖추고 있다. 어린 대나무의 주 양분은 수분이며 빠른 성장 속도 때문에 속은 텅 비어 있다. 신기하게도 죽순은 한 시간에 40mm, 즉 하루에 약 1m가 자라 빠르게 위로 올라간다. 아이들에게 지금도 조금씩 자라고 있다고 설명해 주며 자라는 모습을 관찰해 본다.

😊 대나무축제 구경해요
5월 초 대나무축제가 죽녹원 근처에서 열리며 다양한 볼거리와 즐길거리가 있다. 박람회장에서는 대나무를 재료로 만들어진 많은 공예품을 감상하고 대통술 담그기, 대나무 공예도 할 수 있다. 대나무를 이용한 많은 생활용품도 판매하는데, 그 종류가 다양하여 하나하나 살펴보고 대나무의 쓰임에 대해 알아본다.

대나무축제장 전경

대나무로 만든 전통갓

담양 시내 근처에 있는 죽녹원

죽림욕을 즐기기 좋은 대나무숲길

하루에 약 1m씩 자라는 죽순

대나무로 만든 제품들

배워봅시다

😊 **우후죽순(雨後竹筍)은 어떤 뜻일까요?**

비가 온 뒤에 여기저기 솟는 죽순이라는 뜻으로 雨(비 우), 後(뒤 후), 竹(대나무 죽), 筍(죽순 순)의 한자를 쓴다. 어떤 일이 한때 많이 생겨남을 비유적으로 이르는 말로, 즉 비가 온 뒤에 대나무 순이 빠르게 돋아나는 것처럼 여기저기서 느닷없이 같은 일이 일어나는 모양새를 말한다. 아이들과 이 말로 문장을 만들어 말놀이를 해보자. 활용할 수 있는 말이 많이 있다.

😊 **대나무가 꽃을 피우나요?**

대나무는 일생에 꽃을 단 한 번밖에 피우지 않을 뿐만 아니라 꽃이 피고 나면 이듬해 죽게 된다. 대나무 꽃은 잎이 나야 할 자리에서 피는데, 그 때문에 잎이 없는 대나무는 광합성을 하지 못하게 된다. 약 60~120년을 사는 대나무가 한 곳에서 오랫동안 번식하면서 땅속의 영양분이 부족하게 되어 잎 대신 꽃이 피고 이듬해에는 죽는 것이다.

여기도 가보세요

메타세쿼이아 가로수길

담양에 들어서면 가장 먼저 눈에 띄는 건 메타세쿼이아 가로수길이다. 이 길은 담양군에서 1970년대 초반 전국적인 가로수 조성 사업으로 3~4년짜리 묘목을 심은 것이 지금의 울창한 가로수로 자라난 것이라고 한다. '한국의 아름다운 길'로 최우수상을 수상했을 정도로 운치 있고 아름다운 길이다. 8km 구간에 하늘을 향해 20m 이상 되는 아름드리나무들이 만들어낸 이 길은 이국적이며 환상적인 풍경을 선사한다. 4계절 언제 와도 멋과 아름다움이 있는 가로수길을 거닐며 여유를 느껴보자.

문의 061-380-3150(담양군청 문화관광과)
위치 담양에서 순창으로 이어지는 24번국도 도로변

대나무박물관

이곳은 500년 역사를 자랑하는 담양의 죽세공예의 전통을 이어 죽제품의 보존, 전시, 제작, 체험, 판매하는 곳이다. 주요 시설로는 대나무박물관, 죽종장, 죽제품 체험교실, 담양문화원, 공원 시설로 이루어져 있다. 박물관은 6개 전시실로 구성되어 조선시대부터 현대 제품에 이르기까지 3,000여 점을 전시하고 있다. 죽제품을 만들어 보는 체험 교실도 있어 만들기를 하며 대나무와 더 친해질 수 있다.

문의 061-380-3114/www.damyang.go.kr/museum
위치 전남 담양군 담양읍 천변리 401-1
요금 어른 1,000원 어린이 500원(만 6세 이상) 체험비 3,000원 선 **이용시간** 오전 9시~오후 6시

전남 곡성 · 담양에서 유용한
요모조모 정보 모음

아이들과 함께하기 좋은 맛집 · 잠자리

담양에서 유명한 대통밥과 떡갈비가 맛있는 곳
덕인관

문의 061-381-7881 **위치** 전남 담양군 담양읍 백동리 408-5
메뉴 대통밥, 떡갈비, 죽순회 **가격** 11,000~22,000원

기차로 만든 펜션에서 섬진강 전경 바라보기
가정역 기차펜션

문의 061-362-5600/www.gspension.co.kr **위치** 전남 곡성군 곡성읍 오곡면 송정리 55-1
요금 기차펜션 90,000~110,000원 목조펜션 110,000~130,000원

다/녀/와/서
준비물 우유갑 또는 투명 김 상자, 빵 끈, 색종이, 가위, 풀, 매직, 펀치, 전지 등

재활용품으로 기차 만들기(기차마을)

우유갑이나 김 상자를 이용해 연결하고 기차를 만든 뒤 숫자를 오려 붙여 그 안에 숫자만큼의 놀잇감을 넣어보고 기차도 끌어봐요.

1. 김 상자를 준비하여 깨끗하게 세척한 후 끝부분에 구멍을 내어 빵 끈이나 철사로 연결한다.
2. 각 칸 하나하나에 글자나 숫자 등을 붙이거나 글씨를 쓰고 꾸민다.
3. 글자와 연관된 놀잇감을 찾아 넣거나 수만큼 블록 등을 넣어보게 한다.
4. 커다란 종이에 자유로운 곡선으로 기찻길을 그리게 하고 만든 기차를 끌며 즐거운 놀이를 해본다.

course 52 경북 안동 안동하회마을 구석구석 전통 체험_434   course 53 경남 거제 아름다운 섬 외도해상공원과 거제포로수용소_444   course 54 경남 고성 공룡엑스포 열리는 당항포와 탐스러운 청매실농원_456   course 55 부산 해운대 모래 작품 만들기와 자갈치시장 구경_468

경상도 · 부산

Course 52 경북 안동

안동하회마을 구석구석 전통 체험

별점지수
예술적감각 ★★★★★
정서발달 ★★★★
자연친화력 ★★★★

Mom's Hidden Card

엄마의 비책

안동은 지역 전체가 '전통의 향기'를 내뿜는 독보적인 곳이다. 안동 하면 가장 먼저 안동하회마을이 떠오르는데 풍산류씨가 60년간 대대로 살아온 한국의 동성 마을이다. 우리나라 민족 문화의 한 전형을 고스란히 간직하고 있는 대표적인 전통 마을이기도 하다. 한 가지 색깔로만 점철된 여행은 다소 단조롭다는 단점이 있지만 여행이 끝난 후에 뚜렷한 배움이 남는다는 장점도 있다. 안동은 전체가 관광에 특화된 도시인 만큼 거의 모든 코스에 아이들을 배려한 체험거리를 충분히 마련해 두었다. 유사한 활동이 많으므로 사전 스터디를 통해 꼭 필요한 체험에 충분한 시간을 할애하도록 한다. 계획 없이 갔다간, 이것도 저것도 하고 싶다고 하는 아이를 컨트롤하기도 쉽지 않고, 괜한 욕심 때문에 일정 전체를 망쳐버릴 우려도 있다. 물론 모든 여행지에 해당하는 이야기이지만 전시관, 박물관에 투자하는 시간만큼 옛 거리를 거닐며 아이와 대화를 나누는 시간도 중요함을 명심하자.

소요시간 1박 2일 **베스트 여행시기** 5~10월

안동한지전시관 →(7.5km/차로 15분)→ 안동하회마을 →(도보 5분)→ 하회탈박물관 →(6km/차로 15분)→ 병산서원

2시간 소요 / 1박 소요 / 1시간 30분 소요 / 1시간 30분 소요

안동한지전시관 / 한지 만드는 과정과 공예품 보고 작품 만들기

Main 한지 만들기를 할 수 있는 체험장 **1** 한지로 만든 단아한 디자인의 수납장 **2** 견고하고 고급스러운 가구 **3** 문양을 파서 만든 한지부채

안동에서 생산되는 질 좋은 닥나무를 이용해 한지를 만드는 이곳은 한지 생산 공장과 공예관, 체험관, 전시관, 한지 판매점 등이 구비된 복합공간이다. 한지 작품 전시관에는 색상과 문양이 화려하면서 한지에서 뿜어져 나오는 단아하고 고급스러운 멋을 감상할 수 있다. 한쪽에는 한지 공예를 하는 모습을 볼 수 있는데, 전부 수작업으로 제작되어 그 노력과 인내가 느껴진다. 체험관에는 직접 한지를 떠서 말려 종이를 만들 수 있는 한지 제작 체험과 한지를 이용해 거울, 필통, 접시, 부채 등을 만드는 한지 공예 체험을 할 수 있다.

문의 054-858-7007/www.andonghanji.com
위치 경북 안동시 풍산읍 소산리 36-1
요금 없음 **체험료** 2,000~5,000원
관람시간 오전 9시~오후 6시

이렇게 놀아요 How to play

😊 한지 만드는 과정을 살펴봐요

커다랗고 딱딱한 나무에서 어떻게 부드럽고 얇은 글씨가 써지는 종이가 되는지 아이들은 잘 모른다. 직접 그 과정을 본 후에야 종이를 나무로 만든다는 것을 알게 된다. 먼저 껍질을 벗긴 닥나무의 원료를 보여준다. 원료에 표백을 거쳐 곱게 갈고 풀을 섞어 끈기 있게 한다. 죽처럼 묽게 만든 후 물기가 빠지는 체에 내려 한 장씩 떼어 낸 후 뜨거운 판에 붙여 건조하면 한지가 완성된다. 모든 과정이 수작업으로 이루어지는 것을 보며 한지의 가치와 소중함을 느끼게 된다.

한지는 흔히 보는 색종이와 달리 색감이 은은하며 질감이 살아 있는 종이다. 한지 공예 체험은 아이들에게 마음을 가다듬고 집중할 수 있는 더 없는 교육 소재이며 작품을 만들고 난 후 성취감도 얻을 수 있다. 두꺼운 종이로 만들어진 틀 위에 원하는 색상의 한지를 붙여 옷을 입히고, 그 위에 문양을 내는 등 창의적인 놀이를 아이와 함께한다. 간단하게 부채나 연필꽂이, 꽃 접시 등을 만들며 집에서도 체험할 수 있도록 간소하게 만든 가정용 한지 재료를 사는 것도 좋다.

배워봅시다

😊 한지의 좋은 점은 무엇인가요?

한지는 먼지나 냄새를 빨아들여 공기를 맑고 깨끗하게 하는 청정 효과가 있으며, 자외선을 차단하여 피부를 보호한다. 한지를 통해 들어온 빛은 눈부심이 없고 부드럽고 은은하며 겨울에는 따뜻하고, 여름에는 시원한 느낌을 준다. 천연 재료는 염료의 배합에 따라 다양한 디자인과 색상이 나오며 질기고 튼튼해 시간이 지나도 변하지 않는 장점이 있다.

은은한 한지조명

다양한 문양과 색상의 한지

여기도 가보세요

하회된장마을

하회마을을 가기 전 하회마을 입구 삼거리에 '하회된장마을'을 만나게 되는데, 이곳에서 600년의 비밀을 간직한 안동 반가의 된장을 생산하고 있다. 전통 방식을 고수하며 오랜 경험으로 다져진 노하우가 만들어 낸 된장은 대한민국 대표 명품으로 인정받는다. 콩을 저장하는 황토저장실과 콩을 삶는 대형 가마솥, 메주를 말리는 대형 유리건조실, 숙성시켜 된장을 만드는 3,000여 개의 항아리를 보며 된장 만드는 과정을 볼 수 있다. 허영만 화백의 만화 〈식객〉의 배경이 되기도 한 이곳에서 맛있는 된장 시식도 하고 항아리를 벗삼아 사진도 찍어 본다.

문의 1577-5007/www.denjang.co.kr
위치 경북 안동시 풍천면 하회리 1053-39
관람시간 오전 9시~오후 6시

안동하회마을 /
전통 가옥과 탈춤 공연 보기

Main 서애 유성룡 선생의 집인 충효당 **1** 나무를 깎아 탈 모양을 만드는 모습 **2** 마을 입구의 연못을 덮고 있는 연꽃 **3** 판을 붙여 흙으로 담을 만든 흙담

'하회(河回)'란 말 그대로 강이 마을을 감싸고 도는 마을로, 낙동강 줄기가 마을을 휘감고 흐르며, 산이 병풍처럼 마을을 둘러싸고 있는 배산임수의 지형을 타고난 곳이다. 실제 사람들이 거주하고 있으며 소박하면서도 고풍스러운 삶의 흔적이 묻어나 정겹다. 솟을대문을 세운 거대한 규모의 양진당, 충효당, 북촌댁, 하동 고택과 같은 양반집과 초가집으로 된 서민 가옥들이 조화를 이루고 있다. 이는 조선 초기부터 후기에 이르는 살림집의 다양한 양식들을 보여주는 좋은 자료가 되기도 한다. 강 건너편에 있는 부용대에 올라 하회마을을 조망할 수 있다. 매주 토요일과 일요일 오후 3시에 열리는 하회별신굿 탈놀이 공연이 하회마을의 백미이니 놓치지 말 것.

문의 054-852-3588/ www.hahoe.or.kr
위치 경북 안동시 풍천면 하회리 257번지
요금 어른 2,000원 어린이 700원(만 7세 이상)
관람시간 오전 9시~오후 7시(동절기 오후 6시까지)
탈춤공연시간 3~4월 일요일 오후 3시~4시
5~11월 토·일요일 오후 3시~4시

이렇게 놀아요 How to play

😊 부용대를 바라보며 물놀이해요

부용대에 오르려면 노를 저어 이동하는 나룻배를 타고 강을 건너야 한다. 하회마을을 한눈에 볼 수 있는 부용대에 올라 S자 모양의 지형을 보며 자연의 신비를 감상해 본다. 부용대 근처에는 울창한 소나무 숲이 있는데 송림욕을 즐길 수 있다. 그 길을 따라 나오면 작은 연못에 가득 피어 있는 연꽃도 만날 수 있다. 강을 건너지 못했다면 강가에서의 물놀이도 좋다. 강의 수심이 얕고 깨끗해 잠시 쉬면서 발을 담가보고, 물놀이도 즐겨본다. 기암절벽인 부용대와 소나무 숲 사이 낙동강에서의 물놀이는 더없는 추억이 될 것이다.

😊 탈춤 공연을 구경해요

하회별신굿 탈놀이는 이곳에 오면 꼭 봐야 할 우리의 전통 놀이이다. 지배 계층인 양반의 허위성을 폭로하고, 중의 파계를 통해 당시 불교의 타락상을 드러내며, 서민들의 삶의 애환을 풍자적으로 그리고 있다. 당시 신분과 질서가 엄격했던 사회였으나 지배 계층에 대한 비판이 늘어나면서 하회라는 양반 마을에서 양반들의 묵인 하에 탈놀이를 하게 되었다. 이로써 상민들은 억눌린 감정과 불만을 해소하고, 양반들은 그들의 비판과 풍자를 보며 삶을 이해했다. 해학적이고 풍자적인 탈춤을 통해 서로의 갈등과 저항을 줄여 조화로운 삶을 살 수 있었다고 한다.

탈놀이 인형

부용대 앞의 소나무숲

부용대 강가에서의 물놀이

하회별신굿 탈놀이 공연

선생님, 알려주세요

Q 안동을 여행하면서 아이의 이런 저런 질문에 답하다 보니 자연히 과거 신분제의 얘기가 나오는군요. 아이들이 상하 관계, 신분의 차이 같은 개념을 이해하게 되는 나이는 대략 언제쯤이며, 이런 시기에 부모가 유의해야 할 사항은 무엇인가요?

A 초등학교 고학년이 되면 이런 개념을 이해할 수 있다. 그러나 실제 요즘의 시대는 신분제가 있는 것이 아니고 상하 관계가 있는 것이 아니므로 자신의 처지와 예전에 있었던 신분제도의 개념이 연결되지 않는다. 하나의 지식으로만 이해할 뿐이다. 그러나 자본주의 사회에서도 부자와 가난함. 지위의 높고 낮음으로 인한 차이는 있기에 아이들이 자기 집과 친구 집의 경제적인 비교, 부모의 지위에 따른 비교 등을 느낄 수 있다. 특히 친구 집이나 친구 부모들과 비교해 자기가 못살고 낮은 지위에 있는 것을 느낄 때 친구네를 부러워하면서 자기 집과 처지를 불만스러워하고 부모를 원망하는 마음이 들 수 있다. 부모와 사이가 좋은 아이라면 이런 불만도 덜하다. 그러나 사이가 안 좋은 부모 자녀 관계에서는 뭐든지 불평불만이 많으므로 외적 요건도 불만의 큰 이유가 된다. 아이의 마음을 헤아려주며 부모 자녀 관계를 좋게 유지하는 것이 매우 중요하다.

하회탈박물관/
다양한 탈의 종류

Main 지역별·나라별 다양한 탈 전시 **1** 탈박물관 외관 **2** 탈 만들기 체험 **3** 이탈리아 카니발에서 사용되는 탈

하회탈박물관은 하회마을에서 전승되어 이어 오는 하회별신굿 탈놀이에 사용되는 탈과 함께 국내외의 여러 가지 탈이 전시되어 있는 곳이다. 탈은 종이나 나무로 여러 가지 얼굴 모양을 본떠 만든 가면으로, 그 자체가 훌륭한 조형 미술품이다. 또한 여러 가지 상징성을 지닌 역사적 유물로 재앙이나 병을 나타내는 말인 '탈나다'라는 말과도 뜻이 통한다. 재앙이나 병을 가져오는 악신을 쫓으려고 할 때 그보다 더 무섭고 힘이 있는 것을 쓰고 쫓아 버려야 한다는 신앙적인 의미에서 탈 문화가 발전했다. 다양한 탈을 구경하고 그 의미를 되새겨 보자.

문의 054-852-2288/www.mask.kr
위치 경북 안동시 풍천면 하회리 287번지(하회마을 입구)
요금 어른 2,000원 어린이 1,000원(만 7세 이상)
관람시간 오전 9시 30분~오후 6시

병산서원/
서원 건축물 중 가장 아름다운 곳

Main 탁 트인 병산서원의 전경 **1** 사당의 일종인 존덕사 **2** 병산서원 입구 **3** 요즘으로 치면 교실에 해당하는 입교당

하회마을 입구에서 낙동강을 따라 더 지나가면 우리나라에서 가장 아름다운 서원 건축물로 꼽히는 병산서원이 나온다. 빼어난 자연 경관이 병풍을 둘러친 듯하여 '병산이라 불렸다고 한다. 뒤로는 화산을 등지고 앞으로는 낙동강이 흐르며 주변의 아름다운 경관이 조화를 이루어 옛 선비들이 학문 수양을 하기에 안성맞춤인 곳이었다. 이곳의 구조는 입구에서 한눈에 보이는 만대루로 시작한다. 만대루는 유생들이 한자리에 모였던 대강당으로 조형미가 뛰어나며 그림 같은 경관을 선사한다. 입교당은 수업을 받던 교실로 강학당, 명성제, 경의제로 나뉘어 있다. 그 밖에도 책을 펴내던 장판각과 서애 류성룡 선생의 위패가 모셔진 존덕사가 있다.

문의 054-853-2172/hahoe2.andong.com
위치 경북 안동시 풍천면 병산리 30번지

경북 안동에서 유용한
요모조모 정보 모음

아이들과 함께하기 좋은 맛집·잠자리

안동 하면 떠오르는 안동찜닭으로 유명한 곳
현대찜닭
문의 054-857-2662 위치 경북 안동시 남문동 181-7 메뉴 찜닭 가격 1마리 2~3인분 20,000원

양반밥상으로 유명한 안동 간고등어구이정식
안동 간고등어
문의 054-855-9900 위치 경북 안동시 상아동 513 메뉴 안동 간고등어구이 등 가격 6,000~12,000원대

하회마을이 우리집 앞마당인 것처럼 초가집에서의 특별한 하룻밤
덕여재
문의 054-857-2885/www.namchon.kr 위치 경북 안동시 풍천면 하회리 621번지 요금 4인실 50,000원대

다/녀/와/서
준비물 화장지 또는 재활용 종이, 동그란 바가지, 밀가루풀, 물감

종이죽으로 탈 만들기(하회탈박물관)
재활용 종이와 휴지를 이용해 퍼포먼스 놀이를 하고 종이죽으로 탈을 만들어요.

❶ 화장지나 신문지 등을 이용해 종이죽을 만들기 전에 퍼포먼스 놀이를 한다. 화장지를 풀고 찢고, 던지고 날린다. 붕대처럼 몸에 둘둘 말아 감싼다.
❷ 화장지를 뭉쳐서 스프레이 안에 물감을 섞어 색상을 만들어 뿌려 보고 뭉쳐 여러 모양을 만든다.
❸ 적당히 물을 섞어 종이죽을 만들어 조물조물 반죽을 한다.
❹ 밀가루풀을 바닥에 놓고 색을 섞어 풀과 섞는다. 밀가루풀을 이용한 다양한 놀이도 할 수 있다.
❺ 색을 섞은 밀가루풀을 종이죽과 섞어 다시 한 번 반죽해 색종이죽을 만든다.
❻ 아이의 얼굴 크기에 맞는 바가지에 랩을 씌우고 종이죽을 이용해 탈을 만든다.

Course 53 경남 거제

아름다운 섬 외도해상공원과 거제포로수용소

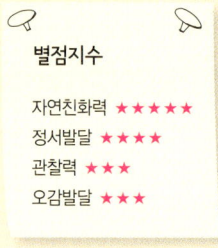

별점지수

자연친화력 ★★★★★
정서발달 ★★★★
관찰력 ★★★
오감발달 ★★★

Mom's Hidden Card
엄마의 비책

지중해와 비견되는 아름다운 섬 외도와 함께 여행하게 되는 거제도에는 매우 특별한 명소가 있다. 바로 포로수용소이다. 전쟁은 아이들에게 낯선 주제이다. 6.25전쟁을 겪은 할아버지, 할머니 세대는 실감하겠으나 부모 세대만 해도 낯설기는 마찬가지다. 때문에 포로수용소는 부모와 자녀가 동등한 위치에서 관찰하고 경험할 수 있는 기회를 제공한다. 혹 할아버지, 할머니가 여행에 동참했다면 그 시절의 이야기를 곁들여 더욱 실감나는 체험이 될 것이다.

나이 수준에 따라 취학 전이나 초등학교 저학년 아이들은 탱크, 비행기 등 상상 속의 센 무기들을 직접 보는 것이므로 흥분할 것이다. 초등학교 고학년쯤 되면 전쟁이란 것을 눈에 보이는 현실 그대로의 지식으로 받아들이는 나이이기 때문에 실감나게 전쟁 상황을 떠올린다. 중학교 정도 아이라면 개념적으로 왜 전쟁을 하게 되는지 보다 고차원적인 이념의 차이 등을 이야기할 수 있는 수준이 되므로 사고를 깊이 할 수 있는 기회가 될 것이다. 어두운 인상의 여행지라고 해서 무조건 피하는 건 능사가 아니다. 그 여행지가 부모와 자녀에게 어떤 식으로 작용할지, 어떤 방법으로 여행을 지도하면 좋을지 미리 준비하고 떠나보자.

소요시간 1박 2일 베스트 여행시기 5~10월

2시간 소요		2시간 30분 소요		1시간 30분 소요		1시간 30분 소요
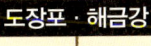도장포·해금강	5.5km/배로 30분 →	외도해상공원	5.5km/차로 10분 →	몽돌해수욕장	18km/차로 30분 →	거제포로수용소

도장포·해금강 / 해금강의 절경 감상하고 바람의 언덕에 올라가기

Main 작은 어촌 항구인 도장포 **1** 해금강의 사자바위 **2** 바람의 언덕에 오르는 길 **3** 해금강을 여유롭게 감상할 수 있는 산책로

남해의 작은 항구 도시 도장포 마을 안에는 유람선 선착장이 있어 외도와 해금강을 가기 위해 꼭 들러야 하는 곳이다. 외도를 본 전후에 시간적 여유가 있다면 '바람의 언덕'이라 불리는 곳에 가보자. 이곳은 잔디로 만들어진 동산으로 시원한 바람을 맞을 수 있는 언덕이다. 이곳에는 네덜란드식 풍차가 들어서 있어 눈길을 끈다. 해금강은 갈곶리 앞바다에 있는 갈곶섬을 이르는 말로, 장승포에서 배를 타고 외도로 가는 길에 그 절경을 감상할 수 있다.

문의 055-632-8787(도장포유람선)/www.dojangpo.co.kr, tour.geoje.go.kr(해금강)
위치 경남 거제시 남부면 갈곶리 292-6
요금 유람선 어른 16,000원 어린이 9,000원(만 2세 이상/여름 성수기 1,000원 할증)
운행시간 오전 7시~오후 5시(동절기 오후 3시까지/날씨에 따라 시간 변동)

이렇게 놀아요 How to play

😊 바람의 언덕에서 등대도 구경해요

도장포 마을은 주위가 산으로 둘러싸여 있는 어촌 마을이다. 이곳은 바닷물이 깨끗하기로 유명한데, 근해에서 바닷속 물고기가 훤히 들여다보일 정도다. 비릿한 바다내음을 맡으며, 고동을 삶아 파는 어촌 아낙들, 정박해 있는 어선이 머릿속으로 그려왔던 정겨운 바다 마을 풍경을 재현해낸다. 언덕을 오르면 가까이 있는 등대와 멀리 보이는 바다 넘어 풍경이 어우러지며, 푸른 잔디와 넘실거리는 바닷물이 한 폭의 그림 같다.

😊 해금강의 절경을 감상해요

외도에 가려면 유람선을 타고 약 20분간 가야 하는데 가는 길에 자리 잡은 해금강의 절경을 감상할 수 있다. 기암괴석이 탄성을 자아내는 해금강의 명소로 위태롭게 솟은 촛대바위, 썰물 때 모습을 드러내는 십자동굴, 사자바위 등을 들 수 있다. 시원한 바닷바람을 맞으며 자연이 만들어 낸 신비한 절경을 감상해 본다.

경치가 금강산을 닮았다고 하여 이름 지어진 해금강

시원스런 바다 풍경을 감상하는 바람의 언덕

사자의 옆모습을 닮은 사자바위

어두운 밤길을 밝혀주는 등대

커다란 바위 사이에 만들어진 십자동굴

외도해상공원
남해의 보석 같은 천국의 정원

Main 아열대나무와 꽃이 가득한 정원 **1** 비너스 가든과 리스하우스 **2** 별장 분위기의 관리사무소 **3** 신전에 온 듯한 느낌을 주는 조각상

외도는 거제도와 4km 정도 떨어져 있는 섬 중의 하나로 수많은 희귀한 식물을 조각처럼 가꿔 놓은 남해의 파라다이스다. 원래 외딴 섬이었던 이곳은 1970년대 초반 한 부부가 관광농원으로 개발하기 시작해 1995년 관광지로 문을 연 곳이다. 지중해의 해안 도시를 떠올리게 하는 이국적인 건물과 열대 식물이 푸른 바다와 잘 어울린다. 꽃과 나무 하나하나가 마치 조각 작품처럼 많은 정성으로 잘 가꿔져 있고, 그곳에서 바라보는 바다의 풍경 또한 탄성이 절로 나게 한다. 배를 타고 섬을 둘러보고 있노라면 머릿속이 온통 아름다운 풍경들로 가득 차게 된다. 잘 만들어진 관람로를 따라 섬을 한 바퀴 돌면 1시간 30분 정도 걸리는데 전망대, 조각공원, 휴게실, 명상의 언덕 등이 있어 지루하지 않다.

문의 070-7715-3330/www.oedobotania.com
위치 경남 거제시 일운면 와현리 산 109번지
요금 어른 8,000원 어린이 4,000원(만 3세 이상)
매표시간 오전 7시 30분~오후 7시(동절기 오전 8시~오후 5시) **관람시간** 1시간 30분

이렇게 놀아요 How to play

😊 아름다운 섬에는 무엇이 있을까요?

흔히 볼 수 없는 다양한 식물들이 온 섬에 가득하다. 나무의 크기 또한 높아 세월의 흔적을 말해주고 있다. 희귀한 남국의 식물이 모여 있는 코카스 가든과 이곳을 상징하는 대표적 장소인 비너스가든에는 잘 가꿔진 꽃과 나무가 감탄을 자아낸다. 위로 올라가면 탁 트인 바다를 조망할 수 있는 전망대와 재미있는 작품이 자리한 조각공원이 있다. 계단으로 연결된 길에는 여러 가지 모양으로 다듬어진 나무와 희귀 식물이 있어 눈길을 끈다.

😊 나무 모양을 보며 상상력을 발휘해요

이곳의 나무들은 대부분 잘 다듬어져 조각을 해놓은 듯 형태를 내고 있다. 줄 맞춰 세워져 있는 나무는 리듬과 패턴을 가지고 나열되어 있으며 가지런히 정리되어 있다. 아이들과 함께 나무를 보며 어떤 모양이 연상되는지 상상해 본다. 동글동글 구름 모양 나무, 위로 갈수록 점점 작아지는 아이스크림 모양 나무, 뾰죽뾰죽 하늘로 솟아 있는 나무, 물결치는 듯한 나무 등 생각나는 모양을 자유롭게 대화해 본다.

환상적인 바다 전경과 어울러지는 정원

엄청 높은 야자나무

다양한 모양을 하고 있는 나무들

경상도 **449**

몽돌해수욕장
동글동글한 돌이 굴러다니는 해변

Main 몽돌이 깔려 있는 해변 **1** 검은 몽돌과 조화를 이루는 하얀 파도 **2** 동글동글 돌의 감촉을 온몸으로 느껴보기 **3** 누가 예쁜 돌을 고르나!

해수욕장 하면 금빛 모래가 깔린 백사장이 떠오르지만 몽돌해수욕장은 자갈밭을 끼고 있는 해수욕장이라 어느 곳과 다른 분위기다. 10만 명 이상을 수용할 정도로 넓은 이곳 해변은 가족 피서지로 적합하다. 특히 파도가 만들어 내는 흰 거품과 은은한 검은색 몽돌이 묘한 조화를 이룬다. 밟을 때마다 '사그락' 거리는 소리가 정겹게 들린다. 파도가 스치고 지나갈 때 몽돌이 구르는 소리는 2001년도 환경부로부터 '한국의 아름다운 소리 100선'으로 선정되기도 했다. 몽돌해수욕장은 남해안의 일출 명소로도 유명하다. 매년 1월 1일이면 유난히 빨갛게 물드는 바닷가에서 떠오르는 태양을 보기 위해 많은 인파가 모여든다. 이곳에서 한 가지 기억해야 할 사항이 있는데, 거제시에서 몽돌 반출을 철저하게 금하고 있다는 것이다.

문의 055-639-3546
위치 경남 거제시 동부면 학동리
개장시간 6월 29일~8월 20일

이렇게 놀아요 How to play

😊 예쁜 돌의 모양을 관찰해요

해변을 가득 메우고 있는 자갈은 크기와 모양, 색상이 다양해 관찰하고 놀면 재미있다. 동그라미, 타원, 네모, 직사각형, 세모, 반원 등의 모양이 있는 돌을 찾아보기 놀이를 해 본다. 또한 색상도 달라 진한 색부터 연한 색까지 나열하거나 작은 크기의 돌부터 큰 크기의 돌까지 나열해 보는 놀이도 아이들의 수학적 사고를 높이는 데 도움이 된다.

모양별, 색깔별로 돌의 모양 나열하기

😊 해변을 걸어봐요

아이들 주먹부터 손톱만한 크기까지 다양한 크기의 '몽돌'은 동글동글한 돌을 뜻하는 경상도 사투리다. 울퉁불퉁한 자갈밭이기 때문에 맨발로 걷기가 쉽지 않지만 모가 나거나 각이 지지 않아 어린 아이들에게도 안전하다. 또한 맨발로 몽돌을 밟으면 지압 효과도 있어 온 가족이 즐기기에 좋다. 돌이 파도에 구르는 소리를 가만히 들어보면 비 오는 소리, 시냇물 흐르는 소리 같기도 하다. 납작한 돌을 골라 돌탑도 쌓고, 물수제비 뜨기도 하고, 물장구도 치며 즐거운 시간을 보내자.

엄마, 예쁜 돌 찾았어요

누가 멀리 돌을 던지나

돌이 파도에 구르는 소리 듣기

경상도 451

거제포로수용소 /
한국전쟁의 역사를 말해주는 곳

Main 유엔군의 폭격으로 끊어진 대동강 철교 **1** 포로들의 생활 모습을 보여주는 모형 **2** 6.25역사관 **3** 철모 위에 쓴 표지판

1950년 6월 25일 한국전쟁 발발에 의해 발생한 북한군 포로들을 수용하기 위해 설치되었던 포로수용소가 유적 공원으로 다시 태어났다. 당시는 거제대교가 없어 포로를 수용하기 적당한 곳이었으며 약 17만 명의 포로가 수용되었다고 한다. 포로수용소 내부에서 이념 갈등이 끊이지 않아 반공포로, 친공포로 간의 유혈살상이 자주 발생했던 역사가 있다. 다소 어두운 분위기이긴 하지만 한국전쟁의 흔적이 가장 사실적으로 남아 있는 곳으로 꼽을 수 있어 한 번쯤 아이들을 데려와 볼 만하다. 한국전쟁의 역사관, 탱크 등의 무기전시관, 포로들의 당시 생활상을 볼 수 있는 포로생활관 등으로 구분되어 있다.

문의 055-639-8126/www.geojeimc.or.kr
위치 경남 거제시 고현동362번지
요금 어른 3,000원 어린이 1,000원(만 6세 이상)
관람시간 오전 9시~오후 6시(동절기 오후 5시까지)

이렇게 놀아요 How to play

😊 포로수용소에서 전쟁의 아픔을 느껴요

전시관은 15개의 테마로 나뉘어 있다. 탱크전시관은 북한군의 탱크 모형이 전시되어 있으며 6.25 당시의 관련 인물들을 보여준다. 포로수용소의 옛 현장이 생생하게 재현된 디오라마관과 전쟁 발발에서부터 휴전에 이르기까지 한국전쟁 속 삶의 모습 등이 재현된 6.25역사관이 있다. 포로생활관과 철조망, 감시 초소 등이 재현된 야외 막사는 당시 상황을 실감나게 담고 있다.

😊 탱크와 전투비행기도 볼 수 있어요

전쟁의 아픔과 포로들의 생활상을 보며 무거운 마음으로 관람할 수 있지만 이내 아이들은 멋진 탱크와 전투용 비행기, 대포 등에 마음을 빼앗긴다. 작은 장난감으로만 봤던 장비들이 이렇게 크고 대단한 위력을 갖고 있다는 것에 놀라워하고 신기해 한다. 막사 형태의 놀이 공간과 야외에 재현해 놓은 전쟁 당시의 유적도 아이들에겐 즐겁게 놀 수 있는 놀이터가 된다.

포로들을 이송하던 기차

야외 막사와 감시 초소

자주 유적지

야외에 전시된 탱크

경상도 453

선생님, 알려주세요

Q 포로수용소처럼 어두운 장소에 데려가는 게 문제가 되진 않나요? 역사의 일부이긴 하지만 폭력성, 잔인함이 내포된 장소인 듯싶어 꺼려지네요. 역사적인 지식을 효과적으로 전달하는 장소이긴 하지만 나쁜 영향을 끼칠까 걱정됩니다.

A 겁 많고 두려움 많은 아이들은 분위기상 어둡고 실감나는 포로 생활 장면 재현이 큰 자극을 주기 때문에 더욱 두렵고 불안할 수 있다. 취학 전 아동에게는 전쟁의 의미와 포로의 의미가 개념적으로 들어오는 나이가 아니고 단지 탱크, 전투 비행기들만 신날 뿐이다. 포로도 잘못하면 벌 받는다는 단순한 수준으로만 받아들이므로 너무 겁많고 소심한 취학 전 아동에게는 이 장소의 여행이 적합지 않다. 초등학생이라도 평소 불안이 많고 무섭고 잔인한 장면만 보면 잠을 못 자거나 악몽을 꾸는 등의 영향을 받는 아이라면 여행 시기를 보류하는 게 좋다. 무엇이든지 자기 수준에 맞아야 도움이 되기 때문이다.

여기도 가보세요

통영 거북선

통영의 여객선터미널 바닷가에는 유유히 떠 있는 한 척의 거북선을 볼 수 있다. 임진왜란 당시 한산대첩의 역사적 현장인 통영에 자리하고 있어 의미가 깊다. 거북선의 내부에는 옛 선조들의 과학적인 지혜를 볼 수 있다. 이순신 장군의 동상과 함께 대포, 북, 갑옷 등 그 당시의 역사 자료가 전시되어 있다. 거북선을 본 뒤 시간이 있다면 근처의 동피랑마을을 둘러보는 것도 좋다. 중앙동 중앙시장 위쪽에 자리 잡은 달동네인데 재미있는 벽화로 마을을 꾸며 놓아 동화책 속에 와 있는 듯하다.

문의 055-650-4550(문화예술관광과)
위치 경남 통영시 동호동 여객선터미널과 남망산공원 사이 **요금** 무료
관람시간 오전 9시~오후 6시(동절기 오전 10시~오후 5시)

경남 거제에서 유용한
요모조모 정보 모음

아이들과 함께하기 좋은 맛집·잠자리

큼직한 해산물이 가득 든 푸짐한 해물뚝배기
항만식당

문의 055-682-4369 **위치** 경남 거제시 장승포동 217-2 **메뉴** 해물뚝배기, 해물매운탕 **가격** 9,000원

거제도의 명물이 된 군침 도는 멍게비빔밥
백만석 멍게비빔밥

문의 055-638-3300/www.geojebms.com **위치** 경남 거제시 상동동 960번지 포로수용소 바로 옆
메뉴 멍게비빔밥, 생선회 비빔밥, 모듬회, 알밥 등 **가격** 8,000~12,000원대

도장포의 바람의 언덕 앞에 자리한 곳
바람의언덕펜션

문의 055-633-1404/www.hillofwind.com **위치** 경남 거제시 남부면 갈곶리 223-5
요금 일반형 4인 기준 50,000원 콘도형 90,000원 선

다/녀/와/서

준비물 수수깡, 목공용풀, 두함지, 스파게티나 조개껍데기, 찰흙

화병과 꽃 만들기(외도해상공원)

수수깡으로 화려한 꽃을 만들고 찰흙으로 화병도 만들어 꾸며봐요.

❶ 수수깡은 사선으로 잘라 색깔별로 준비한다. 자른 단면을 붙이는 것이라 각도를 달리해 자르면 단면의 길이를 다양하게 할 수 있다.
❷ 도화지에 둥글게 붙여 꽃을 표현한다. 길게 잘라 줄기와 잎으로도 붙인다.
❸ 찰흙을 평평하게 밀어 화병의 모양을 만든 후 누르거나 긁어 질감을 표현한다.
❹ 재미있는 모양의 스파게티나 조개껍데기 등을 붙여 꾸민다.
❺ 꽃과 말린 화병을 연결해 붙여 완성한다.

Course 54 경남 고성

공룡엑스포 열리는 당항포관광지와 탐스러운 청매실농원

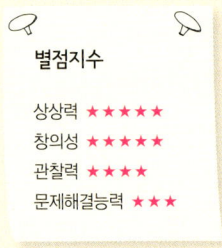

별점지수

상상력 ★★★★★
창의성 ★★★★★
관찰력 ★★★★
문제해결능력 ★★★

Mom's Hidden Card
엄마의 비책

고성은 한국에서 공룡 관련 유적이 가장 많이 발견되는 지역으로 당항포에서는 공룡엑스포가 열린다. 공룡은 초등학교 저학년이나 취학 전 남자아이들이 가장 좋아하는 동물이다. 커다랗고 힘센 동물의 상징이기에 마음속 센 힘을 가지고 싶은 욕구가 큰 아이일수록 공룡을 좋아한다. 공룡의 크기가 얼마나 큰지 상상으로만 하다가 실제 공룡박물관에서 공룡의 발자국과 실제 크기의 공룡들을 만나면 더 생생하게 '거대함'을 느껴 매우 흥분할 것이다. 공룡은 힘의 상징이기에 집착하는 아이들이 많다. 실제로는 자신이 나약하고 힘이 없어서 센 힘을 바라는 마음이 공룡을 좋아하고 집착하게 만든다. 또 여러 가지 이유로 화가 많이 있는 아이도 공룡을 좋아한다. 센 힘으로 자기를 화나게 만든 부모, 친구들을 혼내주고 싶은 마음을 공룡놀이로 해소할 수 있기 때문이다. 이곳에서는 아이들을 '풀어준다'는 느낌으로 여행하자. 억압 받은 스트레스가 공룡이라는 놀라운 피조물을 통해 해소된다면 그만큼 훌륭한 여행도 없는 것이다. 공룡 관련 유적을 돌아본 후 비교적 차분한 청매실농원과 소설 〈토지〉의 배경이 된 최참판댁으로 여행 코스를 짜면 흥분한 감정을 차분하게 가라앉히는 효과도 기대할 수 있다.

소요시간 1일 베스트 여행시기 3~6월

3시간 소요 **당항포관광지** → 43km/차로 40분 → 3시간 소요 **공룡박물관·상족암** → 64km/차로 1시간 20분 → 1시간 30분 소요 **광양항**

27km/차로 40분 → 2시간 소요 **청매실농원** → 17.5km/차로 25분 → 1시간 30분 소요 **최참판댁**

당항포관광지, 거북선 타보고 공룡과 함께 즐거운 여행하기

Main 공룡엑스포가 열리는 당항포관광지 **1** 입구에서 공원을 도는 공룡기차 **2** 공룡놀이터 **3** 금방이라도 살아 움직일 것 같은 티라노사우루스

당항포관광지는 임진왜란 때 이순신 장군의 대첩지로 왜선 57척을 전멸시킨 전승지이자 공룡엑스포가 열리는 곳이다. 이순신 장군의 업적을 기리는 충무공디오라마관이 있으며 실제 크기의 거북선이 있다. 당항만을 따라 자연사박물관, 엑스포주제관, 모험놀이터 등이 있으며 바다정원에서는 푸르른 바다를 어디서든 감상할 수 있다. 엑스포주제관에는 200석 규모 국내 유일의 공룡 4D 입체 영상관이 있어 색다른 경험을 할 수 있다. 곳곳에 쉼터와 놀이터가 있어 야외에서 놀기에도 좋으며 길이 114m, 국내 최장 길이의 미끄럼틀을 타고 신나게 내려오는 일도 즐겁다.

문의 055-670-4501/dhp.goseong.go.kr
위치 경남 고성군 회화면 당리 57번지
요금 어른 6,000원 어린이 2,000원(만 3세 이상)
엑스포 기간 내 어른 14,000원 어린이 8,000원(만 3세 이상) **이용시간** 오전 9시~오후 6시(동절기 오후 5시까지)

이렇게 놀아요 How to play

😊 공룡을 만나요
공룡이 살았던 곳답게 곳곳에서 공룡을 볼 수 있다. 엑스포 기간에 방문하면 좋지만 그렇지 않더라도 당항포관광지 내에 상설 전시관이 있어 언제나 공룡을 만날 수 있다. 백악기공원관에 전시된 다양한 공룡 캐릭터를 보며 공룡을 더욱 친근하게 느낄 수 있으며, 엑스포주제관의 입체 영상으로 보다 실감나는 공룡 세계를 경험한다.

😊 이순신 장군을 만나고 거북선 타봐요
충무공디오라마관은 임진왜란 당시 당항포에서 대승을 거둔 이순신 장군의 업적을 기리기 위해 만들어졌으며 이순신 장군의 일대기와 충성스러움을 보여주고 있다. 거북선 체험관에는 실제 거북선의 내부가 꾸며져 있다. 병사들이 전진하며 힘차게 저었을 노와 적군을 향해 쏘았을 대포를 보며 실감나는 체험을 할 수 있다.

승선해 볼 수 있는 거북선

중생대 백악기에 살았던 익룡인 오르니토케이루스

거북선의 노를 저어보는 체험

공룡과 원시인의 생활을 재현한 백악기공원관

귀여운 공룡 캐릭터

공룡박물관 · 상족암 /
공룡 발자국 화석을 따라가요

Main 거대한 공룡 발자국 안에 들어간 아이들 **1** 다양한 행사가 열리는 박물관 **2·3** 생생한 공룡 전시물

고성에는 100여 개의 공룡 발자국 화석이 남아 있는 상족암과 신비한 공룡을 쏙쏙 파헤쳐 보는 공룡박물관이 자리하고 있다. 다양한 공룡의 모형과 함께 과거의 흔적과 화석 발굴 현장, 고성의 화석 등에 대해 전시하고 있으며 3D 입체 영화와 공룡 관련 게임도 즐길 수 있다. 박물관 뒤쪽의 해안으로 나가면 암반과 바위절벽으로 되어 있는 해식애 지형의 상족암이 나온다. 공룡 발자국으로 유명하지만 바다가 만들어 낸 신비한 해안 지형과 해변 풍경이 아름다운 곳이기도 하다.

문의 055-832-9021/museum.goseong.go.kr
위치 경남 고성군 하이면 덕명리 85번지
요금 어른 3,000원 어린이 1,500원(만 3세 이상)
이용시간 오전 9시~오후 6시(동절기 오후 5시까지) **휴관일** 월요일

이렇게 놀아요 How to play

😊 상족암에서 공룡 발자국을 구경해요
상족암은 파도에 깎인 해안 지형이 육지 쪽으로 들어가면서 해식애가 형성되어 이루어졌다. 겹겹이 층을 이루는 해식애 암벽의 모습이 '밥상다리'처럼 생겼다고 하여 상족(床足)이라고 한다. 파도에 깎여 암벽 안으로 굴이 뚫려 있으며 여기저기 미로처럼 길이 나 있어 신비로운 굴 속을 지나갈 수 있다. 이 암벽 앞쪽의 파식대에는 약 100여 개의 공룡 발자국 화석이 선명하게 찍혀 웅덩이를 이루고 있다. 공룡이 살았을 시대의 모습을 상상해 보며 공룡 발자국을 따라가 본다. 발자국 외에도 암맥, 공란구조, 주상절리 등의 해안 지형을 보고 배울 수 있어 학습에 도움이 된다.

😊 공룡공원에서 놀아요
공룡박물관에서 상족암으로 가는 길에 있는 공룡공원에는 공룡 조형물과 공룡으로 된 놀이기구가 있어 마음껏 뛰어놀 수 있다. 금방이라도 살아 움직일 것 같은 공룡을 만져보고 손도 잡아보며 올라타고 놀면서 공룡과 친구가 된다. 편백 숲길과 꽃동산이 있어 산책하기에도 좋다.

배워봅시다

😊 화석은 어떻게 만들어졌나요?
공룡들이 진흙 층 위에 발자국을 남긴 후 땅이 굳으면서 흔적을 남겼다. 그 위로 홍수나 화산 폭발로 인해 퇴적층이 쌓이면서 암석으로 굳어져 발자국은 묻히게 된다. 퇴적층은 오랫동안 물과 바람, 파도에 의해 깎이게 되고 지층이 솟아오르면서 공룡 발자국이 드러난 것이다.

공룡이 밟아 울퉁불퉁한 퇴적층을 이루는 공란 구조

공룡과 함께하는 테마파크

상다리 모양의 상족암 사이로 들어가 보기

실물 크기의 공룡골격화석 전시

광양항 / 항구의 역할을 알아보고 컨테이너 구경하기

Main 활기찬 광양항의 모습 **1** 컨테이너를 운반하는 대형 트럭 **2** 적재된 컨테이너 **3** 광양항 홍보관

광양항은 선박을 타고 바다를 통해 들어오고 나가는 모든 화물의 집결 장소이다. 광양항 개발 계획에 따라 1998년 완공되었다. 여수와 남해반도가 방파제 역할을 해 선박이 정박하기에 안전하고 대형 선박의 운행에도 불편함이 없는 입지적 조건을 갖췄다. 홍보관은 광양항의 모습을 한눈에 잘 볼 수 있도록 꾸며 놓았으며 광양항의 앞으로 개발 계획과 미래 비전을 축소 모형으로 보여준다. 또한 체험관에서는 컨테이너 화물이 어떻게 반출되는지 이동 경로와 정보를 검색할 수 있다.

문의 061-797-4500/www.kca.or.kr
위치 전남 광양시 도이동 777
관람시간 평일 오전 9시~오후 6시 토요일 오전 10시~오후 3시 **휴관일** 일요일, 공휴일

이렇게 놀아요 How to play

😊 광양항 홍보관을 둘러봐요

광양항 홍보관에서 기초 지식을 쌓고 실제 광양항과 컨테이너 부두를 보면 홍보관에서 보던 모형이 엄청난 크기의 항구였다는 걸 알고 놀라게 된다. 항구의 전체 모습과 선박을 통해 들어오고 나가는 컨테이너 박스들의 이동 경로를 모형으로 볼 수 있어 이해를 돕는다. 홍보관에서 기초 지식을 쌓았다면 실제 컨테이너를 볼 차례다. 선박에서 내려 한 채씩 커다란 트럭에 실리고 그 트럭은 주인을 찾아 떠나기도 하고, 화물열차에 실려 기찻길을 달리기도 한다. 엄청난 크기이고 처음 보는 것이어서 눈이 휘둥그레진다. 난생 처음 경험하는 광양항의 모습은 아이들의 생각을 한층 키워주는 계기가 된다.

배워봅시다

😊 컨테이너가 뭐예요?

컨테이너는 화물을 능률적이고 경제적으로 수송하기 위해 금속으로 만들어진 큰 상자로 길이 5.8m 높이 2.4m 폭 2.3m이고 무게는 2,400kg까지 실을 수 있다. 짐을 꾸리기가 편하고 운반이 쉬우며, 운반 중 흔들리더라도 안에 든 화물이 보호되는 장점이 있다. 또한 화물의 파손이나 분실, 도난 등 수송 중의 사고를 막아 화물을 문에서 문까지, 형태의 변형 없이 운송할 수 있어 시간과 비용이 절감된다. 해상으로 운반된 컨테이너는 터미널을 거쳐 다시 육상으로 이동하는데, 이때 트럭이나 기차로 운반된다.

항만에 대해 자세히 설명하고 있는 홍보관

컨테이너 하역 시뮬레이션

항만의 운영 방식에 대한 전시

항구의 전체적인 모습

청매실농원 / 봄에는 매화꽃 구경, 여름에는 매실 따기

Main 눈이 온 듯 하얀 매화꽃으로 뒤덮인 청매실농원 **1** 매화꽃으로 둘러싸인 마을 **2** 줄지어 늘어선 장독대 **3** 매화꽃

광양의 섬진강변 일대는 이른 3월에 봄을 알리며 피는 매화꽃이 만발한다. 눈이 내린 듯 마을이 온통 흰색 매화꽃으로 물들어 있다. 줄지어 늘어선 장독대와 이 농원의 안주인인 홍쌍리 여사가 거처하는 기와집이 어우러져 멋진 풍경을 연출한다. 초봄에 가면 아름다운 매화꽃을 볼 수 있고, 초여름에 가면 그 꽃이 열매를 맺어 매실이 된 것을 볼 수 있다. 예쁜 매화꽃을 구경하며 봄을 만끽하는 것도 좋지만, 6월 중순부터 수확이 가능한 매실을 따는 체험도 유익하고 재미있다.

배워봅시다

😊 매실의 효능이 무엇일까요?

체내에 축적된 독소를 제거하는 청소 식품으로 구연산이 풍부해 피로를 풀어주고, 소화액의 분비를 촉진시켜 소화불량일 때 먹으면 좋다. 매실 속의 카테킨산은 장 속의 나쁜 균의 번식을 억제해 식중독을 예방하고, 칼슘의 흡수를 도와 아이들에게 좋다. 또한 감기 몸살 기운이 있거나 기관지가 약하거나 열을 내리는 데도 도움을 주는 고마운 식품이다.

문의 061-772-4066 / www.maesil.co.kr
위치 전남 광양시 다압면 도사리 414

최참판댁 /
〈토지〉의 배경이 된 평사리마을

Main 평사리 언덕에 자리 잡은 초가집들 **1, 2** 한옥의 구조를 쉽게 파악할 수 있는 최참판댁 **3** 드라마 속 인물의 집

평사리마을을 배경으로 한 박경리의 장편 소설 〈토지〉를 드라마로 만들면서 실제 배경이 된 이곳에 세트장을 지어놓았다. 〈토지〉가 소설이 아니라 우리 역사의 한 부분인 것 같은 착각에 빠질 만큼 매우 사실적으로 잘 보존되어 있다. 옹기종기 초가집들이 모여 있고, 위쪽에 대궐 같은 최참판댁이 자리한다. 사랑채, 안채, 본채, 별당채, 사당, 중문채, 뒤채 등 조선시대 전형적인 웅장한 기와집을 보여주고 있다. 최참판댁에서 바라본 경치가 장관인데, 섬진강과 함께 탁 트인 광활한 평야가 펼쳐져 있어 시원스레 마을이 내려다보인다.

문의 055-880-2960/tour.hadong.go.kr
위치 경남 하동군 악양면 평사리 483번지
요금 어른 1,000원 어린이 600원(만 7세 이상)
시간 오전 9시~오후 6시 30분(동절기 오후 5시까지)

이렇게 놀아요 How to play

😊 평사리마을을 둘러봐요

이곳은 마을 주민들에 의해 가꿔지고 이어져 곳곳에서 농사를 짓고 있으며 우물, 방앗간, 물레방아, 외양간의 소와 돼지들을 볼 수 있다. 마을 곳곳에는 그들이 살았던 집 앞에 등장인물에 대한 간략한 소개와 주요 대사가 팻말로 붙어 있어 〈토지〉의 내용을 모르더라도 대략적인 내용을 알 수 있다. 평사리마을 앞쪽으로는 섬진강이 흘러 맑은 강물에서 물놀이를 즐길 수 있다. 다슬기, 재첩, 소라 등이 모래나 바위 위에 붙어 있어 채취하는 것도 재미있다.

배워봅시다

😊 화개장터의 지리적 특성을 알아봐요

전라남도와 경상남도는 섬진강을 경계로 지역이 나뉘어 있다. 지금은 교통수단이 발달하여 이동도 쉽고 이사도 자주 하지만, 옛날 사람들은 한 곳에 정착하여 오래 살았고 그 지역만의 특성이 있어 다른 지역 사람들을 배척하고 서로 가까워지지 않았다. 화개장터에선 그런 지역적인 감정을 모두 벗어버리고 즐거운 장이 서는 모습을 보여주고 있다.

여기도 가보세요

화개장터

구수하고 인심 이 넉넉한 우리의 재래시장의 모습을 보며 동시에 전라도와 경상도의 지역적 특색까지 함께 엿볼 수 있다. 이전만큼 장이 크게 서지 않아 관광지의 느낌이 들긴 하지만 그래도 근방의 특산물들이 나와 있어 볼 것 많고, 흥미롭다. 평소에 잘 보지 못하는 산나물이나 약재 등을 살펴보며 이름과 쓰임을 아이들에게 알려주자.

문의 055-880-2114(하동군청)
위치 경남 하동군 화개면 탑리

정감이 정겨운 물레방아

〈토지〉의 작가인 박경리 선생

최참판댁에서 내려다보이는 평사리의 넓은 들판

경남 고성에서 유용한
요모조모 정보 모음

아이들과 함께하기 좋은 맛집·잠자리

바닷가의 향이 물씬 풍기는 회덮밥이 일품인 곳
남경횟집

문의 055-673-2602 **위치** 경남 고성군 회화면 당항리 526-1
메뉴 회덮밥, 활어회 **가격** 10,000원

저렴한 가격에 편안히 쉴 수 있는 곳
프린스호텔

문의 055-673-7477/www.hotelprince.net **위치** 경남 고성군 고성읍 신월리 182-5
요금 40,000원 선

다/녀/와/서

준비물 도화지, 크레파스, 촛불, 팝콘, 목공용 본드

매화꽃 만들기(청매실농원)

크레파스를 녹여 점묘법으로 그리는 기법을 경험하고 팝콘으로 풍성한 매화꽃을 표현해 주세요.

❶ 옥수수에 대해 탐색해 본다. 삶은 옥수수와 말린 팝콘용 옥수수를 비교해 보고 기름에 튀겨 톡톡 터지며 팝콘이 되는 과정을 살펴본다.
❷ 나무의 형태를 그린 뒤 크레파스를 촛불에 대고 녹인다.
❸ 녹은 크레파스로 점을 찍어 나무의 질감을 표현하며 점묘법으로 색을 입힌다.
❹ 목공용 본드를 이용해 팝콘을 나뭇가지 위에 붙여 꽃을 표현한다.

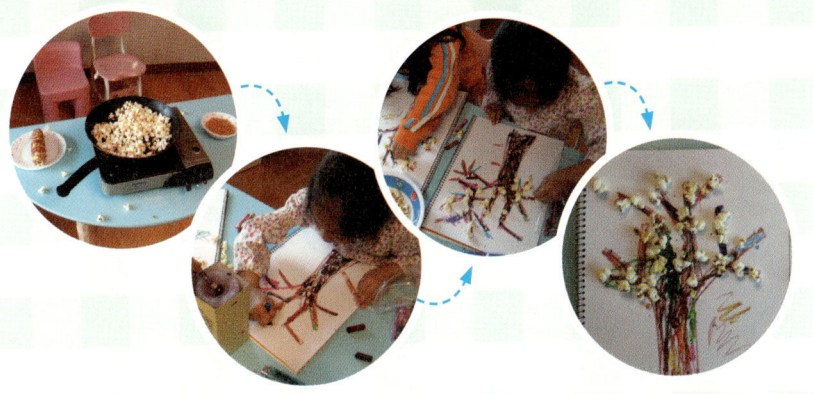

Course 55 부산

해운대 모래 작품 만들기와 자갈치시장 구경

별점지수

표현력 ★★★★★
논리성 ★★★★
창의성 ★★★

엄마의 비책

'바닷가' 하면 떠올리게 되는 해운대. 가족 휴가로 놀러가는 바닷가에서의 추억은 어른이 되어 어린 시절을 돌아볼 때 항상 미소짓게 하는 장소이다. 또 오랜만에 가족이 함께하거나 친구들과 함께하면서 즐거움이 배가되어 가장 즐거운 추억으로 아이 마음속 깊이 행복감으로 자리 잡게 될 것이다. 바닷가에서 하는 물놀이, 모래놀이는 온몸을 이용하기 때문에 아이들 마음속에 남아 있는 스트레스가 자연스럽게 해소된다.

해운대 일대의 새로운 명소인 누리마루 APEC하우스나 부산에서 빼놓을 수 없는 대표 관광지인 자갈치시장도 놓치지 말고 돌아보자.

바닷가 도시라 아무래도 여름이 백미겠으나, 가을이면 부산에서 아시아 최대의 영화축제가 열려 색다른 매력을 뿜어낸다. 세계적인 영화제로 거듭난 부산국제영화제에 아이들을 데려가 보는 것도 좋겠다.

소요시간 1박 2일 베스트 여행시기 5~10월

4시간 소요 — 해운대 · 모래축제 — 1km / 도보 15분 — 2시간 소요 — 누리마루APEC하우스 — 22km / 차로 30분 — 3시간 소요 — 자갈치시장 — 9km / 차로 20분 — 2시간 소요 — 태종대

해운대 · 모래축제 /
해변에선 모래놀이가 최고

Main 모래로 작품을 만드는 아이들 1 해변에서 꼭 필요한 모자를 모래로 만든 작품 2 대형 작품 만들기 3 바다의 돌고래와 상어

해운대는 빼어난 자연경관과 주변의 휴양 시설이 조화를 이루는 우리나라 최고의 해수욕장이다. 연중 다양한 축제가 열리는데, 매년 6월에 열리는 모래축제는 아이들에게도 유익하다. 해운대의 모래사장을 무대로 모래 작품이 펼쳐져 있다. 어린왕자, 도깨비, 바이올린을 연주하는 여자, 돌고래 등등 틀로 찍어낸 듯 섬세하고 매끈하게 모래가 다듬어져 있다. 가족이 모래 작품을 만들어 보는 체험도 가능한데 온 가족이 협동하여 작품을 완성하면 성취감도 생긴다. 그 밖에도 모래 그림 그리기, 모래 속 보물찾기, 모래시계 만들기, 샌드 애니메이션 체험, 해양 스포츠 체험 등을 할 수 있다. 아이들의 좋아하는 놀잇감인 모래사장에서 모래 작품을 보고, 직접 만들며 저녁에는 축제 행사와 불꽃놀이도 즐길 수 있다.

문의 051-749-5700/www.sunnfun.co.kr
위치 부산시 해운대구 우동 620-3

이렇게 놀아요 How to play

😊 모래로 온 가족이 작품을 만들어요

어떤 작품을 만들지 결정이 되면 모래작품 만들기는 그리 어렵지 않다. 모래를 쌓아 놓고 바닷물을 뿌려 모래가 잘 뭉치도록 한 다음 조금씩 붙이고 파내며 형태를 만들어 낸다. 어려운 주제보다는 쉽게 형태를 만들 수 있는 꽃이나 자동차, 집 등을 만들고 그것도 어려우면 장난감을 이용해 찍거나 큰 모래더미에 올라가 구멍을 파내는 일도 재미있다. 형태에 치중하기보다는 아이들의 창의성과 상상력을 마음껏 발휘할 수 있도록 도와주자. 근처에서 모래 작품을 만드는 작가들을 볼 수 있는데, 그들의 손놀림과 방법을 따라해 보면 좀 더 멋진 작품이 나올 것이다.

열심히 삽질해 모래 나르기

아름다운 여인

꽃게 작품

모래축제장 전경

자유의 여신상

선생님, 알려주세요

Q 모래성을 함께 쌓는 것 같은 활동이 아이와 부모 간의 유대를 단단히 하거나 협동심을 기르는 데 효과적일 것 같아요. 개인적인 성향이 강한 아이라서 이런 활동을 적극 권하는데, 아이가 애초부터 흥미가 없네요. 다른 애들은 좋아하는 이런 놀이에 전혀 흥미를 안 보이니까 뭔가 방법이 잘못되었나 싶기도 해요.

A 모래놀이는 물놀이와 같이 자연물을 이용한 놀이여서 자유로움과 창의성을 마음껏 발휘할 수 있는, 교육적으로 권할만한 활동이다. 그러나 아무리 좋은 놀이라도 아이가 즐겨야 그 효과를 충분히 볼 수 있다. 예민하고 까다로워 모래가 손이나 발에 닿는 느낌을 불편해하거나 감촉이 낯설어서 모래놀이를 즐기지 못하는 아이도 있다. 아이 수준에 맞춰 몸에 닿는 느낌을 피할 수 있게 신발을 신고 모래놀이를 할 수 있는 장난감이나 그릇들을 가져가서 놀게 하면 보다 잘 적응할 수 있을 것이다. 처음엔 도구를 사용해서 놀다가 놀이가 즐거워지면 자기도 모르게 모래가 살에 닿기도 할 때 덜 예민해지면서 도구 없이 모래를 직접 만질 수 있다. 그리고 다른 아이들이 즐겁게 손으로 만지면서 노는 것을 보면서 조금씩 다가가는 시도를 할 수 있다. 조심해야 할 것은 아이가 정말로 긴장하고 불편해 하는 것이므로 억지로 시키거나 화내는 태도를 보여서는 안 된다.

여기도 가보세요

부산 아쿠아리움

해운대의 자연환경과 어우러져 신비한 바닷속을 체험하는 해저 테마수족관이다. 400여 개의 크고 작은 수족관과 길이 80m의 해저터널 안에 화려하고 신기한 물고기부터 크고 무서운 물고기까지 약 250여 종이 살고 있다. 사방이 유리로 된 공간에 커다란 물고기들이 지나가는 것을 보면 마치 바닷속에 와 있는 듯하다. 다이버들이 함께하는 수중 마술쇼, 상어, 펭귄, 바다표범 먹이주기 등의 아찔한 공연이 매 시간 있어 시간에 맞춰 꼭 관람하길 권한다.

문의 051-740-1700/www.busanaquarium.com **위치** 부산시 해운대구 중동 1411-4 **요금** 어른 16,000원 어린이 11,000원(만 3세 이상) **이용시간** 평일 오전 10시~오후 10시 주말 오전 9시~오후 10시 여름 성수기 오전 9시~오후 11시

누리마루APEC하우스
아름다운 동백섬에 자리한 누리마루

Main 한국 전통 건축인 정자를 현대식으로 표현한 누리마루APEC하우스 1 동백섬의 아슬아슬 구름다리 2 공원 산책로 3 해안 갯바위에 있는 황옥공주 인어상

해운대 오른쪽 끝자락의 동백섬 위에 있는 누리마루는 정상회담장 중 풍경이 뛰어난 곳으로 인정받았다고 할 만큼 아름다운 곳에 자리 잡았다. '세계의 정상'이라는 뜻의 누리마루의 외관은 한국 전통 건축인 정자를 현대식으로 표현했으며 지붕은 동백섬의 능선을 형상화했다. 내부는 총 3층으로 구성되어 있는데, 1층은 필로티 구조로 해일과 태풍에 대비하여 기둥과 빈 공간으로 처리했다. 2층은 APEC 당시 오찬이 열린 장소로 탁 트인 유리벽창 넘어로 시원한 해운대 전경이 펼쳐진다. 3층은 회의장으로 한국적인 디자인 모티프를 곳곳에 반영한 공간이다. APEC의 성공 개최를 기념하기 위해 개관된 기념관에는 정상회의 당시의 모습을 한눈에 살펴볼 수 있다. 산책로를 따라 올라가 해운대와 광안대교를 감상할 수 있다.

문의 051-743-1975/tour.busan.go.kr
위치 부산시 해운대구 우동 714-1
요금 무료 이용시간 오전 10시~오후 5시

이렇게 놀아요 How to play

😊 세계 정상들은 이곳에서 회의해요

3층의 정상회의장은 한국 전통의 멋과 현대의 세련된 감각이 어우러진 디자인으로 꾸며졌다. 천장은 석굴암 돔을 형상화했고 벽면은 격자 문살과 전통 문양 등이 새겨진 벽지로 마감했다. 곳곳에 무궁화와 단청 문양을 모티브로 해 한국적인 미가 물씬 풍긴다. 특히 이곳의 명물인 URC 로봇은 누리마루 소개와 기념관을 안내하며 다양한 정보를 제공한다.

여기도 가보세요

물만골

물만골은 부산의 소외 지역 생활 개선을 위한 공공미술 프로젝트로 새단장을 한 생태마을이다. 대표적인 판자촌이자 무허가 건물이 밀집되어 있는 지역이기도 하다. 생태마을인 물만골의 의미를 살려 친화경적이며 재활용된 재료를 사용하여 마을의 시설물에 예술을 가미했다. 현판, 이정표, 벽화 작업 등을 통해 조형적이며 교육적으로 마을을 꾸몄다. 영화 〈일번가의 기적〉 촬영지이기도 한 이곳은 아름다운 자연환경과 그 속에 어우러져 있는 오래된 집들, 그림 작품이 조화를 이루어 마음이 따뜻해지는 마을이다.

문의 부산시 연제구 연산2동 산176번지
대중교통 지하철 3호선 물만골역 1번 출구 (길 건너 골목으로 직진)

둥글게 테이블이 놓인 정상회의장

전통문양과 격자살무늬로 한국적 분위기를 낸 내부

10가지 장수물이 그려진 십장생도

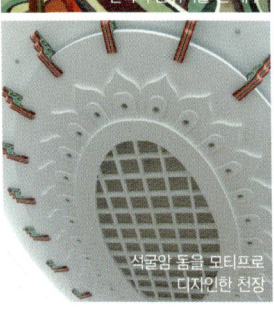
석굴암 돔을 모티브로 디자인한 천장

바닷가의 절경을 감상할 수 있는 동백섬

자갈치시장/
수산물 천국에서 경제 공부

Main 수산물을 값싸게 살 수 있는 자갈치시장 **1** 매년 10월에 열리는 자갈치 축제 **2** 자갈치시장의 캐릭터 **3** 생선 이름과 원산지 살펴보기

1930년대 형성된 부산의 대표 명소인 자갈치시장은 우리나라 최대의 수산시장이다. 파닥거리는 물고기들과 비릿한 바다 냄새, 어부들의 열정적인 삶을 느낄 수 있는 곳이다. "오이소~보이소~사이소~"의 구수한 사투리와 함께 부산 아지매들의 정겨움과 억척스러움도 볼 수 있다. 수협 자갈치어판장을 중심으로 사방으로 펼쳐진 노점과 각종 건어물, 횟집 등이 있다. 그 외 어판장 주변에는 꼼장어 골목과 건어물 시장, 신동아수산물시장 등이 있어 그 일대가 온통 수산물 도시이다.

문의 051-245-2594/www.jagalchimarket.org
위치 부산시 중구 남포동4가 37-1
이용시간 오전 5시~오후 10시
휴장일 자갈치 어판장 매달 마지막 주 회요일
자갈치시장 매달 첫째 주 일요일

이렇게 놀아요 How to play

😊 자갈치시장에서 생선을 사볼까요?

자갈치시장의 크고 작은 상점에서는 어패류라고 할 수 있는 모든 것을 판매한다. 활어회를 먹을 수 있는 횟집, 조리해 먹는 생선들, 생전 처음 보는 고래고기와 상어고기, 바로 먹는 생선구이, 꼼장어 파는 곳, 건어물 파는 곳 등 그 종류만도 셀 수 없다. 말리려고 걸어 놓은 생선들도 여러 종류여서 구경하는 재미도 쏠쏠하다. 아이들과 함께 저렴한 가격의 생선을 사보는 건 어떨까? 여러 가게에서 비슷한 조건으로 생선을 팔고 있는데, 가격을 알아보고 가장 저렴한 생선을 골라 구입하는 것이다. 흥정하기에 따라 가격이나 수량을 조절할 수 있는 것 또한 자갈치시장의 묘미다. 생선을 직접 사면서 돈의 개념을 익히며 재미있게 경제 공부도 할 수 있다.

배워봅시다

😊 계절별로 맛있는 생선을 알아봐요

맛있는 제철 생선으로 으뜸인 것은 '봄 도다리, 가을 전어'를 꼽을 수 있다. 이는 생선의 맛이 지방 함량과 직결되기 때문이다. 사계절을 지내면서 몸 안의 지방 함량에 변화가 생기는데, 이것이 가장 높은 철이 맛이 가장 좋을 때다. 봄에는 도미, 조기, 민어 등의 흰살 생선과 꼬막, 미역이 맛있으며, 여름에는 농어, 장어, 숭어, 꽃게 등이 맛있다. 가을에는 전어를 비롯해 새우, 꽁치, 오징어, 갈치 등이 있으며 구워 먹으면 더욱 맛있다. 겨울에는 지방 함량이 늘어나는 고등어, 꽁치의 등 푸른 생선과 명태, 숭어, 오징어, 굴이 제철이다.

가격을 비교하며 생선 사보기

가을이 제철인 전어구이

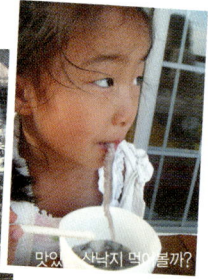
맛있어 산낙지 먹어볼까?

여기도 가보세요

남포동 PIFF 거리

남포동의 PIFF 광장은 부산국제영화제의 주무대로 부산에선 빼놓을 수 없는 명소다. 스타의 손을 찍은 동판이 바닥에 깔려 있는 '스타의 거리'와 '영화제의 거리'가 있다. 남포동과 함께 유명한 곳은 국제시장 입구 대청로 사거리 건너 사선 방향의 좁은 골목길에 집결된 보수동의 책 골목이다. 오래된 책과 수입 서적 등 희귀한 책이 골목에 빼곡히 진열되어 있어 책박물관을 보는 듯 이색적인 풍경이 연출된다. 아동 전집류나 동화책도 저렴한 가격으로 판매하고 있다.

문의 051-747-3010/www.piff.org
위치 부산시 중구 남포동

태종대 / 다누비순환열차 타고 바다의 절경 감상

Main 기암괴석 위의 영도등대 1 태종대 안을 이동할 때 타는 다누비순환열차 2 자애로운 어머니의 모습이 담긴 모자상 3 등대박물관의 화석

태종대는 부산대교를 지나 해안을 따라 최남단에 자리 잡은 부산의 대표적인 명소다. 굽이치는 파도와 함께 해안에 깎아지른 절벽과 기암괴석들이 가득해 아름다운 절경을 이루고 있다. 태종대 내에는 차량 운행이 불가능하여 입구 주차장에 차를 주차한 뒤 도보나 다누비순환열차를 타고 이동해야 한다. 리프트카가 장착된 다누비순환열차를 타고 약 4.3km의 관광도로를 따라 태종대 해안의 절경을 감상할 수 있다. 그 밖에도 태종사, 영도등대, 전망대, 구명사, 자갈마당의 5곳에서 정차하며 한 번 표를 끊으면 언제나 이용할 수 있다.

문의 051-405-2004/www.taejongdae.or.kr
위치 부산시 영도구 동삼2동 산 29-1
요금 다누비순환열차 어른 1,500원 어린이 600원 (만 4세 이상)

이렇게 놀아요 How to play

◉ 영도등대 해양문화공간을 둘러봐요

바닷길을 비추는 영도등대는 바다의 절경을 감상할 수 있는 부산 지역의 해양 관광 명소이다. 전망대 앞으로 펼쳐지는 수평선 너머로 맑은 날씨에는 일본의 대마도까지 볼 수 있다. 등대와 전망대 외에도 갤러리, 해양도서실, 정보이용실, 해양영상관, 자연사전시실 등 다양한 시설이 있다. 등대에서 아래로 내려오면 파도로 인해 침식된 절벽인 신선바위가 있으며 그 평평한 암석 위에 외로이 서 있는 망부석도 볼 수 있다. 이 돌은 바다에 나간 남편을 애타게 기다리던 여인이 돌로 변하여 불리는 이름이라 한다.

문의 051-405-1230/www.yeongdomcs.or.kr
위치 부산시 영도구 동삼동 1054번지
이용시간 오전 10시~오후 5시(동절기 오후 4시까지) **휴관일** 월요일

◉ 자갈마당에서 회 한 접시 먹어요

해변이 자갈로 이루어진 자갈마당은 울창한 산림 위에 깎아 세운 듯한 기암괴석이 솟아 있고, 탁 트인 바다 절경이 몸과 마을을 시원하게 한다. 바로 앞 바닷가에서 해녀들이 갓 잡아 올린 싱싱한 해산물을 저렴한 가격으로 판매하여 싱싱한 회를 맛볼 수 있다. 바다를 바라보면서 자갈이 굴러가는 파도소리를 들으며 회를 먹는 일은 이곳에서만 할 수 있는 특별한 경험일 것이다.

다누비순환열차의 네 번째 정류장인 구명사

신선대 위의 망부석

하늘을 찌를 듯한 영도등대의 조형물

부산에서 유용한
요모조모 정보 모음

아이들과 함께하기 좋은 맛집·잠자리

푸짐하고 시원한 국밥 한 그릇 뚝딱!
원조할매국밥

문의 051-746-0387 **위치** 부산시 해운대구 우동 612-2 **메뉴** 쇠고기국밥, 선지국밥
가격 3,000~3,500원

부산의 명물인 냉채족발 꼭 먹어보기
부산족발

문의 051-245-5359 **위치** 부산시 중구 부평동 1가 35-5 **메뉴** 냉채족발, 오향장육
가격 20,000~30,000원

고급 빌라에 와 있는 듯한 고급스런 콘도
팔레드시즈 콘도

문의 051-746-1010/www.paledecz.co.kr **위치** 부산시 해운대구 중동 1124-2
요금 15평형 주중 75,000원 주말 105,000원 선

다/녀/와/서

준비물 풀, 도화지, 모래, 색모래, 굴꿀

모래로 그림 그리기(해운대·모래축제)

모래를 흔들흔들 흔들며 재미있는 모래 그림을 그려요. 놀이터에서 간단하게 할 수 있는 놀이예요.

❶ 도화지에 그림을 그리고 물풀로 칠한 뒤 모래를 뿌린다.
❷ 채를 이용해 고운 모래만을 걸러 뿌린 다음 색모래를 준비해 색모래 그림을 그린다.
❸ 연필로 그림을 그린 후 풀을 칠하고 한 번에 한 가지 색씩 모래를 뿌려 색칠한다. 모래가 다 마른 후 다른 색 모래를 해야 섞이지 않고 예쁘게 된다.

찾아보기

ㄱ

가정역	424	전라도
거봉마을	328	충청도
거제포로수용소	452	경상도
경기도국악당	142	경기도
경마가족공원	190	경기도
경복궁	80	서울
계룡산도예마을	313	충청도
계룡산자연사박물관	315	충청도
고인돌박물관	384	전라도
곡성역	422	전라도
곰소염전	376	전라도
곰소항	376	전라도
공룡박물관	460	경상도
과천시정보과학도서관	187	경기도
광양항	462	전라도
국립과천과학관	184	경기도
국립국악원	50	서울
국립서울과학관	96	서울
국립어린이청소년도서관	59	서울
국립중앙어린이박물관	24	서울
국립현대미술관	180	경기도
금강자연휴양림	312	충청도
기쁨두배마을	342	충청도

ㄴ

낙안읍성민속마을	402	전라도
남사당전수관	154	경기도
남양주종합촬영소	166	경기도
남이섬	218	경기도
너리굴문화마을	152	경기도

녹차밭	400	전라도
누리마루APEC하우스	473	부산
누에섬전망대	206	경기도

ㄷ

단양팔경	303	충청도
당림미술관	348	충청도
당항포관광지	458	경상도
대나무골테마공원	428	전라도
대포항	293	강원도
덕산스파캐슬	324	충청도
덕유산곤돌라	414	전라도
도장포	446	경상도
도화지	372	전라도
독립기념관	330	충청도
동굴신비관	285	강원도
동굴탐험관	286	강원도
동주염전	214	경기도
디자인체험관 DEX	160	경기도
딸기가좋아	106	경기도
딸기삼촌농원	310	충청도
뚝섬 벼룩시장	32	서울

ㄹ

로보파크	198	경기도
롤링볼뮤지엄	18	서울

ㅁ

막국수체험박물관	242	강원도
망상오토캠핑리조트	282	강원도
몽돌해수욕장	450	경상도

무이예술관	255	강원도
무주리조트	412	전라도
묵호항	284	강원도

ㅂ

반디랜드	410	전라도
별난물건박물관	16	서울
병산서원	442	경상도
부엉이박물관	83	서울
쁘띠프랑스	221	경기도

ㅅ

사선대	370	전라도
산마루농원	300	충청도
삼성교통박물관	136	경기도
삼성어린이박물관	40	서울
삼한지테마파크	394	전라도
삽교호 함상공원	320	충청도
상족암	460	경상도
서울대공원	193	경기도
서울대공원 자연캠프장	178	경기도
서울숲	35	서울
선운사	386	전라도
선유도공원	64	서울
설봉공원	130	경기도
설악워터피아	294	강원도
섬진강천문대	426	전라도
세계꽃식물원	351	충청도
소양강댐	244	강원도
송암천문대	125	경기도
순천만자연생태공원	404	전라도
순천오픈세트장	406	전라도
쌈지길	89	서울

ㅇ

아인스월드	200	경기도
아쿠아리움	56	서울
아트센터마노	154	경기도
안동하회마을	439	경상도
안동한지전시관	436	경상도
안산어촌민속박물관	207	경기도
안성허브마을	150	경기도
애니메이션박물관	247	강원도
어린이민속박물관	80	서울
에너지파크	212	경기도
오죽헌	278	강원도
옥토끼우주센터	226	경기도
온달동굴관광지	305	충청도
올림픽공원	43	서울
외도해상공원	448	경상도
외암리민속마을	350	충청도
용대리 황태덕장	290	강원도
우면산 자연생태공원	48	서울
원당종마목장	174	경기도
원숭이학교	378	전라도
월드컵경기장	72	서울
월드컵공원	75	서울
월미도	235	인천
월하성마을	337	충청도
유리박물관	228	경기도
이효석문학관	257	강원도
인사동	88	서울
인형극박물관	245	강원도
임실치즈마을	368	전라도

ㅈ

자갈치시장	475	부산

장미농원	371	전라도
장흥아트파크	124	경기도
전동성당	361	전라도
전주한옥마을	358	전라도
전주한옥생활체험관	360	전라도
전주한지박물관	363	전라도
정선5일장	264	강원도
정선레일바이크	262	강원도
주필거미박물관	164	경기도

ㅊ

차이나타운	232	인천
참소리축음기에디슨박물관	276	강원도
창경궁	98	서울
채석강	377	전라도
천연염색문화관	395	전라도
청계천	91	서울
청령포	269	강원도
청매실농원	464	전라도
청보리밭	382	전라도
최참판댁	465	경상도
춘장대해수욕장	335	충청도

ㅋ

캐니빌리지	158	경기도

ㅌ

태신목장	322	충청도
태종대	477	부산
테디페어팜	292	강원도
테마동물원 쥬쥬	172	경기도
토야랜드	131	경기도
토야흙놀이공원	132	경기도

토이키노장난감박물관	82	서울
트리스쿨	416	전라도

ㅍ

파주영어마을	116	경기도
파주출판도시	120	경기도
프로방스마을	118	경기도
피나클랜드	344	충청도

ㅎ

하내테마파크	204	경기도
하슬라아트월드	272	강원도
하이원리조트	267	강원도
하회탈박물관	441	경상도
한국민속촌	144	경기도
한립토이뮤지엄	110	경기도
함정전시관	274	강원도
함평엑스포공원	390	전라도
항공우주전시장	392	전라도
해금강	446	경상도
해양박물관	334	충청도
해운대	470	부산
허브나라농원	252	강원도
호암미술관	138	경기도
홍대 프리마켓	67	서울
희원	138	경기도
N서울타워	26	서울

우리아이 재능개발 여행

2011년 3월 18일 초판 4쇄 인쇄
2011년 3월 25일 초판 4쇄 발행

지은이 | 김성희 신철희
발행인 | 전재국

본부장 | 이광자
단행본개발실장 | 박지원
책임편집 | 성화주
마케팅실장 | 정유한
마케팅부 | 정남익
책임마케팅 | 김동준 임형준
기획마케팅 | 신재은

발행처 (주)시공사
출판등록 1989년 5월 10일(제3-248호)

주소 | 서울특별시 서초구 서초 1동 1628-1(우편번호 137-879)
전화 | 편집(02)2046-2863 · 영업(02)2046-2800
팩스 | 편집(02)585-1755 · 영업(02)588-0835
홈페이지 www.sigongsa.com

ISBN 978-89-527-5775-3 14980

본서의 내용을 무단 복제하는 것은 저작권법에 의해 금지되어 있습니다.
파본이나 잘못된 책은 구입하신 서점에서 교환해 드립니다.